Staatsschutz in der Weimarer Republik

Die Überwachung und Bekämpfung der NSDAP durch die preußische politische Polizei von 1928 bis 1932

von

Carsten Dams

Tectum Verlag
Marburg 2002

Die Deutsche Bibliothek - CIP-Einheitsaufnahme

Dams, Carsten:
Staatsschutz in der Weimarer Republik.
Die Überwachung und Bekämpfung der NSDAP durch die
preußische politische Polizei von 1928 bis 1932.
/ von Carsten Dams
- Marburg : Tectum Verlag, 2002
Zugl.: Duisburg, Univ. Diss. 2001
ISBN 3-8288-8360-5

© Tectum Verlag

**Tectum Verlag
Marburg 2002**

INHALTSVERZEICHNIS

Vorwort 7

EINLEITUNG 9

ERSTER TEIL
Die politischen und rechtlichen Voraussetzungen des Staatsschutzes 19

ERSTES KAPITEL
Das „Bollwerk Preußen" 21

ZWEITES KAPITEL
Der juristische Rahmen 30

ZWEITER TEIL
Die politische Polizei als Staatsschutzorgan 37

DRITTES KAPITEL
Aufgaben, Entwicklung und Organisation der politischen Polizei 39

VIERTES KAPITEL
Die Beamten der politischen Polizei 53

DRITTER TEIL
Die Tätigkeit der politischen Polizei gegen die NSDAP 67

FÜNFTES KAPITEL
Maßnahmen gegen öffentliche Veranstaltungen der NSDAP 69

SECHSTES KAPITEL
Die Überwachung und Disziplinierung der SA 82

SIEBTES KAPITEL
Die pressepolizeilichen Maßnahmen 92

ACHTES KAPITEL
Die nachrichtendienstliche Tätigkeit 107

VIERTER TEIL
Die Konsequenzen der Tätigkeit der politischen Polizei 121

NEUNTES KAPITEL
Die Denkschriften über die NSDAP 123

ZEHNTES KAPITEL
Geplante Maßnahmen gegen die NSDAP 135

ELFTES KAPITEL
Das SA-Verbot 139

FÜNFTER TEIL
Der Staatsschutz am Wendepunkt:
Der ‚Preußenschlag' vom 20. Juli 1932 149

ZWÖLFTES KAPITEL
Vorgeschichte und Ablauf des 20. Juli 1932 151

DREIZEHNTES KAPITEL
Die Folgen des ‚Preußenschlags' für die politische Polizei 168

FAZIT 179

ANHANG 1
Kurzbiographien der Beamten der politischen Polizei 187

ANHANG 2
Liste der Zeitungsverbote 221

ANHANG 3
Liste der Flugblattverbote 237

Verzeichnis der Abkürzungen 257

Quellen- und Literaturverzeichnis 259

Vorwort

Die vorliegende Untersuchung wurde im Juli 2000 abgeschlossen und im Februar 2001 vom Fachbereich Gesellschafts- und Geisteswissenschaften der Gerhard-Mercator-Universität-GH Duisburg als Dissertation angenommen. Für den Druck wurde sie geringfügig überarbeitet. Die Dissertation wurde dankenswerterweise von der Friedrich-Naumann-Stiftung mit Mitteln des Bundesministeriums für Bildung, Wissenschaft, Forschung und Technologie gefördert.

Mein erster und besonders herzlicher Dank gilt Herrn Prof. Dr. Horst Matzerath, der das Thema dieser Studie anregte und sie betreute. Ohne ihn, seine stets konstruktive Kritik und große Anteilnahme wäre diese Arbeit nicht entstanden. Das Zweitgutachten wurde von Frau PD Dr. Angela Schwarz bereitwillig übernommen.

Danken möchte ich ebenfalls den Mitarbeitern aller besuchten Archive. Ein besonderer Dank gilt dem Direktor des Schweizerischen Bundesarchivs in Bern, Herrn Prof. Dr. Christoph Graf, und seinen Mitarbeitern für die kostenlose Überlassung und Zusendung von Kopien mit Befragungen von Mitarbeitern der politischen Polizei. Weiterhin danke ich dem Polizeipräsidenten in Düsseldorf und vor allem seinem Mitarbeiter Herrn Polizeihauptkommissar Klaus-Friedrich Dönecke für die Einsicht in Akten, die im Polizeipräsidium Düsseldorf gefunden wurden.

Wichtige Hinweise und Unterstützung erhielt ich von Herrn Prof. Dr. Gerhard Paul und Frau Dipl.-Pol. Elisabeth Kohlhaas, die mir Angaben zu Mitarbeitern der politischen Polizei und der Gestapo machen konnten. Weitere schriftliche oder mündliche Anregungen erhielt ich von den Herren Dr. Werner Buhlan in Köln, Dr. Peter Leßmann-Faust in Dortmund und Prof. Dr. Wolfram Pyta in Stuttgart.

Meinen Freunden Sebastian Roßner, M.A., und Dr. Anja Niklaß danke ich für ihre Unterstützung, ihre ständige Gesprächsbereitschaft und vor allem für die förderliche Kritik, die wesentlich zur Entstehung der Arbeit in der vorliegenden Form beitrug. Ingo Runde danke ich für das Lesen der Korrekturfahnen und seine Hilfe bei EDV-Problemen.

Meinen Freunden Gerald Staberock und Georg Jansen danke ich dafür, daß sie mir auf Archivreisen in Berlin und Mainz Asyl gewährten.

Last but not least danke ich meiner Freundin Angela Driesen, die mich nicht nur durch die Jahre der Dissertation begleitet hat, und meinen Eltern Wilma und Rolf Dams, ohne deren vielfältige Unterstützungen diese Arbeit niemals hätte erscheinen können.

Duisburg, im Februar 2002   Carsten Dams

EINLEITUNG

Lange Zeit vertraten führende Historiker die Auffassung, daß sich die Weimarer Republik nicht gegen den Ansturm der Nationalsozialisten gewehrt, sondern „Selbstmord"[1] begangen habe. Heute wird diese Meinung nur noch selten geäußert. Vielmehr wird behauptet, daß es einen „verzweifelten Abwehrkampf des demokratischen Verfassungsstaates gegen seine Feinde von rechts und links [...]"[2] gegeben habe. Von wenigen Ausnahmen abgesehen existieren jedoch kaum Untersuchungen, die diese Auseinandersetzung eingehend schildern und analysieren.[3]

Für diesen Mangel gibt es mehrere Ursachen: Die Polizei trug die Hauptlast bei der Bekämpfung der NSDAP und durch die Polizeihoheit der Länder fand diese Auseinandersetzung vorwiegend auf Landesebene statt. Die Polizeigeschichte und die Geschichte der Länder der Weimarer Republik wurden jahrzehntelang vernachlässigt. Im Vordergrund stand die Frage, wie das ‚Dritte Reich' möglich wurde. Die Versuche, die nationalsozialistische Diktatur zu verhindern, wurden weniger beachtet.

Mittlerweile ist die Geschichte Preußens, des größten Landes der Weimarer Republik, gut erforscht.[4] Obwohl Preußen als demokratisches Bollwerk der Weimarer Republik gilt, ist die Frage, wie der preußische Staat auf den Ansturm der Nationalsozialisten reagierte, noch nicht hinreichend untersucht.[5] Die besondere Bedeutung des Staatsschutzes in Preußen wird ersichtlich, wenn man seine Größe betrachtet: Es umfaßte 60 Prozent der Fläche und der Einwohner des Deutschen Reichs. Da der Reichs-

---

[1] K.D. ERDMANN: Versuch einer Schlußbilanz, in: DERS. / H. SCHULZE (Hrsg.): Weimar. Selbstpreisgabe einer Demokratie, Eine Bilanz heute, Düsseldorf 1980, S. 345-358, S. 346.
[2] K. SCHÖNHOVEN: Streitbare Demokraten in der Weimarer Republik, in: DERS. / H.-J. VOGEL (Hrsg.): Frühe Warnungen vor dem Nationalsozialismus. Ein historisches Lesebuch, Bonn 1998, S. 13-35, S. 16.
[3] Vgl. W. PYTA: Gegen Hitler und für die Republik. Die Auseinandersetzung der deutschen Sozialdemokratie mit der NSDAP in der Weimarer Republik, Düsseldorf 1989. Stark die juristischen Aspekte betonend: C. GUSY: Weimar - die wehrlose Republik? Verfassungsschutzrecht und Verfassungsschutz in der Weimarer Republik, Tübingen 1991. Die Untersuchung von G. JASPER: Der Schutz der Republik. Studien zur staatlichen Sicherung der Demokratie in der Weimarer Republik 1922-1930, Tübingen 1963, berücksichtigt die entscheidenden Jahre nach 1930 nicht.
[4] Vgl. H.P. EHNI: Bollwerk Preußen? Preußen-Regierung, Reich-Länder-Problem und Sozialdemokratie 1928-1932, Bonn 1975; H. MÖLLER: Parlamentarismus in Preußen 1919-1932, Düsseldorf 1985; D. ORLOW: Weimar Prussia 1918-1925. The Unlikely Rock of Democracy, Pittsburgh 1986; DERS: Weimar Prussia 1925-1933. The Illusion of Strength, Pittsburgh 1991; H. SCHULZE: Otto Braun oder Preußens demokratische Sendung, Berlin 1977.
[5] Den umfangreichsten und besten Ansatz hierzu liefert S. HÖNER: Der nationalsozialistische Zugriff auf Preußen. Preußischer Staat und nationalsozialistische Machteroberungsstrategie, Bochum 1984, S. 24-94. Vgl. auch W. PYTA, S. 265-390, der jedoch nicht nur Preußen untersucht und sich auf die Sozialdemokratie beschränkt.

regierung und insbesondere dem Reichsinnenministerium eine nachgeordnete Behördenstruktur weitgehend fehlte, konnte sie ihre eigene Politik nicht umsetzen, sondern war zum Vollzug auf die Landesorgane angewiesen. Dies galt vor allem für die innere Sicherheit.

Mit kurzen Unterbrechungen stellte die Sozialdemokratie während der gesamten Weimarer Republik den preußischen Ministerpräsidenten und den preußischen Innenminister. Somit war für die innere Sicherheit im größten Teil des Deutschen Reichs ein Sozialdemokrat verantwortlich - unabhängig von der Zusammensetzung der Reichsregierung.

Während die Weimarer Republik in ihrer Frühphase durch verschiedene kommunistische, reaktionäre oder rechtsradikale Umsturzversuche erschüttert wurde, beruhigte sich die Lage nach 1923. In den Jahren ab 1928 bedrohte eine Reihe von innenpolitischen Entwicklungen den Bestand der Weimarer Republik. Das Erstarken der NSDAP war die größte Bedrohung: Erstmals verfügte eine rechtsextreme Partei in Deutschland über einen Massenanhang.[6] Die bis 1932 stetig anwachsende NSDAP war ein neuartiges Phänomen, das sich herkömmlichen Einordnungen entzog und daher um so gefährlicher war.

Die Hauptwaffe des demokratischen Preußens im Kampf gegen die NSDAP war die Polizei, insbesondere die politische Polizei. Die preußische politische Polizei war ab 1929 ein fester Bestandteil der staatlichen Verwaltungspolizei mit einer eigenen Exekutive.[7] Ihre Aufgaben waren breit gefächert und umfaßten alle Aufgaben der Polizei, die auf den Schutz des Staates zielten, bis hin zur Spionageabwehr. Die innenpolitischen Hauptaufgaben der politischen Polizei waren die Überwachung von Veranstaltungen und Presseerzeugnissen der rechts- und linksradikalen Parteien, die Prävention und Aufklärung von politischen Gewalttaten sowie die nachrichtendienstliche Beobachtung der Staatsfeinde.

Der Begriff ‚politische Polizei' ist mehrdeutig und wurde in der Weimarer Republik selbst nicht einheitlich angewandt. Grundsätzlich lassen sich für den Polizeibegriff drei verschiedene Verwendungen finden: die materielle, die formale und die institutionelle.[8] Auf die politische Polizei angewandt, bezeichnet die materielle Definition einen umgrenzten Aufgabenkreis: Politische Polizei wäre demnach diejenige Tätigkeit, die auf den Schutz des Staates zielt.[9] Die formale Verwendung würde unter politischer Polizei alle Behörden zusammenfassen, die mit diesem Aufgabenkreis betraut sind. In

---

[6] Unter politischem Extremismus wird in dieser Studie die Ablehnung des demokratischen Verfassungsstaates mit dem Ziel der Beseitigung verstanden. Der Begriff des Radikalismus wird synonym verwandt.

[7] Im Gegensatz zur staatsrechtlichen Einteilung in Legislative, Exekutive und Judikative wird hier unter der Exekutive der vollziehende Außendienst verstanden – in Abgrenzung zum verwaltenden Innendienst.

[8] Vgl. H.-H. SCUPIN: Die Entwicklung des Polizeibegriffs und seine Verwendung in den neuen deutschen Polizeigesetzen, jur. Diss. Marburg 1970.

[9] Eine genaue Charakterisierung dieser Tätigkeit findet sich im dritten Kapitel dieser Studie.

Preußen waren dies neben den politischen Abteilungen die Landräte, die Ober- und Regierungspräsidenten und das Innenministerium. Der institutionelle Begriff meint schließlich diejenigen Polizeiorgane, die ausschließlich mit dem umgrenzten Aufgabenkreis beschäftigt waren: Die politischen Abteilungen der staatlichen Polizeiverwaltungen.

Diese drei Definitionen überschneiden sich und lassen eine klare Trennung nicht immer zu. Im Vordergrund dieser Studie stehen die politischen Abteilungen und ihre Tätigkeit, also die institutionelle Verwendung des Begriffs politische Polizei. Da jedoch andere Behörden einbezogen wurden, beispielsweise auf dem Gebiet der Pressepolizei, wird nicht ausschließlich der institutionelle Begriff verwandt.

Die politische Polizei war das zentrale Staatsschutzinstrument Preußens. Wenn in dieser Studie nicht gleichermaßen vom Verfassungs- und Republikschutz die Rede ist, so aus folgenden Gründen: Verfassungsschutz ist von seiner Bedeutung her sehr eng mit den heutigen Landesämtern und dem Bundesamt für Verfassungsschutz der Bundesrepublik Deutschland verknüpft. Da die Aufgaben des Verfassungsschutzes nur einen Teil der Aufgaben der politischen Polizei ausmachen, erschien die Benutzung des Begriffs Verfassungsschutz in dieser Studie als unhistorisch.

Der Terminus des Republikschutzes ist hingegen zeitgenössisch. Von seinem Ursprung her ist er eng mit den Gesetzen zum Schutz der Republik verbunden. Die preußische politische Polizei wandte bei der Bekämpfung der NSDAP im übrigen andere Gesetze und die Notverordnungen des Reichspräsidenten an. Die Bezeichnung des Republikschutzes wäre folglich zu eng gewesen. Daher wurde der umfassende Begriff des Staatsschutzes gewählt, der auch den Verfassungs- und Republikschutz beinhaltet.

Leitende Beamte und führende Politiker der Weimarer Republik stellten der preußischen politischen Polizei kein gutes Zeugnis aus: Ferdinand Friedensburg hatte „als Berliner Polizeivizepräsident und als Kasseler Regierungspräsident immer wieder ärgerliche Erfahrung mit dem Versagen der politischen Polizei gemacht."[10] Albert Grzesinski, langjähriger preußischer Innenminister und Polizeipräsident von Berlin, stellte fest, daß „die politische Polizei im neuen Preußen in jeder Weise schlecht [war]: sie war schlecht organisiert, mit viel zu wenig Personal ausgestattet, das dazu nicht einmal sehr tüchtig war, und sie hatte zu keiner Zeit ausreichende Mittel zur Verfügung."[11] Die Nationalsozialisten sahen - allerdings erst nach 1933 - in der politischen Polizei den Ausdruck eines schwachen liberalen Systems.[12]

Das bisher umrissene Bild wirft die Frage auf, wie die politische Polizei tatsächlich auf das rasante Emporkommen der NSDAP in der Endphase der Weimarer Republik reagierte. Zur Klärung dieser Frage muß in einem ersten Schritt dargelegt werden,

---

[10] F. FRIEDENSBURG: Lebenserinnerungen, Frankfurt a. M. / Berlin 1969, S. 160.
[11] A. GRZESINSKI: Die politische Polizei in Deutschland, Manuskript, 22. Mai 1934, in: LAB, Rep. 200, Acc. 3983, Nr. 1.
[12] Vgl. die in Anm. 22 genannte Literatur.

welche äußeren Bedingungen an die politische Polizei herangetragen wurden. Für ihren Handlungsspielraum war die allgemeine politische Lage entscheidend, in der sich der Aufstieg der NSDAP in Preußen vollzog. Ebenso setzen die rechtlichen Möglichkeiten der politischen Polizei Grenzen. Im zweiten Kapitel wird daher das juristische Instrumentarium geschildert. Dabei sind neben den Republikschutzgesetzen die Notverordnungen des Reichspräsidenten zu untersuchen, in denen der größte Teil des Staatsschutzrechtes kodifiziert wurde. Dieser erste Teil der Studie legt die allgemeinen Grundlagen und ist bewußt sehr knapp gehalten.

Der zweite Teil untersucht die inneren Voraussetzungen des Staatsschutzes. Für die Schlagkraft der politischen Polizei war ihre Organisation und ihre personelle Ausstattung ausschlaggebend. Neben der Entwicklung der politischen Polizei und ihrer Stellung innerhalb des Polizeiapparates soll die Größe der politischen Abteilungen und ihre allgemeine Arbeitsweise untersucht werden. Im Vordergrund des dritten Kapitels stehen somit primär verwaltungsgeschichtliche Aspekte.

Die Wirksamkeit der politischen Polizei hing in erster Linie von ihren Beamten ab. Zu fragen ist, von welchen Beamten die Aufgaben wahrgenommen wurden, welche Herkunft und Ausbildung sie hatten. Diese Aspekte werden im vierten Kapitel erörtert, das den zweiten Teil der Studie abschließt. Zum vierten Kapitel gehört der Anhang 1, in dem die Kurzbiographien von allen ermittelten Beamten der politischen Polizei gesammelt sind. Die biographischen Daten sind die Grundlage für die quantitative und qualitative Analyse der Beamtenschaft der politischen Polizei, die im vierten Kapitel vorgenommen wird. Dadurch, daß die Form eines separaten Anhangs gewählt wurde, konnte der Text von einem übergroßen Anmerkungsapparat entlastet werden. Daneben ist der Anhang - unabhängig vom Text - für weitere Forschungen zum Personal der politischen Polizei und der Gestapo nutzbar.

Im dritten Schritt wird die eigentliche Tätigkeit der politischen Polizei gegen die NSDAP erforscht. Hierzu ist ein systematisches Vorgehen notwendig, welches sich an den verschiedenen Propagandaformen der Nationalsozialisten und den Maßnahmen der politischen Polizei orientiert.

Ein zentrales Instrument der nationalsozialistischen Propaganda zur Stürmung des ‚Bollwerks Preußen' waren öffentliche Veranstaltungen. Von den herkömmlichen politischen Veranstaltungen unterschieden sie sich durch die Radikalität ihrer Rhetorik und die hohe zeitliche und räumliche Dichte. Die Maßnahmen der politischen Polizei gegen diese Art der Propaganda, die Funktion, die Art und Weise der Veranstaltungsüberwachung sowie das Ausmaß und die Wirksamkeit der exekutiven Schritte der politischen Polizei stehen im Vordergrund des fünften Kapitels.

Die SA spielte im nationalsozialistischen Propagandakonzept eine Doppelrolle als Propagandainstrument auf der einen Seite und als Parteiarmee auf der anderen Seite, die mitverantwortlich für die latente Bürgerkriegslage in der Endphase der Weimarer Republik war. Ihre Existenz war eine dauernde Gefahr für die öffentliche Sicherheit und Ordnung und mußte den Staatsschutz in besonderer Weise herausfordern. Im sechsten Kapitel sind die spezifischen Ausprägungen der politischen Gewalt, die von der SA ausgingen, und die Probleme, die der politischen Polizei hierdurch entstanden, zu beleuchten.

Neben der Veranstaltungs- und Straßenpropaganda waren Zeitungen und Flugblätter weitere zentrale Instrumente der nationalsozialistischen Propaganda. Eine Hauptaufgabe der politischen Polizei war daher die Überwachung der Presse. Zunächst sind die speziellen Vorschriften des Presserechts zu beschreiben, um anschließend deren Umsetzung durch die politische Polizei zu analysieren: Worauf zielten die Maßnahmen und wie wirksam waren die unternommenen Schritte? Zu diesem siebten Kapitel gehören die Anhänge 2 und 3, in denen alle verbotenen NS-Zeitungen und alle beschlagnahmten NS-Flugblätter aufgeführt werden. Diese Anhänge haben mehrere Funktionen: Sie entlasten den Anmerkungsapparat des siebten Kapitels, erhöhen die Lesbarkeit und erlauben dennoch eine genaue Nachprüfung. Zudem sind sie ein Arbeitsnachweis der politischen Polizei, veranschaulichen die pressepolizeilichen Maßnahmen und können künftigen Forschungen als Arbeitsinstrument dienen.

Den Kapiteln fünf bis sieben ist ein kurzer Abriß der Bedeutung der jeweiligen Propagandaform für die Nationalsozialisten vorangestellt, um die Reichweite der von der politischen Polizei ergriffenen Maßnahmen einschätzen zu können.

Bei der Tätigkeit der politischen Polizei gegen die NSDAP ist eine der zentralen Fragen, wie weit ihre Kenntnisse über die NSDAP gingen. Das achte Kapitel widmet sich daher der nachrichtendienstlichen Überwachung der NSDAP und den Möglichkeiten der Informationsgewinnung der politischen Polizei. Ein besonderes Augenmerk wird auf die Arbeit der V-Leute und die Problematik dieser Art von Nachrichtenermittlung gerichtet. An ausgesuchten Beispielen soll gezeigt werden, welche Qualität die so gewonnenen Informationen hatten.

Im vierten Teil der Studie wird zu analysieren sein, welche Konsequenzen aus der Tätigkeit der politischen Polizei gezogen wurden. Eine herausragende Bedeutung kommt in diesem Kontext den Denkschriften über die NSDAP zu, die als Resultat der nachrichtendienstlichen Überwachung auf übergeordneter Ebene anzusehen sind. Von besonderem Interesse ist, ob Wesen und Ziel der NSDAP erkannt wurden. Diese Fragen werden im neunten Kapitel erörtert.

In engem Zusammenhang hiermit sind nicht durchgeführte Maßnahmen der politischen Polizei und führender preußischer Politiker zu sehen. An ihnen zeigt sich, welche weiteren Schritte geplant wurden, um die NSDAP wirkungsvoll mit den Mitteln des Staatsschutzes zu bekämpfen. Im zehnten Kapitel wird diesen Erwägungen nachgegangen.

Die letzte durchgreifende Maßnahme des Staatsschutzes gegen die NSDAP war das SA-Verbot im Frühjahr 1932, das im elften Kapitel behandelt wird. Vor allem an seiner Vorgeschichte offenbarten sich die unterschiedlichen Auffassungen zwischen Preußen und dem Reich, in der Frage, wie mit dem Nationalsozialismus umzugehen sei. Das SA-Verbot war nur ein mittelbares Ergebnis der Tätigkeit der politischen

Polizei, die allerdings mit seiner Umsetzung befaßt war. Bis heute ist die Wirksamkeit des Verbots umstritten.

Der fünfte und letzte Teil der Studie widmet sich dem Wendepunkt des Staatsschutzes in Preußen. Die verfassungsrechtlich umstrittene Absetzung der preußischen Regierung am 20. Juli 1932 durch die neue Reichsregierung unter Franz von Papen hatte die politische Situation grundlegend geändert: Anstelle einer sozialdemokratisch geführten Regierung der Weimarer Koalition amtierte in Preußen nun eine reaktionäre Kommissariatsregierung. Die Reichsregierung hatte den Staatsstreich damit begründet, daß in Preußen die öffentliche Sicherheit und Ordnung nicht mehr gewährleistet sei, und behauptete, daß führende politische Beamte des preußischen Staates eine Einheitsfront mit den Kommunisten im Kampf gegen den Nationalsozialismus bilden wollten. Beide Vorwürfe betrafen politisch-polizeiliche Belange und werden im zwölften Kapitel beleuchtet. Zudem sollen diese Ereignisse in den allgemeinen politischen Zusammenhang des Jahres 1932 eingeordnet werden.

Die Absetzung der preußischen Regierung per Staatsstreich war mit einer völlig anderen Politik gegenüber den Nationalsozialisten verbunden. Die Auswirkungen dieses Kurswechsels für die politische Polizei, die personellen Konsequenzen und die mögliche veränderte Frontstellung werden im dreizehnten Kapitel analysiert. Der 30. Januar 1933 und seine Folgen waren dann der zweite tiefe Einschnitt in der Entwicklung der politischen Polizei innerhalb eines halben Jahres. Die Beantwortung der Frage, was mit den Staatsschützern der Weimarer Republik im ‚Dritten Reich' geschah, schließt das dreizehnte und letzte Kapitel ab.

Aus dem oben Dargelegten resultiert der zeitliche Schlußpunkt der Arbeit. Der Beginn des Untersuchungszeitraums läßt sich nicht so eindeutig festlegen. Die weitgehende Beschränkung auf die Jahre ab 1928 ergibt sich aus mehreren Faktoren: Vor 1928 war die NSDAP in Preußen eine Splittergruppe. Zwar änderte sich dies nicht schlagartig, doch am 20. Mai 1928 nahm die NSDAP erstmals selbständig an Wahlen zum Reichstag und zum preußischen Landtag teil. Ferner wurde die politische Polizei in Preußen Ende 1928 reorganisiert.

Die vorliegende Studie hat einen institutionellen Ansatz. Die Methode zur Beantwortung der gestellten Fragen muß sich - zwangsläufig - nach dem Untersuchungsgegenstand richten. Daher wurde, um die Tätigkeit der preußischen politischen Polizei insgesamt zu analysieren, eine Weitwinkelperspektive gewählt. Will man weder auf Genauigkeit, noch auf Anschaulichkeit verzichten, muß der Fokus gleichfalls auf einzelne überschaubare Beispiele und Episoden gerichtet werden. Die Form und Gliederung der Darstellung hat sich ebenfalls ihrem Gegenstand anzupassen: Diese Untersuchung wird von einem chronologischen Rahmen gehalten; innerhalb dessen ist die Strukturierung systematisch. In den einzelnen Kapiteln folgt die Darstellung so weit möglich der Chronologie.

Zur Beantwortung der aufgeworfenen Fragen sind Quellen in nicht überschaubarer Menge überliefert. Hieraus ergeben sich verschiedene Probleme: Zum einen ist es möglich, durch selektives Zitieren nahezu jede Meinung zu belegen; daher ist ein umfassendes Quellenstudium unumgänglich, um einen Blick für den Gesamtzusammenhang zu gewinnen. Zum anderen darf sich der Historiker nicht der Illusion hingeben, daß die Menge an überlieferten Quellen Vollständigkeit bedeutet. Für das Thema der vorliegenden Arbeit fehlen bedeutende Quellen erheblichen Umfangs aus mehreren Gründen:

1. Nach dem Papenputsch und nach der ‚Machtergreifung' wurden durch demokratisch eingestellte Beamte gezielt Akten beseitigt, um dadurch sich selbst und andere zu schützen.[13] Wie viele Unterlagen auf diesem Wege zerstört worden sind, kann nicht gesagt werden. Es muß sich in der Regel um besonders vertrauliches Material gehandelt haben, da ansonsten eine Vernichtung nicht notwendig gewesen wäre.
2. Die Nationalsozialisten beseitigten Akten oder entnahmen diese den amtlichen Registraturen. Es läßt sich nicht klären, um wie viele Akten es sich handelte. Soweit wir dies wissen, waren es sehr bedeutende Dokumente: Hermann Göring ließ sich z.B. Personaldossiers der politischen Polizei über führende Nationalsozialisten aushändigen.[14]
3. Viele Quellen sind im Laufe des Krieges verloren gegangen oder zerstört worden. Diese kriegsbedingten Lücken sind je nach Archiv und Bestand sehr unterschiedlich: Die Bandbreite schwankt zwischen Totalverlust und nahezu vollständigen Überlieferungen.
4. Noch immer werden überraschende Aktenfunde gemacht: 1997 wurde im Polizeipräsidium Düsseldorf ein größerer Bestand von Akten entdeckt, der sich zwar hauptsächlich auf die Zeit nach 1945 bezieht, jedoch einige Personalakten von Beamten der politischen Polizei aus der Weimarer Republik enthält. Möglicherweise lagern in anderen Polizeipräsidien weitere der Forschung noch unbekannte Quellen.

Trotz dieser Einschränkungen ist die archivalische Quellenlage quantitativ und qualitativ gut genug, um das Thema angemessen bearbeiten zu können. Von den Akten der preußischen Zentralbehörden ist vor allem der Bestand des preußischen Innenministeriums im Geheimen Staatsarchiv Preußischer Kulturbesitz in Berlin-Dahlem zu nennen. Von besonderer Bedeutung ist die Unterabteilung „Tit. 4043 politische Polizei", die über einhundert Aktenbände umfaßt. Ergänzt wird dieser Bestand durch

---

[13] Mitteilung von Johannes Stumm an Christoph Graf, 10./11. Oktober 1974, in: SBA, Depositum Hofer/Graf, Nr. 12: Stumm verbrannte vor seiner Versetzung am 30. Juli 1932 seine vertraulichen Informationen und Spitzelberichte. Auch in Frankfurt a. M. soll umfangreiches Material von 40.000 Aktenstücken noch im April 1933 verbrannt worden sein, um es dem Zugriff der Nationalsozialisten zu entziehen: Aussage von Ferdinand Mührdel aus dem Jahr 1948, in: HStAWI, 520/F/71. Vgl. auch K. SCHÄFER: 20 Jahre im Polizeidienst (1925-1945), Heusenstamm 1977, S. 22 u. 29.

[14] Mitteilung von Alois Becker an Christoph Graf, 30./31. Januar 1975, in: SBA, Depositum Hofer/Graf, Nr. 65.

die Nachlässe der preußischen Innenminister Carl Severing im Archiv der sozialen Demokratie in Bonn und Albert C. Grzesinski im Internationalen Institut für Sozialgeschichte in Amsterdam. Zusätzlich befinden sich im Bundesarchiv Berlin in den Beständen des Reichsministeriums des Innern zahlreiche Schriftstücke von preußischen Behörden.

Die wichtigsten Quellen für die vorliegende Studie sind die Akten der Ober-, Regierungs- und Polizeipräsidien, die sich in den verschiedenen Staats- und Landesarchiven befinden. Nur anhand dieser Unterlagen läßt sich die konkrete Tätigkeit der politischen Polizei nachvollziehen. Für die vorliegende Studie sind die betreffenden Bestände und Personalakten in folgenden Archiven ausgewertet worden: Hauptstaatsarchiv Düsseldorf, Staatsarchiv Münster, Landeshauptarchiv Koblenz, Landesarchiv Schleswig und Hauptstaatsarchiv Wiesbaden.[15] Diese Auswahl garantierte eine breite regionale Streuung. Neben vorwiegend ländlichen Gegenden konnten so städtische Ballungsräume wie das Ruhrgebiet berücksichtigt werden. Gleichzeitig sind Hochburgen der NSDAP ebenso einbezogen wie Gebiete, in denen die Nationalsozialisten eher schwach vertreten waren. Die Archivauswahl bedingt eine gewisse Beschränkung auf die preußischen Westprovinzen. Durch den Schriftverkehr der Behörden untereinander finden sich aber auch Materialien aus den östlichen Provinzen in den genannten Archiven.

Von großem Wert waren die Befragungen von ehemaligen Mitarbeitern der politischen Polizei, die Christoph Graf in den siebziger Jahren durchführte. Obwohl Graf mit den Zeitzeugen im zeitlichen Abstand von über 40 Jahren gesprochen hat, enthalten die Interviews erstaunlich genaue Angaben, die sich häufig durch andere Quellen bestätigen lassen. Die Abschriften lagern im Schweizerischen Bundesarchiv in Bern.

Der Großteil der bisher erwähnten archivalischen Quellen ist der Forschung lange Zeit zugänglich und von Historikern intensiv genutzt worden. Die meisten Quellen wurden - zum Teil ohne jede Quellenkritik - lediglich als Informationsmöglichkeit zur NSDAP angesehen und nicht als das betrachtet, was sie sind: Akten der politischen Polizei über die NSDAP. Dieser Perspektivenwechsel ist wesentlich.

Von den veröffentlichten Quellen ist das amtliche Schriftgut von besonderer Bedeutung. Im Ministerialblatt für die preußische innere Verwaltung befinden sich alle für die politische Polizei relevanten veröffentlichten Erlasse.[16] Der Reichsanzeiger ist eine für die Zeitungsverbote unverzichtbare Quelle.[17]

---

[15] Auf die geplante Auswertung der Bestände des Staatsarchivs Stade und des Hauptstaatsarchivs Hannover konnte verzichtet werden, da diese Quellen veröffentlicht sind: D. STEGMANN: Politische Radikalisierung in der Provinz. Lageberichte und Stärkemeldungen der Politischen Polizei und der Regierungspräsidenten für Osthannover 1922-1933, Hannover 1999.
[16] Das Ministerialblatt für die preußische innere Verwaltung wird wie üblich als MBliV abgekürzt.
[17] Der Deutsche Reichs- und preußische Staatsanzeiger wird als DRAnz abgekürzt.

Von den zahlreichen Quellensammlungen über die Endphase der Weimarer Republik war die Edition „Staat und NSDAP"[18] von besonderem Wert für die vorliegende Studie. Dort sind die wichtigsten preußischen Denkschriften über die NSDAP zumindest teilweise abgedruckt. Zudem werden die Konflikte zwischen der Reichsregierung und der preußischen Regierung über die Beurteilung der NSDAP und SA gut dokumentiert. Durch die „Akten der Reichskanzlei"[19] konnten wichtige Erkenntnisse, insbesondere über die Vorgeschichte des Preußenschlags gewonnen werden. Aus dem zahlreichen Memoirenschriftum ließen sich ebenfalls vereinzelte Schlüsse ziehen, auch wenn diese Quellengattung in Detailfragen zur politischen Polizei wenig ergiebig oder fehlerhaft ist.[20]

Aus der zeitgenössischen Literatur ist das Werk des Berliner Polizeivizepräsidenten und zeitweiligen Leiters der politischen Polizei, Bernhard Weiß, zu nennen.[21] Sein 1928 erschienenes Buch ist keine wissenschaftliche Abhandlung, sondern für eine breite Öffentlichkeit geschrieben: Es soll offenkundig Verständnis für die politisch-polizeiliche Arbeit erzeugen. Dennoch ist dieses Buch unverzichtbar für die Beschäftigung mit der politischen Polizei in der Weimarer Republik.

In der Anfangsphase des 'Dritten Reichs' erschienen einige juristische Abhandlungen, die die preußische politische Polizei der Weimarer Republik zum Gegenstand hatten. Diese Schriften sind nationalsozialistisch eingefärbt und genügen selbst niedrigen wissenschaftlichen Ansprüchen nicht.[22] Häufig schreiben sie erkennbar bei Bernhard Weiß ab, ohne ihn zu zitieren, da Weiß Jude war.

Trotz dieser vergleichsweise guten Quellenlage liegen nur wenige wissenschaftliche Untersuchungen über den Staatsschutz im allgemeinen und über die preußische politische Polizei der Weimarer Republik im besonderen vor. Erst in den achtziger Jahre

---

[18] STAAT UND NSDAP 1930-1932. Quellen zur Ära Brüning, eingeleitet von G. Schulz; bearb. von I. Maurer / U. Wengst, Düsseldorf 1977.

[19] AKTEN DER REICHSKANZLEI. Weimarer Republik [im folgenden: ADR]: Das Kabinett Müller II, 28. Juni 1928 bis 27. März 1930, 2 Bde, bearb. von M. Vogt, Boppard a. Rh. 1970; ADR: Die Kabinette Brüning I und II, 30. März 1930 bis 30. Mai 1932, 3 Bde, bearb. von T. Koops, Boppard a. Rh. 1982-1990; ADR: Das Kabinett von Papen, 1. Juni 1932 bis 2. Dezember 1932, 2 Bde, bearb. von K. H. Minuth, Boppard a. Rh. 1989.

[20] O. BRAUN: Von Weimar zu Hitler, Hamburg 1949; R. DIELS: Lucifer Ante Portas. ... es spricht der erste Chef der Gestapo ..., Stuttgart 1950; A. GRZESINSKI: La Tragi-Comédie de la République allemande, Paris 1934; Kurz vor Drucklegung dieser Arbeit erschienen die Memoiren Grzesinskis erstmals vollständig im Original: A. GRZESINSKI: Im Kampf um die deutsche Republik. Erinnerungen eines Sozialdemokraten, hrsg. von E. Kolb, München 2001; R. M. W. KEMPNER: Ankläger einer Epoche. Lebenserinnerungen, Frankfurt a. M. / Berlin 1986; C. SEVERING: Mein Lebensweg. 2. Band: Im Auf und Ab der Republik, Köln 1950.

[21] Vgl. B. WEISS: Polizei und Politik, Berlin 1928.

[22] Vgl. H. BABENDREYER: Die politische Polizei in Preußen, Königsberg 1935; F. BULLMANN: Die Polizei für Strafsachen in Preußen unter besonderer Berücksichtigung der politischen Polizei, Coburg 1933; B. FREIBERG: Die Staatspolizei in Preußen, Berlin 1938; H. SCHLIERBACH: Die politische Polizei in Preußen, Emsdetten 1938; A. SCHWEDER: Politische Polizei. Wesen und Begründung der politischen Polizei im Metternichschen System, in der Weimarer Republik und im nationalsozialistischen Staate, Berlin 1937.

erschienen zwei Untersuchungen, die sich mit der Umwandlung der republikanischen politischen Polizei zur Gestapo beschäftigen. Die Studie von Christoph Graf gibt zwar einen kurzen Überblick über die Tätigkeit der preußischen politischen Polizei in der Weimarer Republik, kann aber verständlicherweise aufgrund des Zuschnittes keine vollständige Analyse bieten. Graf war jedoch der erste, der die Bekämpfung der NSDAP durch die politische Polizei thematisierte. Selbst wenn die vorliegende Studie zum Teil zu anderen Ergebnissen kommt, so gilt es festzuhalten, daß die Untersuchung von Graf äußerst wertvoll ist.[23] Gleiches kann von der zeitgleich erschienenen Arbeit von Laurenz Demps nicht gesagt werden: Sie ist wegen ideologischer Voreingenommenheit nahezu wertlos.[24]

Mit anderen Aspekten der preußischen Polizeigeschichte in der Weimarer Republik sind wir durch Hsi-Huey Liang, Peter Leßmann und Patrick Wagner besser vertraut, die einige Hinweise auf die politische Polizei enthalten.[25] Vereinzelt werden in Forschungen über die Gestapo Angaben zur politischen Polizei gemacht.[26]

Auf die Reaktion der kommunalen und staatlichen Behörden auf den Aufstieg der NSDAP hat am Beispiel der Rheinprovinz und der Provinz Westfalen Horst Matzerath hingewiesen. und hierbei die politische Polizei miteinbezogen.[27] Dennoch ist alles in allem der Forschungsstand unbefriedigend.[28]

---

[23] Vgl. C. GRAF: Politische Polizei zwischen Demokratie und Diktatur. Die Entwicklung der preußischen Politischen Polizei vom Staatsschutzorgan der Weimarer Republik zum Geheimen Staatspolizeiamt des Dritten Reiches, Berlin 1983.

[24] Vgl. L. DEMPS: Der Übergang der Abteilung I (Politische Polizei) des Berliner Polizeipräsidiums in das Geheime Staatspolizeiamt des Dritten Reiches, Diss B [= Habil.] Berlin (Ost) 1982. Es mag für einen kommunistischen Historiker angehen, die „bürgerliche Beschränktheit der Verantwortlichen" (S. 61) zu geißeln, aber „Grzesinski als Vertreter des deutschen Imperialismus" (S. 55) zu bezeichnen, zeigt die ideologische Verblendung des Autors.

[25] Vgl. H.-H. LIANG: Die Berliner Polizei in der Weimarer Republik, Berlin / New York 1977; P. LESSMANN: Die preußische Schutzpolizei in der Weimarer Republik. Streifendienst und Straßenkampf, Düsseldorf 1989; P. WAGNER: Volksgemeinschaft ohne Verbrecher. Konzeptionen und Praxis der Kriminalpolizei in der Weimarer Republik und des Nationalsozialismus, Hamburg 1996.

[26] Vgl. z.B. die folgenden Beiträge aus dem Sammelband von G. PAUL / K.-M. MALLMANN (Hrsg.): Die Gestapo – Mythos und Realität, Darmstadt 1996: V. EICHLER: Die Frankfurter Gestapo-Kartei. Entstehung, Struktur, Funktion, Überlieferungsgeschichte und Quellenwert, S. 178-199; S. HINZE: Vom Schutzmann zum Schreibtischmörder. Die Staatspolizeistelle Potsdam, S. 118-132; E. KOHLHAAS: Die Mitarbeiter der regionalen Staatspolizeistellen. Quantitative und qualitative Befunde zur Personalausstattung der Gestapo, S. 219-235; H.-D. SCHMID: ‚Anständige Beamte' und ‚üble Schläger'. Die Staatspolizeistelle Hannover, S. 133-160.

[27] Vgl. H. MATZERATH: Der Nationalsozialismus und die Oberbehörden und Großstadtverwaltungen in Rheinland und Westfalen 1929-1933, in: K. DÜWELL u.a. (Hrsg.): Rheinland-Westfalen im Industriezeitalter. Beiträge zur Landesgeschichte des 19. und 20. Jahrhunderts, Bd. 3: Vom Ende der Weimarer Republik bis zum Land Nordrhein-Westfalen, Wuppertal 1984, S. 116-136. Die vorliegende Studie verdankt diesem Aufsatz grundlegende Anregungen.

[28] So auch jüngst G. LOTFI: KZ der Gestapo. Arbeitserziehungslager im Dritten Reich, Stuttgart 2000, Anm. 10, S. 328.

ERSTER TEIL

Die politischen und rechtlichen Voraussetzungen des Staatsschutzes

„Festungen, welche der Verteidiger vor sich läßt, brechen wie Eisblöcke den Strom des feindlichen Angriffs. Der Feind muß sie einschließen, und dazu braucht er, wenn die Besatzungen sich tüchtig und unternehmend betragen etwa das Doppelte an Truppen."

(Carl von Clausewitz: Vom Kriege.
Hinterlassenes Werk, Berlin ²1853, S. 412.)

ERSTES KAPITEL

Das „Bollwerk Preußen"

Im Frühjahr 1928 schien die Weimarer Republik gefestigt: Die Wirtschaftsdaten deuteten auf eine ökonomische Stabilisierung, und bei den Reichstagswahlen am 20. Mai des Jahres wurde die Sozialdemokratie mit großem Abstand als stärkste politische Kraft der Weimarer Republik bestätigt. Der große Verlierer der Wahl war die rechtskonservative DNVP, die ein Drittel ihrer Wählerschaft einbüßte. Die NSDAP konnte mit 2,6 Prozent der Stimmen wahrlich keine Triumphe feiern, aber entgegen einer oft vertretenen Meinung[1] stellte dieses Ergebnis keine katastrophale Niederlage dar. Die NSDAP trat 1928 erstmals als selbständige Partei zur Wahl an, während sie bei den beiden Reichstagswahlen des Jahres 1924 eine Listenverbindung mit den Deutschvölkischen eingegangen war. Außer in Bayern war die NSDAP hierbei in der Rolle des Juniorpartners. Nun war die NSDAP reichsweit zur stärksten Partei im rechtsradikalen Spektrum geworden und hatte ihren ehemaligen Partner überflügelt. Das Ergebnis war ein Achtungserfolg für die Nationalsozialisten.

Auch in Preußen wurde am 20. Mai 1928 gewählt. Das Ergebnis der Landtagswahl unterschied sich nicht grundlegend von dem Ausgang der Reichstagswahlen. Die Sozialdemokratie war in Preußen die mit Abstand stärkste politische Kraft, obwohl sie einen knappen Prozentpunkt schlechter abschnitt als im Reich. Die linksliberale DDP erhielt in Preußen ebenfalls weniger Stimmanteile. Der wichtigste Koalitionspartner der Sozialdemokratie, das katholische Zentrum, war in Preußen hingegen deutlich stärker.

Die NSDAP war in Preußen schwächer als im Reich und befand sich noch „weitgehend in einer Phase unkoordinierten Aufbaus."[2] Ein Blick auf das Ergebnis der Wahlen zeigt die Unterschiede zwischen Reich und Preußen. Die Parteien der Weimarer Koalition aus Sozialdemokratie, Zentrum und DDP waren in Preußen etwas über ein Prozent stärker als im Reich. Während im Reich die Parteien der Weimarer Koalition über keine Mehrheit verfügten, reichten in Preußen aufgrund der Wahlarithmetik die errungenen 48 Prozent für eine knappe parlamentarische Mehrheit.[3]

---

[1] Vgl. K.D. BRACHER: Die deutsche Diktatur. Entstehung, Struktur, Folgen des Nationalsozialismus, Köln / Berlin ³1970, S. 137; H. MOMMSEN: Die verspielte Freiheit. Der Weg der Republik von Weimar in den Untergang 1918 bis 1933, Frankfurt a. M. / Berlin 1990, S. 321.
[2] S. HÖNER, S. 16.
[3] Vgl. allgemein: H. MÖLLER: Parlamentarismus. Zu den Koalitionsparteien: H. HÖMIG: Das preußische Zentrum in der Weimarer Republik, Mainz 1979; J. STANG: Die Deutsche Demokratische Partei in Preußen 1918-1933, Düsseldorf 1994. Über die preußische Sozialdemokratie liegt keine entsprechende Monographie vor. Vgl. aber: H. SCHULZE: Otto Braun.

Tabelle 1:
Die Ergebnisse der Reichstagswahlen und der Wahlen zum preußischen Landtag am 20. Mai 1928[4]

Partei	Reich	Preußen
KPD	10,6	11,9
SPD	29,8	29,0
DDP	4,9	4,5
Zentrum	12,1	14,5
DVP	8,7	8,5
DNVP	14,2	17,4
NSDAP	2,6	1,8
VNB	0,9	1,1
Sonstige	16,2	11,3
SPD/DDP/Zentrum	46,8	48,0

Zwischen dem Reich und Preußen lag aber nicht nur ein Prozent Unterschied in der Wählergunst für die Weimarer Koalition: Im Reich blieben die Regierungen im Durchschnitt nur wenige Monate im Amt. In Preußen amtierte der Sozialdemokrat Otto Braun mit einer kurzen Unterbrechung seit 1920 als Ministerpräsident. Seinem ausgeprägten Machtbewußtsein verdankte er den Spitznamen als ‚roter Zar' von Preußen. Nicht zuletzt durch ihn erschien Preußen wie ein Gegenentwurf zum Reich mit seinen ständig wechselnden Kanzlern.

Die politische Stabilität in Preußen war jedoch nicht nur Otto Braun oder der Wahlarithmetik geschuldet. Viele der umstrittenen außen- und sozialpolitischen Fragen der Zeit lagen außerhalb der Landeskompetenz, was zu den beständigen Verhältnissen beitrug. Hierin aber den Hauptgrund für die Stabilität zu sehen, wäre zu kurz gegriffen.

Ein Blick auf die sozialdemokratische preußische Landtags- und Reichstagsfraktion macht weitergehende Unterschiede deutlich. In der preußischen Landtagsfraktion saßen von Beginn der Weimarer Republik an über 90 Prozent Parlamentsneulinge, die nicht

---

[4] J. FALTER / T. LINDENBERGER / S. SCHUMANN: Wahlen und Abstimmungen in der Weimarer Republik. Materialien zum Wahlverhalten 1919-1933, München 1986, S. 41, 51, 70f., 101. Vgl. aber H. MÖLLER: Parlamentarismus, S. 601, der behauptet, daß die NSDAP 1928 2,9 Prozent der Stimmen bei den Wahlen zum preußischen Landtag erhalten habe. Diese falsche Angabe beruht darauf, daß Möller unzulässigerweise die Stimmanteile der NSDAP und des Völkisch-Nationalen-Blocks addiert hat. Zwar erwähnt dies Möller an anderer Stelle (S. 239), jedoch ohne sein Vorgehen zu erläutern. Die hierdurch gewonnen falschen Zahlen werden von D. ORLOW: Weimar Prussia 1925-1933, S. 159, kritiklos übernommen.

durch die grundsätzlich oppositionelle Parlamentsarbeit der Sozialdemokratie des Kaiserreichs geprägt waren.[5] Die Landtagsfraktion zeichnete sich durch eine weitgehende Homogenität aus: Es überwogen die ausgebildeten Facharbeiter, die als lokale Funktionäre in Gewerkschaft und Partei, Krankenkassen und Konsumvereinen das politische Handwerkszeug gelernt hatten. Ihr Politikverständnis kann im großen und ganzen als pragmatisch bezeichnet werden. Die Reichstagsfraktion hatte ein anderes Profil: Neben dem Parteivorstand und den Gewerkschaftsführern gehörten ihr viele Intellektuelle und Redakteure der Parteipresse an, die vielfach zu den ausgesprochen ideologischen Köpfen des linken Flügels zählten und einen gehörigen Einfluß hatten. Eine solche Gruppe fehlte der preußischen Landtagsfraktion, was die Zusammenarbeit mit den Koalitionspartnern erleichterte.

Die Voraussetzungen für eine dauerhaftes Bündnis zwischen Sozialdemokratie und Zentrum waren gegeben und tatsächlich erwies sich die preußische Regierungskoalition als sehr stabil. Einen großen Anteil hieran hatten die beiden Fraktionsvorsitzenden Ernst Heilmann auf seiten der Sozialdemokratie und sein Kollege vom Zentrum, Joseph Heß.[6] Sie arbeiteten derartig vertrauensvoll zusammen, daß sie von Zeitgenossen und Historikern als die eigentlichen Träger der preußischen Koalition angesehen werden.[7] Beide Fraktionen wurden von ihnen straff geführt und waren deutlich geschlossener als die jeweilige Reichstagsfraktion, was sich insbesondere in schwierigen Situationen auszahlte.

Neben Otto Braun, Ernst Heilmann und Joseph Heß verfügte Preußen über einen weiteren herausragenden Politiker: Albert C. Grzesinski, der von 1926 bis 1930 preußischer Innenminister und von 1930 bis zum 20. Juli 1932 Polizeipräsident von Berlin war.[8] Der Nachwelt ist jedoch sein Amtsvorgänger und Nachfolger Carl Severing bekannter.[9]

---

[5] Vgl. H. SCHULZE: Stabilität und Instabilität in der politischen Ordnung von Weimar. Die sozialdemokratischen Parlamentsfraktionen im Reich und in Preußen, in: VjZ 26 (1978), S. 419-432.

[6] Vgl. P. LÖSCHE: Ernst Heilmann. Sozialdemokratischer parlamentarischer Führer im Preußen der Weimarer Republik, in: GWU 33 (1982), S. 420-423; DERS.: Ernst Heilmann (1881-1940), in: DERS. u.a. (Hrsg.): Vor dem Vergessen bewahren. Lebenswege Weimarer Sozialdemokraten, Berlin 1988, S. 99-120; H. MÖLLER: Ernst Heilmann, in: Jahrbuch des Instituts für Deutsche Geschichte, XI (1982), S. 261-294; E. D. KOHLER: The Successful German Center-Left. Joseph Hess and the Prussian Center Party, 1908-1932, in: CEH 23 (1990), S. 313-348.

[7] Vgl. E. FEDER: Heute sprach ich mit ... Tagebücher eines Berliner Publizisten 1926-1932, hrsg. von C. LOWENTHAL-HENSEL / A. PAUCKER, Stuttgart 1971, S. 157. Feder zitiert hier unter dem Datum des 12. Februars 1928 den DDP-Landtagsabgeordneten Grzimek mit den Worten auf Heilmann und Heß „ruhe die preußische Koalition." R. M. W. KEMPNER: Ankläger, S. 58, spricht von den beiden als der „Stütze der Regierung Braun-Severing". Vgl. auch: H. SCHULZE: Otto Braun, S. 390ff., H. HÖMIG, S. 116ff.; P. LÖSCHE: Ernst Heilmann (1881-1940), S. 108f.

[8] Vgl. T. ALBRECHT: Für eine wehrhafte Demokratie. Albert Grzesinski und die preußische Politik in der Weimarer Republik, Bonn 1999.

[9] Vgl. T. ALEXANDER: Carl Severing. Sozialdemokrat aus Westfalen mit preußischen Tugenden, Bielefeld 1992.

Die preußische Politik wurde derartig stark mit Carl Severing verbunden, daß in die Öffentlichkeit entweder vom ‚System Severing' oder der ‚Regierung Braun-Severing' sprach. Von den Zeitgenossen und der Nachwelt wurde die Bedeutung Severings überschätzt: Die meist mit Severing verknüpfte Demokratisierung der preußischen Verwaltung und Beamtenschaft war in der Hauptsache das Werk des tatkräftigeren Grzesinskis und einer der größten Erfolge der preußischen Regierung in der Weimarer Republik.[10]

Einschränkend muß gesagt werden, daß sich diese Personalpolitik nur auf die Gruppe der sogenannten politischen Beamten bezog, die 1930 etwa 540 Beamte umfaßte.[11] Politische Beamte konnten im Gegensatz zu anderen Beamten zu jeder Zeit in den einstweiligen Ruhestand versetzt werden, wenn die preußische Regierung mit ihrer Amtsführung nicht zufrieden war. Einen neuen Schwung bekam die preußische Personalpolitik durch Grzesinski: Von Oktober 1926 bis zum März 1929 steigerte er den Anteil der höheren Beamten im preußischen Ministerium des Innern, die einer der drei Parteien der Weimarer Koalition angehörten, von 31,4 auf 58,4 Prozent. Der Anstieg unter allen politischen Beamten Preußens war nicht derartig eindrucksvoll, doch es gelang Grzesinski, im gleichen Zeitraum den Anteil der Anhänger von Sozialdemokratie, Zentrum und DDP von annähernd 46 Prozent auf 53,6 Prozent zu erhöhen.[12]

In Ostpreußen gehörten viele Landräte der DNVP an oder waren parteilos und hatten eine konservative politische Grundeinstellung. Da nicht genügend geeignete republikanische Kandidaten zur Verfügung standen und die Bevölkerung in diesen Gebieten häufig konservativ war, blieben sie im Amt. Einige dieser Landräte verhielten sich allerdings loyal zur preußischen Regierung.[13]

Es gehörte zu Grzesinskis Konzept der Personalpolitik, daß er sogenannte ‚Außenseiter' zu politischen Beamten ernannte. Diese ‚Außenseiter' waren in der Mehrzahl frühere Gewerkschaftsfunktionäre, die über spezifische Fähigkeiten verfügten, um diese Ämter auszufüllen.

---

[10] Vgl. T. ALBRECHT, S. 210-239, der deutlich macht, daß es eher ein System Grzesinski gegeben hat als ein System Severing. Vgl. weiterhin zur preußischen Personalpolitik: H.-K. BEHREND: Zur Personalpolitik des preußischen Ministeriums des Innern. Die Besetzung der Landratsstellen in den östlichen Provinzen 1919-1933, in: JGMO 6 (1957), S. 173-214; E. PIKART: Preußische Beamtenpolitik 1918-1933, in: VjZ 6 (1958), S. 119-137; W. RUNGE: Politik und Beamtentum im Parteienstaat. Die Demokratisierung der politischen Beamten in Preußen zwischen 1918 und 1933, Stuttgart 1965; K. SÜHL: SPD und öffentlicher Dienst in der Weimarer Republik. Die öffentlichen Bediensteten in der SPD und ihre Bedeutung für die sozialdemokratische Politik 1918-1933, Opladen 1988; D. ORLOW: Weimar Prussia 1918-1925, S. 219-242 und DERS.: Weimar Prussia 1925-1933, S. 67ff.
[11] Politische Beamte waren: Landräte, Ober- und Regierungspräsidenten sowie ihre Vizepräsidenten und die Polizeipräsidenten. Hinzu kamen die Staatssekretäre, Minsterialdirektoren und -dirigenten in den Zentralinstanzen.
[12] Vgl. T. ALBRECHT, S. 223, S. 225.
[13] Vgl. W. RUNGE, S. 148ff. Während des Volksbegehrens gegen den Young-Plan, das von der DNVP mitgetragen wurde, standen einige DNVP-Landräte loyal zur preußischen Regierung und zur sozialdemokratisch geführten Reichsregierung. Zwei Landräte traten aus der DNVP aus.

Gegenüber den nicht-politischen Beamten war die preußische Regierung in der Wahl ihrer Maßnahmen eingeschränkt: Entlassungen oder vorzeitige Versetzungen in den Ruhestand waren nur schwer möglich, allerdings verbot das preußische Staatsministerium allen Beamten im Juni 1930, an der NSDAP und der KPD teilzunehmen.[14] Der Erlaß traf primär die Nationalsozialisten, da die meisten Beamten aufgrund ihres Selbstverständnisses die KPD grundsätzlich ablehnten. Die Anwendung des Erlasses warf Probleme auf, aber die getroffenen Maßnahmen bis hin zu Entlassungen wurden vom zuständigen obersten Disziplinargericht bestätigt.[15]

Die preußischen Beamten waren der Träger der allgemeinen inneren Verwaltung, die mit ihren verschiedenen regionalen und lokalen Instanzen und ihrer sachlichen Untergliederung das ganze Land überzog. Daher kam dem preußischen Innenministerium als Zentralinstanz der inneren Verwaltung eine besondere Bedeutung zu.

Alles in allem waren die Voraussetzungen zur Bekämpfung der NSDAP in Preußen gut: Die sozialdemokratisch geführte Regierung verfügte über eine parlamentarische Mehrheit, die Koalition mit dem Zentrum und der DDP war in Krisenzeiten stabil und die preußische Beamtenpolitik unter den gegebenen Umständen beispielhaft.

Die NSDAP fristete in Preußen lange Jahre ein Schattendasein. Nachdem sich seit 1920 vereinzelt erste Ortsgruppen gebildet hatten, wurde die Partei im November 1922 in Preußen verboten. Zwei Jahre später, im Dezember 1924, wurde das Verbot wieder aufgehoben.[16] Zu dieser Zeit stellte die NSDAP vorwiegend ein bayerisches Phänomen dar. In Preußen waren lange Zeit die Deutschvölkischen die stärkste Kraft im rechtsradikalen Spektrum.[17] Dies hatte sich 1928 geändert, dennoch blieb die NSDAP in Preußen schwächer als im übrigen Reich.

Allerdings gab es auch in Preußen frühe Hochburgen der NSDAP. Dies waren Schleswig-Holstein,[18] Hessen-Nassau[19] und Hannover.[20] Die steigende Akzeptanz des

---

[14] Runderlaß des Ministers des Innern vom 3. Juli 1930 betreffend Teilnahme von Beamten an der Nationalsozialistischen Deutschen Arbeiterpartei und der Kommunistischen Partei Deutschlands, in: MBliV 1930, Sp. 599.
[15] Vgl. S. HÖNER, S. 49-61; H. SCHMAHL: Disziplinarrecht und politische Betätigung der Beamten in der Weimarer Republik, Berlin 1977, S. 160ff.
[16] Verfügung des Ministers des Innern vom 15. November 1922 betreffend Verbot der National-Sozialistischen Deutschen Arbeiterpartei, in: MBliV 1922, Sp. 1115; Verfügung des Ministers des Innern vom 12. Dezember 1924 betreffend Aufhebung des Verbots der Nationalsozialistischen Arbeiterpartei [sic!], in: MBliV 1924, Sp. 1924. Vgl. G. FRANZ-WILLING: Putsch und Verbotszeit der Hitlerbewegung. November 1923 - Februar 1925, Preußisch Oldendorf 1977; D. JABLONSKY: The Nazi Party in Dissolution. Hitler and the Verbotszeit 1923-1925, London 1989.
[17] Vgl. R. WULFF: Die Deutschvölkische Freiheitspartei 1922-1928, phil. Diss. Marburg 1968.
[18] Vgl. E. HOFFMANN / P. WULF (Hrsg.): „Wir bauen das Reich". Aufstieg und erste Herrschaftsjahre des Nationalsozialismus in Schleswig-Holstein, Neumünster 1983; R. RIETZLER: „Kampf in der Nordmark". Das Aufkommen des Nationalsozialismus in Schleswig-Holstein (1919-1928), Neumünster 1982.
[19] Vgl. E. HENNIG (Hrsg.): Hessen unterm Hakenkreuz. Studien zur Durchsetzung der NSDAP in Hessen, Frankfurt a. M. 1983; E. SCHÖN: Die Entstehung des Nationalsozialismus in Hessen, Meisenheim a. Gl. 1972.

Nationalsozialismus zeigen die preußischen Gemeinde- und Provinziallandtagswahlen im November 1929, bei denen die NSDAP ihren Stimmenanteil im Vergleich zur Landtagswahl vom Mai 1928 um bis zu 600 Prozent steigern konnte.[21] Die absolute Hochburg der NSDAP in Preußen blieb Schleswig-Holstein, wo die Partei 10,3 Prozent der Stimmen bei der Wahl zum Provinziallandtag erhielt.[22] Hier profitierte die NSDAP von der erhitzten politischen Stimmung, die die Landvolkbewegung geschürt hatte.

Preußen war als größtes Land der Weimarer Republik für die NSDAP von besonderer Bedeutung, zumal die sozialdemokratisch geführte preußische Polizei einen der größten innenpolitischen Machtfaktoren der Weimarer Republik darstellte. Nach dem Erfolg bei den Reichstagswahlen im September 1930, bei der die Nationalsozialisten 18,3 Prozent der Stimmen erreicht hatten, wollte Hitler die Reichspolitik kontrollieren und auch in Preußen die Herrschaft übernehmen.[23]

Bei ihrem Versuch, weitergehenden Einfluß zu erlangen und Machtpositionen zu erobern, verfolgte die NSDAP eine mehrgleisige Strategie.[24] Die NSDAP versuchte durch Wahlerfolge in Schlüsselpositionen zu gelangen. Hierdurch unterschied sie sich nicht grundlegend von anderen Parteien, doch ihr Ziel war die Errichtung des ‚Dritten Reichs' mit den Mitteln der parlamentarischen Demokratie. Modellhaft gelang dies im Januar 1930 in Thüringen mit der Besetzung des Innen- und Volksbildungsministeriums durch Wilhelm Frick.[25] Er versuchte, durch eine gezielte nationalsozialistische Personalpolitik in der Polizei, die republikanische Abwehrkraft zu schwächen und den Staat von innen zu zersetzen.

Gleichzeitig betonten andere Teile der Partei den Bewegungscharakter der NSDAP und vertraten eine revolutionäre Politik, die vor Gewalt nicht zurückschreckte. Sabine Höner hat die durch die SA verkörperte „ambivalente Gewaltstrategie"[26] ausführlich beschrieben. Sie bestand darin, die Gewalt als Drohung und gleichzeitig als ordnungsstiftende Kraft und somit als Schutz vor dem vermeintlichem marxistischem Chaos zu einzusetzen. Ihr bekanntester Vertreter war Joseph Goebbels, der versuchte, mit dieser

---

[20] J. E. FARQUHARSON: The NSDAP in Hannover and Lower Saxony 1921-1926, in: JCH 8 (1973), S. 103-120; J. NOAKES: The NSDAP in Lower Saxony 1921-1933. A Study of National Socialist Organisation, Oxford 1971.

[21] Denkschrift: Die Nationalsozialistische Deutsche Arbeiterpartei [Mai 1930], in: STAAT UND NSDAP, Dok. 7, S. 51-81, S. 69. Vgl. zu den Denkschriften über die NSDAP das neunte Kapitel dieser Studie.

[22] Vgl. J. FALTER / T. LINDENBERGER / S. SCHUMANN, S. 105.

[23] Vgl. D. ORLOW: The History of the Nazi Party, Bd. 1: 1919-1933, Pittsburg 1969, S. 191.

[24] Vgl. S. HÖNER, S. 125ff.

[25] Vgl. F. DIECKMANN: Die Regierungsbildung in Thüringen als Modell der Machtergreifung. Ein Brief Hitlers aus dem Jahr 1930 (Dokumentation), in: VjZ 14 (1966), S. 454-464; D. R. TRACEY: The Development of the National Socialist Party in Thuringa, 1924-1930, in: CEH 8 (1975), S. 23-50, insbesondere: S. 23, 34-37 und 48-50.

[26] S. HÖNER, S. 157ff.

Taktik das ‚rote' Berlin zu stürmen.[27] Kurz gesagt, die Politik der NSDAP schwankte zwischen den Polen der vorgetäuschten Legalität und der revolutionären Gewalt. Weiterhin waren die Nationalsozialisten an politischem Aktivismus in jeder Form interessiert: Die NSDAP unterstützte das Volksbegehren und den Volksentscheid gegen den Young-Plan, obwohl die Aktion von vornherein zum Scheitern verurteilt war.[28] Für Hitler stand nicht die Thematik im Vordergrund, wie er in einem Brief zugab: „Das Volksbegehren und der Volksentscheid waren der Anlaß für eine Propagandawelle, wie sie ähnlich in Deutschland noch nie da war. Und darin liegt in erster Linie ihr Nutzen."[29]

Die NSDAP beteiligte sich ebenso am Volksbegehren zur Auflösung des preußischen Landtages, welches vom Stahlhelmführer Franz Seldte im Oktober 1930 mit den bezeichnenden Worten „Wer Preußen hat, hat Deutschland"[30] eingeleitet wurde.[31] Das ursprüngliche Ziel war nicht die Neuwahl des Landtags, sondern die Etablierung einer autoritären Regierung in Preußen.[32] Das preußische Innenministerium zögerte das Einzeichnungsverfahren hinaus und drohte allen Beamten Disziplinarmaßnahmen an, falls sie sich öffentlich für das Volksbegehren einsetzten.[33] Das Volksbegehren erreichte im April 1931 mit fast 6 Millionen Unterschriften die vorgeschriebene Mindestzahl. Gleichwohl war das Ergebnis für die Urheber enttäuschend: DNVP, DVP und NSDAP hatten gemeinsam bei der Reichstagswahl 1930 in Preußen über 12 Millionen Stimmen erhalten. Der Volksentscheid wurde ein Mißerfolg. Obwohl die KPD auf Intervention Stalins in die Front der Republikfeinde einschwenkte, verfehlte der Volksentscheid mit 9,7 Millionen Stimmen (36,8 Prozent) sein Ziel von 50 Prozent. Das ‚Bollwerk Preußen' hatte dem gemeinsamen Ansturm aller republikfeindlichen Kräfte standgehalten.

Die demokratische Mehrheit der Regierung Braun blieb bis zum Ende der Legislaturperiode im April 1932 erhalten. Dennoch mußte die preußische Regierung bei wichtigen innenpolitischen Entscheidungen mit der Reichsregierung und dem Reichspräsidenten kooperieren. Dies zeigte sich am Stahlhelmverbot im Rheinland und in Westfalen im

---

[27] Vgl. R. G. REUTH: Goebbels. Eine Biographie, München ³1995, S. 138-162.
[28] Vgl. O. JUNG: Plebiszitärer Durchbruch 1929? Zur Bedeutung von Volksbegehren und Volksentscheid gegen den Youngplan für die NSDAP, in: GuG 15 (1989), S. 489-510.
[29] F. DIECKMANN, S. 463f.
[30] O. BRAUN, S. 196.
[31] Vgl. H. PLEYER: Politische Propaganda in der Weimarer Republik. Die Propaganda der maßgeblichen politischen Parteien und Gruppen zu den Volksbegehren und Volksentscheiden „Fürstenenteignung" 1926, „Freiheitsgesetz" 1929 und „Auflösung des Preußischen Landtages" 1931, phil. Diss. Münster 1959, S. 37-51.
[32] Ursprünglich war beabsichtigt, nach der Neuwahl durchzusetzen, daß der Reichspräsident gleichzeitig preußischer Staatspräsident sein sollte, der den Ministerpräsidenten und die übrigen Minister ernennt. Vgl. V.R. BERGHAHN: Der Stahlhelm. Bund der Frontsoldaten 1918-1935, Düsseldorf 1966, S. 158; R. SCHIFFERS: Elemente direkter Demokratie im Weimarer Regierungssystem, Düsseldorf 1971, S. 235.
[33] Vgl. H. SCHMAHL, S. 135f.

Herbst 1929, das durch militärischen Manöver des Stahlhelms im rheinischen Langenberg ausgelöst worden war.[34] Der preußische Innenminister Grzesinski verfügte am 8. Oktober 1929 die Auflösung des westdeutschen Stahlhelms und ließ alle Akten beschlagnahmen. Die Maßnahme wurde vom sozialdemokratischen Reichsinnenminister Carl Severing unterstützt, führte aber zur Verärgerung des Reichspräsidenten, der Ehrenmitglied des Stahlhelms war. Zudem belastete das Verbot die Koalition im Reich, da die DVP dem Stahlhelm nahestand. Die preußische Regierung wehrte sich lange Zeit gegen die erneute Zulassung des Stahlhelms, gab aber endlich dem massiven Druck des Reichspräsidenten und der neuen Reichsregierung unter Heinrich Brüning nach und hob das Verbot am 16. Juli 1930 auf.[35]

Mit der Demission der sozialdemokratisch geführten Reichsregierung unter Hermann Müller und der Ernennung Heinrich Brünings zum Reichskanzler am 30. März 1930 hatte sich die Beziehung zwischen Preußen und dem Reich nicht verbessert. Über das Verhältnis der preußischen Regierung zur Reichsregierung während der Kanzlerschaft Brünings ließen sich Bände füllen: Die vielschichtigen Beziehungen schwankten häufig. Vor allem in der Frage, wie man mit der NSDAP umzugehen habe, herrschte oftmals Uneinigkeit. Die Beteiligung des Zentrums an der preußischen Regierungskoalition und die sozialdemokratische Tolerierungspolitik[36] gegenüber der Regierung Brünings seit dem nationalsozialistischen Durchbruch bei den Reichstagswahlen im September 1930 legten die Grundlagen für eine Zusammenarbeit. Sie schützte jedoch nicht vor Auseinandersetzungen, wie um das oben erwähnte Stahlhelmverbot.

Die Tatsache, daß der frühere Reichskanzler Joseph Wirth Nachfolger Severings als Reichsinnenminister wurde, verbesserte die Beziehungen nicht dauerhaft.[37] Wirth galt als überzeugter Republikaner und energischer Gegner des Links- und Rechtsradikalismus. Seine Verbindung zur Regierung Braun war zunächst gut, und er billigte ausdrücklich die preußische Beamtenpolitik. Aber Wirth stand als Demokrat in der konservativen Ausnahmeregierung Brünings auf innenpolitisch verlorenem Posten und wurde von der preußischen Regierung zunehmend als Wackelkandidat angesehen. Im Oktober 1931 mußte er auf Druck Hindenburgs seinen Abschied nehmen.[38]

Sein kommissarischer Nachfolger wurde Reichswehrminister Wilhelm Groener, der diese beiden überaus wichtigen Ministerien in Personalunion führte.[39] Dieser Wechsel im Reichsinnenministerium erschwerte lange Zeit ein energisches Vorgehen Preußens

---

[34] Vgl. V. R. BERGHAHN, S. 131-142.
[35] Vgl. V. R. BERGHAHN, S. 152; H. SCHULZE: Otto Braun, S. 618.
[36] Vgl. R. SCHAEFER: SPD in der Ära Brüning: Tolerierung oder Mobilisierung? Handlungsspielräume und Strategien sozialdemokratischer Politik 1930-1932, Frankfurt a. M. 1990.
[37] Vgl. U. HÖRSTER-PHILIPPS: Joseph Wirth 1879-1956. Eine politische Biographie, Paderborn 1998; H. KÜPPERS: Joseph Wirth. Parlamentarier, Minister und Kanzler der Weimarer Republik, Stuttgart 1997.
[38] Dem ging eine fast einjährige Demontage voraus, die hier nicht im einzelnen geschildert werden kann. Vgl. H. KÜPPERS, S. 282ff.
[39] Vgl. J. HÜRTER: Wilhelm Groener. Reichswehrminister am Ende der Weimarer Republik (1928-1932), München 1993.

gegen den Nationalsozialismus, da Groener versuchte, die Nationalsozialisten durch einen Integrationskurs an den Staat und insbesondere die Reichswehr heranzuführen.[40] Vor allem im Umgang mit der SA offenbarten sich die unterschiedlichen Konzepte.[41]

Neben der hier umrissenen politischen Zusammenarbeit mit der Reichsregierung hing die preußische Regierung besonders auf juristischem Gebiet von der Reichspolitik ab: Der rechtliche Rahmen des Staatsschutzes wurde durch Reichsgesetze und die Notverordnungen der Ära Brüning geschaffen.

---

[40] Vgl. T. VOGELSANG: Reichswehr, Staat und NSDAP. Beiträge zur deutschen Geschichte 1930-1932, Stuttgart 1962, vor allem S. 135ff.
[41] Vgl. das elfte Kapitel dieser Studie.

ZWEITES KAPITEL

Der juristische Rahmen

Den Schöpfern der Weimarer Reichsverfassung wird häufig der Vorwurf gemacht, der Republik keine geeigneten Instrumente zu ihrer Verteidigung gegen innenpolitische Widersacher gegeben zu haben.[1] Diese Kritik überzeugt nicht. Die Nationalversammlung tagte, während in Deutschland ein Bürgerkrieg herrschte, und die Mehrheit der Nationalversammlung war nicht gewillt, die neue Staatsform schutzlos zu lassen.[2]

Vor allem der umstrittene Artikel 48 Absatz 2, die sogenannte Reserveverfassung, war zum Schutz der Republik gedacht: „Der Reichspräsident kann, wenn im Deutschen Reiche die öffentliche Sicherheit und Ordnung erheblich gestört oder gefährdet wird, die zur Wiederherstellung der öffentlichen Sicherheit und Ordnung nötigen Maßnahmen treffen, erforderlichenfalls mit Hilfe der bewaffneten Macht einschreiten."[3] Zwar wird hier die demokratische Staatsform nicht als schützenswertes Gut genannt, aber in den Beratungen der Nationalversammlung finden sich eindeutige Hinweise, daß dies beabsichtigt war.[4] Zudem umfaßt der Begriff der ‚öffentlichen Sicherheit und Ordnung' auch und vor allem die gesetzmäßige Staatsform.

Durch den Artikel 48 konnten die Grundrechte eingeschränkt werden, und er ähnelte in seiner Form der Generalklausel des Polizeirechts der Länder.[5] Während im Polizeirecht unter der Störung der öffentlichen Sicherheit und Ordnung in erster Linie Unruhen, Gewalttätigkeiten und Putschversuche verstanden wurden, konnten mit Notverordnungen nach Artikel 48 auch finanzielle oder wirtschaftliche Probleme geregelt werden.[6] Schon in der Anfangsphase der Republik reagierte die Reichsregierung auf innenpolitische Krisen mit Ausnahmeverordnungen nach Artikel 48.

---

[1] Besonders oft wird diese Meinung von Juristen vertreten. So etwa: Urteil des Bundesverfassungsgerichts vom 17. August 1956 im Verfahren über den Antrag auf Feststellung der Verfassungswidrigkeit der Kommunistischen Partei Deutschlands, in: Entscheidungen des Bundesverfassungsgerichts, 5. Band, Tübingen 1956, S. 85-393, S. 138; Vgl. weiterhin: R. HERZOG: Der Auftrag der Verfassungsschutzbehörden, in: Verfassungsschutz und Rechtsstaat. Beiträge aus Wissenschaft und Praxis, hrsg. vom Bundesminister des Innern, Köln / Berlin / Bonn / München 1981, S. 1-18, S. 1.

[2] Vgl. C. GUSY: Weimar, S. 16ff.

[3] Artikel 48, Abs. 2 der Verfassung des Deutschen Reiches vom 11. August 1919, in: RGBl 1919, S. 1383-1418, S. 1392.

[4] Vgl. C. GUSY: Weimar, S. 24, der klar macht, „daß in Art. 48 WRV nicht der Schutz irgend eines Staates oder irgend einer Staatsform intendiert ist. Vielmehr sei es der Schutz gerade der demokratischen und republikanischen Staatsform; [...]."

[5] In Preußen war dies § 10, II, 17 im Allgemeinen Landrecht und später der Artikel 14 im Polizeiverwaltungsgesetz vom 1. Juni 1931.

[6] Vgl. G. ANSCHÜTZ: Die Verfassung des Deutschen Reiches vom 11. August 1919. Ein Kommentar für Wissenschaft und Praxis, Berlin [14]1933 (ND Aalen 1987), S. 278f.; R. HAUGG: Die Anwendung des Art. 48 WRV. Verfassungsrechtliche Betrachtung der Anwendungsfälle des Art.

Durch die Morde an Matthias Erzberger und Walther Rathenau wurde ein Prozeß in Gang gesetzt, der über verschiedene Notverordnungen nach Artikel 48 zum Republikschutzgesetz führte.[7] Das Ergebnis war ein Bündel von fünf Gesetzen, die am 21. Juli 1922 verabschiedet wurden: Das Gesetz zum Schutz der Republik, das Gesetz über die Pflichten der Beamten zum Schutz der Republik, das Reichskriminalpolizeigesetz, das Gesetz über Straffreiheit für politische Straftaten und das Gesetz über die Bereitstellung von Mitteln zum Schutz der Republik.[8]

Der Reichstag versuchte erstmals, als Gesetzgeber die Republik zu schützen. Die präventiven Bestimmungen des Presse-, Vereins- und Versammlungsrechts verlagerten den Republikschutz tendenziell von den Staatsanwaltschaften und Gerichten zu den Polizei- und Verwaltungsbehörden. Die Zuständigkeit für die Umsetzung der Gesetze lag somit bei den Landesbehörden. Das Gesetz zum Schutz der Republik war auf fünf Jahre befristet, wurde 1927 um zwei Jahre verlängert und lief am 22. Juli 1929 aus. Die innenpolitische Lage machte jedoch einen weiteren Schutz der Republik notwendig.[9] Reichsinnenminister Carl Severing legte dem Reichstag den „Entwurf eines Gesetzes zum Schutze der Republik und zur Befriedung des politischen Lebens"[10] vor. Nach hitziger und bisweilen polemischer Debatte wurde das Gesetz mit leichten Veränderungen angenommen und trat am 26. März 1930 in Kraft.[11]

Das neue Gesetz unterschied sich in einigen Punkten vom ersten Republikschutzgesetz. Es flossen die Erfahrungen ein, die man mit dem ersten Gesetz gemacht hatte und es mußte auf einige Bestimmungen verzichtet werden, da keine verfassungsdurchbrechende Mehrheit im Reichstag zustandegekommen war. Die für die Polizei- und Verwaltungsbehörden wichtigsten Unterschiede stellte der preußische Innenminister Grzesinski in einem Erlaß dar:[12]

1. Vorbeugende Verbote von politischen Veranstaltungen waren nicht mehr zulässig.

---

48 der Weimarer Reichsverfassung und seine Bedeutung für die Machtergreifung Hitlers, jur. Diss. Würzburg 1976, S. 76ff.
[7] Vgl. G. JASPER: Schutz der Republik, S. 34ff.
[8] In der genannten Reihenfolge, in: RGBl. 1922, I, S. 585-590, S. 592-593, S. 593-595, S. 595-596, S. 596.
[9] G. JASPER: Zur Innerpolitischen Lage in Deutschland im Herbst 1929 (Dokumentation), in: VjZ 8 (1960), S. 281-289. Es handelt sich um eine Denkschrift des Reichsinnenministers Severing vom Dezember 1929.
[10] Entwurf eines Gesetzes zum Schutz der Republik und zur Befriedung des politischen Lebens, in: VERHANDLUNGEN DES REICHSTAGS, IV. Wahlperiode 1928, Band 438 (Anlagen), Berlin 1930, Nr. 1441, o.S.
[11] Gesetz zum Schutz der Republik vom 25. März 1930, in: RGBl. 1930, I, S. 91-93.
[12] Runderlaß des preußischen Ministers des Innern vom 1. April 1930 betreffend Inkrafttreten und Durchführung des neuen Reichsgesetzes zum Schutze der Republik vom 25. März 1930, in: MBliV 1930, Sp. 269-274.

2. Die polizeiliche Auflösung von Vereinen, zu denen die politischen Parteien zählten, war nur noch nach den Vorschriften des Reichsvereinsgesetzes vom 19. April 1908 erlaubt.
3. Die Möglichkeit befristeter Verbote von Zeitungen und Zeitschriften wurde erweitert.
4. Die Vorschriften über die Beschlagnahmung von Druckschriften ohne richterliche Anordnungen wurden ausgeweitet.

Zusammengenommen wurden Maßnahmen gegen politische Vereine und ihre Veranstaltungspropaganda erschwert, die pressepolizeilichen Handhaben hingegen ausgedehnt.

Obwohl das zweite Republikschutzgesetz zumindest in Preußen konsequent angewandt wurde, häuften sich die politischen Gewalttaten. Nachdem ein kommunistisches Mitglied der Hamburger Bürgerschaft am 16. März 1931 durch Nationalsozialisten ermordet worden war, sah sich die Reichsregierung genötigt, tätig zu werden. Sie erarbeitete eine Notverordnung, die von Hindenburg am 28. März 1931 unterzeichnet wurde.[13] Inhaltlich lag der Schwerpunkt der „Verordnung zur Bekämpfung politischer Ausschreitungen"[14] im Bereich des Polizeirechts und knüpfte nicht direkt an das Republikschutzgesetz an. Die Eingriffsmöglichkeiten der Exekutive wurden vergrößert: Politische Veranstaltungen konnten bei der Gefahr für die öffentliche Sicherheit und Ordnung vorbeugend verboten oder Auflagen erteilt werden. Erstmals konnte ein Uniformverbot ausgesprochen werden, und die Vorschriften gegen das unbefugte Tragen von Waffen wurden verschärft. Zusätzlich wurde die Möglichkeit von Vereinsverboten erweitert und pressepolizeiliche Maßnahmen erleichtert.[15] Vereinfacht wurde somit das Vorgehen gegen die zügellose Propaganda der Nationalsozialisten und Kommunisten. Die Verordnung enthielt einige Neuerungen, aber grundsätzlich ist Kurt Häntzschel zuzustimmen: „ [...] vielmehr ist fast alles, was die Verordnung verbietet, auch bisher schon verboten."[16]

Als Schutzgut war die „verfassungsmäßig festgestellte republikanische Staatsform" aus dem Text der Notverordnung verschwunden. Geschützt werden sollten der Staat und seine Behörden. Dies war weder inkonsequent noch antirepublikanisch: Das Republikschutzgesetz schützte die Republik, die Notverordnung andere Schutzgüter.[17] Der preußische Innenminister begrüßte die neuen Möglichkeiten: „Die Verordnung des Herrn Reichspräsidenten gibt der Polizei eine Reihe von Handhaben, um den täglich

---

[13] Vgl. HOCHE: Die Verordnung des Reichspräsidenten zur Bekämpfung politischer Ausschreitungen, in: DJZ 36 (1931), Sp. 525-531, Sp. 525f.
[14] Verordnung des Reichspräsidenten zur Bekämpfung politischer Ausschreitungen vom 28. März 1931, in: RGBl. 1931, I, S. 79-81.
[15] Vgl. das siebte Kapitel dieser Studie.
[16] [K.] HÄNTZSCHEL: Die Verordnung des Reichspräsidenten gegen politische Ausschreitungen, in: Reichsverwaltungsblatt und Preußisches Verwaltungsblatt, Nr. 15 vom 11. April 1931, S. 261-283, S. 281.
[17] Vgl. C. GUSY: Weimar, S. 195.

bedrohlicher in Erscheinung tretenden Auswüchsen im politischen Leben wirksamer als bisher entgegenzutreten."[18]

Die zweite Verordnung zur Bekämpfung politischer Ausschreitungen vom 17. Juli 1931[19] führte zu einem Konflikt zwischen der preußischen Regierung und dem Reichspräsidenten: Durch die Verordnung wurden die obersten Reichs- und Landesbehörden ermächtigt, Kundgebungen und Entgegnungen kostenlos in allen Zeitungen und Zeitschriften veröffentlichen zu lassen. Gedacht war diese Bestimmung, um der ausufernden politischen Propaganda wirksamer entgegentreten zu können. Die preußische Regierung ließ kurze Zeit später eine Erklärung gegen das Volksbegehren zur Auflösung des preußischen Landtages in allen Tageszeitung abdrucken. Hindenburg sah hierin einen parteipolitischen Mißbrauch und änderte daraufhin die Notverordnung am 10. August 1931.[20] Vor der Veröffentlichung mußte nun das Einverständnis des Reichsministers des Innern eingeholt werden.

Im Laufe des Jahres 1931 verschärfte sich die innenpolitische Lage trotz der Anwendung der Notverordnungen, und die politischen Gewalttaten häuften sich. Der Mord an zwei Berliner Polizeibeamten am 9. August 1931 durch die Kommunisten Erich Mielke und Erich Ziemer[21] führte zu Diskussionen im Reichskabinett, wie man der immer bedrohlicher erscheinenden Lage Herr werden könnte.[22] Das Ergebnis der Beratungen war die Verschärfung des bestehenden Rechts durch die Notverordnung zur Bekämpfung politischer Ausschreitungen, die Hindenburg am 6. Oktober 1931 unterzeichnete.[23] Sie schloß Rechtslücken der vorangegangenen Verordnungen im Presse- und Versammlungsrecht und verschärfte verschiedene Strafandrohungen. Dem Inhalt nach war diese Notverordnung keine spezielle Republikschutznorm, sondern eine Verordnung zum Schutz des Staates.

Die innenpolitische Lage entspannte sich dennoch nicht, und die Reichsregierung sah sich nur zwei Monate später veranlaßt, eine neue Notverordnung zu erarbeiten. Die „vierte Verordnung des Reichspräsidenten zur Sicherung von Wirtschaft und Finanzen und zum Schutze des inneren Friedens vom 8. Dezember 1931"[24] verschärfte das

---

[18] Runderlaß des preußischen Ministers des Innern vom 30. März 1931 betreffend Durchführung der Verordnung des Reichspräsidenten vom 28. März 1931, in: MBliV 1931, Sp. 330f.
[19] Zweite Verordnung des Reichspräsidenten zur Bekämpfung politischer Ausschreitungen vom 17. Juli 1931, in: RGBl. 1931, I, S. 371.
[20] Verordnung des Reichspräsidenten zur Änderung der Zweiten Verordnung zur Bekämpfung politischer Ausschreitungen vom 10. August 1931, in: RGBl. 1931, I, S. 435.
[21] Vgl. zur Vorbereitung und Durchführung des Mordes: C. STRIEFLER: Kampf um die Macht. Kommunisten und Nationalsozialisten am Ende der Weimarer Republik, Berlin 1993, S. 257ff.
[22] Ministerbesprechung vom 10. August 1931, 11 Uhr, in: ADR, Kabinette Brüning, Bd. 2, Nr. 440, S. 1546-1552, S. 1546-1548; Der Reichswehrminister an den Reichsminister des Innern, 14. August 1931, in: EBENDA, Nr. 443, S. 1562-1563.
[23] Dritte Verordnung des Reichspräsidenten zur Sicherung von Wirtschaft und Finanzen und zur Bekämpfung politischer Ausschreitungen vom 6. Oktober 1931, in: RGBl. 1931, I, S. 537ff. Der siebte Teil, S. 566f. enthält die Regelungen betreffend der politischen Ausschreitungen.
[24] RGBl. 1931, I, S. 699ff. Der achte Teil betraf die Regelungen zum Schutz des Inneren Friedens.

Waffenrecht. Diese Bestimmungen hatten polizeirechtlichen Charakter und wurden erst durch das Waffengesetz vom 18. März 1938 aufgehoben.[25] Das Uniformverbot wurde ausgedehnt, indem nun das Tragen von Abzeichen oder einheitlicher politischer Kleidung außerhalb der eigenen Wohnung im gesamten Reichsgebiet verboten wurde. Weiterhin wurde der Ehrenschutz für alle Personen des öffentlichen Lebens verstärkt - die Regelung wurde erst 1951 aufgehoben.[26] Abschließend enthielt die Verordnung Bestimmungen zur Sicherung des Weihnachtsfriedens: Bis zum 3. Januar 1932 wurden alle öffentlichen politischen Veranstaltungen verboten und zusätzlich das Verbreiten politischer Schriften untersagt.[27] Nichts sagt mehr über die erhitzte Stimmung aus, als daß eine zeitweise Aussetzung des politischen Kampfs angezeigt erschien.

Ein vorläufiges Fazit des Republik- und Staatsschutzrechtes der Weimarer zeigt, daß die Legislative die Weimarer Republik nicht schutz- oder wehrlos gelassen hat. Die Tatsache, daß die Notverordnungen des Kabinetts Brüning nur mittels Artikel 48 möglich waren, stellt weniger eine vermeintliche obrigkeitsstaatliche Tradition in der deutschen Geschichte dar. Vielmehr ist in dem Nebeneinander von Republikschutzgesetz und Notverordnungen ein sich ergänzendes System zu sehen, das es den Polizeibehörden möglich machte, Staatsfeinde von links und rechts zu bekämpfen. Wie effektiv diese Mittel waren, ob und wie sie angewandt wurden, wird im weiteren Verlauf der Studie untersucht.

Der Gesetzgeber kannte auch ein „negatives Staatsschutzrecht"[28]: die politische Amnestie.[29] Während der Weimarer Republik gab es insgesamt sieben politische Reichsamnestien. Hinzu kamen zahlreiche Amnestien der Länder aus der Anfangszeit der Republik. Die erste Amnestie war notwendig geworden, weil eine Bearbeitung der politischen Straftaten aus der Revolutionszeit von 1918/19 bis hin zum Ruhrkampf im Jahr 1920 durch die Justiz nicht möglich war.[30] Dies hatte zur Folge, daß die Republik den ersten politischen Straftaten - vor allem von rechts - nicht mit Härte, sondern mit Milde begegnete. Die psychologischen Auswirkungen dieser Amnestie lassen sich nicht messen. Der Verzicht auf eine Bestrafung der Staatsfeinde war aber sicherlich nicht geeignet, die junge Republik zu stabilisieren. Da die Teilnehmer der Münchener Räterepublik von der ersten Amnestie ausgenommen waren, wurde zu keinem Zeitpunkt ein Schlußstrich gezogen, was zu einer Kettenreaktion der Amnestien führte:

---

[25] Waffengesetz vom 18. März 1938, in: RGBl. 1938, I, S. 265-269.
[26] Art. 7 Abs. 2 Nr. 1 des Strafrechtsänderungsgesetzes vom 30. August 1951, in: BGBl. 1951, S. 739-747, S. 747.
[27] Analog hierzu zur Sicherung des Osterfriedens: Verordnung des Reichspräsidenten zum Schutz des inneren Friedens vom 17. März 1932, in: RGBl. 1932, I, S. 133.
[28] Vgl. C. GUSY: Weimar, S. 219, der diesen Begriff benutzt.
[29] Vgl. J. CHRISTOPH: Die politischen Reichsamnestien 1918-1933, Frankfurt a. M. / Bern / New York / Paris 1987.
[30] Gesetz über die Gewährung von Straffreiheit vom 4. August 1920, in: RGBl. 1920, S. 1487.

Von der sogenannten Kapp-Amnestie von 1920 und ihren Nachfolgerinnen von 1922 und 1925 profitierten mehrere zehntausend politische Straftäter.[31] Während in den Anfangsjahren der Republik primär die Linken an Amnestien interessiert waren, wandelte sich dies ab Mitte der Zwanziger Jahre, und die Amnestiegesetzgebung wurde von der DNVP und später von der NSDAP benutzt, um den Fememördern zur Straffreiheit zu verhelfen. In die Endphase der Weimarer Republik fallen drei Amnestien:

1. Die sogenannte „Koch-Amnestie" vom 14. Juli 1928, die von allen Parteien außer der BVP getragen wurde.[32] Sie sollte die letzte Amnestie sein und bezog sich auf alle Straftaten aus politischen Beweggründen. Für politischen Mord war Strafmilderung vorgesehen. In Preußen wurden 1.759 Strafen erlassen, 79 gemildert und 1.224 Verfahren eingestellt. KPD und NSDAP ging die Amnestie nicht weit genug: Sie strebten die Straffreiheit für politische Mörder an.
2. Diesen letzten Tabubruch vollzog die Amnestie vom 24. Oktober 1930.[33] Erstmals konnte der politische Mord amnestiert werden. Der Amnestie kam quantitativ nur eine untergeordnete Bedeutung zu, aber die politisch-psychologischen Auswirkungen auf das Rechtsbewußtsein waren fatal: Das Republik- und Staatsschutzrecht wurden auf diese Weise unterhöhlt und das allgemeine Strafrecht entwertet.
3. Die letzte Amnestie der Weimarer Republik war eine Massenamnestie.[34] Durch das Gesetz vom 20. Dezember 1932 wurden 38.000 bereits verhängte Strafen erlassen oder gemildert und weitere 38.000 anhängige Verfahren niedergeschlagen. Zusätzlich wurden 220.000 Straftaten aus wirtschaftlicher Not amnestiert und 88.000 schwebende Verfahren eingestellt.[35] Von diesem Gesetz profitierten die Straftäter, die aufgrund der Notverordnungen verurteilt worden oder deren Verfahren noch anhängig waren.

Wieviele politische Straftäter in der Weimarer Republik amnestiert wurden, kann nicht genau gesagt werden. Man kann jedoch von über 100.000 amnestierten politischen Straftaten ausgehen. Die negativen Auswirkungen sind nicht zu unterschätzen: Der Gesetzgeber hintertrieb durch die Amnestiegesetzgebung seine eigenen Bemühungen um den Republik- und Staatsschutz. Somit ist dem Fazit von Jürgen Christoph

---

[31] Gesetz über Straffreiheit für politische Straftaten vom 21. Juli 1922, in: RGBl. 1922, I, S. 595f.; Gesetz über Straffreiheit vom 17. August 1925, in: RGBl. 1925, I, S. 313f. Vgl. zu der Zahl der Amnestierten: J. CHRISTOPH, S. 88, S. 162; C. GUSY: Weimar, S. 219.
[32] Gesetz über Straffreiheit vom 14. Juli 1928, in: RGBl. 1928, I, S. 195f. Ihren Namen verdankt diese Amnestie dem damaligen Reichsjustizminister Erich Koch-Weser.
[33] Gesetz zur Änderung des Gesetzes über Straffreiheit vom 14. Juli 1928 vom 24. Oktober 1930, in: RGBl. 1930, I, S. 467.
[34] Gesetz über Straffreiheit vom 20. Dezember 1932, in: RGBl. 1932, I, S. 559.
[35] Vgl. J. CHRISTOPH, S. 354ff.

zuzustimmen, der feststellt: „Durch die republikanische Amnestiegesetzgebung wurde das Strafrecht schon lange vor 1933 politischen Zwecken unterworfen."[36]

Die Amnestien zeigen, daß ein Republik- und Staatsschutzrecht in der Weimarer Republik nicht nur auf dem Papier existierte, sondern auch angewandt wurde. Das überaus große Interesse der Parteien an politischen Amnestien ist nur zu erklären, wenn die Gerichte tatsächlich politische Straftäter in größerem Ausmaß verurteilten. Christoph Gusy sieht in den Straffreiheitsgesetzen zu Recht „keineswegs Indizien für die Wirkungslosigkeit, sondern im Gegenteil für die Wirksamkeit des Schutzes von Staat und Republik mit den Mitteln des Rechts."[37] Hierzu war eine funktionierende Exekutive notwendig.

---

[36] J. CHRISTOPH, S. 373.
[37] C. GUSY: Weimar, S. 242.

ZWEITER TEIL

Die politische Polizei als Staatsschutzorgan

„Politische Polizei bedeutet nichts anderes als der Inbegriff derjenigen polizeilichen Tätigkeit, die auf den polizeilichen Schutz des Staates gerichtet ist."

(Bernhard Weiß: Polizei und Politik, Berlin 1928, S. 25)

DRITTES KAPITEL

Aufgaben, Entwicklung und Organisation der politischen Polizei

Die preußische politische Polizei gehörte in der Weimarer Republik zur sogenannten inneren Verwaltung.[1] Ab Mitte der zwanziger Jahre war die preußische Polizei einheitlich aufgebaut, mit dem preußischen Innenministerium als zentraler Polizeibehörde an der Spitze, in dem es eine Polizeiabteilung mit speziellen sachlich gegliederten Untergruppen gab. Als Landespolizeibehörden fungierten die 34 Regierungspräsidenten für ihren jeweiligen Bezirk und der Polizeipräsident von Berlin für die Stadt Berlin. Dieser hatte eine Sonderstellung unter den preußischen Polizeipräsidenten, denn er war gleichzeitig Orts-, Kreis- und Landespolizeibehörde. Über den Regierungspräsidenten standen die Oberpräsidenten, die keine Polizeibehörden im engeren Sinne waren, aber das Polizeiverordnungsrecht hatten. Im Laufe der Weimarer Republik bekamen sie durch das Republikschutzgesetz und die Notverordnungen zusätzliche Kompetenzen übertragen.

Den Regierungspräsidenten nachgeordnet waren die Landräte als Kreispolizeibehörde. Ihnen unterstand die Landjägerei als staatliche Polizei in über 500 Landkreisen. In den Gemeinden, die diesen Landkreisen angehörten, erledigten Amtsvorsteher, Distriktskommissare oder Bürgermeister die Aufgaben der Ortspolizei.[2]

In den kreisfreien Städten existierten zwei verschiedene Formen der Polizei: In Städten mit staatlicher Polizeiverwaltung nahm ein Polizeipräsident oder -direktor die orts- und kreispolizeilichen Aufgaben wahr. In Städten ohne staatliche Polizeiverwaltung stand der Oberbürgermeister der Polizeibehörde vor.[3] Ende 1929 gab es in Preußen 44 staatliche Polizeiverwaltungen und über 100 kreisfreie Städte mit kommunalen Polizeibehörden.

Der hier skizzierte Aufbau orientiert sich an der örtlichen Zuständigkeit der Polizeibehörden. Die preußische Polizei kann auch nach der sachlichen Zuständigkeit beschrieben werden, was sich an ihren verschiedenen Organen zeigt. In den Landkreisen war die Landjägerei das einzige Polizeiorgan und hatte alle Aufgaben und sachlichen Zuständigkeiten der Polizei wahrzunehmen, und eine weitere sachliche Unterteilung existierte nicht. Zum Ende der Weimarer Republik verfügte die preußische Landjägerei über etwa 9.000 Landjäger.[4]

---

[1] Vgl. zur Entwicklung der preußischen Polizei im 19. Jahrhundert: A. FUNK: Polizei und Rechtsstaat. Die Entwicklung des staatlichen Gewaltmonopols in Preußen 1848-1914, Frankfurt a. M. / New York 1986. Zur Anfangsphase der Weimarer Republik: J. BUDER: Die Reorganisation der preußischen Polizei 1918-1923, Frankfurt a. M. / Bern / New York 1986.
[2] Die Amtsbezeichnungen waren in den Provinzen verschieden.
[3] Vgl. die Schaubilder c) und g) im Anhang (o.S.) bei P. RIEGE: Die preußische Polizei. Kurze Darstellung ihrer Entwicklung und heutigen Form, Berlin ³1931.
[4] EBENDA, S. 39.

In den staatlichen Polizeiverwaltungen kann zwischen drei verschiedenen Polizeiorganen unterschieden werden: der Verwaltungs-, der Schutz- und der Kriminalpolizei. Die vielfältigen Aufgaben der Verwaltungspolizei umfaßten die politische Polizei, die Fremdenpolizei mit dem Einwohnermeldeamt, die Verkehrs-, Wasser- und Feuerschutzpolizei, weiterhin die Gewerbepolizei, die Strafverfügungs- und Rechtshilfesachen, das Fundbüro sowie die Gesundheits- und Veterinärpolizei.[5] Der staatlichen preußischen Verwaltungspolizei standen für diese weitreichenden Aufgaben 1930 4.654 Beamte zur Verfügung.[6]

Das Hauptvollzugsorgan der staatlichen Polizeigewalt war die Schutzpolizei.[7] Sie hatte 1930 eine Gesamtstärke von 49.724 Beamten.[8] Die Schutzpolizei unterteilte sich in die Revierpolizei, die Bereitschaftspolizei und die technischen Beamten, die als Kraftfahrer, Telegrafisten, Telefonisten sowie bei der Wasserschutzpolizei ihren Dienst versahen.

Das zweitgrößte Polizeiorgan war die Kriminalpolizei, mit den Aufgaben der Verbrechensprävention und -verfolgung.[9] Die staatliche Kriminalpolizei hatte 6.831 Beamte. Hinzu kamen 174 weibliche Kriminalbeamte, die hauptsächlich Fürsorgeaufgaben wahrnahmen.[10]

Kurz gesagt, die staatliche Polizei in Preußen bestand aus vier Säulen: Der Landjägerei, der Verwaltungspolizei, der Schutz- und der Kriminalpolizei. Sie umfaßte 1930 insgesamt über 60.000 Beamte. In den kreisfreien Städten ohne staatliche Polizeiverwaltungen waren weitere 15.000 kommunale Polizeibeamte tätig.[11] In diesen Städten ähnelte die Organisation der Polizei den staatlichen Polizeiverwaltungen.

Innerhalb der staatlichen Polizei kam den Leitern der Polizeibehörden eine entscheidende Funktion zu.[12] Von den 44 Polizeipräsidenten und -direktoren gehörten 1929 24 der SPD sowie je 7 dem Zentrum und der DDP an. Mitglied der DVP waren 4 Polizeipräsidenten und 2 gehörten keiner Partei an.[13] Im Vergleich zu den anderen politischen Beamten waren unter den Polizeipräsidenten die Sozialdemokraten somit

---

[5] EBENDA, S. 28.
[6] WEGWEISER DURCH DIE POLIZEI, ⁵1931, in: Sammlung der Drucksachen des Preußischen Landtags (Anlagen zu den Sitzungsberichten), 3. Wahlperiode [1928-1932], 10. Band, Nr. 5928, S. 5986-6061, S. 5995.
[7] Vgl. grundsätzlich: P. LESSMANN.
[8] WEGWEISER 1931, S. 5995
[9] Vgl. grundsätzlich: P. WAGNER.
[10] Vgl. U. NIENHAUS: Einsatz für die „Sittlichkeit". Die Anfänge der weiblichen Polizei im Kaiserreich und in der Weimarer Republik, in: A. LÜDTKE (Hrsg.): „Sicherheit" und „Wohlfahrt". Polizei, Gesellschaft und Herrschaft im 19. und 20. Jahrhundert, Frankfurt a. M. 1992, S. 243-266.
[11] Vgl. P. RIEGE, S. 49.
[12] Über die preußischen Polizeipräsidenten der Weimarer Republik liegen keine Untersuchungen vor, was angesichts ihrer Bedeutung um so bedauerlicher ist.
[13] Vgl. J. STANG, S. 399; leicht abweichende Angaben bei: T. ALBRECHT, S. 226.

überrepräsentiert.[14] Dies zeigt den Stellenwert, den die preußische Sozialdemokratie der Leitung der Polizeibehörden beimaß. Unter den Polizeipräsidenten lassen sich zwei große Gruppen ausmachen:[15] die Juristen und die sogenannten ‚Außenseiter'.[16] Für 23 Polizeipräsidenten ließen sich verläßliche Angaben zu ihrer beruflichen Vorbildung gewinnen: 13 waren gelernte Arbeiter, 10 Juristen. Bei weiteren 6 deutet ein Doktortitel ein Studium an.[17] Vermutlich handelt es sich in der Mehrheit um Juristen.

Die ‚Außenseiter' hatten oft keine Erfahrung in der Polizeiarbeit und wurden im Schnelldurchgang auf ihre Ämter vorbereitet. Sie bewährten sich außerordentlich gut. Beispiele hierfür sind die sozialdemokratischen Polizeipräsidenten Otto Bauknecht in Köln, Joseph Lübbring in Dortmund und Hermann Meyer in Duisburg sowie die Zentrumsmitglieder Wilhelm Elfes in Krefeld, Jakob Isenrath in Mönchengladbach und Wilhelm Weyer in Oberhausen. Selbst in Berlin war der Polizeipräsident ein sozialdemokratischer Außenseiter: Albert C. Grzesinski amtierte von April 1925 bis zum Oktober 1926 und wiederum von Oktober 1930 bis zum 20. Juli 1932. Der zwischenzeitliche Polizeipräsident Friedrich Zörgiebel war ebenfalls Sozialdemokrat, stammte aus der Arbeiterschaft und hatte nicht studiert.

Den Leitern der staatlichen Polizeiverwaltungen kam auf dem Gebiet der politischen Polizei eine besondere Stellung zu, was sich daran zeigte, daß die politischen Abteilungen meist sehr eng mit der Leitungsebene der Polizeipräsidien und -direktionen verzahnt waren.[18]

Die Geschichte der politischen Polizei in Preußen reicht weit in das 19. Jahrhundert zurück.[19] Im Kaiserreich überwachte sie vornehmlich die Sozialdemokratie, die daher

---

[14] Vgl. T. ALBRECHT, S. 226: Der Anteil der Sozialdemokraten war am 1. Oktober 1929 bei den Oberpräsidenten 33,3 %, bei den Regierungspräsidenten 18,8 %, bei den Vizepräsidenten an Oberpräsidien 16,7 %, bei den Regierungsvizepräsidenten 21,9 % und bei den Landräten 15,5 %.

[15] Die Angaben zu den Polizeipräsidenten und ihre Bewertung basieren auf einer Vielzahl von Quellen, deren vollständige Nennung den Rahmen einer Fußnote sprengen würde. Die wichtigsten sind: DEUTSCHES BIOGRAPHISCHES ARCHIV (DBA). Neue Folge. Kumulation aus 284 biographischen Lexika und dem Nachweis von ca. 280 000 Personen, bearb. von W. Gorzny, München 1989ff; BIOGRAPHISCHES HANDBUCH DER DEUTSCHSPRACHIGEN EMIGRATION NACH 1933, Band I: Politik, Wirtschaft, Öffentliches Leben, München / New York / London / Paris 1980, S. 32, 545; BIOGRAPHISCHES LEXIKON FÜR SCHLESWIG-HOLSTEIN UND LÜBECK, Bd. 10, Neumünster 1994, S. 111ff. T. KLEIN: Leitende Beamte der allgemeinen Verwaltung in der preußischen Provinz Hessen-Nassau und in Waldeck 1867-1945, Darmstadt / Marburg 1988, S. 122, 145, 218f., 243f.; H. ROMEYK: Die leitenden staatlichen und kommunalen Verwaltungsbeamten der Rheinprovinz 1816-1945, Düsseldorf 1985, S. 345, 357f., 421f., 431f., 549f., 595, 625f., 775f., 817, 831; C. SCHUBOTZ: Liste der Polizeiverwaltungsbeamten Preußens, Berlin 1931.

[16] Vgl. zu der Gruppe der ‚Außenseiter' das zweite Kapitel dieser Studie.

[17] Möglicherweise ist unter diesen Doktoren ein Ehrendoktor. Daher kann von einem Doktortitel nicht automatisch auf ein Studium geschlossen werden.

[18] Vgl. hierzu das vierte Kapitel dieser Studie.

[19] Grundlegend hierzu: W. SIEMANN: „Deutschlands Ruhe, Sicherheit und Ordnung". Die Anfänge der politischen Polizei 1806-1866, Tübingen 1985, S. 61-71, 174-195, 340-398; A. FUNK, S. 48-51, 67-69, 255-273.

für eine Auflösung der politischen Polizei eintrat.[20] Die Gelegenheit, diese Forderungen umzusetzen, kam mit der Staatsumwälzung von 1918/19. Der anstelle eines Polizeipräsidenten zuständige ‚Volkskommissar für den öffentlichen Sicherheitsdienst', Emil Eichhorn, löste die Abteilung V (politische Polizei) des Berliner Polizeipräsidiums auf und betraute Mitglieder der Arbeiter- und Soldatenräte mit ihren Aufgaben.[21]

Doch bereits zu Beginn des Jahres 1919 wurden in Berlin die Aufgaben der politischen Polizei wieder von ordnungsgemäßen Beamten wahrgenommen. Ein großer Teil von ihnen stammte aus der königlichen politischen Polizei. Ihre Übernahme hatten sie sich erleichtert, indem sie am 8. November 1918 viele Akten vernichteten, die in der neuen politischen Lage für sie hätten kompromittierend sein können.[22] Verantwortlich für die Reorganisation der politischen Polizei war Emil Ernst, der Nachfolger Eichhorns als Polizeipräsident. Trotz seiner früheren Gegnerschaft war er von der Notwendigkeit einer ordentlichen politischen Polizei überzeugt, um die neue Staatsform effektiv schützen zu können. Die Existenz der politischen Polizei wurde zunächst verheimlicht und als Abteilung I A des Berliner Polizeipräsidiums getarnt.

Wann die Öffentlichkeit von dem Bestehen der politischen Polizei erfuhr, ist fraglich. Spätestens seit Mitte der zwanziger Jahre wurde aus der Existenz der politischen Polizei kein Geheimnis mehr gemacht, und einzelne Beamte wurden der Öffentlichkeit namentlich bekannt, ohne jedoch die Popularität zu erlangen, die viele Berliner Kriminalpolizisten in der Weimarer Republik hatten.[23]

Außerhalb Berlins war die Lage weniger klar geregelt. Die staatlichen Polizeiverwaltungen nahmen zwar spätestens ab 1922 die Aufgaben der politischen Polizei wahr,[24] aber die politische Polizei bestand in der Provinz häufig nur aus wenigen Beamten und war organisatorisch nur unvollkommen von der Kriminalpolizei getrennt.[25]

---

[20] Vgl. E. ERNST: Polizeispitzeleien und Ausnahmegesetze 1878-1910. Ein Beitrag zur Geschichte der Bekämpfung der Sozialdemokratie, Berlin 1911.
[21] Vgl. B. WEISS, S. 53.
[22] EBENDA, S. 104.
[23] Vgl. H.-H. LIANG, S. 135. Der ‚Star' unter den Kriminalbeamten war Ernst Gennat, der Leiter der Mordkommission in Berlin. Vgl. R. STÜRICKOW: Der Kommissar vom Alexanderplatz, Berlin 1998.
[24] Regulativ vom 15. August 1922, betr. die Zuständigkeit der neuen staatlichen Polizeiverwaltungen in Rheinland-Westfalen und in Halle und Erfurt, in: MBliV 1922, Sp. 838.
[25] Dies geht aus dem Runderlaß des Ministers des Innern vom 12. Dezember 1928 betreffend die einheitliche Gliederung der staatl. Pol.-Verw., in: MBliV 1928, Sp. 1189-1192, 1191 hervor, indem der politischen Polizei ein Außendienst zugeteilt wurde und von der „Trennung der Exekutive der politischen Polizei von der Kriminalpolizei" gesprochen wird. Die Vermischung von politischer Exekutive und Kriminalpolizei vor 1929 wird deutlich an dem Stellenbesetzungsplan der Kriminalpolizei Bochum: Polizei-Anzeiger des Polizeipräsidiums Bochum, Nr. 34 vom 27. Oktober 1928, S. 179, in: StAMS, Polizeipräsidien, Nr. 203. Vgl. auch D. STEGMANN: Politische Radikalisierung, S. 114, der den Polizeirat Hachfeld mit den Worten zitiert, daß die politische Polizei vor 1929 nur „ein Anhängsel der Kriminalpolizei" gewesen sei.

Zu Beginn der Weimarer Republik war die Stellung der politischen Polizei nicht unangefochten. Die uniformierte Polizei legte sich einen eigenen Nachrichtendienst zu, was ihr jedoch per Ministerialerlaß am 6. Januar 1921 verboten wurde.[26] Eine größere Konkurrenz erwuchs der politischen Polizei durch das Amt des preußischen ‚Staatskommissars für die Überwachung der öffentlichen Ordnung'. Es wurde am 21. Juli 1919 eingerichtet und übernahm die nachrichtendienstliche Tätigkeit.[27] Das Amt hatte eine Nachrichtenstelle, eine Exekutive und eine Pressestelle, wobei die beiden letzteren schnell an Bedeutung verloren. Der Staatskommissar blieb jedoch der zentrale politische Nachrichtendienst Preußens, und es wurden Meldestellen bei den Oberpräsidien als organisatorischer Unterbau eingerichtet.[28]

Bereits in der ersten Bewährungsprobe versagte das Amt kläglich: Der Staatskommissar, der Geheime Regierungsrat Herbert v. Berger, warnte die preußische Regierung nicht vor dem Kapp-Lüttwitz-Putsch und unterhielt Kontakte zu den Putschisten.[29] Bergers Nachfolger wurde Robert Weismann, zuvor erster Staatsanwalt und Leiter der politischen Abteilung bei der Staatsanwaltschaft I in Berlin. Weismann, der als „eine der farbigsten und problematischsten Figuren der Weimarer Republik"[30] beschrieben wird, war ein enger Vertrauter des preußischen Ministerpräsidenten Otto Braun. Er verfügte über ein hervorragendes Informantennetz, und seine Amtsführung gab keinen Anlaß, die Dienststelle des Staatskommissars in Frage zu stellen und die Aufgaben des Nachrichtendienstes von der politischen Polizei wahrnehmen zu lassen. Dennoch wurde das Staatskommissariat vom preußischen Innenminister Carl Severing am 1. Oktober 1923 seinem Ministerium angegliedert, und am 1. April 1924 vollständig überführt.[31] Hierfür waren mehrere Gründe ausschlaggebend: Severing sah aus eigener Erfahrung die Tätigkeit eines Kommissars als eine Übergangslösung an,[32] und erblickte in der preußischen Polizei ein geeigneteres Mittel zur Aufrechterhaltung der öffentlichen Sicherheit und Ordnung.[33] Er ging konsequent vor, denn das

---

[26] Vgl. B. WEISS, S. 137.
[27] Vgl. Vgl. E. RITTER (Hrsg): Reichskommissariat für die Überwachung der öffentlichen Ordnung und Nachrichten-Sammelstelle im Reichsministerium des Innern, Lageberichte (1920-1929) und Meldungen (1929-1933), Bestand R 134 des Bundesarchivs Koblenz, veröffentlicht als Microfiche-Ausgabe, Einleitung und Indices (Begleitbuch), München 1979, S. X.
[28] Vgl. H. ROMEYK: Verwaltungs- und Behördengeschichte der Rheinprovinz 1914-1945, Düsseldorf 1985, S. 154f.
[29] Vgl. D. ORLOW: Weimar Prussia 1918-1925, S. 146; J. ERGER: Der Kapp-Lüttwitz-Putsch. Ein Beitrag zur deutschen Innenpolitik 1919/20, Düsseldorf 1967, S. 118ff., S. 133.
[30] H. SCHULZE: Otto Braun, S. 377 und S. 378f. mit negativen Urteilen von Zeitgenossen über Weismann.
[31] Verfügung des preußischen Ministers des Innern vom 14. November 1923 betreffend das Staatskommissariat für öffentl. Ordnung, in: MBliV 1923, Sp. 1142f; Verfügung des preußischen Ministers des Innern vom 31. März 1924 betreffend Auflösung des Staatskommissariats für öffentl. Ordnung, in: MBliV 1924, Sp. 373f.
[32] Severing war 1919/20 Reichs- und Staatskommissar für das rheinisch-westfälische Industriegebiet Vgl. T. ALEXANDER, S. 108-115.
[33] Vgl. zur Reorganisation: J. BUDER.

Staatskommissariat war aufgrund des Zuschnitts des Amtes ein Fremdkörper in der preußischen Verwaltung. Zudem wollte Severing aus persönlichen Gründen nicht mit Weismann zusammenarbeiten.[34] Nach der Auflösung des Staatskommissariats existierte in Preußen keine zentrale Nachrichtensammelstelle für politische Delikte mehr.

Im Mai 1925 wurde am Polizeipräsidium Berlin das Landeskriminalpolizeiamt eingerichtet.[35] Seine Gründung ging auf das Reichskriminalpolizeigesetz von 1922 zurück, das die Einrichtung von Landeskriminalpolizeiämtern als Unterbau für das geplante Reichskriminalpolizeiamt vorsah.[36] Das Gesetz wurde nie vollständig umgesetzt, da sich Bayern und Preußen weigerten, Kompetenzen abzugeben.

Das Landeskriminalpolizeiamt (LKP-Amt) war nur eine „Briefkastenbehörde."[37] Neues Personal wurde nicht eingestellt: Die Berliner Polizei wurde zusätzlich zu ihrer Funktion als Ortspolizeibehörde zur Landespolizeibehörde erklärt. Das LKP-Amt war die Nachrichtensammelstelle in Preußen für eine Reihe von Delikten, doch abgesehen vom Landesverrat zählten politische Straftaten nicht hierzu.[38] Die Pläne, das LKP-Amt zur zentralen Nachrichtensammelstelle für politische Straftaten zu machen, wurden nicht verwirklicht.[39]

Für die politische Polizei stellte die Errichtung von 22 Landeskriminalpolizeistellen, die an verschiedenen staatlichen Polizeiverwaltungen als Unterbehörden des LKP-Amts eingerichtet wurden, die größte Neuerung dar.[40] Als Nachrichtensammelstellen für eine Provinz oder einen Regierungsbezirk hatten die Ortspolizeibehörden ihnen alle Straftaten, die die öffentliche Sicherheit besonders gefährdeten, zu melden. Hierzu zählten explizit politische Straftaten: „Verbrechen und Vergehen, die sich gegen den Bestand und die Sicherheit des Staates richten (z.B. Hochverrat, Landesverrat, Verrat militärischer Geheimnisse, Verbrechen und Vergehen gegen das Gesetz zum Schutze der Republik) sowie alle strafbaren Handlungen, die auf einen politischen Beweggrund

---

[34] Vgl. E. RITTER, S. XII.
[35] Runderlaß des Ministers des Innern vom 20. Mai 1925 betreffend Organisation der Landeskriminalpolizei, in: MBliV 1925, Sp. 569-573.
[36] Reichskriminalpolizeigesetz, 21. Juli 1922, in: RGBl. 1922, I, S. 593-595. Vgl. H. FELFE: Eine schwere Geburt. Das Reichskriminalpolizeigesetz vom 21. Juli 1922 - Geschichte und historische Lektion, in: Krim 44 (1990), S. 421-429.
[37] H.-H. LIANG, S. 141, Anm. 49.
[38] Für folgende Angelegenheiten war das LKP zuständig: „1. landesverräterische Bestrebungen jeder Art; 2. Verfertigen von Falschgeld; 3. Bekämpfung des Mädchenhandels; 4. Verbreitung unzüchtiger Veröffentlichungen; 5. Vermißte und unbekannte Tote; 6. internationale Betrüger und Fälscher; 7. Einbrüche in Hotels, Kirchen und Museen; 8. gewerbsmäßige Spieler; 9. gewerbsmäßige Taschendiebe." Runderlaß des preußischen Ministers des Innern vom 20. Mai 1925 betreffend Organisation der Landeskriminalpolizei, in: MBliV 1925, Sp. 569-573, 572.
[39] Vgl. B. WEISS, S. 134.
[40] Anlage 1 zum Erlaß des preußischen Ministers des Innern vom 20. Mai 1925 betreffend Organisation der Landeskriminalpolizei, in: MBliV 1925, Sp. 573f.

zurückzuführen sind."[41] Auch für die Landeskriminalpolizeistellen wurden keine weiteren Beamten eingestellt und die vorhandenen Beamten hatten die zusätzlichen Aufgaben zu übernehmen. In dem Erlaß wurden besondere Bestimmungen über die politische Polizei angekündigt, die über drei Jahre auf sich warten ließen. Bis dahin blieb es bei der wenig befriedigenden Lösung.

Die Situation im Reich war ähnlich unzureichend: Zwar existierte mit dem Amt des ‚Reichskommissars zur Überwachung der öffentlichen Ordnung' ein Nachrichtendienst, da aber das Reichskriminalpolizeiamt nicht gegründet wurde, fehlte der Reichsregierung eine Exekutive. Die Zusammenarbeit mit der politischen Abteilung des Berliner Polizeipräsidiums war zudem nicht frei von Konflikten. 1926 beschuldigten sich die Abteilung IA und das Reichskommissariat gegenseitig, den Kommunisten Unterlagen gegen die preußischen Polizeibehörden zugespielt zu haben.[42] 1929 wurde das Kommissariat aufgelöst, dem Reichsinnenministerium als Nachrichtensammelstelle angegliedert und konnte nur noch öffentlich zugängliche Informationen sammeln.[43] Die Reichsregierung war in Fragen der inneren Sicherheit und des geheimen Nachrichtendienstes nun vollständig von den Ländern abhängig.[44]

Die Uneinheitlichkeit auf dem Gebiet der politischen Polizei wurde durch zwei Runderlasse des Ministers des Innern im Dezember 1928 beendet.[45] Mit Wirkung zum 1. Februar 1929 wurden die Aufgaben und die Organisation der politischen Polizei neu geregelt. Die Aufgaben umfaßten verwaltende und vollziehende Tätigkeiten. Zu den vollziehenden zählten Beobachtung, Vorbeugung und Strafverfolgung. Folgende Sachgebiete blieben der politischen Polizei vorbehalten: Verfassungsangelegenheiten, Pressewesen, Vereins- und Versammlungswesen, Schutz des Staates, Abwehr der Spionagetätigkeit, Beobachtung von besonders bedeutsamen kultur- und wirtschaftspolitischen Bewegungen, Waffen- und Schießsportwesen und Sprengstoffangelegenheiten.[46]

---

[41] Erlaß des preußischen Ministers des Innern vom 20. Mai 1925 betreffend Organisation der Landeskriminalpolizei, in: MBliV 1925, Sp. 569-573, 570.

[42] Der Polizeipräsident Berlin an den preußischen Minister des Innern, 19. Mai 1926, in: IISG, Nl. Grzesinski, Nr. 1749.

[43] Vgl. E. RITTER, S. XXII.

[44] Auch die Reichswehr hatte einen eigenen Nachrichtendienst, die Abwehr, die in der Weimarer Republik vornehmlich innenpolitische Aufgaben wahrnahm. Aus Angst vor einer Bolschewisierung von Staat und Armee überwachte sie nur die KPD. Da der Abwehr eine Exekutive fehlte, war ihr Wirkungskreis beschränkt; bei der Überwachung und Bekämpfung der NSDAP spielte sie keine Rolle. Vgl. H. BUCHHEIT: Der deutsche Geheimdienst. Geschichte der militärischen Abwehr, München 1966, S. 41; H. HÖHNE: Canaris. Patriot im Zwielicht, München 1976, S. 153.

[45] Runderlaß des Ministers des Innern vom 12. Dezember 1928 betreffend Organisation der politischen Polizei, in: MBliV 1928, Sp. 1198-1201. Vorangegangen war diesem Erlaß der Runderlaß vom 12. Dezember 1928 betreffend die einheitliche Gliederung und Geschäftsverteilung der staatl. Pol.-Verw., in: ebenda, Sp. 1189-1198.

[46] Vorläufiger Geschäftsverteilungsplan für die Dienststellen der staatlichen Polizeiverwaltungen mit Ausnahme der staatlichen Polizeiverwaltung Berlin, Anlage zu: Runderlaß des Ministers des

Diese Aufgaben sollten von den Ortspolizeibehörden wahrgenommen werden. Bei landespolizeilichen Angelegenheiten ging die Zuständigkeit auf die Ober- und Regierungspräsidenten und den Polizeipräsidenten in Berlin über. Landespolizeiliche Angelegenheiten waren: „alle diejenigen [...], welche unmittelbar oder mittelbar den Bestand des Staates oder die Staatssicherheit oder die Gefährdung der öffentlichen Ruhe, Sicherheit und Ordnung eines über den Bereich einer Ortspolizeibehörde hinausgehenden Gebiets betreffen."[47]

An allen staatlichen Polizeiverwaltungen Preußens wurden politische Abteilungen eingerichtet, insofern diese nicht schon bestanden. Die politischen Abteilungen gehörten als Abteilung I zur Verwaltungspolizei und erhielten einen eigenen Außendienst (I A), der von der Exekutive der Kriminalpolizei getrennt wurde.[48] Bis dahin unterschied sich die Organisation der politischen Polizei in den einzelnen Städten, wie ein Blick auf die Struktur der politischen Abteilungen in Flensburg und Bochum erkennen läßt.[49]

Die staatlichen Polizeiverwaltungen, die gleichzeitig Landeskriminalpolizeistellen waren, hatten auf dem Gebiet der politischen Polizei auch die landespolizeilichen Aufgaben vollziehender Art wahrzunehmen. Die Oberpräsidenten wurden ermächtigt, eine Landeskriminalpolizeistelle ihrer Provinz zur zentralen Nachrichtenstelle zu bestimmen.[50] Die Zuständigkeit des Landeskriminalpolizeiamts in Berlin wurde nun auf alle politischen Delikte ausgedehnt und Preußen hatte endlich eine zentrale Nachrichtensammelstelle für die politische Polizei.

Zwar war die politische Polizei ab 1929 einheitlich der Verwaltungspolizei mit eigener Exekutive zugeordnet, aber die innere Organisation der einzelnen Abteilungen hob sich voneinander ab. In Berlin, dem größten Polizeipräsidium Preußens unterteilte sich die politische Abteilung im Herbst 1931 im Innendienst in neun, nach Sachgebieten getrennte Dezernate. Das Dezernat 7 war ausschließlich mit der NSDAP befaßt

---

Innern vom 12. Dezember 1928 betreffend einheitliche Regelung und Geschäftsverteilung der staatlichen Polizei-Verwaltungen, in: MBliV 1928, Sp. 1192-1198, Sp. 1194f.

[47] Runderlaß des Ministers des Innern vom 12. Dezember 1928 betreffend Organisation der politischen Polizei, in: MBliV 1928, Sp. 1198-1201, Sp. 1199.

[48] Vgl. die Stellenbesetzungspläne des Polizeipräsidiums in Bochum, die diese Trennung klar belegen: Polizei-Anzeiger des Polizeipräsidiums Bochum Nr. 33 vom 24. Dezember 1927, S. 153f., in: StAMS, Polizeipräsidien, Nr. 202; Polizei-Anzeiger des Polizeipräsidiums Bochum, Nr. 10 vom 19. April 1930, S. 45ff., in: StAMS, Polizeipräsidien, Nr. 204. Obwohl der Außendienst (I A) von Kriminalbeamten wahrgenommen wurde, gehörte auch die Abteilung I A organisatorisch zur Verwaltungspolizei und nicht, wie häufig in der älteren Literatur behauptet wird, zur Kriminalpolizei.

[49] Vgl. G. PAUL: Die Gestapo in Flensburg, in: „Flensburg meldet:...!" Flensburg und das deutschdänische Grenzgebiet im Spiegel der Berichterstattung der Geheimen Staatspolizei und des Sicherheitsdienstes (SD) des Reichsführers-SS (1933-1945), ausgewählt, eingeleitet und kommentiert von Gerhard Paul, Flensburg 1996, S. 13-59, S. 18; Personalbestand des Polizeipräsidiums Bochum, in: Polizei-Anzeiger des Polizeipräsidiums Bochum, Nr. 33 vom 24. Dezember 1927, S. 153f., in: StAMS, Polizeipräsidien, Nr. 202.

[50] In Bochum wurde zum Beispiel eine Nachrichtensammelstelle für die Provinz Westfalen eingerichtet. Vgl. den Aktenbestand der Nachrichtensammelstelle, in: StAMS, Polizeipräsidien, verschiedene Bände.

und gleichzeitig das entsprechende Dezernat des Landeskriminalpolizeiamts. Der Außendienst gliederte sich in fünf Inspektionen, von denen eine für die rechtsradikalen Parteien und Organisationen zuständig war.[51] Der Außendienst war den Dezernenten der Abteilung I des Innendienstes unterstellt. Die Dezernenten hatten die verwaltungstechnischen, organisatorischen und rechtlichen Entscheidungen zu treffen, die Außendienstbeamten konnten aber relativ unabhängig handeln. Die Selbständigkeit war jedoch geringer als später bei der Gestapo.[52] Die Abteilung I / I A der Berliner Polizei bestand 1932 insgesamt aus ungefähr 300 Beamten.[53] Der überwiegende Teil dieser Beamten arbeitete im Außendienst: 1932 hatte die Exekutive der politischen Polizei in Berlin 285 Außendienstbeamte, von denen nur 179 effektiv zur Verfügung standen. Die übrigen waren für Sonderaufgaben abgestellt.[54] Die politische Polizei in Berlin hatte aufgrund verschiedener Faktoren eine besondere Position. Das Polizeipräsidium Berlin war Orts- und Kreispolizeibehörde sowie in seiner Funktion als Landeskriminalpolizeiamt zusätzlich Landespolizeibehörde. Berlin war als Reichs- und Landeshauptstadt der Sitz zweier Regierungen, für deren Sicherheit die politische Polizei zuständig war. Hinzu kam, daß Berlin jede andere preußische Stadt an Einwohnerzahl und Größe bei weitem übertraf, so daß die Verhältnisse in Berlin nicht auf die übrigen Polizeipräsidien zu übertragen sind.

In anderen Städten Preußens war die Organisation weniger ausgeprägt als in Berlin. In Köln gliederte sich der Außendienst der Abteilung I im Sommer 1930 in vier Kommissariate.[55] Im September 1931 wurde die Abteilung reorganisiert und in die drei Kommissariate „Rechtsbewegung", „Linksbewegung" und „Spionageabwehr" unterteilt. Im Außendienst waren 29 Beamte tätig; über die Zahl der Beamten im Innendienst gibt es keine Angaben.[56] In Bochum war die Organisation der politischen

---

[51] Geschäftsverteilungsplan der Abteilung I des Polizeipräsidiums Berlin vom Herbst 1931, abgedruckt in: C. GRAF: Politische Polizei, Dokument 2, S. 401-403. Im November/Dezember 1931 soll die Abteilung I umorganisiert worden sein: Mitteilung von Max Schindler an Christoph Graf, 26. Juni 1975, in: SBA, Depositum Hofer/Graf, Nr. 26.
[52] Mitteilung von Dagobert Arian an Christoph Graf, 19. Juli 1975, in: SBA, Depositum Hofer/Graf, Nr. 7; Mitteilung von Max Schindler an Christoph Graf, 26. Juni 1975, in: SBA, Depositum Hofer/Graf, Nr. 26.
[53] Vgl. B. WEISS, S. 136, der 1928 „von mehrere[n] Hundert Beamten" spricht. Vgl. A. GRZESINSKI: Die Leistungen der Berliner Polizei im Wahlkampf, in: Die Polizei, 29 (1932), Nr. 10 vom 20. Mai 1932, S. 221f. und DERS.: La Tragi-Comédie, S. 118 und 177f., der jeweils 300 Beamte angibt. R. DIELS, S. 123 nennt die Zahl von 60 Kriminalbeamten bei der politischen Polizei. Die Angaben Grzesinskis werden jedoch von Dagobert Arian bestätigt: Mitteilung von Dagobert Arian an Christoph Graf, 7. Mai 1975, in: SBA, Depositum Hofer/Graf, Nr. 7; Vgl. auch C. GRAF: Politische Polizei, S. 23; H.-H. LIANG, S. 142.
[54] Der Leiter des Außendienstes der Abteilung I A an den Leiter der Abteilung I A am Polizeipräsidium Berlin, 13. September 1931, in: IISG, Nl. Grzesinski 1663.
[55] Amtliche Bekanntmachung des Polizeipräsidenten Köln, 14. Juli 1930 und 25. Juli 1930, in: NS-Dok.
[56] Amtliche Bekanntmachung des Polizeipräsidenten Köln, 24. September 1931, in: NS-Dok.

Exekutive identisch und Ende 1931 standen 21 Kriminalbeamte zur Verfügung.[57] Der Verwaltungsdienst wurde von 6 Beamten und 2 Stenotypistinnen versehen.[58] In Dortmund unterteilte sich die Exekutive in zwei Kommissariate: eines für die Rechtsbewegung und die Spionageabwehr, das andere für die Linksbewegung. Im Außendienst arbeiteten im Juni 1929 13 Kriminalbeamte weitere 5 Verwaltungsbeamte versahen den Innendienst.[59] Bis Anfang 1933 vergrößerte sich die Personalzahl nicht[60] Auch in Kiel und Altona war die politische Exekutive in zwei Dezernate unterteilt: eines für die Spionageabwehr, das andere für alle übrigen politischen Angelegenheiten.[61]

Die Verteilung der Beamten auf die einzelnen Kommissariate war in etwa ausgewogen, wobei es lokal leichte Unterschiede gab. Die Kommissariate für Linksbewegung waren meist etwas besser besetzt als die Kommissariate für Rechtsbewegung.

Die Uneinheitlichkeit der Organisation entstand durch lokale Besonderheiten: In Städten mit Grenzlage kam der Spionageabwehr eine große Bedeutung zu. Durch die Rheinlandbesetzung galt gleiches für Köln. Hieran zeigte sich, daß der Erlaß des preußischen Innenministers vom Dezember 1928, der auf Vereinheitlichung der Organisation abzielte, nicht einheitlich angewandt wurde, wie der Kölner Polizeipräsident beklagte.[62] Eine Tendenz zur Vereinheitlichung war dennoch zu erkennen, insbesondere im Vergleich zur Zeit vor 1929.

Für die Schlagkraft der politischen Polizei hatte ihre Personalstärke eine große Bedeutung. Bisher wurde kein Dokument gefunden, das über die Zahl der Beamten der politischen Polizei für ganz Preußen Auskunft gibt. In den Wegweisern zur Polizei, die das preußische Innenministerium jährlich anläßlich der Haushaltsberatungen veröffentlichte, wurde ihre Stärke nicht angegeben, sondern lediglich zwischen Verwaltungs-, Kriminal- und Schutzpolizei unterschieden. Die politische Polizei gehörte

---

[57] Polizei-Anzeiger des Polizeipräsidiums Bochum, Nr. 19 vom 8. August 1931, S. 102, in: StAMS, Polizeipräsidien, Nr. 205.
[58] Polizei-Anzeiger des Polizeipräsidiums Bochum, Nr. 30 vom 24. Dezember 1931, S. 145ff., in: StAMS, Polizeipräsidien, Nr. 205.
[59] Dienstanweisung des Polizeipräsidenten für die politische Abteilung des Polizeipräsidiums in Dortmund, 15. Juni 1929, in: StAMS, Regierung Arnsberg, Nr. 15149, Bl. 159-162.
[60] Namentliches Verzeichnis derjenigen Beamten, Angestellten und Lohnempfänger, die am 1.4.1933 für [sic!] die politische Polizei bei den Landeskriminalpolizeistellen Dortmund und Bochum beschäftigt waren, in: StAMS, Regierung Arnsberg, Nr. 14601, Bl. 14.
[61] LAS, Abt. 301, Nr. 4513; Vgl. G. PAUL: Staatlicher Terror und gesellschaftliche Verrohung. Die Gestapo in Schleswig-Holstein, Hamburg 1996, S. 23.
[62] Der Polizeipräsident Köln an den Regierungspräsidenten Köln, 20. Januar 1931, in: LHAK, Best. 403, Nr. 16913, Bl. 99. Bei diesem Schreiben handelt es sich um Themenvorschläge für eine Nachrichtenkonferenz über Verbesserung und Ausbau der politischen Polizei, die im Februar 1931 durch das Landeskriminalpolizeiamt für die politischen Sachbearbeiter der vier westlichen Provinzen in Berlin stattfinden sollte: Der preußische Minister des Innern an die Oberpräsidenten in Koblenz, Münster, Kassel und Hannover und den Polizeipräsidenten in Berlin, 10. Januar 1931, in: ebenda, Bl. 93.

zur Verwaltungspolizei, aber ihre Exekutivbeamten wurden haushaltstechnisch als Kriminalbeamte geführt.[63]

Für die acht Polizeipräsidien in Aachen, Berlin, Bochum, Breslau, Dortmund, Frankfurt, Kiel und Köln liegen punktuelle Angaben über die Zahl der Exekutivbeamten der politischen Abteilungen vor.

Tabelle 2: Die Exekutivbeamten der politischen Polizei

Polizei-Präsidium	Zeitpunkt	Kriminalbeamte insgesamt	Kriminalbeamte bei der politischen Polizei	Anteil in Prozent
Aachen	1932[64]	95	12	12,6
Berlin	1931[65]	2.205	285	12,9
Bochum	1930[66]	187	17	9,1
Breslau	1930[67]	288	17	5,9
Dortmund	1929[68]	148	13	8,8
Frankfurt a. M.	1932[69]	195	18	9,2
Kiel	1930[70]	104	12	11,5
Köln	1931[71]	326	29	8,9

Die obenstehenden Angaben erlauben eine Hochrechnung auf die Gesamtstärke der preußischen politischen Polizei. In Berlin war die absolute Zahl der Beamten und ihr

---

[63] Ob es sich hierbei um eine bewußte Verschleierung der Stärke der politischen Polizei handelte, oder ob die Nichtangabe der Größe lediglich aus haushaltstechnischen Gründen unterblieb, kann nicht mit Sicherheit geklärt werden. Da aber die Beamten der politischen Polizei der Öffentlichkeit namentlich bekannt waren, ist eine Verschleierung unwahrscheinlich.

[64] Der Polizeipräsident Aachen an den Regierungspräsidenten Aachen, 6. Oktober 1934, in: HStAD, BR 1031/185, Bl. 210.

[65] Der Leiter des Außendienst der Abteilung I A an den Leiter der Abteilung I A am Polizeipräsidium Berlin, 13. September 1931, in: IISG, Nl. Grzesinski 1663; P. WAGNER; S. 79.

[66] Polizei-Anzeiger des Polizeipräsidiums Bochum, Nr. 10 vom 19. April 1930, S. 45ff., in: StAMS, Polizeipräsidien, Nr. 204; WEGWEISER DURCH DIE POLIZEI ⁵1931, S. 5994f.

[67] Die Überalterung der staatlichen Kriminalpolizei, in: Die Polizei, Nr. 8, 20. April 1930, S. 194; WEGWEISER DURCH DIE POLIZEI ⁵1931, S. 5992f.

[68] Dienstanweisung des Polizeipräsidenten für die politische Abteilung des Polizeipräsidiums in Dortmund, 15. Juni 1929, in: StAMS, Regierung Arnsberg, Nr. 15149, Bl. 159-162; WEGWEISER DURCH DIE POLIZEI ⁴1930, in: Sammlung der Drucksachen des Preußischen Landtags (Anlagen zu den Sitzungsberichten), 3. Wahlperiode [1928-1932], 5. Band, Nr. 3592, S. 3138-3212, S. 3146f.

[69] Vgl. V. EICHLER: Organisation, Struktur und Schriftgutüberlieferung der Gestapo in Frankfurt am Main, in: Frankfurt am Main. Lindenstraße, Gestapozentrale und Widerstand, hrsg. vom Institut für Stadtgeschichte, Frankfurt a. M. / New York, 1996, S. 71-85, S. 72.

[70] Zusammenstellungen der politischen Abteilung des Polizeipräsidiums Kiel über nachrichtendienstliche Ausgaben [von April 1929 bis Juni 1932], in: LAS, Abt. 301, Nr. 4513.

[71] Amtliche Bekanntmachung des Polizeipräsidenten Köln, 24. September 1931, in: NS-Dok; WEGWEISER 1931, S. 5994f.

prozentualer Anteil an den Kriminalbeamten am höchsten. Aufgrund der beschriebenen Sonderstellung Berlins überrascht dies nicht.

Mit Ausnahme von Aachen, Breslau und Kiel lag in den übrigen Polizeipräsidien der Anteil der Exekutivbeamten der politischen Polizei an allen Kriminalbeamten im Durchschnitt zwischen 8,8 und 9,4 Prozent.[72]

In Breslau war die politische Abteilung von den Grenzgeschäften entbunden und daher verhältnismäßig klein. In Aachen hingegen wurden die Grenzsicherungsaufgaben von der politischen Polizei wahrgenommen, so daß sich der höhere Anteil erklärt. In Kiel resultierte die relativ große Spionageabteilung aus der Küstenlage der Stadt und der Stationierung der Reichsmarine, die ausländische Spione anzog. Unter Berücksichtigung dieser Besonderheiten kann man davon ausgehen, daß etwa neun Prozent aller Kriminalbeamten bei der politischen Polizei ihren Dienst versahen. Für den Dezember 1931 würde dies bedeuten, daß 433 Kriminalbeamte bei der politischen Polizei außerhalb Berlins ihren Dienst versahen. Insgesamt dürften somit ungefähr 700 Kriminalbeamte bei der politischen Polizei tätig gewesen sein. Zusammen mit den Verwaltungsbeamten im Innendienst waren alles in allem wohl unter 1.000 Beamte ausschließlich mit politisch-polizeilichen Aufgaben befaßt.

Bei der Kriminalpolizei wurden aus finanziellen Gründen zwischen 1926 und 1931 2,5 Prozent des Personals abgebaut, die Exekutive der politischen Polizei hingegen auf Kosten der Kriminalpolizei ausgebaut. In Bochum stieg die Zahl der Exekutivbeamten der politischen Polizei von 5 im Jahr 1927 auf 17 im Jahr 1931.[73] Der Bochumer Polizeipräsident beklagte daher eine gefährliche Schwächung der Kriminalpolizei.[74]

Die personelle Ausstattung der politischen Polizei erlaubte keine extensive Beobachtungstätigkeit. Auf einen Beamten der politischen Polizei kamen in Aachen 12.833 Einwohner, in Berlin 15.166, in Kiel 18.142, in Köln 25.414, in Frankfurt am Main 30.500, in Breslau 36.176, in Dortmund 41.538 und in Bochum 41.647.[75] Diese Zahlen sind nur ein grober Anhaltspunkte, denn in ihnen sind alle Bewohner enthalten - Kinder ebenso wie politisch nicht aktive Personen. Bedingt durch Krankheit und Urlaub standen weniger Beamte zur Verfügung und viele Beamte der politischen Polizei unternahmen häufig Dienstreisen. Die tatsächliche Observierungsdichte läßt sich daher nicht ermitteln.

---

[72] Bei Addition aller Beamter der politischen Polizei der sieben Polizeipräsidien und der Errechnung ihres Anteils an den Kriminalbeamten ergibt sich 8,8 Prozent. Rechnet man die prozentualen Anteile zusammen und teilt diese durch sieben, so erhält man 9,4 Prozent.

[73] Personalbestand des Polizeipräsidiums Bochum, Stand: 16.12. 1927: Polizei-Anzeiger des Polizeipräsidiums Bochum, Nr. 33 vom 24. Dezember 1927, S. 153ff., in: StAMS, Polizeipräsidien, Nr. 202; Personalbestand des Polizeipräsidiums Bochum, Stand: Ende 1931: Polizei-Anzeiger des Polizeipräsidiums Bochum, Nr. 30 vom 24. Dezember 1931, S. 145ff., in: StAMS, Polizeipräsidien, Nr. 205.

[74] Der Polizeipräsident Bochum an den Regierungspräsidenten Arnsberg, 17. Februar 1931, in: StAMS, Reg. Arnsberg, Nr. 14613.

[75] Berechnet nach Tabelle 2 und dem WEGWEISER 1931, S. 5994.

Die Dienstreisen waren mit vielfältigen Aufgaben verbunden. Beamte des Landeskriminalpolizeiamts wurden in die Provinz entsandt, um sich vor Ort ein Bild machen zu können: Der Kriminalbezirkssekretär Kühn vom Polizeipräsidium Berlin erkundete beispielsweise im Dezember 1928 die Stimmung unter den Bauern in Schleswig-Holstein, die zu dieser Zeit angespannt war.[76] Die Berliner Kriminalassistenten Koch und Kring untersuchten im Frühjahr 1929 staatsfeindliche Tendenzen in den Kreisen Schleswig, Südtondern und Eiderstedt.[77] Auch Beamte der Landeskriminalpolizeistellen unternahmen Dienstreisen: Im März 1930 erkundete der Kriminalkommissar Brückenhaus vom Polizeipräsidium Köln die Lage der Winzer an der Mosel.[78] Bei größeren Durchsuchungsaktionen wurden leitende Beamte des LKP-Amtes hinzugezogen. Der Kriminalkommissar Braschwitz aus Berlin war bei einer großen Razzia bei der KPD in Düsseldorf anwesend.[79] Diese Dienstreisen hatten zwei Funktionen: Erstens konnten sich die Beamten ein eigenes Bild machen und waren nicht auf die Berichte ihrer Kollegen angewiesen. Zweitens war es möglich, die Beamten vor Ort unauffällig bei ihrer Tätigkeit zu beobachten.

Die leitenden Exekutivbeamten wurden zusätzlich bei allen Straftaten, die einen politischen Hintergrund hatten, hinzugezogen. Der Kriminalkommissar Köhler vom Polizeipräsidium in Kiel wurde im Januar 1932 nach Rendsburg entsandt, um dort die Tötung eines Nationalsozialisten aufzuklären.[80] Der Kriminalrat Stumm vom LKP-Amt erkundete mehrere Bombenattentate in Schleswig-Holstein und in Rheinland-Westfalen.[81] Solche Reisen waren erforderlich, weil die örtliche Polizei oft überfordert war. Zudem waren die ortsfremden Beamten unabhängig und nicht mit der Bevölkerung verstrickt.

Selbst wenn man einen politischen Hintergrund nur vermutete, wurden Beamte der politischen Polizei eingesetzt. Der Kriminalkommissar Bartmann aus der Abteilung I A vom Polizeipräsidium Recklinghausen sollte gemeinsam mit einem Kollegen von der Kriminalpolizei einen Brand aufklären, der bei einer NSDAP-Veranstaltung ausge-

---

[76] Der preußische Minister des Innern an den Oberpräsidenten Münster ohne Datum [Januar 1929], als Anlage die Abschrift des Berichts von Kriminalbezirkssekretär Kühn vom 27. Dezember 1928, in: StAMS, Kreis Tecklenburg, LRA, Nr. 1325.
[77] Die Landeskriminalpolizeistelle Flensburg an den Regierungspräsidenten Schleswig, 2. April 1929 und Bericht des Kriminalassistenten Koch, Itzehoe 28. März 1929, in: LAS, Abt. 301, Nr. 22875, Bl. 249-252.
[78] Bericht des Kriminalkommissars Brückenhaus an den Oberregierungsrat Flach am Oberpräsidium Koblenz, 7. April 1930, in: LHAK, Best. 403, Nr. 16732, Bl. 317-358.
[79] Der Polizeipräsident Düsseldorf an den Regierungspräsidenten Düsseldorf, 13. Februar 1929, in: HStAD, Reg. Düsseldorf, Nr. 30656b, Bl. 84.
[80] Bericht des Kriminalkommissars Köhler, Polizeipräsidium Kiel, Abt. I A 1, 31. Januar 1932 über die Vorfälle in Rendsburg am 12. Januar 1932, in: LAS, Abt. 301, Nr. 4709.
[81] Mitteilung von Johannes Stumm an Christoph Graf, 10./11. Oktober 1974, in: SBA, Depositum Hofer/Graf, Nr. 12. Leider gibt Stumm nicht an, um welche Attentate es sich handelte und wann er die angegebenen Dienstreisen unternahm.

brochen war.⁸² Für die leitenden Beamten der LKP-Stellen und des LKP-Amtes bedeutete dies, daß sie fast jeden Monat auf Dienstreise gehen mußten.⁸³ Zusätzliche Aufgaben entstanden den Beamten der Landeskriminalpolizeistellen durch ihre Tätigkeit als Schulungsbeamte, da den Landjägern die ständig wechselnden politischpolizeilichen Bestimmungen erläutert werden mußten.⁸⁴

Die Zusammenarbeit mit anderen Polizeiorganen verlief nicht immer konfliktfrei. Vor allem die Beamten der Kriminalpolizei arbeiteten nur ungern mit ihren Kollegen von den politischen Abteilungen zusammen und sträubten sich gegen eine Politisierung ihrer vermeintlich unpolitischen Arbeit.⁸⁵

In der sich zuspitzenden innenpolitischen Situation mußte die Kriminalpolizei jedoch manchmal Aufgaben der politischen Polizei übernehmen, weil diese chronisch unterbesetzt war.⁸⁶ Nach Lage der Dinge war dies eine Ausnahme. Die wichtigsten Aufgaben der politischen Polizei, die Überwachung von Veranstaltungen, die Verfolgung von politischen Straftaten, die Überwachung der Presse und die nachrichtendienstliche Tätigkeit wurden trotz personeller Engpässe im allgemeinen von den Beamten der politischen Abteilungen wahrgenommen. Für diese Tätigkeiten waren spezielle Kenntnisse erforderlich, so daß dem weitgehenden Einsatz von Beamten der Kriminalpolizei Grenzen gesetzt waren.

---

[82] Der Polizeipräsident Recklinghausen an den Regierungspräsidenten Münster, 27. Februar 1931, in: StAMS, Regierung Münster, VII-67, Bd. 2, Bl. 171.
[83] Der Polizeipräsident Dortmund an den preußischen Minister des Innern, 16. Januar 1931, in: StAMS, Reg. Arnsberg, Nr. 14613.
[84] Der Regierungspräsident Köln an die Landräte seines Bezirks, 24. Juni 1930, in: LHAK, Best. 403, Nr. 16786, Bl. 3-8.
[85] Vgl. das vierte Kapitel dieser Studie.
[86] In Berlin setzte die Kriminalpolizei im Januar 1932 Spitzel ein, um an der Friedrich-Wilhelms-Universität politischer Unruhestifter habhaft zu werden. Vgl. H.-H. LIANG, S. 143.

VIERTES KAPITEL

Die Beamten der politischen Polizei

Für die Zuverlässigkeit und Schlagkraft der politischen Polizei war es von zentraler Bedeutung, von welchen Beamten die Aufgaben wahrgenommen wurden, welche Ausbildung und politische Einstellung sie hatten. Das bisherige Bild der Beamten der politischen Polizei ist unscharf, da sich die Forschung mit dieser Gruppe der Polizisten im Gegensatz zur Schutzpolizei und Kriminalpolizei kaum beschäftigt hat.[1] Für die bayerische politische Polizei hat Martin Faatz konstatiert, daß ihre Beamten politisch einseitig orientiert gewesen und ein Teil der Beamten „mit der Rechtsbewegung verfilzt" seien.[2] Diese Ergebnisse sind nicht auf Preußen zu übertragen.

Für die preußische politische Polizei hat Christoph Graf „eine gewisse personelle und institutionelle Kontinuität rückwärts ins Kaiserreich festgestellt, welche sich jedenfalls nicht zugunsten einer republikanischen Standfestigkeit auswirkte."[3] Graf hat lediglich die politische Polizei in Berlin untersucht, so daß seine Aussage nur unter Vorbehalt auf ganz Preußen auszudehnen ist. Weiterhin gibt er kein Beispiel für die von ihm behauptete negativ wirkende personelle Kontinuität, wodurch sein Befund zweifelhaft bleibt. In einer Lokalstudie zu Flensburg hat Gerhard Paul festgehalten, daß die politische Einstellung der Beamten der politischen Polizei als „eher obrigkeitsstaatlich, autoritätshörig, durchgängig antirevolutionär und antikommunistisch und vor allem in den Grenzgebieten stark national bis nationalistisch geprägt"[4] gewesen sei. Ob die Flensburger Beamten durch die Grenzsituation zu Dänemark und dem Abtretungsproblem eine besondere politische Einstellung hatten, kann an dieser Stelle nicht erörtert werden. Bei aller Unschärfe herrscht ein negatives Bild vor. Die bisherige Forschung stützte sich auf Einzelbeispiele oder lokal eingegrenzte Räume. Es stellt sich die Frage, ob die hieraus gewonnenen Charakterisierungen zutreffend und zu verallgemeinern sind.

Die folgende quantitative und qualitative Analyse basiert auf den biographischen Angaben von über 200 Beamten der politischen Polizei.[5] Das Personal der politischen Polizei setzte sich aus zwei Gruppen zusammen: den Verwaltungsbeamten im Innendienst und den Kriminalbeamten im Außendienst. Der Außendienst war dem Innen-

---

[1] Vgl. P. LESSMANN, S. 120-261; P. WAGNER, S. 124-136.
[2] M. FAATZ: Vom Staatsschutz zum Gestapo-Terror. Politische Polizei in Bayern in der Endphase der Weimarer Republik und der Anfangsphase der nationalsozialistischen Diktatur, Würzburg 1995, S. 144.
[3] C. GRAF: Kontinuitäten und Brüche. Von der Politischen Polizei der Weimarer Republik zur Geheimen Staatspolizei, in: G. PAUL / K.-M. MALLMANN (Hrsg.): Die Gestapo, S. 74-83, S. 79.
[4] G. PAUL: Gestapo in Flensburg, S. 19.
[5] Vgl. Anhang 1. Auf einzelne Quellennachweise wird im folgenden weitgehend verzichtet.

dienst unterstellt, daher werden zunächst die leitenden Beamten des Innendienstes charakterisiert.

Die Leitung der politischen Abteilungen war in Preußen nicht einheitlich geregelt. In Breslau und Wiesbaden leiteten nominell die Polizeipräsidenten die politischen Abteilungen selbst.[6] In Aachen, Altona, Dortmund, Duisburg, Essen, Kiel, Krefeld und Wuppertal oblag die Leitung der politischen Abteilungen den stellvertretenden Polizeipräsidenten im Rang eines Regierungs- oder Oberregierungsrates.[7] In der engen Verknüpfung mit der Leitungsebene zeigt sich die herausragende Bedeutung der politischen Polizei innerhalb der Behörde.

In Dortmund und Krefeld wurden die politischen Abteilungen de facto von einem Polizei-Inspektor und einem Polizeioberinspektor geleitet. Der Krefelder Polizeipräsident Elfes nannte in seinen Memoiren den Polizeioberinspektor Franz Drzimala gar als Leiter der politischen Polizei, obwohl er nur der Vorsteher der Abteilung war.[8] Beamte wie Drzimala hatten weitgehende Kompetenzen, und es darf angenommen werden, daß an anderen Polizeipräsidien eine ähnliche Lösung gefunden wurde, da die Aufgaben eines Polizeipräsidenten und seines Stellvertreters zu umfangreich waren, als daß sie auch noch die Leitung der politischen Abteilungen hätten wahrnehmen können.

In Bochum wurde die politische Polizei von einem Regierungsrat geleitet, der nicht Stellvertreter des Polizeipräsidenten war.[9] In Köln und Recklinghausen oblag die Leitung der politischen Abteilungen einem Polizeirat.[10] Diese Beamten waren nicht nur nominell die Leiter, sondern hatten tatsächlich diese Position inne. In Frankfurt am Main und in Magdeburg wurde jeweils ein Polizei-Inspektor als Büroleiter der Abteilung I angegeben.[11] In der Laufbahn der Verwaltungsbeamten des höheren Dienstes war der Rang des Polizei-Inspektors der niedrigste.

---

[6] BRESLAUER ADRESSBUCH 1929, Breslau 1929, IV. Teil, S. 23; ADRESSBUCH DER STADT WIESBADEN UND UMGEBUNG, 1932/33, Wiesbaden 1932, IV. Teil, S. 36.
[7] AACHENER ADRESSBUCH 1931, Aachen 1931, IV. Teil, S. 27; HANDBUCH FÜR DIE PROVINZ SCHLESWIG-HOLSTEIN, Kiel 1929, S. 63f.; Dienstanweisung für die politische Abteilung des Polizeipräsidiums in Dortmund, 15. Juni 1929, in: StAMS, Reg. Arnsberg, Nr. 15149, Bl. 159V-162V; EINWOHNERBUCH DER STADT DUISBURG 1931, Duisburg 1931, IV. Teil, S. 29; Der Polizeipräsident Essen an den Regierungspräsidenten Düsseldorf, 29. Juni 1931, in: HStAD, Reg. Düsseldorf, Nr. 17251, Bl. 74f.; Personalakten Hinckel, in: LAS, Abt. 309, Nr. 27592; ADRESSBUCH DER STADT KREFELD-UERDINGEN 1930, Krefeld 1930, IV. Teil, S. 21; Der Regierungspräsident Düsseldorf an den Oberpräsidenten Koblenz, 20. Januar 1931, in: LHAK, Best. 403, Nr. 16913, Bl. 181.
[8] HStAD, Nl. Elfes, RWN 72,2, Bl. 15.
[9] Polizei-Anzeiger des Polizeipräsidiums Bochum, Nr. 10 vom 19. April 1930, S. 45f, in: StAMS, Polizeipräsidien, Nr. 204.
[10] Der Polizeipräsident Köln an den Regierungspräsidenten Köln, 20. Januar 1931, in: LHAK, Best. 403, Nr. 16913, Bl. 99; Der Regierungspräsident Münster an den Landrat Tecklenburg, 12. Juli 1930, in: StAMS, Kreis Tecklenburg, LRA, Nr. 1325.
[11] FRANKFURTER ADRESSBUCH 1930, Frankfurt a. M. 1930, IV. Teil, S. 28; MAGDEBURGER ADRESSBUCH 1930, Magdeburg 1930, IV. Teil, S. 15.

Festhalten läßt sich: Weder die Größe des Polizeipräsidiums noch die der politischen Abteilung stand in einem direkten Zusammenhang zum Dienstgrad ihres Leiters. Die überlieferten Quellen geben keinen Aufschluß über die Gründe für diese uneinheitliche Situation. Zumindest in Einzelfällen achteten die Polizeipräsidenten bei der Besetzung der Leitungsstellen der politischen Abteilungen mehr auf die fachliche Qualifikation und die republikanische Einstellung, als auf den Dienstgrad.[12]

Der höhere Dienst war in der Provinz nur sehr schwach vertreten. In keinem Polizeipräsidium arbeiteten mehr als drei Beamte des höheren Dienstes in der politischen Abteilung. Oft waren es nur ein oder zwei Beamte.

Eine Sonderstellung nahm das Polizeipräsidium Berlin ein. Hier unterstand die politische Abteilung einem Regierungsdirektor, und auch die Dezernatsleiter der Abteilung I in Berlin waren höhere Beamten: Sie verfügten über die Dienstgrade eines Regierungsassessors, eines Polizeirates oder eines Regierungsrates. An anderen Polizeipräsidien hätten sie mit diesen Dienstgraden die politische Abteilung leiten oder sogar Stellvertreter des Polizeipräsidenten werden können. Der vergleichsweise hohe Dienstgrad erklärt sich durch die landespolizeiliche Funktion des Polizeipräsidiums Berlin als LKP-Amt auf dem Gebiet der politischen Polizei.

Traditionell waren die höheren Beamten der preußischen Verwaltung ausgebildete Verwaltungsjuristen, häufig hatten sie sogar promoviert. Auch in der höheren Beamtenschaft der politischen Polizei dominierten die Verwaltungsjuristen. In der Abteilung I des Berliner Polizeipräsidiums führten vier der acht Dezernenten den Doktortitel.[13] Einer von ihnen, der Regierungsassessor Dagobert Arian, war nach Abschluß von Studium und Promotion in den preußischen Staatsdienst eingetreten und ab dem Frühjahr 1929 als Dezernent für die linksradikale Bewegung in der Abteilung I des Polizeipräsidiums Berlin zuständig. Arian gehörte als aktives Mitglied der SPD an und war ein Vertrauter von Albert Grzesinski. Auch Oscar Oesterle und Hans-Joachim Schoch, als Dezernenten der Abteilung I in Berlin für die NSDAP und die anderen rechtsradikalen Parteien zuständig, hatten eine ähnliche Vita: Sie waren promovierte Juristen

---

[12] Der Polizeipräsident Dortmund an den Regierungspräsidenten Arnsberg, 22. März 1930, in: StAMS, Reg. Arnsberg, Nr. 15149, Bl. 157V-164R. In diesem Schreiben beantragte der Dortmunder Polizeipräsident eine Zulagestelle für den inoffiziellen Leiter der politischen Abteilung, Polizei-Inspektor Kleineberg. Er schrieb: „Von anderen Polizeipräsidien des Westens ist die Bedeutung der Stelle, die bei meiner Behörde Kleineberg innehat, dadurch gekennzeichnet, dass sie einem Polizeirat (z.B. Köln und Recklinghausen) übertragen worden ist. Ich möchte bei dieser Gelegenheit aber ausdrücklich betonen, dass es keineswegs meinen Wünschen entspräche, wenn die Stelle in Dortmund einem fremden, etwa erst zu befördernden Polizeirat übertragen würde. Von einer Regelung in dieser Form möchte ich auf das dringenste [sic!] bitten Abstand zu nehmen." Weiterhin regte Lübbring an, Kleineberg zum Polizeirat zu befördern. Da er selbst wußte, daß diese Anregung wenig Aussicht auf Erfolg hatte, beantragte er eine Zulagestelle von 700 RM (jährlich) für Kleineberg.

[13] Geschäftsverteilungsplan der Abteilung I des Polizeipräsidiums Berlin vom Herbst 1931, abgedruckt in: C. GRAF: Politische Polizei, S. 401ff. Wie bereits erwähnt, war die Abteilung I zwar in neun Dezernate unterteilt, die Dezernate 5 und 8 hatten jedoch den gleichen Leiter.

und Mitglieder der SPD. Alle drei waren sehr jung: Arian und Schoch waren 1901 geboren worden, Oesterle 1903.

Die Stellen der höheren Verwaltungsbeamten der politischen Polizei galten „als ausgesprochene Karriereposten, als Sprungbretter."[14] Bei den höheren Verwaltungsbeamten der politischen Polizei wurde auf ihre Parteizugehörigkeit geachtet.[15] Das Bekenntnis zu einer demokratischen Partei bedeutete jedoch nicht immer, daß diese Beamten zu den Anhänger der Weimarer Republik zählten. Unter den höheren Verwaltungsbeamten der politischen Polizei finden sich zumindest zwei, die nach dem 20. Juli 1932 bereitwillig mit der Kommissariatsregierung und später mit den Nationalsozialisten zusammenarbeiteten: Der Regierungsrat Heinrich Schnitzler, gläubiger Katholik und Mitglied des Zentrums, war als Dezernent am Polizeipräsidium Berlin für linksradikale Bewegungen zuständig. Er fungierte am 20. Juli 1932 als Verbindungsmann des Militärbefehlshabers von Rundstedt und tat sich im Prozeß Preußens gegen das Reich als Belastungszeuge der Reichsregierung hervor. Schnitzler verblieb bis 1934 beim Geheimen Staatspolizeiamt (Gestapa). Der Regierungsrat Friedrich von Werder, der am Polizeipräsidium Berlin als Dezernent für das Partei- und Vereinswesen und die Spionageabwehr zuständig war, wurde unmittelbar nach dem 20. Juli 1932 zum Abteilungsleiter der Abteilung I ernannt. Seit dem 1. November 1932 war er kommissarischer Polizeipräsident in Bielefeld, mit endgültiger Ernennung am 25. März 1933.[16]

Nicht alle leitenden Beamten des Innendienstes waren ausgebildete Verwaltungsjuristen. Der Leiter der politischen Abteilung am Dortmunder Polizeipräsidium, Karl Kleineberg, hatte kein Studium absolviert. Kleineberg wurde 1894 geboren, nahm ab 1914 als Leutnant der Reserve am Ersten Weltkrieg teil und trat 1919 als Stadt-Assistent in die kommunale Polizeiverwaltung in Dortmund ein. Bei der Verstaatlichung der Dortmunder Polizeibehörde 1924 wurde er als Polizei-Inspektor in den Staatsdienst übernommen. Kleineberg galt bei seinem Vorgesetzten als außerordentlich tüchtig; er war ein republiktreuer Beamter und Mitglied des Zentrums.[17]

---

[14] Mitteilung von Dagobert Arian an Christoph Graf, 19. Juli 1975, in: SBA, Depositum Hofer/Graf, Nr. 7.

[15] Mitteilung von Max Schindler an Christoph Graf, 26. Juni 1975, in: SBA, Depositum Hofer/Graf, Nr. 26.

[16] Vgl. C. GRAF: Politische Polizei, S. 390. Von Werder gehörte angeblich der DDP an, schwenkte aber 1932 um.

[17] Der Polizeipräsident Dortmund an den Regierungspräsidenten Arnsberg, 22. März 1930, in: StAMS, Reg. Arnsberg, Nr. 15149, Bl. 157V-164R. Vgl. weiterhin: D. KNIPPSCHILD: Karl Kleineberg - ein „politischer Beamter". Politische Polizei, Abwehr, Militärischer Widerstand, Verfassungsschutz, in: AfP 5 (1994), S. 24-28; G. KNIZA: Publicae securitas cura in tremonia. polizey in throtmanni, Polizei in Dortmund, Elfhundert Jahre öffentliche Sicherheit, 4 Bde, unveröffentlichte MS o.O. [Dortmund] 1991, Bd. 3, S. 659, Anm. 799.

Selbst in Berlin, wo alle Dezernenten Verwaltungsjuristen waren,[18] lag die Leitung der politischen Polizei in den Händen eines nicht akademisch gebildeten Beamten. Der Regierungsdirektor Goehrke, der seit dem 23. Januar 1931 die Abteilung I des Polizeipräsidiums leitete, war ein altgedienter Polizeibeamter, der seit ungefähr 1887 im Polizeidienst war und sich über die mittlere Beamtenlaufbahn emporgearbeitet hatte. Anfang des Jahrhunderts nahm er als Bezirkskommissar im Ruhrgebiet politisch-polizeiliche Aufgaben wahr.[19] Seit 1920 war Goehrke in der Abteilung I A des Polizeipräsidiums Berlin tätig, von 1922 bis 1931 in der Funktion als Leiter des Fremdenamtes. Goehrke ist eines der wenigen Beispiele für die Kontinuität der politischen Polizei in Preußen über die Zäsur von 1918/19 hinaus. Er galt allerdings bei seinen Untergebenen als überzeugter Republikaner und scharfer Gegner von Rechts- und Linksradikalismus. Goehrke war Mitglied der Staatspartei und angeblich ein hochrangiger Freimaurer.[20] An den Beispielen Goehrkes und Kleinebergs zeigt sich, daß bei den höheren Beamten der politischen Polizei durchaus auf ihre tatsächlichen Fähigkeiten und ihre politische Loyalität geachtet wurde und weniger auf bloße formale Qualifikationen.

Kleineberg und Goehrke waren keine gelernten Verwaltungsjuristen, hatten aber eine qualifizierte Ausbildung in der Polizeiverwaltung absolviert. Der Stellvertreter Goehrkes, der Regierungsrat Erich Prawitz, hatte hingegen keine entsprechende Verwaltungsausbildung, sondern war als ehemaliger Gewerkschaftsfunktionär ein typisches Beispiel für die Beamtenpolitik Severings und vor allem Grzesinskis, höhere Verwaltungsstellen mit ‚Außenseitern' zu besetzen, um die republikanische Gesinnung der Beamtenschaft zu stärken.[21] Alles in allem deutet die Quellenlage darauf hin, daß die höheren Verwaltungsbeamten der politischen Polizei loyal und zuverlässig waren.[22]

Der größte Teil der Beamten der politischen Polizei waren ausgebildete Kriminalbeamte. Sie nahmen den Außendienst wahr und hatten den Großteil der Aufgaben zu erledigen: Sie observierten die Veranstaltungen, verfolgten die politischen Straftaten und hielten den Kontakt zu den V-Leuten. Nur die Überwachung der Presse war nicht primär Aufgabe der Kriminalbeamten, sondern der Verwaltungsbeamten im Innendienst.

---

[18] Mitteilung von Dagobert Arian an Christoph Graf, 19. Juli 1975, in: SBA, Depositum Hofer/Graf, Nr. 7.
[19] Vgl. R. JESSEN: Polizei im Industrierevier. Modernisierung und Herrschaftspraxis im westfälischen Ruhrgebiet 1848-1914, Göttingen 1991, S. 153f. Zwar läßt sich nicht zweifelsfrei nachweisen, daß es sich um denselben Goehrke handelt, aber es ist unwahrscheinlich, daß zwei Personen mit dem Nachnamen Goehrke zu dieser Zeit in der politischen Polizei tätig waren.
[20] Vgl. C. GRAF: Politische Polizei, S. 346 mit Quellenangaben.
[21] EBENDA, S. 374f.
[22] Zu den unteren und mittleren Verwaltungsbeamten der politischen Polizei ließen sich nicht genügend repräsentative Daten gewinnen, so daß auf eine Analyse verzichtet wird. Vgl. die Kurzbiographien von Dominicus, Nicolai, Oberwinder, Sauer, Schmidt, Schulz, Sticht, Voß und Zug, in: Anhang 1.

In Preußen taten 1931 insgesamt 7.254 Kriminalbeamte bei der politischen Polizei und der Kriminalpolizei Dienst.[23] Auf den höheren Dienst vom Kriminalkommissar aufwärts entfielen nur 8,9 Prozent der Stellen. Mit 63 Prozent war das Gros der Kriminalbeamten in der untersten Stufe als Kriminalassistent tätig. Auf den mittleren Dienst der Kriminalsekretäre und Kriminalbezirkssekretäre entfielen 22,7 und 5,4 Prozent. Dieser spitz zulaufende Stellenkegel war hauptverantwortlich für den bei den Kriminalbeamten chronischen Beförderungsstau.

Bei der politischen Polizei zeigt sich ein anderes Bild. Durch verschiedene Quellen liegen Angaben über die Stellensituation in den politischen Abteilungen der Polizeipräsidien in Aachen, Bochum, Kiel und Köln vor.[24] Der Anteil der Beamten des höheren Dienstes vom Kriminalkommissar aufwärts betrug zwischen 15,8 und 18 Prozent und war fast doppelt so hoch wie bei der Kriminalpolizei. Der mittlere Dienst war offensichtlich überrepräsentiert: Der Anteil der Kriminalbezirkssekretäre schwankte zwischen 0 und 8,3 Prozent und der der Kriminalsekretäre zwischen 25 und 44,4 Prozent. Die Kriminalassistenten lagen mit einem Anteil zwischen 33,3 und 52,6 Prozent unter dem Schnitt der Kriminalpolizei. Mit anderen Worten, der Stellenkegel bei der politischen Polizei war bei weitem nicht so spitz wie bei der Kriminalpolizei.

Für den unteren und mittleren Kriminaldienst wurden vor 1918 vorwiegend altgediente Schutzpolizeibeamte verwandt. Nach 1918 änderte sich diese Situation nicht grundlegend: Laut dem Polizeibeamtengesetz von 1927 mußte die Kriminalpolizei mindestens 50 Prozent ihrer Kriminalassistenten-Anwärter aus den Versorgungsanwärtern rekrutieren, die nach zwölf Jahren Dienst bei der Schutzpolizei oder dem Heer Anrecht auf eine Stelle im Staatsdienst hatten. Der Anteil der ehemaligen Schutzpolizisten an den unteren Rängen der Kriminalbeamten wurde zum Teil schubweise erhöht: Um Überkapazitäten bei der Schutzpolizei abzubauen, wurden 1924 etwa 3.400 Schutzpolizisten zur Kripo versetzt. Um die unteren Kriminalbeamten charakterisieren zu können, muß man sich also mit den Schutzpolizisten beschäftigen. Bevor sie in den Polizeidienst eintraten, hatten viele Schutzpolizisten einen anderen Beruf erlernt. Der Großteil stammte aus den folgenden Berufsgruppen:
1. Industrie und Handwerk mit 35,8 Prozent,
2. Land und Forstwirtschaft mit 19,8 Prozent,
3. Handel und kaufmännische Berufe mit 14 Prozent.[25]

Es überwogen Beamte, die aus der Arbeiterschaft und der unteren Mittelschicht stammten. Dies drückte sich im Bildungsniveau der Schutzpolizisten aus: Weit über 70 Prozent hatten die Volksschule abgeschlossen, etwa 10 Prozent besaßen die mittlere

---

[23] Die Charakterisierung der Kriminalbeamten folgt: P. WAGNER, S. 124ff.
[24] Der Polizeipräsident Aachen an den Regierungspräsidenten Aachen, 6. Oktober 1934, in: HStAD, BR 1031/185, Bl. 210ff.; Polizei-Anzeiger des Polizeipräsidiums Bochum, Nr. 25 vom 24. Dezember 1932, S. 111ff., in: StAMS, Polizeipräsidien, Nr. 206; Zusammenstellungen des Polizeipräsidiums Kiel, in: LAS, Abt. 301, Nr. 4513; Amtliche Bekanntmachung des Polizeipräsidenten Köln, 24. September 1931, in: NS-Dok.
[25] Vgl. P. LESSMANN, S. 155.

Reife und zwischen 1,5 und 2,5 Prozent hatten ein Abitur - gute 10 Prozent hatten keinen Schulabschluß.[26]

Die Mehrheit der Kriminalassistenten war bei ihrer Einstellung älter als 30 Jahre, da sie vor der zwölfjährigen Dienstzeit bei der Schutzpolizei bereits einen Beruf ausgeübt hatten. Für die meisten war diese Eingangsstellung ihre Endstellung. An eine Verjüngung der Beamtenschaft war nicht zu denken: Durch die ständige Finanzkrise war die Krimininalpolizei gezwungen, Personal abzubauen, anstatt jungen Nachwuchs einzustellen.

Die Ausbildung der unteren und mittleren Kriminalbeamten war lange Zeit den örtlichen Polizeiverwaltungen vorbehalten. Erst im März 1931 regelte das preußische Innenministerium den Ausbildungsgang im Detail. Bewerber aus der Schutzpolizei oder dem Polizeiverwaltungsdienst hatten eine siebenmonatige Probezeit zu absolvieren, die mit einem zweimonatigen theoretischen Kurs abschloß. Eine Ausbildung in Fragen der politischen Polizei erhielten die unteren Kriminalbeamten nicht.

Inwieweit die unteren Kriminalbeamten der politischen Polizei dem oben entworfenen Bild entsprachen, läßt sich nicht abschließend klären. Genauere biographische Angaben konnten fast nur zu solchen Beamten ermittelt werden, die später von der Gestapo übernommen wurden. Ob diese als repräsentativ anzusehen sind, muß offen bleiben.[27]

Es dominierte die Altersgruppe der nach 1885 und vor allem der nach 1890 Geborenen. Diese Gruppe kann als Frontgeneration[28] bezeichnet werden, da ein großer Teil den Ersten Weltkrieg an der Front verbracht hatte. Einige dienten später in den Freikorps. Die berufliche Herkunft differierte, gleichwohl überwogen die Beamten, die aus kaufmännischen Berufen stammten.

Hierdurch unterschieden sich diese Beamten nicht grundsätzlich von ihren Kollegen bei der Kriminalpolizei. Die Beamten der politischen Abteilungen waren allerdings etwas jünger: Während bei der Kriminalpolizei die unteren und mittleren Ränge überalterten, waren von den 50 ermittelten Beamten der politischen Polizei im Jahr 1930

---

[26] WEGWEISER DURCH DIE POLIZEI ³1929, in: Sammlung der Drucksachen des Preußischen Landtags (Anlagen zu den Sitzungsberichten), 3. Wahlperiode [1928-1932], 2. Band, Nr. 615, S. 701-838, S. 774; WEGWEISER DURCH DIE POLIZEI ⁴1930, S. 3173; WEGWEISER DURCH DIE POLIZEI ⁵1931, S. 6020.

[27] Die folgenden Ausführungen stützen sich auf die Kurzbiographien im Anhang 1 von: Bielemeyer, Bleilevens, Bleyen, Brodesser, Brosig, Bruns, Claaßen, Cramer, Devantier, Essing, Galubanski, Glowalla, Grosse, Heck, Heldt, Hermannsen, Johannsen, Kämmerer, Kappert, Knipfelberg, Krause, Kriegel, Kusmierz, Lehmann, Leis, Liesenfeld, Lippold, Meise, Melfsen, Mickel, Müller (Alfred), Noack, Pabst, Pallasch, Paucker, Peters, Petersen, Refeld, Rimkus, Schmidt (Gustav), Schwekendiek, Siekmann, Steffens, Thamen, Wabnik, Wegner, Wiedelmann, Wilkowski, Wilts und Woinke.

[28] Vgl. D. PEUKERT: Die Weimarer Republik. Krisenjahre der Klassischen Moderne, Frankfurt a. M. 1987, S. 27-30.

nur der Kriminalassistent Kämmerer und der Kriminalsekretär Cramer über 50 Jahre alt.[29]

Bei den unteren und mittleren Beamten der politischen Abteilungen gab es mehrere typische Werdegänge. Einige fanden erst über Umwege zur politischen Polizei, während andere einen direkten Weg nahmen.

Hans Hermannsen war bereits 31 Jahre alt, als er Polizist wurde. Er war 1891 in Flensburg geboren worden, besuchte die Volksschule, machte eine kaufmännische Lehre und arbeitete einige Jahre in seinem Beruf. Hermannsen leistete ab 1915 seinen Militärdienst; im September des folgenden Jahres nahm er eine Stellung in der Verwaltung der Kaiserlichen Marine in Kiel an. Nach seiner Entlassung 1919 eröffnete er einen Kolonialwarenladen, der während der Inflation in den Ruin trieb. Hermannsen lockte die Sicherheit des Staatsdienstes, und 1922 bewarb er sich bei der Polizei.

Mitte der zwanziger Jahre bearbeitete Hermannsen als Kriminalbezirkssekretär Staatsschutzdelikte beim staatlichen Grenzpolizeikommissariat in Flensburg. Da er leidlich dänisch sprach und Kontakte zu Dänen hatte, wurde er hauptsächlich zur Überwachung der dänischen Minderheit eingesetzt. Hermannsen bewährte sich in seiner neuen Aufgabe und bekam weitere Spezialaufträge: Im Jahr 1929 erkundete er die Landvolkunruhen in Dithmarschen. Hermannsen stand der Sozialdemokratie nahe, wurde jedoch nie Mitglied der Partei. Er trat aber dem sozialdemokratisch orientierten Schrader-Verband bei.[30] Ansonsten zeigte sich Hermannsen antikommunistisch und in der Abstimmungsfrage in Schleswig-Holstein nach dem Ersten Weltkrieg ausgesprochen national. Obwohl er bei den heimischen Nationalsozialisten nicht sonderlich beliebt war, überstand er die ‚Machtergreifung' und wurde später Flensburgs Gestapochef.[31]

Der Kriminalsekretär Jean Brodesser trat 1913 mit 26 Jahren in den Polizeidienst bei der Schutzmannschaft in Köln ein. Er wechselte 1919 zur Kriminalpolizei, und erst zehn Jahre später, nach sechzehn Dienstjahren bei der Polizei, wurde er 1929 zur politischen Abteilung versetzt; Brodesser war zu diesem Zeitpunkt bereits 42 Jahre alt. Die späte Versetzung zur politischen Abteilung verdankte er dem Ausbau der politischen Polizei im Zuge der Reorganisation. Im Gegensatz zu Hermannsen war Brodesser ein erfahrener Polizist, bevor er im Staatsschutz tätig wurde. Dieser Werdegang war für eine größere Gruppe von Beamten typisch. Im September 1931 war Brodesser dem Kommissariat für Rechtsbewegung zugeteilt. Er wurde nach 1933 von der Stapostelle übernommen und 1938 zum Kriminalobersekretär befördert.

---

[29] Vgl. die Kurzbiographien in Anhang, der in Anm. 27 aufgeführten Beamten.

[30] Der Schrader-Verband, benannt nach seinem langjährigen Vorsitzenden Ernst Schrader, hieß eigentlich ‚Verband der preußischen Polizeibeamten'. Er war der führende Interessenverband der Schutzpolizisten. Vgl. P. LESSMANN, S. 164-170.

[31] Vgl. G. PAUL: Hans Hermannsen - Flensburgs Gestapo-Chef. „Doppelspieler", „Widerstandskämpfer" oder einfach nur eine „zwiespältige Persönlichkeit"?, in: Stadtarchiv Flensburg (Hrsg.): Verführt. Verfolgt. Verschleppt. Aspekte nationalsozialistischer Herrschaft in Flensburg, Schleswig 1996, S. 101-127.

Einen gänzlich anderen Weg zur politischen Polizei fand der Kriminalassistent Albert Wilkowski.[32] Er wurde im August 1896 geboren, besuchte die Volksschule und arbeitete im elterlichen Geschäft. Anschließend besuchte Wilkowski eine Schule für Arbeiterbildung; eine Berufsausbildung scheint er nicht absolviert zu haben. Von Oktober 1916 bis November 1918 diente Wilkowski bei der Marine als Obermatrose. Nachdem er aus dem Militärdienst entlassen war, verdingte er sich bei der Volkswehr in Gelsenkirchen und war dort Mitglied des Arbeiter- und Soldatenrates. Seit April 1919 war Wilkowski offiziell als Hilfspolizeibeamter angestellt. Nach Auflösung der Volkswehr im März 1920 wurde er als Exekutivbeamter der Nachrichtenabteilung der Polizeidirektion Gelsenkirchen eingestellt, die man als politische Polizei bezeichnen kann. Wilkowski war vergleichsweise jung und ohne große Umwege zur politischen Polizei gekommen.

Sein Dienstgrad lautete zunächst Kriminalwachtmeister, 1925 wurde er zum Kriminalassistenten befördert. Die Prüfung zum Kriminalsekretär legte Wilkowski im Mai 1926 mit der Note „genügend" ab, doch er wurde nie zum Kriminalsekretär befördert: Seine Leistungen waren schlecht. Gottfried Ganser, der zusammen mit Wilkowski bei der Volkswehr begonnen und bis 1925 den gleichen Werdegang genommen hatte, schaffte nicht nur den Aufstieg zum Kriminalkommissar, sondern wurde Leiter der politischen Exekutive am Polizeipräsidium Bochum. Während Ganser Karriere machte, ließen Wilkowskis Leistungen mehr und mehr nach: Er erschien häufiger stark angetrunken zum Dienst, war angeblich verschuldet und verkaufte Material über die KPD an die Großindustrie. Wilkowski wurde 1931 zunächst vom Polizeipräsidenten in Recklinghausen zur Kriminalpolizei versetzt und kurze Zeit später auf eigenen Wunsch nach Düsseldorf, da er von Kommunisten angefeindet wurde. Sein dortiger Vorgesetzter im Betrugskommissariat hielt ihn für „absolut verwendungsunfähig." Wilkowski trat im April 1933 der NSDAP bei, was ihn nicht vor einer Beurlaubung am 20. Juli 1933 nach § 4 des Berufsbeamtengesetzes bewahrte. Am 31. März 1934 wurde er unter Gewährung von Ruhestandsbezügen entlassen.

Unter den Exekutivbeamten des mittleren Dienstes der politischen Polizei befand sich sogar eine Frau: In Köln arbeitete die Kriminalsekretärin Meinke im Kommissariat für Spionageabwehr.[33] Über weitere weibliche Exekutivbeamte bei der politischen Polizei ist nichts bekannt, allerdings wurde in Aachen eine weibliche Aushilfsangestellte jahrelang im Außendienst eingesetzt, weil sie über Fremdsprachenkenntnisse verfügte.[34] Bei der Gestapo waren später weibliche Mitarbeiterinnen an der Tagesordnung.[35]

---

[32] Alle Angaben aus der Personalakte von Wilkowski, in: PPD, unverzeichnet.
[33] Amtliche Bekanntmachung des Polizeipräsidenten Köln, 24. September 1931, in: NS-Dok.
[34] Der Polizeipräsident Aachen an den Regierungspräsidenten Aachen, 4. März 1930, in: HStAD, BR 1031/185, Bl. 81V-82R; Der Polizeipräsident Aachen an den Regierungspräsidenten Aachen, 12. Juli 1930, in: HStAD, BR 1031/185, Bl. 87V+R; Der Polizeipräsident Aachen an den Regierungspräsidenten Aachen, 13. Mai 1932, in: HStAD, BR 1035/185, Bl. 166V+R.
[35] Zu diesem Thema bereitet Frau Elisabeth Kohlhaas (Frankfurt a. M.) eine Dissertation vor.

In Einzelfällen wurden Schutzpolizisten im Außendienst der politischen Polizei anstelle von Kriminalassistenten oder -sekretären eingesetzt.[36] Dies blieb eine Ausnahme, denn die Arbeit bei der politischen Polizei setzte gewisse Kenntnisse voraus. Die geforderten Fähigkeiten verdeutlicht das Beispiel des Kriminalsekretärs Friedrich Hermann, der in der Abteilung I am Polizeipräsidium Bochum arbeitete. Hermann, der sich über die uniformierte Polizei und die Kriminalpolizei zur politischen Polizei hochgearbeitet hatte, führte zeitweilig den Geschäftsbetrieb der politischen Inspektion, war für den Chiffrierdienst zuständig und leitete vertretungsweise ein Kommissariat, was normalerweise einem Beamten des höheren Dienstes vorbehalten blieb. Folgerichtig bewarb sich Hermann um die Zulassung zum Kursus für Kriminalkommissars-Anwärter.[37]

Dies war eine der Möglichkeiten, um in den höheren Dienst zu gelangen. Es lassen sich grundsätzlich vier Wege unterscheiden:[38]

1. Die größte Gruppe waren die Angehörige freier Berufe. Häufig hatten sie jedoch ihre Berufe nicht ausgeübt, sondern waren nach dem Studium in den Polizeidienst eingetreten. Ihr Anteil betrug am 1. Januar 1931 56,7 Prozent.
2. Es wurden bewährte Kripobeamte der unteren Ränge zu der Ausbildung zum Kriminalkommissar zugelassen. Ihr Anteil an den höheren Kriminalbeamten betrug 29,7 Prozent.
3. Ehemalige Offiziere der Schutzpolizei waren mit einem Anteil von 8,5 Prozent vertreten.
4. Weitere 5,1 Prozent der Beamten kamen aus dem Polizeiverwaltungsdienst.

Zwischen den Beamten der Kriminalpolizei und der politischen Polizei bestand anscheinend, was die berufliche Herkunft betrifft, kein großer Unterschied. Für 20 der höheren Kriminalbeamten der politischen Polizei konnte ihre berufliche Herkunft geklärt werden: Zwölf (60 Prozent) kamen aus den freien Berufen, sechs (30 Prozent) hatten sich über die unteren Ränge der Kriminalpolizei hochgearbeitet und jeweils einer (5 Prozent) stammte aus den Reihen der ehemaligen Schutzpolizei-Offiziere und des Polizeiverwaltungsdienstes.

Die höheren Kriminalbeamten stammten also aus verschiedenen sozialen Schichten: Neben promovierten Akademikern aus der oberen Mittelschicht, gingen andere Beamte aus Arbeiter- oder Angestelltenfamilien hervor und hatten sich über die Schutzpolizei und den unteren Kriminaldienst hochgearbeitet. Der größte Teil dürfte aus der - schwer zu fassenden - Mittelschicht gestammt haben. Besonders gute Karrierechancen boten sich diesen Beamten nicht, denn die höheren Kriminalbeamten hatten ebenso wie die

---

[36] Der Polizeipräsident Hagen an den Regierungspräsidenten Arnsberg, 17. September 1932, in: StAMS, Reg. Arnsberg, Nr. 14619.
[37] Der Polizeipräsident Bochum an den Regierungspräsidenten Arnsberg, 24. Dezember 1930 und Gesuch des Kriminalsekretärs Friedrich Hermann zur Zulassung zum nächsten Kursus für Kriminalkommissars-Anwärter, 3. Dezember 1930, in: StAMS, Reg. Arnsberg, Nr. 14612.
[38] Vgl. zum folgenden: P. WAGNER, S. 129.

Beamten der unteren Dienstränge mit dem Beförderungsstau zu kämpfen, und auch ihnen drohte eine Überalterung.[39]

Die Ausbildung zum Kriminalkommissar war größtenteils praktischer Natur. Bis Ende der zwanziger Jahre dauerte die praktische Ausbildung 12 Monate mit einem anschließenden dreimonatigen theoretischen Kurs an der höheren Polizeischule in Eiche. Im Zuge der zunehmenden Professionalisierung wurde die praktische Ausbildung bis auf 27 Monate ausgedehnt; 18 Monate entfielen auf den Dienst bei der Kriminalpolizei, je drei auf Schutzpolizei, Verwaltungspolizei und politische Polizei. Die dreimonatige Schulung bei der politischen Polizei wurde nicht immer absolviert. In Düsseldorf versahen zwei Kriminalkommissar-Anwärter nur zwei Monate Dienst bei der politischen Polizei.[40] Der abschließende theoretische Kurs am Polizei-Institut Berlin-Charlottenburg dauerte 1931 bereits sieben Monate. Beamte, die zur politischen Polizei wollten, hatten zunächst diese allgemeine Ausbildung zu absolvieren. Eine Spezialisierung erfolgte erst nach der Ausbildung zum Kriminalkommissar durch Lehrgänge, Schulungswochen[41] und durch praktische Sonderausbildungen vor Ort, die zwischen einem und sieben Monaten dauern konnten.[42] Ähnliche Sonderausbildungen fanden für alle Gebiete der Kriminalpolizei statt. Sie waren als solche nicht spezifisch für die politische Polizei.

Die Kriminalbeamten des höheren Dienstes, die bei der politischen Polizei Dienst taten, unterschieden sich von ihren Kollegen bei der Kriminalpolizei dadurch, daß die Beamten der politischen Polizei jünger und ein höherer Anteil von ihnen akademisch gebildet war:[43] Während das Durchschnittsalter aller Kriminalkommissare am 1. Januar 1932 über 42 Jahre betrug, waren die Kriminalkommissare bei der politischen Polizei im Durchschnitt über 38 Jahre alt. Deutlich wird der Unterschied, wenn man die Zahl der Kriminalkommissare betrachtet, die über 50 Jahre alt waren: Unter allen Kriminalkommissaren betrug ihr Anteil 29,3 Prozent, bei der politischen Polizei nur

---

[39] Vgl. ANONYMUS: Die Überalterung der staatlichen Kriminalpolizei in den Städten, in: Die Polizei, Nr. 8. vom 20. April 1930, S. 194.

[40] Personalkarten Wilhelm Schmitz und Jakob Schneider, in: PPD, unverzeichnet.

[41] Der Oberpräsident Koblenz an die Regierungspräsidenten Aachen, Düsseldorf und Köln, 22. Juni 1929, in: HStAD, Reg. Aachen, Nr. 22990. In diesem Schreiben wird über die politischen Schulungswochen im April 1929 in Berlin berichtet; Runderlaß des preußischen Ministers des Innern vom 14. August 1930, in: MBliV 1930, S. 763 In diesem Erlaß wird ein Lehrgang für Kriminalkommissare zur Handhabung der politischen Polizei ausgeschrieben.

[42] Der preußische Minister des Innern an den Regierungspräsidenten Düsseldorf [Abschrift] mit Zusatz für den Regierungspräsidenten Köln, 31. Oktober 1928, in: HStAD, Reg. Köln, Nr. 8261; Der preußische Minister des Innern an den Regierungspräsidenten Köln, 29. Juli 1929, in: Ebenda; Der preußische Minister des Innern an den Regierungspräsidenten Arnsberg, 8. November 1930, in: StAMS, Reg. Arnsberg, Nr. 14613.

[43] Die folgenden Aussagen beruhen auf einer quantitativen Auswertung des Anhangs 1 und der DIENSTALTERSLISTE DER HÖHEREN KRIMINALBEAMTEN der staatlichen Polizeiverwaltungen und der Geheimen Staatspolizei Preußens, des Saarlandes und des Freistaates Danzig. Nach dem Stande vom 1. Juni 1935, hrsg. von B. FREIBERG / E. EICHLER / T. MOMMSEN, Berlin 1935, die jeweils für den Stichtag 1. Januar 1932 untersucht wurden.

19,4 Prozent. Der Anteil derjenigen Kriminalkommissare, die 30 Jahre oder jünger waren, betrug insgesamt nur 8 Prozent, bei der politischen Polizei stellten sie mit 33 Prozent eine sehr große Gruppe.

Die Zahl der Promovierten lag bei den Kriminalbeamten der politischen Polizei über dem Durchschnitt. Am 1. Januar 1932 betrug ihr Anteil an allen Kriminalbeamten des höheren Dienstes 6,5 Prozent, bei der politischen Polizei lag er bei 16,6 Prozent. Zusätzlich hatten mindestens 9,2 Prozent ein Studium abgebrochen. Nicht weniger als ein Viertel der Kriminalbeamten der politischen Polizei war also akademisch gebildet.

Es stellt sich die Frage, warum die Kriminalbeamten des höheren Dienstes bei der politischen Polizei im Durchschnitt jünger waren und über eine höhere akademische Bildung verfügten. Zwischen dem Alter und der akademischen Bildung bestand ein Zusammenhang. Unter den älteren Kriminalbeamten, die vor 1880 geboren worden waren, gab es nur wenig Promovierte. Ihr Anteil erhöhte sich erst ab Mitte der zwanziger Jahre durch die Neueinstellung jüngerer Beamter: Allein zwischen Oktober 1928 und 1929 waren von 32 neu eingestellten Kriminalkommissaren 8 promoviert. Im Jahre 1931 betrug der Anteil 4 von 12. Es handelte sich um arbeitslose Akademiker, die die Sicherheit des Staatsdienstes suchten.

Somit stellt sich vornehmlich die Frage, warum die Beamten der politischen Polizei jünger waren als ihre Kollegen bei der Kriminalpolizei. Wahrscheinlich erklärt sich der hohe Anteil der jüngeren Beamten durch den Ausbau der politischen Polizei ab 1929. Während bei der Kriminalpolizei Stellen abgebaut wurden, entstanden bei der politischen Polizei neue Stellen. Daher waren Neueinstellungen von Kriminalkommissaren eher bei der politischen Polizei als bei der Kriminalpolizei möglich. Zudem waren die Karrierechancen bei der politischen Polizei besser: Bei der Kriminalpolizei erfolgte die Beförderung zum Kriminalrat durchschnittlich erst mit 47 Jahren, bei der politischen Polizei bereits mit 40 Jahren. Alle sechs Kriminalräte der politischen Polizei, die ermittelt werden konnten, wurden vor Vollendung ihres 47. Lebensjahres zum Kriminalrat befördert. Unter ihnen befand sich Johannes Stumm, der bereits mit 34 Jahren der jüngste preußische Kriminalrat wurde.

Johannes Stumm hatte sich mit 25 Jahren unter dem Eindruck des Rathenaumordes 1922 freiwillig zur politischen Polizei gemeldet. Es ist denkbar, daß mehrere jüngere Beamte nicht nur aus Karrieregründen zur politischen Polizei gingen, sondern eher dazu bereit waren, die junge Republik gegen ihre Staatsfeinde zu verteidigen. Laut Bernhard Weiß wurden für den Dienst in der politischen Polizei nur solche Beamte verwandt, die sich freiwillig meldeten und eine Affinität zu dieser Tätigkeit hatten.[44]

Offenbar lehnten es viele Kriminalbeamte ab, sich zur politischen Polizei versetzen zu lassen.[45] Überhaupt scheint das Verhältnis der Kriminalbeamten der politischen Abteilungen zu ihren Kollegen bei der Kriminalpolizei nicht konfliktfrei gewesen zu sein:

---

[44] Vgl. B. WEISS, S. 56.
[45] Vgl. H.-H. LIANG, S. 142.

Mehrere Quellen drücken aus, daß die Beamten der Kriminalpolizei den Kontakt mit den Beamten der politischen Polizei ablehnten.[46] Der Kriminalkommissar Werner Togotzes behauptete fälschlicherweise gar, daß ein Kriminalbeamter, der sich freiwillig für die politische Polizei gemeldet habe, von seiner alten Abteilung nicht wieder aufgenommen worden sei.[47]

Für das niedrige Durchschnittsalter der höheren Kriminalbeamten der politischen Polizei können zusammenfassend die Faktoren bessere Stellensituation, höhere Karrierechancen und politische Überzeugung festgehalten werden, wobei eine exakte Gewichtung nicht möglich ist.

Es ist nicht übertrieben, die Kriminalkommissare der politischen Polizei als fachliche Elite zu begreifen: Sie waren im Durchschnitt jünger und verfügten über eine höhere akademische Bildung. Bestätigt wird dies durch die Tatsache, daß am 1. Juni 1935 von neun höheren Kriminalbeamten am angesehenen Polizei-Institut Berlin-Charlottenburg drei aus der preußischen politischen Polizei der Weimarer Republik stammten. Kurze Zeit später stieß Karl Schäfer als Vierter hinzu.[48]

Damit ist jedoch noch nicht geklärt, ob die Kriminalkommissare der politischen Polizei eine republikanische Elite waren. Standen sie den demokratischen Parteien innerlich nahe oder waren sie bloß eine funktionale Elite? Diese Frage ist von erhöhter Bedeutung, denn die politische Einstellung der höheren Kriminalbeamten der politischen Polizei konnte für ihre Dienstauffassung nicht unerheblich sein.

Eine Mitgliedschaft in einer politischen Partei ließ sich nur bei acht Kriminalbeamten des höheren Dienstes feststellen: Drei waren Mitglieder der SPD. Alle wurden nach 1933 entlassen.[49] Zwei gehörten dem Zentrum an; einer wurde offenbar entlassen,

---

[46] So berichtete der Leiter der Kriminalinspektion in Gelsenkirchen, der Kriminalpolizeirat Balke, daß er „mit den Beamten der I A niemals zu tun gehabt habe." Bericht des Kriminalpolizeirats Balke, 24. Juli 1933, in: Personalakte Wilkowski, Bl. 26, in: PPD, unverzeichnet. In einem Interview mit H.-H. Liang am 17. Oktober 1962 berichtete die Stenotypistin Grete Bomke, die bei der Kriminalpolizei arbeitete, über das Verhältnis zu den Beamten der politischen Polizei, die ein Stockwerk über ihr Dienst taten: „Die da oben waren für uns nicht da." Zitiert nach: H.-H. LIANG, S. 142. Selbst B. WEISS, S. 25 berichtete hierüber: „Die Kriminalpolizei sträubt sich gegen eine gar zu enge Fühlung mit den Kollegen der politischen Polizei, gleichsam als könnte man sich durch die Berührung politisch oder gar moralisch bloßstellen."

[47] Vgl. H.-H. LIANG, S. 142. Aus dem Schreiben des Polizeipräsidenten Bochum an den Regierungspräsidenten Arnsberg, 4. Dezember 1930, in: StAMS, Reg. Arnsberg, Nr. 14613, geht jedoch hervor, daß der Kriminalkommissar Konstantin Martin im Jahr 1930 von der politischen Polizei zurück zur Kriminalpolizei wechselte. Zudem ist zu bedenken, daß eine Abteilung oder ihr Leiter nicht die Versetzung eines Kriminalkommissars auf Anweisung des Polizeipräsidenten ablehnen konnte.

[48] DIENSTALTERSLISTE DER HÖHEREN KRIMINALBEAMTEN, S. 10. Es handelte sich um die Kriminalkommissare Fritz Bartmann, Anton Böhmer und Walter Zirpins. Vgl. auch Anhang 1 und K. SCHÄFER, S. 38.

[49] Hierbei handelt es sich um den Kriminalrat Johannes Stumm und die Kriminalkommissare Schönchen und Ganser. Vgl. Anhang 1.

der andere mehrfach strafversetzt.[50] Drei Kriminalkommissare gehörten der DDP an. Einer von ihnen wurde nach der ‚Machtergreifung' entlassen, ein anderer wurde von der Gestapo übernommen.[51] Der dritte, der Kriminalkommissar Rudolf Braschwitz, gehörte zusätzlich bis Januar 1932 der SPD an. Diese Doppelmitgliedschaft hatte er anscheinend nur aus Karrieregründen angenommen, denn Braschwitz fungierte als Kontaktmann zur NSDAP, wurde ins Gestapa übernommen und war dort für die Bekämpfung von KPD und SPD zuständig.

Dennoch spricht alles in allem einiges dafür, daß viele Beamte der politischen Polizei nicht nur eine funktionale Elite waren, sondern loyal zur Weimarer Republik standen. Ihre Loyalität zeigte sich in erster Linie in ihrer Tätigkeit.

---

[50] Es handelte sich um den Kriminalkommissar Emil Freund, der entlassen wurde und den Kriminalrat Gustav Theuring. Vgl. Anhang 1.

[51] Bei dem Entlassenen handelt es sich um Kriminalkommissar Walter Teichmann; Kriminalkommissar von Prochnow gehörte 1931 kurzfristig der DDP an und wurde von der Gestapo übernommen.

DRITTER TEIL

Die Tätigkeit der politischen Polizei gegen die NSDAP

„Die Polizei ist ganz rigoros. Man kann kaum noch husten."

(Tagebucheintrag von Joseph Goebbels
am 28. März 1931, Band 2, S. 40)

FÜNFTES KAPITEL

Maßnahmen gegen öffentliche Veranstaltungen der NSDAP

Die Versammlungspropaganda spielte im Konzept der Nationalsozialisten eine zentrale Rolle.[1] Zu unterscheiden sind verschiedene Formen der Veranstaltungen: Neben parteiinternen Sprechabenden gab es eine große Bandbreite öffentlicher Veranstaltungen, die von Ortsgruppenveranstaltungen bis hin zu den Reichsparteitagen reichte. Die internen Sprechabende hatten eine wichtige binnenpropagandistische Funktion, können aber an dieser Stelle vernachlässigt werden.

Der Stil der öffentlichen Versammlungen der NSDAP war zur Zeit der Weimarer Republik noch sehr uneinheitlich und ist von den sorgfältig inszenierten Kundgebungen nach 1933 zu unterscheiden. Nur die größeren Veranstaltungen in der Endphase der Weimarer Republik mit Hitler und einigen anderen prominenten Nationalsozialisten als Rednern hatten eine ähnlich ausgefeilte Dramaturgie. Wenige Redner verfügten jedoch über die Qualität eines Hitler oder Goebbels, und öffentliche Veranstaltungen von Ortsgruppen der NSDAP waren oft schlecht organisiert und verliefen chaotisch. Viele endeten in Schlägereien, da eine Diskussion nach der Rede stattfand und politische Gegner in großer Anzahl zu Veranstaltungen der NSDAP kamen. Erst Anfang der dreißiger Jahre änderte sich diese Situation schrittweise, nachdem Goebbels das Amt des NSDAP-Propagandachefs übernommen hatte und die Veranstaltungen mehr und mehr zu effektvollen Kundgebungen umfunktioniert wurden.

Im Vergleich zu anderen Parteien war an den nationalsozialistischen Veranstaltungen die hohe zeitliche und räumliche Dichte bemerkenswert. Neuere Forschungen haben den mehrfach vermuteten Zusammenhang zwischen den Veranstaltungen der NSDAP und dem Abschneiden bei Wahlen untermauert.[2] Eine Analyse von mehreren hessischen Kreisen hat ergeben, daß eine Korrelation zwischen dem Wahlerfolg und der Zahl der Veranstaltungen besteht: Je mehr Veranstaltungen die NSDAP in einem Ort abhielt, um so mehr Stimmen erhielt sie. Allerdings ist der Umkehrschluß, daß eine geringe Veranstaltungstätigkeit einen geringen Wahlerfolg bedeutete, falsch: In Ostpreußen war die Propagandaorganisation desolat, und die NSDAP war nicht in der Lage einen flächendeckenden Wahlkampf zu führen. Dennoch erzielte die NSDAP bei den Reichstagswahlen im September 1930 mit 22,5 Prozent hier ein überaus gutes Er-

---

[1] Vgl. zum folgenden: G. PAUL: Aufstand der Bilder. Die NS-Propaganda vor 1933, Berlin ²1992, S. 120-132. Aus der älteren Literatur: H. BALLE: Die propagandistische Auseinandersetzung des Nationalsozialismus und ihre Bedeutung für den Aufstieg des Nationalsozialismus, phil. Diss. Erlangen-Nürnberg 1963, S. 241-252.
[2] Vgl. D. OHR: Nationalsozialistische Propaganda und Weimarer Wahlen. Empirische Analysen zur Wirkung von NSDAP-Veranstaltungen, Opladen 1997.

gebnis und wurde stärkste Partei. Ein ähnliches Bild zeigte sich in Schleswig-Holstein.³

Der Anteil der Veranstaltungen für den Aufstieg und den Erfolg der NSDAP ist nur schwer einzuschätzen. Vermutlich war er groß, jedoch darf nicht übersehen werden, daß die NSDAP auch ohne eine übermäßige Veranstaltungspropaganda Erfolge erzielen konnte. Vieles deutet darauf, daß regionale und lokale Besonderheiten eine wesentlichere Rolle spielten als bisher angenommen wurde. Eine genauere Analyse dieses Phänomens muß künftigen Forschungen vorbehalten bleiben.

Die Veranstaltungen waren für die NSDAP zudem eine wichtige Quelle zur Finanzierung der Partei. Bei einzelnen Veranstaltungen kosteten die Plätze bis zu einer Reichsmark.⁴ Im Mai 1931 errechnete der Pressedienst des Zentrums, daß die NSDAP im Schnitt zwischen 60.000 und 70.000 Reichsmark brutto täglich durch Veranstaltungen einnahm.⁵ Auch wenn hiervon die Miete für die Veranstaltungsräume und ein Rednerhonorar bezahlt werden mußten, blieb genügend Geld für die Parteikasse übrig.⁶

Ein Vorgehen der politischen Polizei gegen die Veranstaltungspropaganda traf die NSDAP also an zwei Stellen: Die Propagandawirkung wurde eingeschränkt und die Einnahmen der Partei verringerten sich. Die Maßnahmen der Partei richteten sich nach drei rechtlichen Möglichkeiten:

1. Während der Geltungsdauer des ersten Republikschutzgesetzes bis zum 22. Juli 1929 und seit der Notverordnung vom 10. März 1931 konnte die Polizei vorbeugende Verbote aussprechen. Hierzu genügte der Verdacht, daß durch die Veranstaltung die öffentliche Sicherheit oder Ordnung gestört werden könnte.
2. Durch die Notverordnung vom 10. März 1931 war es der Polizei möglich, den Veranstaltern Auflagen zu erteilen.
3. Falls es zu massiven Verstößen gegen Gesetze durch den Redner oder zu Gewalttätigkeiten kam, konnten die Veranstaltungen aufgelöst werden. Die rechtlichen Grundlagen hierzu waren neben den allgemeinen Strafgesetzen die Generalklausel des Polizeirechts, die weitreichende Maßnahmen bei Verstößen gegen die öffentliche Sicherheit und Ordnung zuließen.⁷

Die Überwachung der Veranstaltungen diente zudem nachrichtendienstlichen Zwecken, und Verstöße gegen Gesetze und Notverordnungen ließen sich nachträglich zur Anzeige bringen. Der preußische Innenminister ordnete aus diesen Gründen eine

---

³ Vgl. G. PAUL: Aufstand der Bilder, S. 68.
⁴ Der Polizeipräsident Düsseldorf an den Regierungspräsidenten Düsseldorf, 7. Januar 1932, in: HStAD, Reg. Düsseldorf, Nr. 30653a, Bl. 57f.
⁵ Art.: Woher stammen die nationalsozialistischen Gelder?, in: Pressebüro Krauss. Pressedienst der Deutschen Zentrumspartei, 30. Mai 1931, in: BAB, R 15.01, Nr. 26091, Bl. 101f. Man ging davon aus, daß die NSDAP zwischen 600 und 700 Veranstaltungen täglich durchführte, die im Schnitt 100 Reichsmark an Gewinn abwarfen.
⁶ Vgl. auch das achte Kapitel dieser Studie.
⁷ Die Generalklausel war § 10, II, 17 im Allgemeinen Landrecht für die Preußischen Staaten und später der Artikel 14 im Polizeiverwaltungsgesetz vom 1. Juni 1931.

flächendeckende Überwachung aller öffentlichen politischen Veranstaltungen an, bei denen mit Verstößen gegen das Republikschutzgesetz zu rechnen war.[8] Hierzu zählten alle Veranstaltungen der NSDAP, der KPD und der rechts- und linksextremen Splittergruppen. Veranstaltungen des Zentrums, der SPD, der DDP, der DVP und der DNVP wurden in Preußen bis zum Juli 1932 nicht planmäßig überwacht. Auch die Regierungspräsidenten ermahnten ihre Landräte, jede öffentliche Versammlung der Kommunisten und Nationalsozialisten durch die Ortspolizeibehörden überwachen zu lassen.[9]

Daß alle Veranstaltungen der NSDAP und der KPD überwacht worden sind, läßt sich nicht zweifelsfrei belegen. Bedenkt man die sehr rege Veranstaltungstätigkeit insbesondere der NSDAP scheint dies zunächst zweifelhaft. Die zum Teil sehr dichte Überlieferung von Berichten ist aber ein Zeichen dafür, daß der größte Teil der öffentlichen Veranstaltungen der NSDAP tatsächlich überwacht worden ist. In der Provinz Schleswig-Holstein wurden zwischen dem 10. April 1931 und dem 18. Juli 1931 503 Veranstaltungen der NSDAP observiert.[10] Es erscheint unwahrscheinlich, daß die NSDAP in diesen drei Monaten durchschnittlich mehr als fünf Veranstaltungen pro Tag abgehalten hat.

Für den Regierungsbezirk Aachen liegen aus den Jahren 1929/30 weit über 100 Versammlungsberichte vor.[11] Dieser Regierungsbezirk war keine Hochburg der NSDAP und die Versammlungstätigkeit dort nicht sehr rege. Es ist anzunehmen, daß auch hier der größte Teil der Veranstaltungen überwacht worden ist. In fast allen besuchten Archiven liegen Hunderte und Tausende von Versammlungsberichten vor. Dies ist ein weiteres Indiz für die umfassende Überwachungstätigkeit der Polizei.

In den Städten, in denen eine staatliche Polizeiverwaltung eingerichtet war, hatte die politische Polizei bei ihrer Überwachungstätigkeit keine großen Schwierigkeiten. Beispielsweise berichtete der Polizeipräsident in Essen an den Regierungspräsidenten in Düsseldorf: „Alle öffentlichen Kundgebungen der N.S.D.A.P. wurden polizeilich überwacht."[12] Die politische Polizei hatte nur bei nichtöffentlichen Veranstaltungen Probleme, da sie hier keinen Zugang hatte.[13] Doch oft konnte sie durch Vertrauensleute die wesentlichen Dinge erfahren.[14]

---

[8] Runderlaß des preußischen Ministers des Innern vom 13. März 1931 betreffend Handhabung der Versammlungs- und Pressepolizei, in: LHAK, Best. 403, Nr. 16801, Bl. 17-20; auch in: StAMS, Kreis Tecklenburg, LRA, Nr. 1325.
[9] Der Regierungspräsident Köln an die Landräte seines Bezirks, 24. Juni 1930, in: LHAK, Best. 403, Nr. 16786, Bl. 3-8, Bl. 4.
[10] Eigene Berechnung nach den Unterlagen in: LAS, Abt. 301, Nr. 4566.
[11] Verschiedene Versammlungsberichte, in: HStAD, Reg. Aachen, Nr. 22990.
[12] Der Polizeipräsident Essen an den Regierungspräsidenten Düsseldorf, 4. September 1931, in: HStAD, Reg. Düsseldorf, Nr. 30653d, Bl. 65f.
[13] Der Polizeipräsident Wuppertal an den Regierungspräsidenten Düsseldorf, 14. Dezember 1931, in: HStAD, Reg.Düsseldorf, Nr. 30653a, Bl. 27.
[14] Vgl. beispielsweise: Der Polizeipräsident Elberfeld-Barmen an den Regierungspräsidenten Düsseldorf, 26. März 1929, in: HStAD, Reg. Düsseldorf, Nr. 30653b, Bl. 137.

Die Überwachung der Veranstaltungen war kein Selbstzweck. Ab März 1931 hatten die Polizeibehörden alle überwachten Veranstaltungen nach einem bestimmten Schema zu melden.[15] Angegeben werden mußten der Versammlungsort, der Tag und Veranstalter, weiterhin Leiter, Redner und Diskussionsredner, der Gegenstand der Versammlung sowie ihr Verlauf. Hierdurch konnte das LKP-Amt einen Überblick über die Propaganda der NSDAP und ihre Entwicklung in einzelnen Regionen gewinnen.

Neben diesen Kurzmeldungen verfaßten die zuständigen Beamten Versammlungsberichte, in denen Ort, Zeit, Redner, Thema und Zuhörerzahl vermerkt wurden und sie mehr oder weniger ausführlich den Verlauf der Veranstaltung schilderten. Die Seitenzahl eines solchen Berichtes schwankte zwischen einer Seite, auf der zusammenfassend berichtet wurde, oder sehr ausführlichen Berichten mit wörtlicher Wiedergabe der Rede, die über zehn Seiten haben konnten.

Auffälliges wurde entweder von den Polizeipräsidenten oder den Regierungspräsidenten an das LKP-Amt und den preußischen Innenminister weitergeleitet. Der Regierungspräsident in Düsseldorf bemerkte aufgrund der ihm zugegangenen Polizeiberichte eine Annäherung von Stahlhelm und NSDAP im Frühjahr 1929.[16] Die politische Polizei hatte beobachtet, daß sich die NSDAP-Redner freundlicher über den Stahlhelm äußerten, die üblichen Zwischenrufe unterblieben und die vormals verfeindeten Gruppen nach den Veranstaltungen freundschaftlichen Kontakt suchten. Das Ergebnis dieser Annäherung war kurze Zeit später die partielle Zusammenarbeit während des Volksbegehrens gegen den Young-Plan. Während in der Presse Verwunderung über die Annäherung geäußert wurde, überraschte dies die politische Polizei nicht.[17]

Die Beamten der politischen Polizei achteten sehr gewissenhaft auf die Zusammensetzung des Publikums. So wurde über die Geschlechterverteilung bei Versammlungen berichtet und vermerkt, ob sich mehr Angestellte oder mehr Arbeiter einfanden, die zu dieser Zeit noch an ihrer Kleidung zu unterscheiden waren. Zudem beobachteten die Beamten das taktische Verhalten der Redner, die bestrebt waren, die Gesetze mit zweideutigen oder ironischen Formulierungen zu unterlaufen.[18] Die Erkenntnisse wurden zu nachrichtendienstlichen Zwecken verwandt und auch für die Denkschriften der politischen Polizei über die NSDAP ausgiebig genutzt.[19]

Für die Überwachung der Veranstaltungen bedurfte es nur weniger Beamter. Bei der Auflösung einer Veranstaltung war hingegen eine größere Zahl von Beamten, vor allem der Schutzpolizei, nötig.

---

[15] Runderlaß des preußischen Ministers des Innern vom 13. März 1931 betreffend Handhabung der Versammlungs- und Pressepolizei, in: LHAK, Best. 403, Nr. 16801, Bl. 17-20, Bl. 20.
[16] Der Regierungspräsident Düsseldorf an den Oberpräsidenten Koblenz, 2. April 1929, in: HStAD, Reg. Düsseldorf, Nr. 30653a, Bl. 138.
[17] Art.: Gruppe Hugenberg, in: Germania, Nr. 320 vom 13. Juli 1929; Art.: Hugenbergsche Schwergeburt, in: Der Abend, Nr. 318 vom 10. Juli 1929.
[18] Da fast in jedem ausführlichen Bericht hierauf eingegangen wurde, wird an dieser Stelle auf Beispiele verzichtet.
[19] Vgl. das neunte Kapitel dieser Studie.

Von den Beamten, die diese Entscheidung zu treffen hatten, wurde ein hohes Maß an Fingerspitzengefühl gefordert: Was gehörte zur politischen Auseinandersetzung, die auch hart geführt werden kann - und was war strafbar? Bei einer Auflösung war abzuwägen, ob dies sinnvoll war, oder ob sie selbst der Anlaß zu Gewalttätigkeiten von Seiten der fanatisierten Zuhörerschaft sein konnte.

Die größten Schwierigkeiten bei der Überwachung von Veranstaltungen entstanden auf dem flachen Lande, da hier nur einzelne Landjägerposten vorhanden waren, die alle polizeilichen Maßnahmen durchzuführen hatten. Sie waren häufig für mehrere Dörfer oder Ortschaften zuständig. Der Oberpräsident der Rheinprovinz forderte seine untergeordneten Behörden dazu auf, die NSDAP in solchen Gegenden sorgfältig zu beobachten.[20] Der Regierungspräsident in Arnsberg, der Sozialdemokrat Max König, stellte am 14. Oktober 1929 auf einer Landratskonferenz fest, daß „in ländlichen Bezirken kommunale Beamte und Landjäger in Versammlungen der NSDAP zugegen waren, in denen die Minister heftig angegriffen und verleumdet wurden, ohne daß die Beamten einschritten. Als Motiv ist zu betrachten, daß die Beamten nicht wagten, gegen die vielfache Überlegenheit der Teilnehmer aktiv vorzugehen."[21] Daher seien stärkere Kräfte zusammenzuziehen und notfalls sei die staatliche Schutzpolizei hinzuzuziehen.

Ein ähnliches Bild zeigte sich in der Provinz Schleswig-Holstein: Im April 1928 hatte bei einer NSDAP-Veranstaltung der Redner die Polizei lächerlich gemacht, mehrere Minister beschimpft und die Weimarer Republik als eine „Judenrepublik" bezeichnet. Obwohl der anwesende Landjägermeister diese Äußerungen gehört hatte, löste er die Veranstaltung nicht auf, sondern erstattete lediglich Bericht.[22]

Viele kommunale Polizeibeamte waren ihrer Aufgabe, die Veranstaltungen zu überwachen, nicht gewachsen. Die *Husumer Nachrichten* berichteten am 24. Januar 1929 über eine NSDAP-Veranstaltung mit Gregor Straßer, in der er die Republik mehrfach beschimpft hatte. Die kommunalen Polizeibeamten behaupteten, nichts gehört zu haben.[23] Ob dies aus Sympathie für den Nationalsozialismus geschah, oder ob die Beamten unaufmerksam oder nicht entsprechend instruiert worden waren, läßt sich nachträglich nicht klären.

Solche Szenen spielten sich wiederholt in ländlichen Gegenden ab und waren ein strukturelles Problem, das die preußische Regierung nicht völlig beseitigen konnte. Allerdings waren nicht alle Landjäger und Schutzpolizeibeamte nachlässig: Ein Polizeihauptwachtmeister aus einer Gemeinde der Rheinprovinz stellte einen Strafantrag, weil ein NS-Redner den preußischen Ministerpräsidenten Otto Braun einen roten

---

[20] Der Oberpräsident Koblenz an die Regierungspräsidenten seiner Provinz, 12. April 1930, in: HStAD, Reg. Aachen, Nr. 22990, Bl. 192.
[21] Der Regierungspräsident Max König auf einer Landratskonferenz des Reg.-Bez. Arnsberg am 14. Oktober 1929, in: StAMS, Reg. Arnsberg, Nr. 14883.
[22] Landjägeramt Oersdorf an den Landrat Rendsburg, 28. April 1928, in: LAS, Abt. 301, Nr. 4556.
[23] Der Regierungspräsident Schleswig an den Oberpräsidenten Kiel, 1. und 15. Februar 1929, in: LAS, Abt. 301, Nr. 4555.

König genannt hatte und er hierin eine Beleidigung sah.[24] Braun verzichtete jedoch auf eine Strafverfolgung. Eine allgemeingültige Aussage über das Verhältnis der kommunalen Polizei und der Landjäger zum aufstrebenden Nationalsozialismus ist daher schwer zu treffen: Neben unaufmerksamen Polizeibeamten und solchen die mit der NSDAP sympathisierten, finden sich viele pflichtbewußte loyale Beamte.[25]

Die politischen Abteilungen waren für die Versammlungsüberwachung besser gerüstet: Ihre Beamten waren entsprechend instruiert und politisch informiert. In der Regel konnten sie schneller als Landjäger oder kommunale Beamte erkennen, ob ein strafwürdiges Vergehen vorlag und ob die Veranstaltung aufzulösen sei. In Einzelfällen waren jedoch auch ihre Beamten dem preußischen Innenminister nicht aufmerksam genug. Er rügte den Polizeipräsidenten in Essen, daß eine Veranstaltung mit Hermann Göring, in denen er das Wort „Schieberstaat" benutzte, hätte aufgelöst werden müssen.[26] Der Minister und der Regierungspräsident in Düsseldorf nahmen dies zum Anlaß, die Polizeibehörden anzuweisen, „bei Verstößen gegen die in Frage kommenden Bestimmungen des Republikschutzgesetzes in Vorträgen rechts- oder linksradikaler Versammlungsredner mit allem Nachdruck einzuschreiten und die betreffende Versammlung nach § 8 des Republikschutzgesetzes aufzulösen."[27]

Der Polizeipräsident in Düsseldorf mußte sich ebenfalls Vorhaltungen des Innenministers gefallen lassen, da seine Beamten eine Veranstaltung nicht aufgelöst hatten: „Die Bezeichnung ‚glorreiche Republik' muss nach dem Zusammenhange und bei Berücksichtigung der Tendenz der NSDAP als eine böswillige und überlegte Verächtlichmachung der republikanischen Staatsform (§ 5 Abs. 1 Nr. 1 RepSchGes.) angesehen werden, wie auch nach dem ganzen Inhalt und Zweck des Referats der Ausdruck ‚schwarz-rot-gelb-jüdische Marxisten' offenbar nur dazu dienen sollte, die verfassungsmässigen Reichsfarben Schwarz-Rot-Gold damit zu treffen und herabzusetzen. [...] Es hätten hiernach die Voraussetzung zur polizeilichen Auflösung der Versammlung gemäss § 8 RepSchGes. vorgelegen."[28] Diese Beispiele zeigen, daß selbst geschulte Beamte der politischen Polizei Schwierigkeiten hatten, spontan zu entscheiden, ob ein Straftatbestand vorlag, der die Auflösung der Veranstaltung gerechtfertigt hätte, oder ob es sich um eine harte politische Auseinandersetzung am Rande der Legalität handelte. Es ist illusorisch, in solchen Situationen von den Beamten jederzeit die richtige Entscheidung zu erwarten. Hieran zeigte sich, daß die An-

---

[24] Versammlungsbericht des Polizei-Hauptwachtmeisters Lindlein, Flammerfeld 26. September 1930, in: LHAK, Best. 403, Nr. 16910, Bl. 35.
[25] Ein ähnlich zwiespältiges Resümee bei W. PYTA, S. 355.
[26] Der preußische Minister des Innern an den Oberpräsidenten Koblenz, 15. Juli 1930, in: HStAD, Reg. Düsseldorf, Nr. 30653d, Bl.124f.
[27] Der Regierungspräsident Düsseldorf an die Polizeipräsidenten und Landräte seines Bezirks und die Oberbürgermeister in Neuß und Viersen, 31. Juli 1930, in: HStAD, Reg. Düsseldorf, Nr. 30653c, Bl. 293.
[28] Der preußische Minister des Innern an den Regierungspräsidenten Düsseldorf, 20. November 1930, in: HStAD, Reg. Düsseldorf, Nr. 30653c, Bl. 280.

wendung der Republikschutzbestimmungen mitunter ein juristisches Minenfeld sein konnte.

Ungeachtet dieser Schwierigkeiten gingen die Beamten der politischen Polizei meist energisch vor, wurden aber manchmal von übergeordneten Stellen gebremst.[29] Der NS-Redner Hans Frank hatte im Mai 1931 in einer Rede in Duisburg behauptet, daß es keine Weltwirtschaftskrise gäbe, sondern vielmehr eine deutsche Krise. Er warf Brüning „Unwissenheit in deutschen Dingen" vor. „Er saniere weiter, und wenn auch das deutsche Volk dabei zugrunde gehe." Daraufhin wurde dem Redner durch den überwachenden Polizeibeamten das Wort entzogen. Da der Beamte durch die Versammlungsteilnehmer beleidigt wurde, löste er die Veranstaltung auf. Der Duisburger Polizeipräsident wollte zukünftig jede Veranstaltung, in der Frank reden sollte, vorbeugend verbieten lassen. Dies wurde ihm vom Düsseldorfer Regierungspräsidenten Karl Bergemann untersagt, der wohl zu Recht monierte, daß die Veranstaltung nicht hätte aufgelöst werden dürfen.[30] Ob Bergemann einer der politischen Beamten war, der zur Gruppe der „unsicheren Kantonisten"[31] zählte, kann nicht abschließend geklärt werden. Jedenfalls untersagte er mehrfach den Polizeipräsidenten seines Bezirkes, Redeverbote gegen Nationalsozialisten auszusprechen.[32]

Auch Rudolph Amelunxen, der Regierungspräsident in Münster, traf bisweilen eigenwillige Entscheidungen. Der Kriminalassistent Trampert vom Polizeipräsidium Recklinghausen hatte in einer Veranstaltung der NSDAP in Gladbeck am 9. Oktober 1931 den Redner mit dem französischen Wort „finis [sic!]" am Weitersprechen gehindert und die Veranstaltung aufgelöst.[33] Die NSDAP beschwerte sich beim Oberpräsidenten hierüber und bat, in Zukunft „zu Versammlungen der N.S.D.A.P. in Gladbeck nur deutschsprechende Beamte der Abt. Ia zu kommandieren."[34]

Der Kriminalassistent Trampert gab zu, das Wort „finis [sic!]" gebraucht zu haben, allerdings erst, nachdem der Redner auf die Wortentziehung mehrfach nicht reagiert hatte. Zudem machte Trampert geltend, daß er in Metz geboren sei und der Ausdruck dort im deutschen Sprachgebrauch vielfach angewandt wurde. Der Polizeipräsident stellte sich hinter seinen Beamten: „Die Anzeige entspringt im wesentlichen einer starken Abneigung gegen den überwachenden Beamten, der schon verschiedentlich in

---

[29] Der Polizeipräsident Duisburg an den Regierungspräsidenten Düsseldorf, 16. Mai 1931, in: HStAD, Reg. Düsseldorf, Nr. 30653a, Bl. 5. Die folgenden Zitate stammen aus diesem Schreiben.
[30] Der Regierungspräsident Düsseldorf an den Polizeipräsidenten Duisburg, 21. Mai 1931, in: ebenda, Bl. 205f.
[31] W. PYTA, S. 360. Pyta zählt hierzu, neben Bergemann, vor allem den Essener Polizeipräsidenten Kurt Melcher. Beide charakterisiert Pyta als wenig tatkräftig gegenüber den Nationalsozialisten.
[32] Vgl. z.B. den Schriftwechsel zwischen dem Polizeipräsidenten Mönchen-Gladbach und dem Regierungspräsidenten Düsseldorf, 21. März 1932 und 24. März 1932, in: HStAD, Reg. Düsseldorf, Nr. 30653d, Bl. 243ff.
[33] NSDAP Ortsgruppe Gladbeck an den Oberpräsidenten Münster, 13. Oktober 1931, in: StAMS, Reg. Münster, VII-67, Bd. 3, Bl. 29f. Die Beschwerde wurde vom Regierungspräsidenten bearbeitet, daher finden sich die betreffenden Akten im Bestand des Regierungspräsidenten.
[34] Ebenda.

sachlicher Weise gegen Gesetzesverstöße einzelner Redner der N.S.D.A.P. vorgehen mußte."[35]

Trotz der Stellungnahme des Polizeipräsidenten schrieb der Regierungspräsident an die NSDAP, daß auch er die Ausdrucksweise des Kriminal-Assistenten „nicht gutheiße" und ersuchte den Polizeipräsidenten in Recklinghausen „um weitere Veranlassung wegen des Krim.Ass. Krampe [sic!]."[36] Im Regierungspräsidium war man bereits damit überfordert, den Namen eines Kriminalbeamten korrekt zu schreiben. Schwerwiegender war, daß durch solche dümmlichen Maßnahmen pflichtbewußten Beamten nicht der Rücken gestärkt wurde. Die politische Kompetenz des Regierungspräsidenten darf in diesem Fall stark angezweifelt werden: So ließ sich die oft beschworene Autorität des Staates nicht verteidigen.

Eine Aufstellung aller aufgelösten NSDAP-Veranstaltungen war nicht zu ermitteln. Zwar existiert eine Übersicht über die in Preußen von April bis Juni 1931 aufgelösten Veranstaltungen, aber diese unterscheidet nicht nach Parteien, sondern nur zwischen rechts und links.[37] Einen guten Eindruck vermitteln die Ergebnisse für einzelne Provinzen: In der Rheinprovinz wurden von April 1931 bis April 1932 56 NSDAP-Veranstaltungen aufgelöst und 85 vorsorglich verboten. Über die gesamte Anzahl der abgehaltenen Veranstaltungen ist nichts bekannt. Weiterhin wurden 36 Propagandafahrten der NSDAP verboten.[38] In der Provinz Schleswig-Holstein wurden von 135 Veranstaltungen im Mai 1931 und von 157 im Juni 1931 jeweils eine Veranstaltung aufgelöst. Zusätzlich wurden in beiden Monaten je vier Veranstaltungen vorsorglich verboten.[39] In der Provinz Hessen-Nassau wurden zwischen Mai und September 1931 von 1.910 NSDAP-Veranstaltungen 43 nicht zugelassen und 16 aufgelöst.[40]

Wie es scheint, wurden selten Veranstaltungen aufgelöst. Es war allerdings möglich, nur einem einzelnen Redner das Wort zu entziehen, was einer Auflösung gleich-

---

[35] Der Polizeipräsident Recklinghausen an den Regierungspräsidenten Münster, 26. Oktober 1931, in: ebenda, Bl. 37f.
[36] Der Regierungspräsident Münster an die NSDAP Ortsgruppe Gladbeck, 31. Oktober 1931, in: ebenda, Bl. 39.
[37] Der Reichsminister des Innern an die obersten Reichs- und Landesbehörden, 29. August 1931, in: ADR, Kabinette Brüning, Bd. 2, Nr. 457, S. 1624- 1636, S. 1625ff.

	Rechts	Links
Verbote von Versammlungen:	202	454
Verbote von Lastwagenfahrten:	89	104
Auflösungen von Veranstaltungen:	52	146

[38] Eigene Berechnung nach den Akten, in: LHAK, Best. 403, Nr. 16798.
[39] Zahlen nach: Versammlungsnachweise der NSDAP, in: LAS, Abt. 301, Nr. 4566 und Übersichten der auf Grund der Verordnung des Reichspräsidenten zur Bekämpfung politischer Ausschreitungen vom 28. März 1931 für Mai und Juni 1931 aufgelösten Veranstaltugen für den Reg.-Bez. Schleswig, in: LAS, Abt. 301, Nr. 4708.
[40] Rede des Abgeordneten Haas (SPD), in: SITZUNGSBERICHTE DES PREUSSISCHEN LANDTAGS, 3. Wahlperiode, 16. Band, 250. Sitzung am 14. Oktober 1931, Berlin 1931, Sp. 22068.

kommen konnte, wenn man dem Hauptredner das Wort entzog.[41] Dieses Mittel wurde nur relativ selten eingesetzt.

Dafür, daß nicht mehr Veranstaltungen aufgelöst wurden, lassen sich verschiedene Gründe nennen:
1. Die Polizeibeamten mußten die rechtliche Lage beachten und konnten nicht willkürlich Veranstaltungen auflösen, nur weil diese von der NSDAP abgehalten wurden. Allerdings hatten die Beamten einen erheblichen Interpretationsspielraum bei der Anwendung der rechtlichen Bestimmungen.
2. Landjäger und kommunale Polizeibeamte waren häufig nicht entsprechend instruiert oder politisch gebildet, um die Gesetzesverstöße der Redner zu erkennen.
3. Die Redner der NSDAP waren gut geschult und sehr geschickt. Sie verstanden es, Aussagen so zu formulieren, daß sie nicht gegen die Gesetze verstießen, aber von allen Anwesenden ‚richtig' verstanden wurden.
4. Der Beamte, der für die Auflösung der Veranstaltung zuständig war, mußte abwägen, ob eine Auflösung nicht erst Gewalttätigkeiten auslösen konnte, oder ob nicht eine Anzeige bei der Staatsanwaltschaft ausreichend war.
5. Zur Auflösung einer Veranstaltung benötigte man entsprechende Polizeikräfte, da mit Widerstand der häufig fanatischen Zuhörerschaft gerechnet werden mußte. Insbesondere auf dem Land waren nicht genügend Polizeikräfte für diese Aufgaben vorhanden. Von den anwesenden Beamten wurde Mut gefordert: Sie mußten sich mit möglicherweise illegal bewaffneten, zahlenmäßig überlegenen Nationalsozialisten auseinandersetzen, um eine Veranstaltung aufzulösen.
6. Schließlich ist nicht auszuschließen, daß einzelne Beamte Sympathien für die NSDAP hatten und daher nicht energisch genug vorgingen. Aus den Quellen läßt sich dies allerdings nicht ablesen.

Eine Gewichtung dieser Faktoren ist aufgrund der Quellenlage nicht möglich. Abgesehen von der Sympathienahme für die Nationalsozialisten, die für den Historiker so gut wie nicht nachzuweisen ist, finden sich in den Quellen zahlreiche Beispiele für alle genannten Gründe.

Wenn ein nationalsozialistischer Redner gegen die Gesetze verstieß, bestand nicht nur die Möglichkeit, die Veranstaltung aufzulösen oder Rednern das Wort zu entziehen. Unabhängig hiervon konnte man Strafantrag gegen den Redner stellen. Der Polizeipräsident Schöbel aus Hagen vertrat die Ansicht, daß man „stets ein Verfahren einleiten soll, da dieses den Beleidigern Kosten, Arbeit und Verdruß bereitet."[42] Schobel argumentierte, daß die Erfolgsaussichten zweitrangig seien. Vielmehr sollten die Redner durch die ständigen Prozesse zermürbt werden.

---

[41] Der Polizeipräsident Duisburg-Hamborn an den Regierungspräsidenten Düsseldorf, 4. August 1931, in: HStAD, Reg. Düsseldorf, Nr. 30653a, Bl. 204.
[42] Besprechung des Oberpräsidenten Münster mit dem Regierungspräsident Arnsberg und den staatlichen Polizeiverwaltern am 14. Januar 1931, in: StAMS, Reg. Arnsberg, Nr. 14885.

Ein ungefähres Bild über das Ausmaß der Anzeigen gegen NS-Redner vermittelt die Tatsache, daß alleine der Gauleiter des Gaues Köln-Aachen, Josef Grohé, bis 1933 in 121 Gerichtsverfahren verwickelt war.[43] Sein Vorgänger, der spätere Reichsorganisationsleiter der NSDAP, Robert Ley, kam bis zum Oktober 1931 auf 69 Strafanzeigen, und auch Joseph Goebbels war laufend in Prozesse verwickelt. Bei den Verfahren ging es entweder um Verletzungen des Presserechts oder um Verstöße gegen Gesetze und Notverordnungen infolge von öffentlichen Reden. Viele Verfahren wurden eingestellt oder die Angeklagten wurden zu vergleichsweise milden Strafen verurteilt, die dann von den Amnestien aufgehoben wurden.

Die Prozesse verliefen häufig nicht so, wie sich die Polizei es vorstellte. Der Dortmunder Polizeipräsident Josef Lübbring richtete im Januar 1931 eine Beschwerde an den preußischen Innenminister, in der er sich über die politische Einseitigkeit der Dortmunder Gerichte beklagte: Zeugen würden nicht gehört, die Beschimpfung von Polizeibeamten vor Gericht werde nicht geahndet und gegen das Verteilen von nationalsozialistischen Flugblättern werde nicht vorgegangen.[44] Dieses Verhalten war anscheinend kein Einzelfall, denn andere Polizeipräsidenten schilderten ähnliche Vorgänge.[45] Der preußische Ministerpräsident urteilte gar im Februar 1932: „ [...] manche Gerichtsurteile erweckten den Eindruck, als ob die Richter in der Zukunft und nicht in der Gegenwart lebten."[46] Dadurch, daß die Gerichte gegen die Nationalsozialisten häufig nicht entschlossen vorgingen, wurden die von der politischen Polizei ergriffenen Maßnahmen entwertet.

Die preußischen Polizeibehörden gaben sich nicht mit der Überwachung und Auflösung von Veranstaltungen sowie Anzeigen gegen nationalsozialistische Redner zufrieden. Vor allem die aggressiven Redner der NSDAP wie Goebbels und Münchmeyer waren den preußischen Behörden ein Dorn im Auge. In ihren Reden sah man eine Hauptursache für die zunehmende Radikalisierung. Carl Severing machte in einer Besprechung mit den Ober-, Regierungs- und Polizeipräsidenten das Ziel deutlich: „Wir werden ihnen das Handwerk legen, derartige Versammlungen zur Auflösung bringen und solchen Rednern das Reden in Preußen unmöglich machen."[47]

Die Weimarer Reichsverfassung erlaubte kein dauerhaftes Redeverbot, aber durch die Notverordnungen wurde das Versammlungsrecht verschärft, und geschickte

---

[43] Vgl. A. TYRELL: Führergedanke und Gauleiterwechsel. Die Teilung des Gaues Rheinland der NSDAP 1931, in: VjZ 23 (1975), S. 341-374, S. 361.
[44] Der Polizeipräsident Dortmund an den preußischen Minister des Innern, 24. Januar 1931, in: GStA PK, I. HA, Rep. 84a, Nr. 12937, Bl. 36ff.
[45] Vgl. W. PYTA, S. 356f.
[46] Otto Braun auf einer Besprechung mit den Ober- und Regierungspräsidenten, 27. Februar 1932, in: STAAT UND NSDAP, Dok. 58, S. 282-287, S. 286.
[47] Protokoll der Rede Carl Severings auf der Konferenz mit den Ober-, Regierungs- und Polizeipräsidenten, 19. Mai 1931, in: ASD, Nl. Severing, M 21. Das Zitat befindet sich auf der fünften Seite.

Begründungen ermöglichten langfristige Redeverbote.[48] In Preußen wurden mindestens 88 Redner zwischen Ende März 1931 und Anfang Mai 1932 von den preußischen Behörden mit Verboten belegt.[49] Der zeitliche Schwerpunkt lag in der Wahlkampfzeit im März 1932. Von Redeverboten betroffen waren prominente Nationalsozialisten wie Goebbels und Münchmeyer, Hans Frank, Wilhelm Frick, Robert Wagner und mehrere Reichstagsabgeordnete. Die Begründungen sind selten überliefert, da in den Mitteilungen des LKP-Amtes lediglich das Verbot selbst veröffentlicht wurde. Nur in den Schreiben der Polizeibehörden finden sich einige Erklärungen. Der Regierungspräsident in Köln verbot dem Reichstagsabgeordneten Wilhelm Börger das öffentliche Reden in seinem Bezirk, da Börger in einer Versammlung gesagt hatte: „Wenn wir an der Macht sind und ein Franzose überschreitet die deutsche Grenze, dann sterben am nächsten Tage in Deutschland alle Juden."[50] Diese Verbote erzeugten nachhaltige Wirkung bei den Nationalsozialisten. Goebbels' Tagebucheinträge geben uns Zeugnis hiervon.[51] Die Partei wurde weniger durch die eingeschränkte Propaganda getroffen, als vielmehr durch die finanziellen Verluste.[52] Die NSDAP geriet in Gefahr, keine Großveranstaltungen mehr abhalten zu können, wenn die prominenten Redner der Partei nicht mehr öffentlich reden durften. Bei einer Veranstaltung mit einem unbekannten Redner konnte die NSDAP nicht mit hohen Besucherzahlen rechnen.

Weiterhin gingen die Behörden dazu über, Veranstaltungen in öffentlichen Räumen oder Stadien zu verbieten. Bereits im Dezember 1930 hatte der preußische Innenminister den Kommunen verboten, staatsfeindlichen Parteien Räume zu überlassen.[53] In Großstädten waren viele Veranstaltungsorte für Großkundgebungen in öffentlicher Hand. Ein Stadionverbot in Berlin kommentierte Goebbels mit den Worten: „Der finanzielle Ausfall ist fast unerträglich."[54]

Doch der Erlaß wurde nicht strikt umgesetzt. Dies geschah nicht aus Ungehorsam gegenüber der preußischen Regierung und einer gleichzeitigen Sympathie für die Nationalsozialisten. Viele Städte und Gemeinden vermieteten Räumlichkeiten an die NSDAP, denn eine Verweigerung von öffentlichen Räumen beinhaltete zusätzliches Konfliktpotential: Möglicherweise verlagerten die Nationalsozialisten ihre Veranstaltungen auf die Straße, was die Gefahr von Zusammenstößen mit politischen

---

[48] Runderlaß des preußischen Ministers des Innern vom 20. November 1931 betreffend Handhabung der Versammlungspolizei durch vorbeugende Versammlungsverbote, in: MBliV 1931, Sp. 1180.
[49] Ausschnitte aus den Mitteilungen des Landeskriminalpolizeiamtes, in: BAB, R 15.01, Nr. 26090; Polizeifunksprüche und Schreiben von Behörden der inneren Verwaltung, in: StAMS, Kreis Tecklenburg, LRA, Nr. 1002.
[50] Der Regierungspräsident Köln an den Regierungspräsidenten Schleswig, 5. Februar 1932, in: LAS, Abt. 309, Nr. 22864.
[51] DIE TAGEBÜCHER VON JOSEPH GOEBBELS. Sämtliche Fragmente, hrsg. von E. Fröhlich, Teil I: Aufzeichnungen 1924-1941, Band 2: 1.1. 1931 – 31.12. 1936, München / New York / London / Paris 1987, Tagebucheinträge vom 15, 17, 19. und 21. März 1931, S. 34-36.
[52] Vgl. W. PYTA, S. 354.
[53] EBENDA, S. 352.
[54] J. GOEBBELS, Tagebucheintrag vom 21. Juni 1931, Bd. 2, S. 82.

Gegnern erhöhte. Dieses Gewaltpotential wollten die Behörden kanalisieren. Auf einer Besprechung der Ober- und Regierungspräsidenten mit dem preußischen Innenminister wurden zudem Stimmen laut, die eine Zunahme der Spannungen befürchteten, und darauf hinwiesen, daß Verbote leicht zu umgehen seien und dann die Überwachung der NSDAP erschwert würde.[55]

Wollte die preußische Regierung gegen Kommunen vorgehen, die den Erlaß mißachteten, konnte sie dies nur mittels einer Verwaltungsgerichtsklage.[56] Abgesehen davon, daß sich der NSDAP ein dankbares Propagandaobjekt geboten hätte, war der Ausgang eines solchen Verfahrens ungewiß. Auf Druck des Reichsinnenministers Groener hob Severing seinen Erlaß im Februar 1932 vor der Reichspräsidentenwahl auf und nahm alle gegen Städte und Gemeinden eingeleiteten Maßnahmen zurück.

Ein weiteres Mittel, um die zügellose Propaganda der Nationalsozialisten einzudämmen, war die Möglichkeit, den Rednern Auflagen zu erteilen. Hiervon waren abermals die prominenten Nationalsozialisten betroffen und sie beugten sich meist den Auflagen der Polizei: Goebbels verpflichtete sich, Beleidigungen und Angriffe gegen die anwesenden Polizeibeamten zu unterlassen. Er hielt sich an seine Beteuerungen.[57]

Bisweilen half auch energisches Vorgehen nicht: Im Jahr 1930 hatte der Berliner Polizeipräsident Grzesinski eine NS-Versammlung vorbeugend verboten, da die Ankündigung eine Beleidigung der preußischen Regierung enthielt. Das Republikschutzgesetz bot keine rechtliche Handhabe, daher bediente sich Grzesinski des § 10, II, 17 des ALR.[58] Diese extensive Rechtsauslegung konterte Goebbels geschickt und bot keine weitere Möglichkeit der Intervention mehr: Die nächste Veranstaltung der NSDAP wurde unter dem Titel „???" angekündigt.[59]

Schließlich wurden auch die Versuche der NSDAP durchkreuzt, durch die sogenannte ‚Saalabtreibung'[60] Versammlungen anderer Parteien zu verhindern. Während der Wahlkampfzeit im März 1932 ordnete der preußische Innenminister an, bei Fällen von ‚Saalabtreibung' den anderen Parteien entweder Versammlungen unter

---

[55] Niederschrift des Ministerialrats Pritsch über eine Besprechung mit den Oberpräsidenten und Regierungspräsidenten im preußischen Ministerium des Innern, 23. September 1931, in: STAAT UND NSDAP, Dok. 35, S. 199-202, S. 202.
[56] Vgl. W. PYTA, S. 353.
[57] Der Polizeipräsident Berlin an die Regierungspräsidenten Düsseldorf, 21. Mai 1931 [Abschrift], in: HStAD, LRA Gummersbach, Nr. 1032, Bl. 415.
[58] Auch andere Polizeipräsidenten bedienten sich des Allgemeinen Landrechts für die preußischen Staaten: Der Polizeipräsident Duisburg-Hamborn an den Führer der Ortsgruppe Duisburg-Hamborn der NSDAP, 24. November 1930 [Abschrift], in: HStAD, Reg. Düsseldorf, Nr. 30653a, Bl. 167.
[59] Vgl. die Zeitungsausschnitte hierzu in: BAB, R 15.01, Nr. 26090, Bl. 26-39.
[60] Hierbei handelte es sich um eine aus dem Kaiserreich bekannte Taktik: Eine Partei mietete für die Wahlkampfzeit alle Säle eines Ortes, um so anderen Parteien die Möglichkeit öffentlicher Veranstaltungen zu nehmen.

freiem Himmel zu erlauben, oder öffentliche Räume zur Verfügung zu stellen. Wenn möglich sollten die NSDAP-Veranstaltungen verboten werden.[61]

Alles in allem ging die politische Polizei tatkräftig gegen die nationalsozialistische Veranstaltungspropaganda vor. Dennoch gelang es nicht, die Nationalsozialisten hierdurch entscheidend zu treffen. Dies lag nicht nur daran, daß wenige Veranstaltungen aufgelöst wurden. Die Veranstaltungspropaganda war ein strukturelles Problem des Staatsschutzes: Wie wollte man gegen abertausende Veranstaltungen einer nicht verbotenen Massenpartei vorgehen? Angesichts der Zahl der nationalsozialistischen Veranstaltungen konnten die ergriffenen Maßnahmen nur mehr oder weniger schmerzhafte Nadelstiche sein. Die Probleme, die durch die politischen Veranstaltungen der radikalen Parteien erwuchsen, waren so groß, daß durch die Verordnungen des Reichspräsidenten bezüglich des Weihnachts- und Osterfriedens für eine begrenzte Zeit alle öffentlichen politischen Veranstaltungen verboten wurden.[62] Eine Aufhebung der öffentlichen politischen Auseinandersetzung konnte jedoch nur eine zeitlich befristete Lösung sein.

---

[61] Der preußische Minister des Innern an alle Regierungspräsidenten, 8. März 1932, in: StAMS, Kreis Tecklenburg, LRA, Nr. 1002.
[62] Vgl. das zweite Kapitel dieser Studie.

SECHSTES KAPITEL

Die Überwachung und Disziplinierung der SA

Neben Veranstaltungen waren Aufmärsche und Demonstrationen der SA für die nationalsozialistische Propaganda von besonderer Bedeutung.[1] Während die Teilnahme an einer NSDAP-Veranstaltung in geschlossenen Räumen politisches Interesse oder Neugier voraussetzte, konnte man durch die Straßenpropaganda der SA neutrale Beobachter ansprechen. Der Propagandamarsch der SA wurde daher von den Nationalsozialisten als wichtigstes Agitationsmittel angesehen.[2] Hauptpfeiler dieser Propaganda waren die sonntäglichen Fahrten auf das Land und die SA-Märsche in sozialdemokratische und kommunistische Arbeiterviertel der Großstädte.[3]

Durch ihr einheitliches Auftreten - Uniformierung und Gleichschritt - sollte die SA Disziplin und Ordnung suggerieren. Unterstützt wurde dieses optische Erlebnis durch mitziehende Kapellen, die Marschmusik spielten, oder durch Gesang und Schlachtrufe wie ‚Juda verrecke'. Diese scheinbare Ordnung sollte dem vermeintlichen Chaos der verhaßten Republik entgegengesetzt werden. Neuere Forschungen zeigen, daß die Begeisterung der Bevölkerung nicht so groß war, wie dies die NSDAP nachträglich darstellte, und die Einheitlichkeit und Ordnung der SA ließ mitunter zu wünschen übrig.[4] Die SA-Männer waren oft undiszipliniert und randalierten, wenn sie betrunken waren. Verstärkt trat dies nach Veranstaltungen mit politischen Gegnern auf. Dieses Verhalten inspirierte Erich Kästner, seinen Fabian im gleichnamigen Roman sagen zu lassen: „Diese politischen Schießereien gleichen den Tanzbodenschlägereien zum Verwechseln. Es handelt sich hier wie dort um Auswüchse des deutschen Vereinslebens."[5] Ob die Analyse Kästners zutreffend ist oder nicht: Die erhoffte Werbewirkung der SA konnte durch ein solches brachiales Verhalten in ihr Gegenteil verkehrt werden.[6]

---

[1] Vgl. zu diesem Komplex: T. BALISTIER: Gewalt und Ordnung. Kalkül und Faszination der SA, Münster 1989; P. LONGERICH: Die braunen Bataillone. Geschichte der SA, München 1989, S 116-126; G. PAUL: Aufstand der Bilder, S. 133-142.

[2] Vgl. F.A. SIX: Die politische Propaganda der NSDAP im Kampf um die Macht, phil. Diss. Heidelberg 1936, S. 37.

[3] Vgl. W. SAUER: Die Mobilmachung der Gewalt, Köln / Opladen 1974, S. 211; C. STRIEFLER, S. 305ff.

[4] Vgl. G: PAUL: Aufstand der Bilder, S. 141.

[5] E. KÄSTNER: Fabian. Die Geschichte eines Moralisten, München ⁶1992 (Erstausgabe: Berlin 1931), S. 67.

[6] Vgl. R. BESSEL: Violence as Propaganda. The Role of the Storm Troopers in the Rise of National Socialism, in: T. CHILDERS (Hrsg.): The Formation of the Nazi Constituency 1919-1933, London 1986, S. 131-146, S. 136f; H.-G. JASCHKE / M. LOIPERDINGER: Gewalt und NSDAP vor 1933. Ästhetische Okkupation und physischer Terror, in: R. STEINWEG (Hrsg.): Faszination der Gewalt, Frankfurt a. M. 1983, S. 123-155, S. 138f.

Neben dem propagandistischen Auftrag hatte die SA für die NSDAP eine weitere Funktion: Sie war der Saalschutz bei Veranstaltungen und gleichzeitig eine Drohgebärde gegenüber politischen Gegnern und der Republik. Obwohl Hitler gebetsmühlenartig erklärte, nur legal den Weg zur Macht anzustreben, stellte die SA eine ständige Androhung eines Putsches dar. Sie forderte die Republik heraus und gefährdete die Autorität des Staates.

Es stellt sich die Frage, warum die SA bis 1932 nicht verboten wurde. Das kommunistische Pendant, der Rote Frontkämpferbund, war bereits 1929 aufgelöst worden. Anfangs waren die Behörden unsicher, wie sie die SA beurteilen sollten: Handelte es sich bei der NSDAP um ein kurzfristiges Phänomen, oder konnte sie dauerhaft Fuß fassen?[7]

Ein Verbot der SA hätte zudem die Frage aufwerfen können, was mit dem Stahlhelm und dem Reichsbanner geschehen solle. Eine Auflösung des Reichsbanners konnte nicht im Sinne der Sozialdemokraten sein.

Die Absage an ein SA-Verbot war nicht nur taktisch bedingt: Im Februar 1931 lehnte der preußische Innenminister Severing ein Verbot mit der Begründung ab, die SA sei „militärisch bedeutungslos und ohne Waffen." Das „militärische Getue sei derart lächerlich, daß eine Auflösung völlig verfehlt und überflüssig sei."[8] Ein Verbot würde den Eindruck erwecken, in Deutschland stehe ein Bürgerkrieg vor der Tür, was insbesondere wegen der Wirkung im Ausland zu vermeiden sei.

Im September 1931 war Severing noch immer der Ansicht, daß ein Verbot nicht zweckmäßig sei: Er befürchtete bei einem Verbot der SA, daß der Stahlhelm nationalsozialistisch unterwandert werden würde.[9] Ein Vorgehen gegen den Stahlhelm war aufgrund der Haltung des Reichspräsidenten nicht durchführbar. Severing verwarf daher den Gedanken an ein Verbot. Erst im Laufe des Frühjahrs 1932 änderte er seine Meinung, und die gebündelten Anstrengungen der Länder führten zum SA-Verbot.[10]

Die Absagen an ein Verbot bedeuteten keinen Verzicht auf staatliche Maßnahmen gegen die SA. Der preußische Innenminister Waentig erließ am 11. Juni 1930 ein Uniformverbot für die NSDAP und ihre Organisationen, durch das der SA die propagandistische Wirkung ihres geschlossenen Auftretens genommen werden sollte.[11] Der SA

---

[7] So auch P. LESSMANN, S. 331.
[8] Niederschrift über eine Besprechung mit den Oberpräsidenten, Regierungspräsidenten und Leitern der staatlichen Polizeiverwaltungen im preußischen Ministerium des Innern, 19. Februar 1932, in: STAAT UND NSDAP, Dok. 25, S. 184-188, S. 185f.
[9] Niederschrift über die Konferenz der Innenminister in Berlin, 26. September 1931, in: STAAT UND NSDAP, Dok. 36, S. 203-206, S. 203f.
[10] Vgl. das elfte Kapitel.
[11] Runderlaß des preußischen Ministers des Innern vom 11. Juni 1930 betreffend Uniformverbot für die Nationalsozialistische Deutsche Arbeiterpartei, in: MBliV 1930, Sp. 547f. Zu recht weist W. PYTA, S. 290, darauf hin, daß das in der Forschung vorherrschende Bild von Waentig als „schwächlichen und gegenüber der NSDAP unentschlossenen, ja sogar nach rechts neigenden Minister, einer gewissen Korrektur bedarf." Vgl. H. SCHULZE: Otto Braun, S. 621f., mit einer solchen negativen Charakterisierung Waentigs.

sollte ihre. Zudem wurde den Straßenschlachten zwischen den politisch verfeindeten Lagern entgegengearbeitet, da ohne einheitliche Kleidung Freund und Feind nur schwer zu unterscheiden waren.

Der Erlaß und die ihm folgenden Richtlinien mißlangen:[12] Das öffentliche Tragen der Uniformen der politischen Führer der NSDAP, der SA, der SS und der HJ wurde verboten. Das bloße Tragen eines braunen Wanderhemdes ohne weitere Kennzeichen wurde nicht als Uniformierung angesehen.[13] Ein Parteiabzeichen durfte gemeinsam mit bürgerlicher Kleidung getragen werden. Auch Parteifahne und Parteibanner wurden nicht verboten.

Eine wörtliche Auslegung des Erlasses ließ der SA einen breiten Spielraum, trotz des Uniformverbots in der Öffentlichkeit erkennbar aufzutreten. In braunen Wanderhemden ohne weitere Abzeichen konnten die SA-Männer mit einer Fahne öffentlich auftreten. Daher wurde auf einer Besprechung der Polizeipräsidenten in Bielefeld am 14. Juni 1930 festgelegt, daß das Tragen von Fahnen verboten war, wenn dies ein Angehöriger der SA tat.[14] Diese uneinheitlichen Anweisungen dürften bereits einen großen Teil der Polizeibeamten verwirrt haben. Das Verbot enthielt weitere unglückliche Bestimmungen, die nicht dazu angetan waren, die praktische Arbeit der Polizei zu erleichtern. Das Tragen der SA-Nadel war verboten, während das Parteiabzeichen getragen werden durfte. Dies hatte in der Praxis zur Folge, daß die Polizeibeamten die Revers der Anzugjacken genau betrachten mußten. Ein solches Verhalten konnte schnell lächerlich wirken. Peter Leßmann hat das SA-Verbot daher treffend als „Sisyphusarbeit" für die Polizei bezeichnet und weiterhin festgestellt: „Das politisch nicht mehr zu bewältigende Problem des Nationalsozialismus wurde gleichsam an die Polizei als letzter Instanz ‚abgeschoben'."[15]

Die SA wollte das Uniformverbot umgehen und zeigte viel Phantasie. Zunächst ließ man die SA in weißen Hemden antreten. Diese Taktik wurde schnell durchkreuzt: „Gegen das Tragen von weißen Hemden soll eingeschritten werden, wenn diese Hemden <u>demonstrativ</u> und von mehreren S.A.-Leuten gemeinsam gezeigt werden. Das demonstrative Tragen ist also allein ausschlaggebend."[16]

Politisch ungeschulte Beamte auf dem Lande, die mit Demonstrationen nur wenig oder keine Erfahrung hatten, waren mit solchen Rechtsauslegungen überfordert. Selbst wenn diese staatliche Maßnahme konsequent angewandt wurde, reagierten die Nationalsozialisten geschickt: Sie ließen die SA mit nacktem Oberkörper marschieren.

---

[12] Sonderbefehl Nr. 23, Dortmund 17. Juni 1930, in: StAMS, Politische Polizei ‚III. Reich', Nr. 385, Bl. 103077-103079.

[13] Zur Erklärung: Ein SA-Hemd war braun, hatte Abzeichen, Spiegel und blanke Metallknöpfe. Einem normalen Wanderhemd fehlten die Applikationen.

[14] Der Polizeipräsident Dortmund an den Polizeipräsidenten Hagen, 20. Juni 1930, nebst Anlagen, in: StAMS, Politische Polizei ‚III. Reich', Nr. 385, Bl. 103082ff.

[15] P. LESSMANN, S. 341.

[16] Der Polizeipräsident Dortmund an den Polizeipräsidenten Hagen, 20. Juni 1930, in: StAMS, Politische Polizei ‚III. Reich', Nr. 385, Bl. 103082-103084.

Daraufhin wurden die SA-Männer, wenn sie keine Bekleidung für den Oberkörper mit sich führten, von Polizeibeamten in Gefangenenkleidung nach Hause gebracht. Heinrich Bennecke, ein früherer SA-Führer, bemerkte hierzu: „Das mochte für die SA-Männer, die in Arbeit standen, vielleicht unangenehm sein, für die immer zahlreicher werdenden Erwerbslosen unter der SA war eine derartige Behandlung durch die Polizei in ihrem ohnehin recht eintönigen Leben eher eine interessante Abwechslung."[17]

Um die Durchsetzung des Uniformverbotes entwickelte sich ein regelrechtes Katz- und Maus-Spiel zwischen der Polizei und den Nationalsozialisten. Der Sturmbann I der SS in Hannover führte zum Beispiel drei Dienstanzüge ein, die bei unterschiedlichen Gelegenheiten und in verschiedenen Gegenden zur Umgehung des Uniformverbotes getragen werden sollten.[18] Dies blieb den Polizeibehörden nicht verborgen, bedeutete aber zusätzliche Arbeit.[19] Die SA regelte die Abweichung von der üblichen Parteiuniform örtlich verschieden, um eine Gleichmäßigkeit zu vermeiden. Die Polizei erkannte diese Taktik schnell.[20]

Wie sehr das Uniformverbot die politische Polizei belastete, zeigt, daß ihre Beamten Beerdigungen überwachten, da sie annahmen, daß sich die SA-Männer in der verbotenen Uniform zeigen würden.[21] Das Uniformverbot beschäftigte immer mehr Beamte: Die Polizeijuristen und Verwaltungsbeamten mußten ständig verfeinerte Kriterien finden, um den Umgehungsversuchen der SA zu begegnen. Die Nationalsozialisten nutzten hingegen die Chance, den Staatsapparat mit Beschwerden und Klagen zu belasten. Weiterhin war das Uniformverbot für die nationalsozialistische Propaganda ein dankbares Objekt.

Durch das Uniformverbot wurde die Polizei der Lächerlichkeit ausgesetzt und der Aufwand stand in keinem Verhältnis zum Nutzen: „Wie sich ja dann auch in den nächsten Jahren erwies, waren solche wenig durchdachten polizeilichen Maßnahmen gegen die Nationalsozialisten im Grunde genommen nur Nadelstiche, die vielleicht im Augenblick schmerzten, jedoch keine nachhaltige Wirkung im Sinne der Staatsautorität hervorrufen konnten."[22] Das SA-Uniformverbot war von seiner Anlage und Durchführung her verunglückt. An eine Aufhebung war jedoch nicht zu denken, da die SA ansonsten noch ungestörter hätte agieren können. Eine sinnvollere Fassung wäre zwar wünschenswert gewesen, aber es ist fraglich, wie diese hätte aussehen sollen. Das einzig wirkungsvolle Vorgehen konnte ein vollständiges SA-Verbot sein.[23]

---

[17] H. BENNECKE: Hitler und die SA, München / Wien 1962, S.147.
[18] SS-Sturmbann I/12 – Sonderbefehl Nr. 2, Hannover im Juli 1931 [Abschrift], in: LAS, Abt. 301, Nr. 4565.
[19] Der preußische Minister des Innern an die Ober- und Regierungspräsidenten, 29. Juli 1931, in: LAS, Abt. 301, Nr. 4565.
[20] Der preußische Minister des Innern an die Ober- und Regierungspräsidenten, 9. September 1931, in: LAS, Abt. 301, Nr. 4565.
[21] Der Polizeipräsident Oberhausen an den Regierungspräsidenten Düsseldorf, 27. Juni 1931, in: HStAD, Reg. Düsseldorf, Nr. 30653d, Bl. 338V+R.
[22] H. BENNECKE, S.147.
[23] Vgl. hierzu das elfte Kapitel dieser Studie.

Ein weiteres Problem, das die SA der Polizei bereitete, war die Einrichtung von SA-Sturmlokalen und SA-Heimen, die zu Brutstätten der politischen Gewalt wurden.[24] Neben der planmäßigen Überwachung der Heime konnten die SA-Heime geschlossen werden, wenn sich eine Gelegenheit hierzu bot. Der Polizeipräsident in Hagen schloß am 21. März 1932 alle SA-Heime in seinem Bezirk, da mehrere SA-Männer einen Unbeteiligten ungefähr 100 Meter entfernt von einem SA-Heim niedergeschlagen hatten. Nachdem das Opfer um Hilfe gerufen hatte, flüchteten die SA-Männer zunächst in das nahegelegene Heim und holten sich Verstärkung, um dem wehrlosen Opfer mit einem eisernen Notständer den Schädel zu zertrümmern.[25] Ähnliche Vorfälle nahmen andere Polizeipräsidenten zum Anlaß, ebenfalls das Bestehen von SA-Heimen in ihren Bezirken zu verbieten. Der Polizeipräsident in Dortmund ließ im Februar 1932 das SA-Heim auf dem Schwanenwall schließen, nachdem sich dort ein Mörder versteckt hatte.[26]

Die sogenannten Sturmlokale, in denen sich die SA-Männer tagsüber und abends oft aufhielten, wurden ebenfalls von den Polizeibehörden mit Maßnahmen belegt. Die Mittel wurden flexibel gehandhabt und reichten von Einschränkungen der Öffnungszeiten bis hin zu befristeten oder endgültigen Schließungen.[27] Hierdurch konnten politische Gewalttaten nicht dauerhaft verhindert werden. Es handelte sich mehr oder minder um reaktive Sofortmaßnahmen, um eine weitere Eskalation der politischen Gewalt zu verhindern.

Trotz der ergriffenen Maßnahmen wurde der Kleinkrieg auf den Straßen zusehends brutaler und alltäglicher. Die Polizeistatistiken vermitteln einen guten Eindruck: Im Jahr 1931 wurden in Preußen über 5.000 Menschen bei politischen Auseinandersetzungen verletzt und über 100 getötet, davon 49 in Notwehr.[28] In den ersten drei Monaten des Jahres 1932 wurden fast 2.000 Menschen verletzt und 39 getötet. In den Monaten April bis Juni 1932 stieg die Zahl der Verletzten auf annähernd 2.500 und die Zahl der Toten auf 47.[29] Für diese Gewalttaten waren fast immer die Parteiarmeen verantwortlich. Als Täter werden in erster Linie die Kommunisten genannt und in zweiter

---

[24] Vgl. R. BESSEL: Political Violence and the Rise of Nazism. The Storm Troopers in Eastern Germany 1925-1934, New Haven / London 1984, S. 49-53; P. LONGERICH, S. 126-130.
[25] Der Polizeipräsident Hagen an die Ortsgruppe der NSDAP Hagen, 21. März 1932, in: StAMS, Politische Polizei ‚III. Reich', Nr. 386, Bl. 103202f.
[26] Der Polizeipräsident Dortmund an den Regierungspräsidenten Arnsberg, 16. August 1932, in: StAMS, Reg. Arnsberg, Nr. 14479, Bl. 31-44.
[27] Hierzu die Unterlagen in: GStA PK, I. HA, Rep. 77, Tit. 4043, Nr. 314.
[28] Übersicht über die politischen Gewalttaten in Preußen von Januar bis Dezember 1931 [zusammengestellt im preußischen Ministerium des Innern aufgrund der Berichte der Regierungspräsidenten und des Polizeipräsidenten Berlin], in: GStA PK, I. HA, Rep. 77, Tit. 4043, Nr. 121, Bl. 215f.
[29] Übersicht über die politischen Gewalttaten in Preußen von Januar bis März 1932 und von April bis Juni 1932 [zusammengestellt im preußischen Ministerium des Innern aufgrund der Berichte der Regierungspräsidenten und des Polizeipräsidenten Berlin], in: GStA PK, I. HA, Rep. 77, Tit. 4043, Nr. 121, Bl. 447f. und 536f.

Linie die SA und NSDAP. Selbst das Reichsbanner war nicht nur passiv, sondern attackierte die SA. Allein der Stahlhelm griff selten politische Gegner an. Die meisten Opfer hatte nach diesen Aufstellungen des preußischen Innenministeriums die NSDAP/SA zu beklagen, gefolgt vom Reichsbanner und den Kommunisten. Der Stahlhelm verzeichnete die wenigsten Opfer und war der am wenigsten gewaltbereite Wehrverband.

Ob sich in diesen Statistiken eine kommunistenfeindliche Einstellung der Polizei zeigt, wie Richard Bessel andeutet, darf bezweifelt werden.[30] Dies würde bedeuten, daß in ganz Preußen die zuständigen Polizeibehörden falsche Angaben gemacht hätten. Bessel schwächt seinen Verdacht selbst ab, indem er zugibt, daß „these materials indicate that KPD supporters probably attacked the Nazis as often as the Nazis attacked them."[31] Diese Aussage geht nicht weit genug, denn die Quellen zeigen ein eindeutiges Bild. Die Aussage des Regierungspräsidenten in Köln verdeutlicht dies: „Die **Kommunisten** sind zweifellos diejenigen, die hinsichtlich von **Überfällen** auf Umzüge anderer, **Landfriedensbruch** und Barrikaden- sowie **Waffen-Angriffen auf die Polizei**, körperliche Bedrohung Andersdenkender an der Spitze stehen."[32]

Einer Zusammenstellung des preußischen Justizministeriums über Strafverfahren wegen politischer Verbrechen gegen das Leben ist jedoch zu entnehmen, daß sich ab April 1932 die Parteizugehörigkeit der Täter ausglich: Zu je einem Drittel wurden Verfahren gegen rechts und links geführt, ein Drittel richtete sich gegen Angehörige beider Lager. Vor April 1932 zeigt auch dieser Bericht des Justizministeriums ein Übergewicht von Verfahren auf seiten der Kommunisten.[33]

Eine Statistik des Polizeipräsidiums Berlin über Opfer und Täter politischer Tötungsdelikte in Berlin in den Jahren 1930 und 1931 kommt zu folgendem Ergebnis: Getötet wurden zwölf Mitglieder der KPD, sechs Mitglieder der NSDAP, ein Stahlhelmer, zwei Mitglieder des Reichsbanners, vier Parteilose und vier Polizeibeamte. Als Täter wurden zehn Nationalsozialisten, neun Kommunisten und zehn Unbekannte angegeben.[34] Diese Aufstellung fällt aus dem Rahmen: Die hohe Zahl der Opfer der KPD ist ebenso ungewöhnlich wie der höhere Anteil der NSDAP auf der Täterseite. Ob dies an einer Sonderrolle Berlins gelegen hat, wo die SA versuchte, das ‚rote Berlin' zu erobern und dabei besonders brutal vorging, kann nicht beantwortet werden. Für diese Annahme spricht, daß das Polizeipräsidium in Berlin im Oktober 1932 für die Zeit vom 20. Juni bis 7. Juli 1932 35 Feuerüberfälle in Berlin registrierte; hiervon

---

[30] Vgl. R. BESSEL: Political Violence, S. 77.
[31] EBENDA.
[32] Der Regierungspräsident Köln an den preußischen Minister des Innern, 18. Juli 1932, in: GStA PK, I. HA, Rep. 77, Tit. 4043, Nr. 308, Bl. 129 [Fettdruck = Unterstreichungen im Original].
[33] Undatierter Aktenvermerk [vermutlich August 1932], in: GStA PK, I. HA, Rep. 84a, MF 7908, Bl. 1. Die Datierung ergibt sich daraus, daß die letzte erwähnte Straftat, die in den Anlagen zum Aktenvermerk verzeichnet ist, am 30. Juli 1932 verübt wurde.
[34] Die Abteilung I des Polizeipräsidiums Berlin an den Polizeipräsidenten, 13. November 1931, in: IISG, Nl. Grzesinski, Nr. 1675.

blieben 9 ohne Aufklärung, 8 wurden von Anhängern der KPD begangen und 18 gingen auf das Konto von SA und NSDAP-Anhängern.[35]

Alle erwähnten Statistiken können nur als eine Annäherung an die tatsächlichen Begebenheiten angesehen werden. Bei politischen Gewalttaten ließ sich nur schwer feststellen, wer der Täter und wer das Opfer war. Ein Berliner Staatsanwalt nannte die Auseinandersetzungen zwischen Kommunisten und Nationalsozialisten einen „erbitterten Kleinkrieg [...], in dem sich die Parteien ständig beleidigen, bedrohen und überfallen, ohne daß es möglich wäre im allgemeinen ein Urteil darüber abzugeben, welche Partei als die angreifende zu bezeichnen ist." [36]

Die politische Gewalt kannte verschiedene Ausdrucksformen. Nationalsozialisten begingen Gewalttaten vorwiegend während der Propagandamärsche durch Arbeiterviertel oder auf dem Land. Insbesondere der Einfall in Dörfer und kleine Städte wurde zu einer regelrechten allsonntäglichen Landplage, und am Rande von Veranstaltungen ereigneten sich viele Gewalttaten. Am 6. März 1927 hatte ein jüdischer Landwirt in einem Gasthof in dem kleinen Ort Nastätten in der Provinz Hessen-Nassau eine Versammlung einberufen, bei der der Mainzer Rabbiner, ein katholischer und zwei evangelische Geistliche zu dem Thema „Das wahre Gesicht des Nationalsozialismus" reden sollten.[37] Zu der Versammlung kamen viele Nationalsozialisten, die weite Wege auf sich genommen hatten. Unter anderem war der rheinländische Gauleiter Robert Ley mit Mitgliedern der Kölner Ortsgruppe angereist. Vor dem Gasthof, der wegen Überfüllung geschlossen wurde, hielt Ley eine Rede, während SA-Männer in Kolonnen aufmarschierten und Handzettel verteilten. Bei den folgenden Auseinandersetzungen wurde einer der drei anwesenden Landjäger von den SA-Männern zu Boden geworfen, mit Füßen getreten und seiner Waffen beraubt. Hierauf eröffnete einer der beiden anderen Landjäger das Feuer und tötete einen 18-jährigen Nationalsozialisten durch einen Kopfschuß. Bei der anschließenden Durchsuchung der Lastwagen wurden zahlreiche Waffen gefunden, darunter Totschläger, Messer und eine Schußwaffe.

Aufgrund dieser Vorgänge wurden mehrere Ortsgruppen der NSDAP in der Rheinprovinz und der Provinz Hessen-Nassau aufgelöst.[38] Solche lokal begrenzten Verbote

---

[35] Der Polizeipräsident Berlin an den preußischen Minister des Innern, 5. Oktober 1932, in: GStA PK, I. HA, Rep. 77, Tit. 4043, Nr. 121, Bl. 659. Hieran ist bemerkenswert, daß diese Aufstellung nach dem Papenputsch angefertigt wurde.

[36] Anklageschrift Gen. St. A. LG I, 7. September 1930, LAB 58/2205, I, Bl. 124. Zit. nach E. ROSENHAFT: Gewalt in der Politik: Zum Problem des „Sozialen Militarismus", in: K-J MÜLLER / E. OPITZ (Hrsg.): Militär und Militarismus in der Weimarer Republik, Düsseldorf 1978, S. 237-259, 238f.

[37] Zu den Vorgängen in Nastätten sind Berichte des zuständigen Landrates, des Polizei- und Regierungspräsidenten Wiesbaden erhalten, in: LHAK, Best. 403, Nr. 13381, 13383, 13468; HStAWI, Abt. 405, Nr. 5365. Die folgenden Schilderung ist aus diesen Quellen gewonnen. Vgl. auch E. SCHÖN, S. 89f.

[38] Vgl. M. GRÜNTHALER: Parteiverbote in der Weimarer Republik, Frankfurt a. M. 1995, S. 234. Betroffen waren die Ortsgruppen Arnsberg, Braubach, Dachsenhausen, Frücht, Gemmrich,

wurden umgangen und waren weitgehend wirkungslos. Daher griffen die preußischen Behörden nach 1928 nur einmal auf dieses Mittel zurück und verboten im Oktober 1929 die Ortsgruppen in Breslau, Striegau, Schweidnitz, Freiburg und Waldenburg, nachdem 150 SA-Männer in Zivil eine SPD-Veranstaltung in Schweidnitz gesprengt hatten.[39]

Ähnliche Szenen wie in Nastätten - meist mit etwas glimpflicherem Ende - spielten sich in der Endphase der Weimarer Republik in ganz Preußen ab: Der Regierungspräsident in Liegnitz berichtete, daß bei einem Zusammenstoß zwischen Anhängern der KPD und NSDAP in Moholz am 30. Januar 1931 anläßlich einer NS-Veranstaltung die vier anwesenden Landjäger nicht in der Lage gewesen seien, gegen die Menge vorzugehen.[40] Der Regierungspräsident Arnsberg bemerkte allgemein auf einer Besprechung mit den staatlichen Polizeiverwaltern seines Regierungsbezirks, daß die „kommunale Polizei zu schwach [sei], um sich durchzusetzen. Auch reicht die Zahl der Landjäger nicht aus."[41]

Nicht nur die Landjäger waren mit der Aufrechterhaltung der öffentlichen Sicherheit und Ordnung vielfach überfordert. Insbesondere in Kleinstädten war die Lage sehr angespannt. In Hückeswagen, einer Kleinstadt mit knapp 10.000 Einwohnern im Kreis Lennep im Regierungsbezirk Düsseldorf, ereignete sich am 13. März 1932, dem Tag des ersten Wahlgangs der Reichspräsidentenwahl, eine für die Endphase der Weimarer Republik charakteristische Gewalttat.[42] Nach einem Bericht des Polizeipräsidenten in Wuppertal war das Verhältnis zwischen Nationalsozialisten und Kommunisten in Hückeswagen bereits am 12. März 1932 „äußerst angespannt. Die Angehörigen der beiden extremen Richtungen lauerten sich gegenseitig auf, um sich gegenseitig zu überfallen."[43] SA und SS waren in Alarmbereitschaft versetzt und in zwei Gaststätten zusammengezogen worden. Der Polizeipräsident vermutete, daß dies einerseits geschehen sei, um eine Auseinandersetzung mit den Kommunisten zu vermeiden, andererseits die Alarmbereitschaft provozierend auf die Kommunisten gewirkt habe.

Die Auseinandersetzung begann um sechs Uhr morgens mit der Belagerung einer der beiden Gaststätten durch die Kommunisten. Ein zufällig vorbeikommender Polizeibeamter erreichte durch „gütliches Zureden", daß die Kommunisten sich bereit er-

---

Koblenz, Köln, Nassau a.d. Lahn, Neuwied, Niederwallmenach, Oberlahnstein, Reitzenhain, Wiesbaden und Wiesdorf.

[39] Vgl. R. BESSEL: Political Violence, S. 83-85.
[40] Der Regierungspräsident Liegnitz als LKP-Stelle an den preußischen Minister des Innern, 31. Januar 1931, in: GStA PK, I. HA, Rep. 77, Tit. 4043, Nr. 149, Bl. 47f.
[41] Bericht über die Besprechung des Oberpräsidenten Münster und des Regierungspräsidenten Arnsberg mit den staatlichen Polizeiverwaltern am 7. November 1930 in Dortmund, in: StAMS, Reg. Arnsberg, Nr. 14885.
[42] Seit 1930 war die NSDAP die stärkste Partei in Hückeswagen. Bei der Reichstagswahl erreichte sie 22,3 Prozent der Stimmen, vor dem Zentrum mit 20,9 Prozent und der KPD mit 14,4 Prozent. StDR, Band 382, S. 49.
[43] Folgende Schilderung und Zitate nach dem Bericht des Polizeipräsidenten Wuppertal an den Regierungspräsidenten in Düsseldorf, 9. April 1932, in: LHAK, Best. 403, Nr. 16916, Bl. 727-735.

klärten, die SA- und SS-Leute auf dem Weg zu ihren Wohnungen nicht zu belästigen. Ein einzelner Beamte konnte in dieser Situation nicht mehr erreichen. Dies offenbart die Probleme der Polizei bei der Aufrechterhaltung der öffentlichen Sicherheit und Ordnung in Kleinstädten: Weil die Polizei chronisch unterbesetzt war, stand sie der SA und den Kommunisten oft hilflos gegenüber. Staatliche Stärke konnte sie nicht demonstrieren.

Kurz nachdem sich die SA-Männer aus der Gaststätte entfernt hatten, ereigneten sich gegen sieben Uhr morgens die ersten Zwischenfälle, wobei später von der politischen Polizei aus Wuppertal nicht mehr festgestellt werden konnte, auf welcher Seite die Schuld für die Zusammenstöße lag. Hierbei wurden zwei Nationalsozialisten schwer verletzt, die anderen flüchteten in Wohnungen von Parteigenossen. Bei den weiteren Auseinandersetzungen wurden drei Kommunisten von Nationalsozialisten erschossen. Die politische Polizei aus Wuppertal konnte später alle Täter namhaft machen, aber die örtliche Polizei war nicht fähig gewesen, die Ausschreitungen zu verhindern. Die Täter wurden im Dezember 1932 durch das Straffreiheitsgesetz amnestiert.

Ebenfalls im Frühjahr 1932 ereignete sich ein Zwischenfall, der die Alltäglichkeit der politischen Gewalt auf den Straßen der Großstädte demonstriert.[44] Im Umkreis der Geschäftsstelle der Dortmunder NSDAP auf dem Schwanenwall, einer Straße in der östlichen Innenstadt, waren im Winter 1931/32 Schlägereien, Pöbeleien und Verkehrsbehinderungen durch Nationalsozialisten und SA-Männer an der Tagesordnung. Trotz der Schließung des SA-Heimes im Februar 1932 entspannte sich die Lage vor der Geschäftsstelle nicht, und Polizisten wurden bei ihren Streifengängen beschimpft, belästigt und bedroht.

Innerhalb von sechs Tagen im April 1932 mußten das Überfallkommando und Einsatzkräfte der zuständigen Bezirkswache elf mal ausrücken, und Beamte der politischen Polizei versahen einen Teil ihres Außendienstes im Umkreis der Geschäftsstelle. Zusätzlich wies der Dortmunder Polizeipräsident Zörgiebel die Beamten der politischen Polizei an, Kontakt zur SPD und zum Reichsbanner aufzunehmen und auf diese einzuwirken, nicht in der Nähe der Geschäftsstelle zu erscheinen, um weitere Auseinandersetzungen zu vermeiden.

Am 19. April 1932 mußten zwei Überfallkommandos ausrücken, da sich vor der Geschäftsstelle eine Menschenmenge versammelt hatte, die den Verkehr behinderte und die anwesenden Schutzpolizisten sich nicht durchsetzen konnten. Die beiden Überfallkommandos räumten, da ein Polizeibeamter angegriffen wurde, unter Gebrauch des Gummiknüppels mehrfach die Straße und zweimal die Geschäftsstelle der NSDAP. Insgesamt benötigte die Polizei 1 ½ Stunden, um die Situation zu beruhigen.

---

[44] Vgl. C. DAMS: Die Schwanenwall-Affäre in Dortmund 1932. Zum Verhältnis von Nationalsozialismus, Polizei und Justiz in der Endphase der Weimarer Republik, in: BeitrDO 90 (1999), S. 146-167, insbesondere S. 158-161.

Die Aktion am Schwanenwall hatte ein Nachspiel: Die Nationalsozialisten erstatteten gegen acht der beteiligten Beamten Anzeige wegen Körperverletzung und Hausfriedensbruch im Amt. In einem skandalösen Verfahren wurden die angeklagten Schutzpolizisten zu hohen Haftstrafen verurteilt. Der Polizeipräsident deutete die Auswirkungen des Urteils an: „Ein Beamter, der in Situationen wie die Angeklagten gegen einen der Polizei grundsätzlich gegensätzlich eingestellten und in ihrer Gegensätzlichkeit durch organisierten [sic!] Personenkreis einzuschreiten hat, muss schließlich damit rechnen, dass er, wenn er sein Vorgehen vor Gericht zu verantworten hat, dort nicht den Schutz findet, auf den er als ein im besonders schweren Dienst stehenden Exekutivbeamter des Staates Anspruch hat."[45]

Das Verhalten der Gerichte wurde auch von den Polizeibeamten selbst mißbilligt. Ein Polizeikommissar der Polizeiverwaltung Münster bemerkte auf einer fachwissenschaftlichen Tagung hierzu: „Sie wissen, welche Schwierigkeiten wir im Gericht haben, denn der Polizeibeamte kommt kaum zu Wort."[46]

Somit stellte die SA und die von ihr ausgeübte Gewalt die Polizei vor kaum lösbare Probleme: Die Politik schob das Problem zur Polizei ab, und die Gerichte versagten der Polizei häufiger die notwendige Rückendeckung. Die Polizei konnte so nur verzweifelt versuchen, die latente Bürgerkriegsgefahr zu bändigen.

---

[45] Der Polizeipräsident Dortmund an den Regierungspräsidenten in Arnsberg, 16. August 1932, in: StAMS, Reg. Arnsberg, Nr. 14479, Bl. 31-44, Bl. 43R.
[46] Bericht über die Tagung der fachwissenschaftlichen Vereinigung der Polizei-Oberbeamten des rheinisch-westfälischen Industriegebietes vom 12. April 1932, in: StAMS, Reg. Arnsberg, Nr. 14855.

SIEBTES KAPITEL

Die pressepolizeilichen Maßnahmen

Die Presse hatte in der Weimarer Republik einen außerordentlich hohen Stellenwert. Sie war neben Büchern das einzige Massenmedium der Zeit, denn der Rundfunk steckte noch in seinen Kinderschuhen und das Fernsehen existierte noch nicht.[1] Dennoch erklärte Hitler im Vorwort zu *Mein Kampf*, „daß man Menschen weniger durch das geschriebene Wort als vielmehr durch das gesprochene zu gewinnen vermag, daß jede große Bewegung auf dieser Erde ihr Wachsen den großen Rednern und nicht den großen Schreibern verdankt."[2] Diese Geringschätzung läßt sich wohl dadurch erklären, daß Hitlers Fähigkeiten als Redner seine schriftstellerischen Talente bei weitem übertrafen. Hitlers Urteil über die Presse, von dem er nur den *Völkischen Beobachter* ausnahm, wurde in vielen nationalsozialistischen Abhandlungen über Propaganda zum Dogma erklärt.[3]

Die Realität sah anders aus: Die NS-Presse der Weimarer Republik war kein bedeutungsloses Instrument.[4] Die Gauleiter wollten sich durch die Gründung eigener Zeitungen Einnahmequellen, Macht und Einfluß sichern, so daß regelrechte Pressekämpfe zwischen den Gauleitern entbrannten.[5] Private nationalsozialistische Presseunternehmen wie der Kampf-Verlag der Gebrüder Straßer verschärften die Konkurrenzsituation zusätzlich: In Berlin kämpften Goebbels' *Angriff* und die *Berliner Arbeiterzeitung* der Gebrüder Straßer um die gleiche Leserschaft. Mit anderen Worten: Die NS-Presse wurde nicht von einer einheitlichen Konzeption getragen und war von einer zentralen Lenkung weit entfernt.[6] Wahrscheinlich bescherte diese Konkurrenzsituation der Parteipresse ein außerordentliches Wachstum. 1928 erschienen reichsweit 34 NS-Zeitungen erschienen und ihre Zahl erhöhte sich bis 1929 nur wenig. Dann begann ein rapider Zuwachs: 1930 erschienen 51, 1931 bereits 102 und 1932 immerhin

---

[1] Die Bedeutung der Presse spiegelt sich auch in der Anzahl der Zeitungen wieder: 1929 erschienen im Deutschen Reich 3241 Zeitungen. 171 große Zeitungen erschienen zwei Mal täglich. Vgl. M. MÜLLER-JABUSCH (Hrsg.): Handbuch des Öffentlichen Lebens, Leipzig 1929, S. 663.
[2] A. HITLER: Mein Kampf, Bd. 1, München 1925, S. XXVII.
[3] Vgl. E. HADAMOWSKY: Propaganda und nationale Macht. Die Organisation der öffentlichen Meinung für die nationale Politik, Oldenburg i.O. 1933, S. 65.
[4] Grundlegend zur NS-Presse der Weimarer Republik: P. STEIN: Die NS-Gaupresse 1925-1933. Forschungsbericht - Quellenkritik - neue Bestandsaufnahme, München u.a. 1987. Vgl. auch L. D. WILCOX: The National Socialist Party Press in the „Kampfzeit", 1919-1933, Diss. U. o. Virginia 1970.
[5] Vgl. P. HÜTTENBERGER: Die Gauleiter. Studie zum Wandel des Machtgefüges in der NSDAP, Stuttgart 1969, S. 60-65.
[6] So jedoch: F. A. SIX, S. 47ff.

159 nationalsozialistische Tages-, Wochen- oder Monatszeitungen.[7] Etwa 60 Prozent dieser Zeitungen erschienen in Preußen. Während diese Zahlen relativ gesichert sind, läßt sich die Auflagenhöhe der NS-Presse nur schätzen. Peter Stein vermutet, daß die Auflagenhöhe der NS-Tagespresse 1930 etwa 100.000 Exemplare betrug und bis Ende 1932 auf 500.000 bis 750.000 Stück stieg. Die Auflage der Wochenzeitungen betrug Ende 1932 etwa 250.000 Exemplare. Zusammen mit einigen Illustrierte erreichte die Auflage der periodisch erscheinenden NS-Presse im Laufe des Jahres 1932 wohl die Millionengrenze.[8]

Der propagandistische Wert der NS-Presse läßt sich nicht exakt bestimmen. Im Verhältnis zur Anhängerschaft war die Auflage gering, und man konnte nur einen Bruchteil der eigenen Wähler erreichen. Insbesondere in ländlichen Gebieten war die Versorgung nicht flächendeckend.[9] Da die Parteigenossen angehalten waren, mindestens eine NS-Zeitung zu abonnieren, ist anzunehmen, daß der größte Teil der Auflage tatsächlich von NSDAP-Mitgliedern und Sympathisanten gekauft wurde. Eine übermäßige Außenwirkung kann somit ausgeschlossen werden.

Eine zentrale Funktion hatte die NS-Presse bei der innerparteilichen Kommunikation. Für die Führung einer Massenpartei zur Zeit der Weimarer Republik war eine parteieigene Presse unverzichtbar: „Mit ihrer Hilfe wurden die Mitglieder informiert, aktiviert, mobilisiert, indoktriniert und diszipliniert."[10] Zwar konnten Befehle und Informationen mündlich, telephonisch, telegraphisch oder in einem Brief übermittelt werden, aber der Adressatenkreis blieb hierbei zwangsläufig klein. Wollte man möglichst viele Parteimitglieder erreichen, konnte dies nur durch die Presse geschehen.

Die nationalsozialistische Presse unterschied sich in Konzept, Inhalt und Stil. Doch verglichen mit bürgerlichen oder sozialdemokratischen Zeitungen kann keine nationalsozialistische Tageszeitung als gemäßigt gelten. Im Vordergrund stand ein polemischer Journalismus, mit dem politische Gegner verunglimpft, beschimpft und verhöhnt wurden. Das Hauptziel dieser Kampagnen war die Sozialdemokratie und ihre führenden Repräsentanten: Ständige Zielscheiben waren Sozialdemokraten in exponierten Stellungen wie der preußische Ministerpräsident Otto Braun und der preußische Innenminister Carl Severing. Auch sozialdemokratische Polizeipräsidenten wie Albert Grzesinski und Otto Bauknecht wurden von der NS-Presse pausenlos attackiert. Der Gauleiter Robert Ley führte mit dem von ihm herausgegebenen *Westdeutschen Beobachter* einen regelrechten Privatkrieg gegen den Kölner Polizeipräsidenten

---

[7] Vgl. P.STEIN, S. 178, Tab. 2 und 3. Der Stichtag ist jeweils der 1. März. Es ist möglich, daß die Zahl der Zeitungen noch etwas höher war, da vielleicht nicht alle kleinen NS-Zeitungen von Stein ermittelt werden konnten.
[8] EBENDA, S. 159.
[9] Vgl. G. PAUL: Aufstand der Bilder, S. 184.
[10] R. RIETZLER: Gegründet 1928/29: Die „Schleswig-Holsteinische Tageszeitung". Erste Gau-Tageszeitung der NSDAP, in: E. HOFFMANN / P. WULF (Hrsg.): „Wir bauen das Reich". Aufstieg und erste Herrschaftsjahre des Nationalsozialismus in Schleswig-Holstein, Neumünster 1983, S. 117-133, S. 123.

Bauknecht.[11] Antisemitische Propaganda wurde zusätzlich eingesetzt, wenn Juden wichtige politische Ämter bekleideten. Joseph Goebbels führte eine Kampagne gegen Bernhard Weiß, den Polizeivizepräsidenten von Berlin, den er mit dem Schmähnamen Isidor lächerlich machen wollte.[12]

Auffällig ist, daß die Politiker und Beamten, die die Polizei in der Öffentlichkeit repräsentierten, verhältnismäßig oft und hart attackiert wurden: Persönlichkeiten, die die NSDAP mit polizeilichen Mitteln bekämpften, wurden von den Nationalsozialisten als ernsthafte Gegner angesehen.

Die älteste rechtliche Regelung, auf die sich die politische Polizei stützen konnte, um gegen diese Form der Agitation vorzugehen, war das Pressegesetz von 1874, daß in der Weimarer Republik weiterhin gültig war.[13] Es war recht liberal ausgefallen: Weder waren präventive Maßnahmen vorgesehen, noch waren Zeitungsverbote möglich. Eine Beschlagnahmung konnte nur mit einem Gerichtsbeschluß durchgeführt werden. In Ausnahmefällen war eine vorläufige Beschlagnahmung ohne Gerichtsbeschluß möglich;[14] dieser mußte jedoch nachträglich innerhalb von zwei Tagen eingeholt werden.

Die Weimarer Reichsverfassung änderte an diesem Tatbestand nichts: Der Artikel 118 der Weimarer Reichsverfassung sah eine grundlegende Meinungsfreiheit vor, machte aber eine nicht unerhebliche Einschränkung: „Jeder Deutsche hat das Recht, innerhalb der Schranken der allgemeinen Gesetze seine Meinung durch Wort, Schrift, Druck, Bild oder in sonstiger Weise frei zu äußern."[15] Umstritten war unter Staatsrechtlern, was unter „allgemeinen Gesetzen" zu verstehen sei.[16] Mehrheitlich wurden hierunter insbesondere die Strafgesetze und die allgemeinen Polizeigesetze verstanden.[17] Die Weimarer Reichsverfassung ließ somit Einschränkungen der Pressefreiheit und Verbote von Zeitungen und Zeitschriften zu, wenn diese gesetzlich festgelegt wurden. Bis 1922 fehlte eine solche gesetzliche Regelung, und das Reichspressegesetz bildete die einzige juristische Handhabe, die die Polizei hatte.

---

[11] Vgl. R. SMELSER: Robert Ley. Hitlers Mann an der „Arbeitsfront". Eine Biographie, Paderborn 1989, S. 57, S. 64f.
[12] Vgl. D. BERING: Kampf um Namen. Bernhard Weiß gegen Joseph Goebbels, Stuttgart ²1992.
[13] Gesetz über die Presse vom 7. Mai 1874, in: RGBl. 1874, S. 65-72.
[14] Dies war bei Verstößen gegen die Paragraphen 85 (Aufforderung zum gewaltsamen Umsturz), 95 (Majestätsbeleidigung), 111 (Aufforderung zu strafbaren Handlungen), 130 (Aufforderung zum Klassenkampf) des StGB möglich.
[15] Art. 118, Abs. 1, WRV.
[16] Vgl. den Überblick bei G. ANSCHÜTZ, S. 551-555. Das Problem lag in der Formulierung „allgemeine Gesetze". ‚Innerhalb der Schranken der Gesetze' wäre eine eindeutigere Formulierung gewesen und hätte über den Inhalt der einschränkenden Gesetze nichts bestimmt. Die Formulierung diente somit dem Schutz der Pressefreiheit und sollte speziell gegen die Presse gerichtete Normen verhindern.
[17] Vgl. EBENDA, S. 555f., der weiterhin die in der Gewerbeordnung enthaltenen Bestimmungen über die Pressepolizei und die Disziplinargesetze nennt.

Dies änderte sich mit dem Republikschutzgesetz von 1922:[18] der § 21 erlaubte zeitlich begrenzte Verbote einer periodisch erscheinenden Druckschrift, wenn ihr Inhalt nach den §§ 1-8 strafbar war. Für Tageszeitungen waren Verbote bis zu vier Wochen zulässig, für andere periodische Druckschriften bis zu sechs Monaten. Unter das Verbot fielen gleichfalls die sogenannten Ersatzzeitungen. Der § 22 legte das Strafmaß für die Verbreitung verbotener Zeitungen und Zeitschriften fest: Gefängnis zwischen drei Monaten und fünf Jahren und Geldstrafen bis zu fünfhunderttausend Mark. In den ersten Monaten, von August bis Dezember 1922, wurde das Republikschutzgesetz in Preußen 40 Mal angewandt. In der gesamten Geltungsdauer bis 1929 wurde vom Gesetz gleichmäßig gegen rechts und links Gebrauch gemacht.[19]

Im zweiten Republikschutzgesetz von 1930[20] waren ebenfalls pressepolizeiliche Maßnahmen verankert, wobei die möglichen Sanktionen des § 13 dem § 21 des ersten Republikschutzgesetzes ähnelten und die Verbotsgrenzen von vier Wochen und sechs Monaten beibehalten wurden. Allerdings wurden die Maßnahmen dadurch erweitert, daß ferner Verstöße gegen die §§ 81-86 StGB (Hochverrat) als Grundlage für ein Verbot dienen konnten.[21] Ein Verbot konnte in Preußen von den Oberpräsidenten, dem Regierungspräsidenten in Sigmaringen und dem Polizeipräsidenten in Berlin für die in den jeweiligen Bezirken erscheinenden Druckschriften oder vom preußischen Innenminister selbst ausgesprochen werden.[22]

Eine Erweiterung der pressepolizeilichen Maßnahmen brachte die Verordnung des Reichspräsidenten zur Bekämpfung politischer Ausschreitungen vom 28. März 1931.[23] Neben der im Vergleich zum Republikschutzgesetz allgemeinen Verschärfung[24] wurde die Höchstverbotsdauer für Tageszeitungen auf 8 Wochen ausgedehnt,[25] und den Behörden wurden mit dieser Notverordnung wirksamere Mittel für Presseverbote in die Hand gegeben.[26]

---

[18] Gesetz zum Schutz der Republik, 21. Juli 1922, in: RGBl. 1922, I, S. 585-595. Die §§ 21 und 22 auf S. 589.
[19] Vgl. G. JASPER: Der Schutz der Republik, S. 190f.; K. KOSZYK: Deutsche Presse 1914-1945. Geschichte der deutschen Presse, Teil III, Berlin 1972, S. 339f.
[20] Gesetz zum Schutz der Republik, 25. März 1930, in: RGBl. 1930, I, S. 91-93, § 13 auf S. 93.
[21] Dies betonte auch der preußische Innenminister in seinem Runderlaß vom 1. April 1930 betr. Inkrafttreten des neuen Republikschutzgesetzes v. 25. März 1930, in: MBliV 1930, Sp. 269-274, Sp. 270.
[22] Ebenda, § 2 c), Sp. 271.
[23] Verordnung des Reichspräsidenten zur Bekämpfung politischer Ausschreitungen vom 28. März 1931, in: RGBl. 1931, I, S. 79-81.
[24] Vgl. das zweite Kapitel dieser Studie.
[25] § 12 Abs. 2 der Verordnung vom 28. März 1931, in: RGBl. 1931, I, S. 79-81, S. 80.
[26] Dies unterstrich Innenminister Severing im Runderlaß vom 30. März 1931 betreffend Durchführung der Verordnung des Reichspräsidenten zur Bekämpfung politischer Ausschreitungen vom 28. März 1931, in: MBliV 1931, Sp. 329-331.

Vollends ausgebaut wurden die Verbotsmöglichkeiten von Druckschriften durch die zweite Notverordnung vom 17. Juli 1931.[27] Ein Verbot einer Zeitung oder Zeitschrift konnte nun bereits erfolgen, wenn durch den Inhalt der Druckschrift die öffentliche Sicherheit und Ordnung gefährdet wurde. Der preußische Innenminister wies darauf hin, von der Notverordnung „unter Vermeidung kleinlicher oder chikanöser [sic!] Handhabung Gebrauch zu machen."[28] Erst unter der Regierung von Papen änderte sich diese Situation: Mit der Notverordnung vom 14. Juni 1932 wurde ein wirksames Eingreifen mittels Zeitungsverboten erschwert, wie verschiedene Oberpräsidenten beklagten.[29]

Inwieweit die preußische Regierung gewillt war, die vorhandenen Möglichkeiten auszuschöpfen, machte Carl Severing in einer Besprechung mit den Ober- und Regierungspräsidenten sowie den Leitern der staatlichen Polizeiverwaltungen im preußischen Ministerium des Innern am 19. Februar 1931 deutlich:

„Ein wirksames Mittel, den Nimbus des Nationalsozialismus zu zerstören, seien Zeitungsverbote auf Grund des Republikschutzgesetzes, die sich schon gegenüber den Kommunisten bewährt hätten. Solche Verbote hätten aber dann nur einen Sinn, wenn sie dem Verleger mehr Schmerzen bereiteten als dem Redakteur; sie dürften daher nicht nur für etwa drei Tage, sondern müßten mindestens für zwei Wochen ergehen. Bei solchen Verboten dürften die Verwaltungsstellen im Lande nicht zu schlapp sein; sie sollten lieber einmal eine nachträgliche Aufhebung des Verbots riskieren, als sich zuviel gefallen lassen, denn dadurch würde nur der Eindruck der Mutlosigkeit erweckt werden; insbesondere sollten nicht nur Bedrohungen von Ministern Anlaß zu Verboten geben, sondern auch Drohungen, die sich mehr oder weniger gegen alle Beamten richteten. Einer solchen Taktik gegenüber könne man nicht einwenden, daß durch sie der ‚Geist' des Nationalsozialismus getroffen oder seine Ideen bekämpft werden sollen, denn es handele sich hier lediglich um die Ahndung von Gesetzwidrigkeiten."[30]

Die Zeitungsverbote sollten nach dem Willen Severings die NSDAP an zwei Stellen treffen: Erstens sollte dem Eindruck entgegengetreten werden, daß die Nationalsozialisten unaufhaltsam vordringen könnten und die Republikaner tatenlos zusehen würden. Vielmehr sollten die Behörden durch hartes Durchgreifen Stärke signalisieren. Zweitens wurden die Zeitungsverbote als probates Mittel angesehen, die finanzielle Schwäche der Partei auszunutzen. Es stellt sich die Frage nach der Umsetzung dieser

---

[27] Zweite Verordnung des Reichspräsidenten zur Bekämpfung politischer Ausschreitungen vom 17. Juli 1931, in: RGBl 1931, I, S. 371.
[28] Runderlaß des Ministers des Innern vom 18. Juli 1931 betreffend Durchführung der Verordnung des Reichspräsidenten zur Bekämpung politischer Ausschreitungen vom 17. Juli 1931, in: MBliV 1931, Sp. 727-728.
[29] Vgl. die Materialen in: GStA PK, I. HA, Rep. 77, Tit. 4043, Nr. 96, Bl. 231ff.
[30] Der preußische Innenminister Carl Severing auf einer Besprechung mit den Oberpräsidenten, Regierungspräsidenten und Leitern der staatlichen Polizeiverwaltungen am 19. Februar 1931, in: STAAT UND NSDAP, Dok. 25, S. 184-188, S. 186.

Richtlinie sowie der Anwendung der Gesetze und der Notverordnungen durch die politische Polizei.

Um eine Zeitung zu verbieten, mußte sie überwacht werden. Die Überwachung der NS-Presse hatte mehrere Zwecke. Neben der Umsetzung der von Severing geforderten Maßnahmen sollten nachrichtendienstlich relevante Informationen gewonnen werden. Die Entwicklung der NS-Zeitungen selbst wurde genau beobachtet. Teilweise konnte man recht genaue Angaben über die Auflagenhöhe der Zeitungen, Gewinne, Verluste und über beabsichtigte Neugründungen machen.[31]

Die Überwachung wurde in der Regel von den politischen Abteilungen der staatlichen Polizeipräsidien wahrgenommen. Zuständig war ein Innendienstbeamter der politischen Polizei. Wenn dieser Beamte einen möglichen Verbotsgrund erkannte, mußte er den Leiter der politischen Abteilung informieren, der sich mit dem Polizeipräsidenten besprach, ob ein Verbot angeregt werden sollte. Dieser Antrag wurde über den Regierungspräsidenten, der durch zustimmende oder ablehnende Stellungnahmen erheblichen Einfluß nehmen konnte, an den Oberpräsidenten der jeweiligen Provinz gesandt, der schließlich über ein Verbot oder eine Verwarnung entschied. Dieser Ablauf bedeutete in der Praxis, daß es nicht nur auf die Wachsamkeit der Beamten der politischen Polizei ankam, sondern daß entscheidend war, wie seine Vorgesetzten die Sachlage beurteilten. Die Polizeipräsidenten regten zahlreiche Verbote an, die von den zuständigen Oberpräsidenten nicht befürwortet wurden.[32] Hierin ist in erster Linie kein mangelndes Durchsetzungsvermögen der übergeordneten Behörden zu sehen. Häufig wurden Verbote aus taktischen Gründen nicht ausgesprochen: In einem Fall hatte das *Koblenzer Nationalblatt* und sein Kopfblatt, das *Trierer Nationalblatt* einen verstorbenen Minister beschimpft. In einem im Oberpräsidium erstellten Gutachten wurde folgendermaßen argumentiert: Da ein Verbot von der NSDAP propagandistisch ausgeschlachtet würde, sollte man die Zeitung nicht verbieten, denn der beanstandete Artikel sei kaum aufgefallen. Eine Verwarnung wurde nicht in Erwägung gezogen, da das Blatt bereits verwarnt worden war.[33] Zudem wollte man sich nicht dem Vorwurf aussetzen, in der Wahlzeit die freie Meinungsäußerung zu gefährden.

Viele Oberpräsidenten griffen zu drastischen Maßnahmen und verzichteten auf taktische Überlegungen: Der Oberpräsident von Niederschlesien, der Sozialdemokrat Hermann Lüdemann, ließ den *Schlesischen Beobachter* im April 1930 und im Juli

---

[31] Der Polizeipräsident Bochum an den Oberpräsidenten Münster, 27. Dezember 1930 und 8. Februar 1931 [Abschriften], in: StAMS, Reg. Münster, VII-67, Bd. 2, Bl. 41f. und 117f.
[32] Beispiele aus ganz Preußen finden sich in: GStA PK, I. HA, Rep. 77, Tit. 4043, Nr. 30-75 und Nr. 95-97. Zahlreiche Verbotsanträge von den Polizeipräsidenten und Regierungspräsidenten der Rheinprovinz in: LHAK, Best. 403, Nr. 16804-16809.
[33] Gutachten über ein Verbot des Koblenzer Nationalblatts und des Trierer Nationalblatts, Koblenz 29. August 1930, in: LHAK, Best. 403, Nr. 16804, Bl. 201-203.

1930 für jeweils drei Monate verbieten.³⁴ Sein Kollege in der Provinz Sachsen, der Demokrat Carl Falck, verbot die NS-Zeitung *Der Trommler* im Oktober 1930 gar für fünfeinhalb Monate.³⁵

Die Gründe, die zu einem Verbot führten, sind nicht in jedem Fall überliefert.³⁶ Die meisten Verbote wurden anscheinend mit Beleidigungen von Ministern und Beamten begründet. Die rechtliche Grundlage war bis zu den Notverordnungen das zweite Republikschutzgesetz. Danach wandten die preußischen Behörden fast nur noch die Notverordnungen an. Dies bedeutete keine Distanzierung vom Republikschutz, vielmehr wurden wirksamere Mittel ergriffen.

Der Effekt der Maßnahmen zeigt sich an den konkreten Verboten. Ein herausragendes Beispiel ist der von Goebbels herausgegebene *Angriff*. Er war eine der bedeutenderen NS-Zeitungen und am häufigsten von pressepolizeilichen Maßnahmen betroffen: Zwischen November 1930 und Juli 1932 wurde der *Angriff* fünfzehn mal verboten und vier einzelne Nummern wurden zusätzlich beschlagnahmt.³⁷ Zudem liegen mit den Tagebüchern von Joseph Goebbels Informationen über die Wirkung der Verbote vor. Über andere Zeitungen existieren keine Quellen solcher Qualität.

Wie sehr die Nationalsozialisten durch die Verbote getroffen wurden, vertraute Goebbels im Februar 1931 seinem Tagebuch an: „Wir leiden sehr unter den Zeitungsverboten."³⁸ Allgemeine Klagen dieser Art über staatliche Maßnahmen finden sich in seinen Tagebüchern. Beherrschend war für ihn die Sorge um den *Angriff*. Wie von Severing beabsichtigt, trafen die Verbote vor allem den Verleger, denn die finanziellen Folgen eines Verbotes waren nicht unerheblich. Ein Verbot des *Angriffs* vom 4. bis 16. Februar 1931 wurde von Goebbels folgendermaßen kommentiert: „Das kostet uns 15.000 M."³⁹

Obwohl Goebbels nach außen bemüht war, die Verbote als Propaganda für die NSDAP zu instrumentalisieren, war er ständig besorgt, daß der *Angriff* verboten werden könnte. Ende März 1931 steigerten sich seine Ängste.⁴⁰ Im Vordergrund stand der finanzielle Schaden eines möglichen Verbotes: „Wir haben noch einige Schulden, aber sonst sind Gau und Angriff vollkommen konsolidiert. Nur darf kein Zeitungs-

---

³⁴ BAB, R 15.01, Nr. 26049, Bl. 1ff. und DRAnz, Nr. 97 vom 26. April 1930, S. 1. Das erste Verbot wurde vom Reichsgericht auf sechs Wochen verkürzt. Vgl. DRAnz, Nr. 130 vom 6. Juni 1930, S. 1.
³⁵ BAB, R 15.01, Nr. 26050, Bl. 214ff. und DRAnz, Nr. 244 vom 18. Oktober 1930, S. 1.
³⁶ Dies liegt vor allem daran, daß ab Mai 1931 die Verbotsgründe in den offiziellen Verlautbarungen nicht mehr genannt zu werden brauchten. Vgl. Der preußische Minister des Innern an die Oberpräsidenten, 21. Mai 1931, in: LHAK, Best. 403, Nr. 16801, Bl. 565f.
³⁷ Vgl. Anhang 2 mit genauen Angaben und Quellennachweisen.
³⁸ J. GOEBBELS, Tagebucheintrag vom 7. Februar 1931, Bd. 2, S. 18.
³⁹ EBENDA, Tagebucheintrag vom 5. Februar 1931, S. 17.
⁴⁰ EBENDA, Tagebucheintragungen vom 22. März 1931, S. 37: „Angriff ist fabelhaft gut. Ich zittere immer, daß er verboten werden könnte."; EBENDA, vom 25. März 1931, S. 38: „Immer Angst, ob der Angriff verboten ist. Das reißt an den Nerven." und EBENDA, vom 26. März 1931, S. 39: „Verbote, Verbote! Ich zittere täglich um den Angriff."

verbot kommen."[41] Zu seinem Glück wurde der *Angriff* während dieser Zeit nicht verboten. Dem Verbot vom Februar 1931 folgte erst im Juni ein weiteres, nunmehr vierwöchiges Verbot. Goebbels klagte: „Das ist ein Schlag, den wir nur schwer verwinden werden."[42] Zu seiner Freude wurde das harte Durchgreifen Grzesinskis durch den Reichsinnenminister konterkariert, der das Verbot auf 14 Tage verkürzte, was die finanziellen Einbußen milderte.[43] Ob das harte Durchgreifen und die ständige Verbotsandrohung Auswirkung auf den Stil des *Angriffs* hatte, läßt sich nicht nachweisen. Goebbels zeigte sich zumindest beunruhigt: „Der Angriff macht mir wieder Sorgen. Er ist zu scharf geschrieben ... ."[44]

Nicht nur der *Angriff* litt unter den Verboten. Einige Zeitungen mußten aufgrund von Verboten ihr Erscheinen komplett einstellen, da die finanziellen Verluste nicht aufzufangen waren. Folgende acht Zeitungen gingen aufgrund von Verboten in Konkurs: Der *Eichsfelder Beobachter*, *Der Harzer Trommler*, der *Hirschberger Beobachter*, *Der Kampf*, die *Niederrheinische Tageszeitung*, die *Stolper Fackel*, *Die Sturmwelle* und *Der Trommler*. Das Landeskriminalpolizeiamt folgerte, daß die langfristigen Zeitungsverbote hauptverantwortlich für die schlechte finanzielle Lage der NSDAP seien. Je professioneller die NS-Presse arbeitete, um so anfälliger wurde sie für Verbote, denn der technische Apparat mußte aufrechterhalten werden und die Angestellten aufgrund langfristiger Verträge weiterbezahlt werden.[45]

Die finanziellen Auswirkungen für die NSDAP waren somit nicht unerheblich. Nicht nur aus diesem Grund bemühten sich die Nationalsozialisten, die Verbote zu umgehen. In ihren Versuchen zeigte sich ein radikaler Behauptungswillen, sich nicht von staatlichen Maßnahmen einschüchtern zu lassen. Die Nationalsozialisten wandten verschiedene Methoden an.

Die erste bestand darin, daß die Redaktion der verbotenen Zeitung versuchte, unter einem neuen Namen ihre Leser zu versorgen. Diese Taktik war der politischen Polizei wohlbekannt: Schon Bernhard Weiß berichtete in seinem Buch *Polizei und Politik* von solchen Ersatzzeitungen.[46] Die Nationalsozialisten wandten diese Umgehungsmöglichkeit bei langfristigen Verboten an. Die Redaktion der *Rechtsfront* versuchte ein dreimonatiges Verbot zweimal zu unterlaufen: Sie nannte die Ersatzschrift zuerst *Sturm* und später *Der Orkan*. Beide Versuche wurden von der politischen Polizei vereitelt.[47] Andere Redaktionen wollten in gleicher Weise die Presseverbote umgehen,

---

[41] EBENDA, Tagebucheintrag vom 27. März 1931, S. 39
[42] EBENDA, Tagebucheintrag vom 5. Juni 1931, S. 74.
[43] BAB, R 15.01, Nr. 26050, Bl. 82ff.
[44] J. GOEBBELS, Tagebucheintrag vom 3. März 1931, Bd. 2, S. 29.
[45] Mitteilungen des Landeskriminalpolizeiamtes Berlin, Abt. I A, Nr. 22, 15. November 1931, Ausschnitt in: BAB, R 15.01, Nr. 26091, Bl. 147. Vgl. zur Finanzierung der NSDAP das achte und neunte Kapitel dieser Studie.
[46] B. WEISS, S. 150.
[47] Vgl. zu diesen Vorgängen: BAB, R 15.01, Nr. 26049, Bl. 636ff.; HStAD, Reg. Düsseldorf, Nr. 30656a, Bl. 300 und 30656b, Bl. 34; DRAnz, Nr. 116 vom 21.5. 1931, S. 1; Nr. 126 vom 3.6. 1931, S. 1; Nr. 142 vom 22.6. 1931, S. 1.

aber sie scheiterten an den jeweils zuständigen Behörden, die diese Taktik durchschauten.[48] Der Versuch, verbotene Zeitungen als ‚Geschäftsanzeiger' zu tarnen, wurde ebenfalls schnell erkannt und untersagt.[49]

Die zweite Möglichkeit, die Leser einer verbotenen Zeitung weiterhin anzusprechen, bestand darin, Zeitungen aus benachbarten Orten oder Regionen, die nicht von einem Verbot betroffen waren, als Ersatz zu liefern. Diese Methode war der politischen Polizei bekannt, da sie von der deutschnationalen Presse Anfang der zwanziger Jahre unter dem ersten Republikschutzgesetz angewandt worden war.[50] Mit sorgfältigen und durchdachten Begründungen wurden solche Umgehungsversuche vereitelt. Der Oberpräsident der Provinz Sachsen, Carl Falck, verbot am 16. Dezember 1930 den *Harzer Trommler*, der als Ersatz des für fünfeinhalb Monate verbotenen *Trommlers* angesehen wurde, obwohl der *Harzer Trommler* bereits vor dem Verbot erschienen war.[51]

Selbst raffiniertere Versuche der Nationalsozialisten, die Verbote zu umgehen, wurden verhindert. Die politische Polizei in Mönchengladbach-Rheydt bemerkte, daß die nationalsozialistischen Zeitungsverkäufer den Kopf einer zu beschlagnahmenden Nummer des *Illustrierten Beobachters* mit dem Kopf einer älteren Nummer überklebten, die noch nicht unter das Verbot fiel.[52]

Die Nationalsozialisten bemühten sich nicht nur auf den verschiedensten Wegen die Verbote zu unterlaufen. Zunächst versuchten sie Kapital aus ihnen zu schlagen: Die Redaktionen der verbotenen Zeitungen gaben Sondernummern heraus, in denen die Verbotsverfügung abgedruckt wurde. Da diese den beanstandeten Text enthielten, wurde er den Lesern nochmals zugänglich gemacht. Auf Empfehlung Severings wurden daraufhin die Verbotsverfügungen so knapp wie möglich gehalten und auf die wörtliche Wiedergabe der Textstelle, die zum Verbot geführt hatte, verzichtet.[53] Fortan unterließen die NS-Zeitungen die Herausgabe solcher Sondernummern, da sie weder einen finanziellen, noch einen propagandistischen Nutzen hatten.

Machtlos waren die Behörden, wenn die Zeitungen im Geheimen gedruckt und nicht öffentlich verkauft oder verteilt wurden. Somit ist Bernhard Weiß zuzustimmen, der bereits 1928 die Möglichkeiten realistisch einschätzte: „Die Polizei kann wohl den Staatsfeinden die Verbreitung mißliebiger Druckwerke erschweren, sie völlig zu verhindern, ist die Polizei niemals im Stande."[54]

---

[48] Vgl. Anhang 2 mit weiteren Beispielen unter Nr. 5, 21 und 55.
[49] Der preußische Minister des Innern an die Oberpräsidenten, 5. Dezember 1931, in: LHAK, Best. 403, Nr. 16801, Bl. 289.
[50] Vgl. G. JASPER: Schutz der Republik, S. 193.
[51] Vgl. die ausführliche Begründung in: DRAnz, Nr. 295 vom 18. Dezember 1930, S. 1.
[52] Der Polizeipräsident Mönchen-Gladbach-Rheydt an den Regierungspräsidenten Düsseldorf, 25. Februar 1932, in: HStAD, Reg. Düsseldorf, Nr. 30656e, Bl. 69.
[53] Der preußische Minister des Innern an die Oberpräsidenten, 21. Mai 1931, in: LHAK, Best. 403, Nr. 16801, Bl. 565f.
[54] B. WEISS, S. 151.

Trotz aller Wachsamkeit traten Probleme bei der Überwachung der Presse auf. Dem Polizeipräsidium in Berlin war „von unbekannter Seite"[55] ein Exemplar der in Düsseldorf erscheinenden *Volksparole* zugegangen. In einem Absatz entdeckte man, daß sich die *Volksparole* den Inhalt eines Artikels des *Nationalsozialistischen Pressedienstes* zu eigen gemacht hatte, der aufgrund dieses Artikels am 22. Juni 1931 für drei Wochen verboten worden war.[56] Zusätzlich enthielt der beanstandete Absatz eine Beschimpfung des Berliner Polizeipräsidenten Grzesinski. Das Polizeipräsidium richtete eine Anfrage an den Oberpräsidenten der Rheinprovinz, was in dem geschilderten Fall unternommen worden sei. Die Nachforschungen des Oberpräsidenten bei der Regierung in Düsseldorf ergaben, daß das Polizeipräsidium in Düsseldorf den *Nationalsozialistischen Pressedienst* nicht bezog und somit nicht feststellen konnte, daß die *Volksparole* den beanstandeten Artikel übernommen hatte. Weiterhin mußte der Polizeipräsident zugeben, daß die fragliche Nummer der *Volksparole* „anscheinend durch einen Zustellungsfehler nicht zur Vorlage kam. Dies ist bedauerlicherweise übersehen worden und hat sich erst anlässlich der Anfrage des Herrn Polizeipräsidenten in Berlin herausgestellt [...]."[57] Da der Regierungspräsident in Düsseldorf seine Polizeibehörden wiederholt angewiesen hatte, „die rechts- und linksradikale Presse auf das genaueste zu überwachen,"[58] ließ er die Entschuldigung des Polizeipräsidenten nicht gelten. Nach Lage der Quellen waren solche Fehler bei der Presseüberwachung die Ausnahme, aber nicht alle Oberpräsidenten schienen mit den Leistungen ihrer Polizeibehörden auf diesem Gebiet zufrieden gewesen zu sein. Der Oberpräsident der Provinz Hannover, Gustav Noske, ließ im Oberpräsidium eine Pressestelle einrichten, um nicht von den untergeordneten Behörden abhängig zu sein.[59]

Durch mangelnde Zusammenarbeit mit der Reichspost traten Probleme auf, für die die politische Polizei nicht verantwortlich war. Die Zeitungsabsendestelle in Köln hatte die Sondernummer einer verbotenen Zeitung versandt, da sie angenommen hatte, daß für diese Sondernummer das Verbot nicht gelte. Nach diesem Zwischenfall wurde das Problem grundsätzlich geklärt: Der Oberpostdirektion in Köln wurde nunmehr schriftlich jedes Verbot einer Zeitung mit genauer Angabe der Verbotsdauer mitgeteilt. Die Oberpostdirektion gab diese Informationen an alle ihr unterstellten Ämter weiter, um zukünftige Pannen zu vermeiden.[60]

---

[55] Der Polizeipräsident Berlin an den Oberpräsidenten Koblenz, 7. Juli 1931, in: LHAK, Best. 403, Nr. 16805, Bl. 99.

[56] Vgl. zum Verbot des Nationalsozialistischen Pressedienstes die Materialien in: BAB, R 15.01, Nr. 26049, Bl. 599ff.

[57] Der Regierungspräsident Düsseldorf an den Oberpräsidenten Koblenz, 25. Juli 1931, in: LHAK, Best. 403, Nr. 16805, Bl. 101.

[58] Ebenda, Bl. 102.

[59] Vgl. W. PYTA, S. 361.

[60] Der Polizeipräsident Köln an den Oberpräsidenten Koblenz, 3. Dezember 1930, in: LHAK, Best. 403, Nr. 16913, Bl. 43f. Bei der erwähnten Zeitung handelte es sich um die *Sozialistische Republik*. Zwar war dies keine NS-Zeitung, aber gleiche Probleme konnten jederzeit mit nationalsozialistischen Zeitungen auftreten.

Die NSDAP nutzte zudem alle rechtlichen Möglichkeiten, gegen die staatlichen Maßnahmen vorzugehen, um den Staatsapparat lahmzulegen. Die Beschlagnahmung des *Westdeutschen Beobachters* vom 8. August 1931 führte zu einem ausufernden Schriftwechsel zwischen dem Verlag, seinen Rechtsvertretern und den Behörden.[61]

Das vorgesehene Verfahren ermöglichte es den Nationalsozialisten, Einspruch gegen die Verbote beim preußischen Innenminister zu erheben. Kam dieser der Beschwerde nicht nach, wurde der Antrag an den Reichsminister des Innern weitergeleitet. Hob dieser das Verbot nicht auf, wurde der 4. Strafsenat des Reichsgerichts angerufen. Von den 196 Verboten wurden 2 (1,0 Prozent) von der Verbotsbehörde selbst aufgehoben. Der preußische Minister des Innern hob 2 Verbote auf und verkürzte 7 (3,6 Prozent), der Reichsminister des Innern hob ebenfalls 2 Verbote auf und verkürzte 3 (1,5 Prozent). Der vierte Strafsenat des Reichsgerichts hob 5 (2,6 Prozent) Verbote auf, davon eines nachträglich und kürzte 11 Verbote ab (5,6 Prozent). In 162 Fällen (82,6 Prozent) wurden die Verbote ohne Änderung durchgeführt. Kurz gesagt: Die preußischen Polizeibehörden wurden bei ihrem Vorgehen gegen die nationalsozialistische Presse von den Reichsbehörden und der Justiz vergleichsweise wenig behindert.[62]

Als Gesamtbilanz der Presseverbote läßt sich festhalten: Zwischen August 1928 und dem 20. Juli 1932 wurden 80 nationalsozialistische Zeitungen zuzüglich ihrer Nebenausgaben 196 mal verboten und weitere 32 Einzelnummern beschlagnahmt.[63] Die Gesamtdauer aller Verbote betrug 4371 Tage oder anders ausgedrückt 11 Jahre und 356 Tage.

Interessant ist der Vergleich mit den kommunistischen Zeitungen und Zeitschriften: Bereits 1931 wurden mehr Verbote gegen rechte Periodika ausgesprochen als gegen linke.[64] Dies stellt keine Momentaufnahme dar, sondern war in Preußen der Normalfall.

---

[61] Die betreffenden Akten in: GStA PK, I. HA, Rep. 77, Tit. 4043, Nr. 96, Bl. 149-169.
[62] Vgl. jedoch: R. M. W. KEMPNER: Ankläger einer Epoche. Lebenserinnerungen, Frankfurt a. M. / Berlin 1986, S. 74, der sachlich unzutreffend bemerkt: „Es wurden Zeitungsverbote gegen die Nazis versucht, und irgendein Verwaltungsgericht hob's dann auf [...]" Anscheinend hat sich bei Kempner in der Erinnerung einiges verschoben: In den Akten ist kein Fall zu finden, in dem ein Verwaltungsgericht ein Verbot aufhob.
[63] Eigene Berechnung nach Anhang 2.
[64] Der Reichsminister des Innern an die obersten Reichs- und Landesbehörden, 29. August 1931, in: ADR, Kabinette Brüning, Bd. 2, Nr. 457, S. 1624-1636, S. 1628.

Tabelle 3: Verteilung der Verbote und Beschlagnahmungen von nationalsozialistischen Zeitungen und Zeitschriften in Preußen 1930-1932.[65]

	1930	1931	1932
Januar	-	2	13
Februar	-	2	12
März	-	2	48
April	2	6	11
Mai	-	4	4
Juni	-	9	2
Juli	7	14	12
August	-	10	-
September	-	10	-
Oktober	3	8	-
November	4	7	-
Dezember	4	3	-

In der bisherigen Forschung wurden die pressepolizeilichen Maßnahmen kritisch bewertet. Gotthard Jasper hat ihren Erfolg während der Dauer des ersten Republikschutzgesetzes als gering bezeichnet, da sich die Zeitungen unbelehrbar gezeigt hätten: Es seien immer die gleichen Zeitungen von einem Verbot getroffen worden.[66] Ähnlich ließe sich für die Endphase der Weimarer Republik argumentieren: Der *Angriff* wurde von November 1930 bis Juli 1932 fünfzehn mal verboten, und andere NS-Zeitungen wie die *Nationalsozialistische Schlesische Tageszeitung*, die *Niedersächsische Tageszeitung*, die *Rote Erde* und der *Schlesische Beobachter* wurden zwischen Januar 1931 und Mai 1932 mehr als fünf mal einem Verbot belegt.[67] Dies ist nicht nur ein Zeichen für die Unbelehrbarkeit der jeweiligen Zeitung. Ähnlich wie die Kriminalpolizei Vorbestrafte als potentielle Berufsverbrecher ansah,[68] überwachte die politische Polizei bereits einmal verbotene Zeitungen genauer.[69] Ein Verbot fiel um so leichter, je öfter die Zeitung bereits verboten worden war, denn es bedurfte keiner Verwarnungen mehr, und mit jedem neuen Verbot bestätigten sich die bereits getroffenen Maßnahmen. Schließlich ist es fraglich, ob sich die Wirksamkeit der pressepolizeilichen Maßnahmen daran messen läßt, wie ‚belehrbar' eine Redaktion war. Politische Fanatiker

---

[65] Eigene Berechnung nach Anhang 2. In den Jahren 1928 und 1929 wurden verhältnismäßig wenige Verbote ausgesprochen, so daß sie in dieser Tabelle nicht enthalten sind.
[66] Vgl. G. JASPER: Schutz der Republik, S. 193.
[67] Vgl. Anhang 2.
[68] Vgl. P. WAGNER, S. 146f., der dieses Vorgehen treffend als „self-fulfilling prophecy" bezeichnet.
[69] Dieser Schluß läßt sich aus den Akten des Oberpräsidiums Koblenz über die Presseüberwachung ziehen, in: LHAK, Best. 403, Nr. 16804-16809.

ließen und lassen sich durch Strafen nicht von ihren Zielen abbringen; von dieser Tatsache auf die grundsätzliche Erfolglosigkeit der Maßnahmen zu schließen, ist nicht zulässig.

Weiterhin hat Jasper die in den Jahren 1931 und 1932 anschwellenden Zeitungsverbote nicht nur auf die zunehmende politische Radikalisierung zurückgeführt, sondern „hinter dem rigorosen Einsatz staatlicher Zwangsmittel [...] doch auch ein anderes obrigkeitsstaatliches Denken, das alle liberalen Skrupel über Bord geworfen hat", vermutet.[70] Diese Einschätzung ist mehr als zweifelhaft; diejenigen, die die staatlichen Zwangsmittel anwandten, waren die Landes- und nicht die Reichsbehörden. In Preußen waren diese Positionen überwiegend in der Hand von Sozialdemokraten und Mitgliedern von Zentrum und DDP. Diesen pauschal ein obrigkeitsstaatliches Denken vorzuwerfen, ist nicht gerechtfertigt.

Die Behauptung von Carl Severing, daß ihm nach der Landtagswahl im April 1932 von den Sachbearbeitern der Polizeiabteilung nur Verbotsentwürfe betreffend SPD und KPD-Zeitungen vorgelegt worden seien, ist falsch oder zumindest mißverständlich.[71] Nach den Aprilwahlen wurden mehrere NS-Zeitungen verboten; insbesondere in den ersten zwanzig Tagen des Juli stieg die Zahl der Verbote an. Es fand keine Absetzbewegung der preußischen Verwaltung vor dem 20. Juli 1932 statt, wie Severing in seinen Memoiren suggerieren möchte. In der Praxis waren zudem die Oberpräsidenten diejenigen, die die Presseverbote aussprachen, und nicht der preußische Innenminister. Zwar wurde bei strittigen Fällen die Meinung des Innenministeriums eingeholt, aber es ist nicht ein Fall überliefert, in dem der Innenminister ein Zeitungsverbot ausgesprochen hat.

Alles in allem kann man festhalten, daß die preußischen Behörden ihre pressepolizeilichen Möglichkeiten bis zum Papenschlag weitgehend ausschöpften. Durch die Verbote wurden die Propaganda und die innerparteiliche Kommunikation erschwert. Der psychologische Effekt der Demonstration der Stärke auf die demokratischen Kreise ist ebenfalls nicht zu unterschätzen, auch wenn er sich nicht messen läßt. Am härtesten traf die NSDAP der finanzielle Ausfall durch die Presseverbote.

Die preußische Polizei ging ebenfalls gegen andere Druckerzeugnisse der Nationalsozialisten vor. Von besonderem Interesse waren die Flugblätter der NSDAP. Lange Zeit gab es keine rechtliche Grundlage, um gegen die inhaltlichen Auswüchse der nationalsozialistischen Flugblattpropaganda vorzugehen. Erst mit der Notverordnung vom 28. März 1931[72] konnten Flugblätter und Plakate polizeilich beschlagnahmt und eingezogen werden, wenn sie die öffentliche Sicherheit oder Ordnung gefährdeten. Zusätzlich wurde bestimmt, daß Plakate und Flugblätter politischen Inhaltes mindestens 24 Stunden vor ihrer Verbreitung der zuständigen Polizeibehörde vorgelegt

---

[70] G. JASPER: Schutz der Republik, S. 194, Anm. 12. Übereinstimmend: K. KOSZYK, S. 340.
[71] C. SEVERING, S. 347.
[72] Verordnung des Reichspräsidenten zur Bekämpfung politischer Ausschreitungen, 28. März 1931, in: RGBl. 1931, I, S. 79-81.

werden mußten. Bei Nichtbeachtung wurden die Flugblätter ohne Prüfung des Inhalts eingezogen.

Die Polizeibehörden legten den Begriff der ‚Sicherheit und Ordnung' sehr weit aus, wie einige Beispiele zeigen: Der Regierungspräsident in Aurich verbot das Flugblatt Nr. 9 *Neue Notverordnung - noch größeres Massenelend* der NSDAP, da in ihm falsche Angaben über die Gehälter der höchsten Beamten und des Ministerpräsidenten des preußischen Staates gemacht wurden.[73] Bei nicht korrekten Angaben sprachen die Behörden sehr schnell ein Verbot aus. Der Polizeipräsident in Berlin beschlagnahmte das Flugblatt *Was sagst du dazu?*, da es mit den folgenden Worten begann: „Nach dem Reichshaushaltsplan wurden im Jahre 1929 u.a. ausgegeben: Für Reichspropaganda für den verräterischen Youngplan RM. 650.000."[74] Tatsächlich waren 350.000 Reichsmark für die Propaganda ausgegeben worden.[75]

Sehr leicht machten die Nationalsozialisten es den Behörden, wenn sie gegen die einfachen Bestimmungen des Presserechts verstießen. Auf dem Flugblatt *Fort mit den Ausbeutern* waren weder der Wohnort des Druckers noch der Verantwortliche im Sinne des Presserechts angegeben, was den § 6 des Pressegesetzes verletzte. Die Begründung des Regierungspräsidenten in Frankfurt an der Oder machte aber deutlich, daß das Verbot nicht nur aus formalen Gründen erging. Er bemängelte die ganze Aufmachung des Flugblattes und sah in den Worten „Die gerechte Entlohnung erhält der Prolet auf dem Stempelbüro! Die Republik garantiert nicht Arbeit und Brot - sondern Arbeitslosigkeit und Hungerelend" eine Gefährdung der öffentlichen Sicherheit und Ordnung.[76] Auch Flugblätter antisemitischen Inhalts wurden mehrfach beschlagnahmt.[77] Im Verlauf des Wahlkampfs zur Reichspräsidentenwahl im Jahr 1932 wurden mindestens 13 Flugblätter beschlagnahmt, die den Reichspräsidenten Hindenburg angriffen.

Zum Ärger der preußischen Polizeibehörden unterstützte die Reichsregierung mit ihren Rechtsauslegungen nicht immer ihre Maßnahmen. Im Dezember 1931 erklärte der Reichsminister des Innern, Wilhelm Groener, daß das Verbreiten von Flugschriften von Haus zu Haus nicht als öffentliches Verteilen anzusehen sei und daher nicht verboten werden könne. Der Kommentar des Regierungspräsidenten in Aachen macht

---

[73] Der Regierungspräsident Aurich an die Ortspolizeibehörden seines Bezirks, 17. Juli 1931 [Abschrift], in: HStAD, Reg. Düsseldorf, Nr. 30656b, Bl. 147.
[74] Der Polizeipräsident Berlin an die Regierungspräsidenten, 9. Mai 1931, in: HStAD, Reg. Düsseldorf, Nr. 30656b, Bl. 152.
[75] Ministerbesprechung vom 3. Oktober 1929, in: ADR, Kabinett Müller II, Bd. 2, Nr. 310, S. 998-1001.
[76] Der Regierungspräsident Frankfurt/Oder an Johannes Jakob, NSDAP-Ortsgruppe Woldenberg, 6. Juli 1931 [Abschrift], in: HStAD, Reg. Düsseldorf, Nr. 30656b, Bl. 113.
[77] Der Regierungspräsident Frankfurt/Oder an die Regierungspräsidenten, 23. Juli 1931, in: HStAD, Reg. Düsseldorf, Nr. 30656b, Bl. 173.

klar, was die preußischen Behörden von solchen Anordnungen hielten: „Zustand ist unhaltbar."[78]

Durch solche Maßnahmen wurde die Tätigkeit der politischen Polizei erschwert, dennoch ist die Gesamtbilanz beachtlich: In ganz Preußen wurden zwischen April 1931 und April 1932 mindestens 145 Flugblätter verboten oder beschlagnahmt.[79] Leider liegen keine Zahlen über das Ausmaß der NS-Flugblattpropaganda vor. Nur über die Verhältnisse in der Provinz Hessen-Nassau gibt es exakte Zahlen: Zwischen April 1931 und Oktober 1931 wurden von 683 bekanntgewordenen Flugblättern 72 beschlagnahmt.[80]

Zusammengenommen ging die politische Polizei bei pressepolizeilichen Verstößen der Nationalsozialisten energisch vor und nutzte ihren juristischen Spielraum weitgehend aus. Gemessen an ihren Zielen - und den zur Verfügung stehenden Mitteln - kann die pressepolizeiliche Tätigkeit als erfolgreich angesehen werden.

---

[78] Der Regierungspräsident Aachen an den Oberpräsidenten Koblenz, 17. Februar 1932, in: LHAK, Best. 403, Nr. 16800, Bl. 323.
[79] Vgl. Anhang 3.
[80] Rede des Abgeordneten Haas (SPD), in: SITZUNGSBERICHTE DES PREUSSISCHEN LANDTAGS, 3. Wahlperiode, 16. Band, 250. Sitzung am 14. Oktober 1931, Berlin 1931, Sp. 22068.

ACHTES KAPITEL

Die nachrichtendienstliche Tätigkeit

Die wichtigste Aufgabe der politischen Polizei war, relevante Informationen über die NSDAP zu gewinnen. Ihr standen unterschiedliche Mittel zur Verfügung. Die erste Informationsmöglichkeit war die systematische Überwachung der NSDAP-Veranstaltungen. Die politische Polizei nutzte sie intensiv, wie die ausführlichen Versammlungsberichte, die den Inhalt der Reden zum Teil wörtlich wiedergaben, und in denen die Zusammensetzung des Publikums analysiert wurde, zeigen.[1] Von wichtigen Reden wurden Mitschriften an das LKP-Amt gesandt und dort archiviert. Sie fanden unter anderem Verwendung in den Denkschriften über die NSDAP.[2]

Eine weitere öffentlich zugängliche Quelle war die Presse, die Bernhard Weiß als „eine der wichtigsten Informationsquellen für die Beamten der politischen Polizei"[3] bezeichnete. Diese Einschätzung bestätigt sich bei Auswertung der Polizeiakten: Aus den Presseberichten schöpfte die politische Polizei einen großen Teil ihrer Kenntnisse über die NSDAP.[4] Problematisch war, daß die Berichte der Journalisten ungesichert waren und selbst renommierte Tageszeitungen bisweilen mehr Gerüchte über die NSDAP verbreiteten, als sachlich zu informieren.

Als dritte Quelle boten sich der politischen Polizei die Meldungen und Anzeigen von Bürgern. Laut Bernhard Weiß waren diese besonders häufig,[5] doch die Quellenlage steht dieser Aussage entgegen. Zwar finden sich einige Meldungen von Privatpersonen über die NSDAP in den Akten, aber ihre Zahl ist gering. Es handelt sich meist um direkt Betroffene der nationalsozialistischen Machenschaften, wie beispielsweise jüdische Bürger.[6] Ob der größte Teil solcher Meldungen nicht erhalten ist oder ob die Bevölkerung nur selten bereit war, über die NSDAP zu berichten, kann nicht geklärt werden.

Allen bisher genannten Formen der Nachrichtengewinnung haftete ein entscheidender Nachteil an: Die Informationen stammten in der Regel nicht aus der NSDAP selbst, sondern waren durch bloße äußere Beobachtung gewonnen worden. Wollte die politische Polizei interne Informationen erhalten, mußte sie Vertrauensleute einsetzen.

---

[1] Vgl. das fünfte Kapitel dieser Studie.
[2] Vgl. das neunte Kapitel dieser Studie.
[3] B. WEISS, S. 139.
[4] Dies belegen die Zeitungsausschnitte in den ausgewerteten Polizeiakten, die zu zahlreich sind, um sie hier nennen zu können. Allerdings ist es unzutreffend, daß die Hauptarbeit der politischen Polizei aus der Sammlung von Zeitungsausschnitten bestanden habe, wie T. ALBRECHT, S. 135 behauptet.
[5] Vgl. B. WEISS, S. 102.
[6] Der Vorstand der Synagogengemeinde Burgsteinfurt an den Oberpräsidenten Münster, 8. September 1931, in: StAMS, Reg. Münster, VII-67, Bd. 2, Bl. 339.

Grundsätzlich lassen sich zwei Arten von V-Leuten unterscheiden: angeworbene Mitglieder der zu beobachtenden Gruppe oder eingeschleuste, mit einer falschen Identität versehene Beamte. Alle erhaltenen Quellen deuten darauf, daß die V-Leute der politischen Polizei in der NSDAP ausnahmslos angeworbene Nationalsozialisten waren. Dieses Vorgehen war nicht unproblematisch, da eine Tätigkeit als Doppelagent nicht ausgeschlossen werden konnte. Die Gründe gegen das Einschleusen von Polizeibeamten in die NSDAP überwogen hingegen: Für den Beamten war dies mit unkalkulierbaren Risiken verbunden, da er bei einer Enttarnung stark gefährdet war und um Leib und Leben fürchten mußte. Zudem hätte es eines erheblichen Vorlaufs bedurft, bis der Beamte eine Position erreicht hätte, in der er an vertrauliche Informationen kommen konnte. Weiterhin hatte die politische Polizei im Kaiserreich schlechte Erfahrung mit dieser Taktik gemacht: Die Beamten, die in die Sozialdemokratie eingeschleust worden waren, fielen schnell durch Übereifer oder ungeschicktes Verhalten auf.[7] Daher versuchte die politische Polizei, Mitglieder der NSDAP anzuwerben, damit diese gegen Bezahlung interne Informationen lieferten.

Die hierfür benötigten Gelder stammten aus einem Geheimmittelfonds, über den Albert Grzesinski berichtet: „Dem Minister des Innern stand im Kapitel 91 in einem besonderen Titel ein Fonds von 300.000 RM zur Verfügung, aus dem er, ohne darüber Rechnung legen zu müssen, die Geheimkosten der politischen Polizei bestreiten sollte."[8] Über die Verwendung der Gelder ist wenig bekannt, da der größte Teil der betreffenden Quellen nicht überliefert ist. Lediglich für die Provinz Schleswig-Holstein liegen ausführliche Abrechnungen über den Verbleib der Mittel aus dem Sonderfonds vor. Dem Oberpräsidenten in Kiel wurden mindestens seit 1929 vierteljährlich 2.000 RM für geheime landespolizeiliche Ausgaben des politischen Nachrichten- und Ermittlungsdienstes einschließlich der Spionageabwehr überwiesen. Nicht jede Provinz erhielt den gleichen Betrag: in den Schreiben des preußischen Innenministers wurde die Summe und der Adressat nachträglich in ein vorformuliertes Schriftstück eingesetzt.[9]

Die Ausgaben der politischen Abteilungen in Altona, Flensburg und Kiel zeigen, daß allgemeine Aussagen über die Verwendung der Gelder aus dem Geheimmittelfonds nur schwer zu treffen sind. Die politische Abteilung in Altona verbrauchte relativ wenig Geld für nachrichtendienstliche Zwecke:[10] In der zweiten Hälfte des Jahres 1930 gaben die Beamten der politischen Polizei 467,95 RM für Ermittlungen in politischen Angelegenheiten aus. Die Verteilung für Nachforschungen in rechten und linken Kreisen war ungefähr gleich. Im Jahr 1931 stiegen die Ausgaben auf über 1.500

---

[7] Vgl. B. WEISS, S. 105f.
[8] Manuskript von Albert Grzesinski: Die politische Polizei in Deutschland, 22. Mai 1934, in: LAB, Rep. 200, Acc. 3983, Nr. 1.
[9] Vgl. z.B. Der preußische Minister des Innern an den Oberpräsidenten Kiel, 19. Dezember 1930, in: LAS, Abt. 301, Nr. 4513.
[10] Zusammenstellungen über besondere Ausgaben der LKP-Stelle Altona, in: LAS, Abt. 301, Nr. 4513.

RM, wobei etwas mehr Geld für Ermittlungen in rechtsradikalen Kreisen ausgegeben wurde.

In Flensburg gab die politische Polizei wesentlich mehr Geld für nachrichtendienstliche Zwecke aus. Abrechnungen der politischen Abteilung in Flensburg liegen für die Zeit ab dem 1. April 1929 vor, allerdings erlauben sie nicht immer eine klare Zuordnung zu den betreffenden Parteien.[11] Erst für die Zeit ab dem 1. Juli 1930 lassen die Angaben erkennen, zu welchem Zweck die Gelder verwandt wurden. In der zweiten Hälfte des Jahres 1930 gab die politische Abteilung in Flensburg 1.740,10 RM für nachrichtendienstliche Zwecke aus, die sich wie folgt verteilten: 763,60 RM für Ermittlungen in Kreisen der KPD, 434 RM in Kreisen der NSDAP, 184 RM innerhalb der Dänenbewegung, 134 RM im Stahlhelm, für Spionageabwehr 191,50 RM und 33 RM für Ermittlungen im Landvolk. Eine ähnliche Höhe und Verteilung der Gelder zeigte sich im folgenden Jahr.

Die sehr umfangreichen Abrechnungsunterlagen der politischen Abteilung in Kiel lassen eine solch genaue Zuordnung nicht erkennen. Deutlich wird aber, daß hier mehr Geld zur Spionageabwehr ausgegeben wurde. Für die Höhe und die Verteilung der Gelder, die den einzelnen politischen Abteilungen zur Verfügung standen, war die Situation vor Ort ausschlaggebend: In Flensburg wurde vergleichsweise viel Geld für die Überwachung der Landvolkbewegung und der Dänen benötigt, während in Kiel, bedingt durch die Stationierung der Marine, das Geld verstärkt zur Spionageabwehr eingesetzt wurde. In Altona brauchte man den größten Teil des Geldes für Ermittlungen in Kreisen der NSDAP.

Jede politische Abteilung hatte V-Leute innerhalb der NSDAP. Belegt wird dies durch Abschriften von parteiamtlichen Schriftstücken der NSDAP und zahlreiche Schreiben von Polizeibehörden, in denen von „vertraulichen Mitteilungen" die Rede ist.[12] Mit einigem Recht darf man annehmen, daß die Durchdringung der NSDAP mit V-Leuten hoch war. Goebbels spricht in seinem Tagebuch von einer „Spitzelplage"[13]. Nationalsozialisten erklärten öffentlich, daß es V-Leute in der Partei gab, wobei in ein-

---

[11] Zusammenstellungen über besondere Ausgaben der LKP-Stelle Flensburg, in: LAS, Abt. 301, Nr. 4513.
[12] Die Auflistung sämtlicher Quellen, die die Existenz von V-Leuten belegen, würde mehrere Seiten füllen. Als Beispiele seien erwähnt: Der Polizeipräsident Elberfeld-Barmen an den Regierungspräsidenten Düsseldorf, 26. März 1929, in: HStAD, Reg. Düsseldorf, Nr. 30653a, Bl. 137 [V-Mann in Solingen]; Der Polizeipräsident Hannover an den Oberpräsidenten Hannover, 19. April 1932, in: GStA PK, I. HA, Rep. 77, Tit. 4043, Nr. 316, Bl. 25 [V-Mann in Hannover]; Der Regierungspräsident Koblenz an den Oberpräsidenten Koblenz, 11. April 1930, in: LHAK, Best. 403, Nr. 16732, Bl. 359ff. [V-Mann in Koblenz]; Verschiedene Berichte des Polizeipräsidenten Recklinghausen, in: StAMS, Reg. Münster, VII-67, Bd. 2 [V-Mann in Recklinghausen]; Der Polizeipräsident Stettin an den Oberpräsidenten Stettin, 2. Juni 1932, in: GStA PK, I. HA, Rep. 77, Tit. 4043, Nr. 316, Bl. 17 [V-Mann in Stettin].
[13] J. GOEBBELS, Tagebucheintrag vom 17. Mai 1931, Bd. 2, S. 65.

zelnen Städten, wie zum Beispiel Köln, eine „Spitzelseuche" herrsche.[14] Hierbei ist eine propagandistische Stilisierung als Verfolgte und Unterdrückte des ‚Systems' in Rechnung zu stellen, doch die Quellen zeigen, daß tatsächlich eine rege Berichterstattung von V-Leute existierte.

Als schwierig erweist es sich, die jeweiligen V-Leute zu benennen. Hierfür gibt es mehrere Gründe: Die politische Polizei war daran interessiert, möglichst wenig Hinweise auf die betreffende Person in den Akten zu hinterlassen. Zudem wurden Listen mit den Namen von V-Leuten nach dem 20. Juli 1932 und nach der ‚Machtergreifung' von den Polizeibeamten vernichtet, um diese nicht der Rache der Nationalsozialisten auszuliefern.[15] Außerdem steht zu vermuten, daß viele Namen nicht schriftlich fixiert wurden, um das Risiko der Enttarnung so gering wie möglich zu halten. Durch glückliche Umstände sind Informationen über V-Leute innerhalb der NSDAP aus Bochum und Köln überliefert.

Die politische Abteilung des Polizeipräsidiums in Bochum hatte mehrere V-Leute innerhalb der NSDAP. Zunächst hatte man im Mai 1929 den NSDAP-Gaugeschäftsführer Buttgereit zur Mitarbeit gewinnen können. Er leistete der politischen Polizei gute Dienste.[16] Buttgereit legte der politischen Polizei zahlreiche Rundschreiben der Reichsleitung und andere parteiamtliche Schriftstücke zur Abschrift vor.[17] Er verstarb am 15. Juni 1930 bei einem Autounfall, womit die politische Abteilung in Bochum ihren wichtigsten V-Mann in der NSDAP verlor. Die NSDAP entdeckte erst nach Buttgereits Tod, daß ihr Gaugeschäftsführer ein Polizeispitzel war.[18]

Ebenfalls im Mai 1929 hatte die Abteilung I A mit Clemens Tuschik einen weiteren Nationalsozialisten als V-Mann gewinnen können. Tuschik stieg im Herbst 1929 zum Kassenführer des Gaues Westfalen auf, wurde Anfang 1930 SA-Gruppenführer und arbeitete nach eigener Angabe „als Vertrauensmann der Abteilung I A Bochum zu deren vollster Zufriedenheit."[19] Eine Woche nach den Reichstagswahlen im September 1930 wurde Tuschik in einem SA-Appell vom Standartenführer Otto Voß als Spitzel enttarnt und drei Tage später vor der Tür seines Arbeitsplatzes von SA-Leuten über-

---

[14] Mitschrift der Rede des SA-Standartenführers Otto Voß vom Februar 1931, in: StAMS, Reg. Münster, VII-67, Bd. 2, Bl. 293-307, Bl. 301. Voß berichtet an dieser Stelle von weiteren V-Leuten in Schlesien, Duisburg, Münster und Bielefeld.

[15] Mitteilung von Johannes Stumm an Christoph Graf, 10./11. Oktober 1974, in: SBA, Depositum Hofer/Graf, Nr. 12; K. SCHÄFER, S. 22, 29.

[16] Der Polizeipräsident Bochum an den Regierungspräsidenten Arnsberg, 23. April 1931, in: StAMS, Polizeipräsidien, Nr. 63.

[17] Der Polizeipräsident Bochum an den Oberpräsidenten Münster, 27. Dezember 1929, in: StAMS, Reg. Münster, VII-67, Bd. 1, Bl. 54ff.

[18] Mitschrift der Rede des SA-Standartenführers Otto Voß vom Februar 1931, in: StAMS, Reg. Münster, VII-67, Bd. 2, Bl. 293-307.

[19] Clemens Tuschik an den preußischen Minister des Innern, 11. März 1931 [Abschrift], in: StAMS, Polizeipräsidien, Nr. 63. Der Polizeipräsident sah die Tätigkeit Tuschiks hingegen kritisch: „T. war wegen seines leichtsinnigen Lebenswandels berüchtigt und galt nicht als ein zuverlässiger Vertrauensmann." Der Polizeipräsident Bochum an den Regierungspräsidenten Arnsberg, 23. April 1931, in: StAMS, Polizeipräsidien, Nr. 63.

fallen. Hierauf, so Tuschik, sei er mit Wirkung zum 31. Oktober 1930 entlassen worden. Er beschuldigte den Leiter der politischen Abteilung des Polizeipräsidiums Bochum, den Regierungsrat Bergmann, an seiner Enttarnung schuldig zu sein. Tuschik bat den preußischen Minister des Innern, ihm eine Stellung in einem kommunalen oder staatlichen Betrieb zu beschaffen, da ihm dies bei seiner Anwerbung zugesagt worden sei.

Bergmann wies jede Schuld von sich und vermutete, daß Tuschik durch den Nachrichtendienst der NSDAP enttarnt worden sei: Der Leiter des Nachrichtendienstes, ein ehemaliger Bochumer Kriminalbeamter, verfüge über gute Beziehungen zu einzelnen Beamten.[20] Eine Indiskretion seitens seiner Beamten schloß Bergmann aus. Vielmehr habe der SA-Standartenführer Otto Voß, der ebenfalls V-Mann der politischen Polizei war, ihn angerufen und ihm mitgeteilt, daß die NSDAP Beweise habe, daß Tuschik Polizeispitzel sei, und er den Auftrag habe, Tuschik bei einem SA-Appell zu entlarven. Da er nicht für Tuschiks Sicherheit garantieren könne, bat Voß darum, Tuschik warnen zu lassen. Bergmann bestätigte laut eigener Aussage gegenüber Voß die Tätigkeit Tuschiks nicht, ließ ihn jedoch warnen, so daß die NSDAP in seinem Nichterscheinen eine Bestätigung seiner Spitzeltätigkeit sehen konnte.

Es existiert noch eine dritte Möglichkeit, wie Tuschik enttarnt worden sein könnte: Die beiden Kriminalassistenten Hans Wilts und Richard Lippold, die beide in der politischen Abteilung des Polizeipräsidiums Bochum im Kommissariat für Rechtsbewegung tätig waren, arbeiteten lange vor 1933 mit der NSDAP zusammen.[21] Es erscheint durchaus möglich, daß einer von ihnen den entscheidenden Hinweis zur Enttarnung Tuschiks gab. Zumindest Wilts war über die Tätigkeit Tuschiks als V-Mann informiert und hatte Kontakt zu ihm.[22]

Die Affäre um Tuschik hatte ein Nachspiel: Da er keine Entschädigung vom preußischen Innenminister erhalten hatte, reichte Tuschik beim Amtsgericht Bochum Klage gegen den preußischen Staat ein. Die Klage wurde wegen Aussichtslosigkeit zurückgewiesen.[23] Über das spätere Schicksal Tuschiks ist nichts bekannt.

---

[20] Hierzu und zum folgenden: Der Regierungsrat Bergmann an den Polizeipräsidenten Bochum, 17. April 1931, in: StAMS, Polizeipräsidien, Nr. 63.

[21] Gesuch des Kriminal-Assistenten Richard Lippold beim Polizei-Präsidium in Bochum Abteilung I (IA), um Zulassung zur Kriminal-Kommissar-Laufbahn, Bochum 6. März 1933, in: StAMS, Reg. Arnsberg, Nr. 14613. In einer Marginalie des Polizeipräsidenten Schepmann heißt es: „L. ist mir seit Jahren bekannt, L. hat sich trotz schaurigster Verhältnisse stets bewußt national gezeigt und uns im Kampfe gegen die Internationalisten von seinem Platze unterstützt. Ich übernehme L gerne in die pol. Polizei nach Dortmund." Gesuch des Kriminal-Assistenten Wilts beim Polizei-Präsidium in Bochum - Abteilung I A - um Zulassung zur Kriminal-Kommissar-Laufbahn, Bochum 23. Februar 1933, in: Ebenda. Schepmann schrieb in einer Marginalie: „Wilts hat uns in den letzten Jahren wertvolle Dienste erwiesen. Ich kann W. in der pol. Polizei in Dortmund gut und vorteilhaft verwenden."

[22] Clemens Tuschik an den preußischen Minister des Innern, 11. März 1931 [Abschrift], in: StAMS, Polizeipräsidien, Nr. 63.

[23] Beschluß des Landgerichts Bochum in Sachen Clemens Tuschik, 20. August 1931, in: StAMS, Polizeipräsidien, Nr. 63.

Mit ihrem nächsten V-Mann hatte die politische Polizei in Bochum noch weniger Glück: Der SA-Standartenführer Otto Voß war von Anfang an als Doppelagent tätig.[24] Angeblich wurde seine Tätigkeit von langer Hand vorbereitet; sein Bericht ist jedoch mehr als zweifelhaft: Die Zeitangaben von Voß stimmen nicht, und viele Details erscheinen sehr unglaubhaft. Nach dem Tod des Gaugeschäftsführers Buttgereit hatte die NSDAP erfahren, daß dieser als Spitzel monatlich 300 Mark erhalten hatte. Man beschloß, der politischen Polizei einen Spitzel zu präsentieren, der die 300 Mark für die Gaukasse einstreichen sollte und möglichst viel über die Pläne der politischen Polizei gegen die NSDAP in Erfahrung bringen sollte. Daher wurde angeblich ein Streit zwischen Voß und dem Gauleiter Josef Wagner öffentlich inszeniert, um Voß die nötige Glaubwürdigkeit zu geben. Laut Voß soll diese Inszenierung ein ¾ Jahr gedauert haben, bis er im Juli 1930 von der politischen Polizei angeworben wurde. Diese Schilderung wirft Zweifel auf: Zwischen dem Tod Buttgereits und der Anwerbung von Voß liegt nur ein Monat. Entweder hat Voß in seiner Rede die Dauer der Inszenierung übertrieben, oder zwischen Wagner und Voß hat tatsächlich ein lang andauernder Streit stattgefunden, der nachträglich neu interpretiert wurde.

Zudem erscheinen weitere Details aus seiner Zeit als V-Mann unglaubwürdig: Bergmann soll Voß alle Berichte der Polizeipräsidenten in Westfalen zur Begutachtung vorgelegt haben. Außerdem habe Bergmann ihm von Polizeispitzeln innerhalb der NSDAP in Schlesien, Köln, Münster, Duisburg und Bielefeld berichtet, die dann enttarnt werden konnten. Weiterhin gewährte er Voß angeblich Einblick in vertrauliches Material über die KPD. Schließlich soll Bergmann in Berlin im Innenministerium Material über die NSDAP vernichtet haben, da er damit rechnete, daß die NSDAP 1932 die Regierungsgewalt in Preußen übernehmen werde. Es darf angenommen werden, daß der Regierungsrat Bergmann als Leiter einer politischen Abteilung weder Zugang zu den Akten des Innenministeriums hatte, noch daß er so unvorsichtig und unprofessionell vorgegangen wäre. Bei den Äußerungen von Voß wird es sich wahrscheinlich um Erfindungen oder maßlose Übertreibungen handeln, die er zu Propagandazwecken benutzte.

Nachdem Voß das Doppelspiel einige Monate getrieben hatte, gab er sich im Februar 1931 in einer öffentlichen Rede zu erkennen. Der politischen Polizei war diese Situation nicht angenehm, was dadurch gesteigert wurde, daß Voß mit seiner Rede „Acht Monate als Spitzel in Severings Reich" bei verschiedenen Veranstaltungen auftrat.[25] Im April 1931 wurde vom Regierungspräsidenten in Münster ein Redeverbot gegen Voß erlassen, um ihn an der Verbreitung seiner Geschichte zu hindern.[26]

---

[24] Das folgende nach: Mitschrift der Rede des SA-Standartenführers Otto Voß vom Februar 1931, in: StAMS, Reg. Münster, VII-67, Bd. 2, Bl. 293-307. Aus den Polizeiakten läßt sich nichts über den Vorgang gewinnen. Lediglich die Tatsache, daß Voß als V-Mann gearbeitet hat, wird erwähnt in: Der Regierungsrat Bergmann an den Polizeipräsidenten Bochum, 17. April 1931, in: StAMS, Polizeipräsidien, Nr. 63. Daher sind die Äußerungen von Voß sehr vorsichtig zu beurteilen.
[25] Vgl. F.A. BECK: Kampf und Sieg. Geschichte der Nationalsozialistischen Deutschen Arbeiterpartei im Gau Westfalen-Süd von den Anfängen bis zur Machtübernahme, Dortmund 1938, S. 464-

Die politische Polizei in Bochum mußte sich weiterhin mit dem Thema der vertraulichen Nachrichtengewinnung öffentlich auseinandersetzen. Im April 1932 erschien ein Artikel in der *Roten Erde* mit der Überschrift „Wieder ein Spitzel entlarvt! Natürlich im Bereich der Bochumer Polizei."[27] Er enthielt die Erklärung eines gewissen Gerhard Eckhardt, in der mitgeteilt wird, daß er Nachrichten über die NSDAP und die SA an die politische Polizei für 60 Reichsmark und an das Reichsbanner für 30 Reichsmark geliefert habe. Da keine weiteren Quellen über diesen Vorgang existieren, kann nicht gesagt werden, inwieweit die Angaben zutreffend sind.

An den V-Männern der politischen Polizei in Bochum wird die ganze Problematik der geheimen Nachrichtengewinnung offensichtlich: Die Tätigkeit von Doppelagenten konnte nicht ausgeschlossen werden und nicht jeder angeworbene V-Mann lieferte zuverlässig die erhofften Informationen. Konnte man jedoch einen regionalen Spitzenfunktionär der NSDAP wie Buttgereit als zuverlässigen Informanten gewinnen, war man in der Lage, an wichtige interne Schriftstücke und Unterlagen der Partei zu gelangen.

Der politischen Polizei in Köln war noch mehr gelungen. Neben verschiedenen V-Männern, über deren Identität keine Aussagen gemacht werden können,[28] hatte sie durch ihren Hauptgewährsmann seit ungefähr 1926 Zugriff auf alle wichtigen Unterlagen und Aufstellungen der NSDAP in Köln.[29] Der Oberpräsident in Koblenz berichtete im Oktober 1930 an den preußischen Minister des Innern über den Hauptgewährsmann der politischen Polizei in Köln: „Dieser Vertrauensmann legt bereits seit mehr als 4 Jahren alles Material, das ihm als Führer einer S.A.-Formation zur Weiterleitung an die unterstellten S.A.-Gruppen übergeben wird, dem Polizeipräsidenten zur vorübergehenden Einsicht- und Abschriftnahme vor."[30] Der Polizeipräsident betonte im Dezember 1930 die Zuverlässigkeit des V-Mannes und bezeichnete ihn als „langjährigen und bisher als durchaus zuverlässig erprobten Hauptgewährsmann."[31]

Tatsächlich hatte im September 1929 ein V-Mann der politischen Polizei in Köln einen Bericht über eine SA-Führerbesprechung der Standarte I des Gausturms Rhein

---

485 mit Schilderung der Rede von Voß am 8. März 1931 in Herne; Anfang März 1931 redete Voß auch in Lippstadt: Die Polizeiverwaltung Lippstadt an den Landrat Lippstadt, 18. März 1931, in: StAMS, Politische Polizei „III. Reich", Nr. 326.

[26] Der Regierungspräsident Münster an den Polizeipräsidenten Recklinghausen und die Landräte, 28. April 1931, in: StAMS, Kreis Tecklenburg, LRA, Nr. 1379.

[27] Rote Erde, Nr. 86 vom 23. April 1932.

[28] Der Oberpräsident Koblenz an den preußischen Minister des Innern, 2. Oktober 1930, in: LHAK, Best. 403, Nr. 16733, Bl. 67-72.

[29] Vgl. H. MATZERATH / H. A. TURNER: Die Selbstfinanzierung der NSDAP 1930-1932, in: GuG 3 (1977), S. 59-92, S. 59-62.

[30] Der Oberpräsident Koblenz an den preußischen Minister des Innern, 2. Oktober 1930, in: LHAK, Best. 403, Nr. 16733, Bl. 67-72, Bl. 68.

[31] Der Polizeipräsident Köln an den Oberpräsidenten Koblenz, 3. Dezember 1930, in: LHAK, Best. 403, Nr. 16737, Bl. 191.

mit dem SA-Oberführer Jahn vorlegen können.³² Dies legt den Schluß nahe, daß einer der SA-Führer der Standarte I der erwähnte Vertrauensmann war. Dieser V-Mann machte der politischen Polizei sehr umfangreiche Unterlagen zugänglich, die neben allgemeinen Rundschreiben auch interne Informationen über die Finanzierung der NSDAP im Gau Rheinland enthielten.³³ Bei diesem V-Mann handelte es sich möglicherweise um den Führer des SA-Sturms 1 in Köln, Friedrich Bender.³⁴ Ob Bender ein Einzeltäter war, oder ob er einen Hintermann hatte, kann nicht gesagt werden. In den Quellen finden sich Spekulationen, daß ein hochgestellter NS-Funktionär wie Josef Grohé der Hintermann von Bender gewesen sei.³⁵ Diese Gerüchte ließen sich nicht überprüfen; es erscheint aber unwahrscheinlich, daß der Gauleiter Grohé dieser Hintermann war.

Die NSDAP war darüber informiert, „dass keine Anordnung, keine Verfügung oder Befehl an irgendeine Dienststelle kommen [sic!], ohne im selben Augenblick der Polizei bekannt zu sein, in Abschrift, ja z. Tl. in Original vorzulegen [sic!]."³⁶ Man vermutete zu Recht, daß die Quelle hierfür in Köln zu suchen sei. Weiter finden sich Verdächtigungen gegen Bender in den Quellen, der daraufhin von der SA ausgeschlossen, kurze Zeit später aber wieder aufgenommen wurde. Ob ein Hintermann eine schützende Hand über ihn hielt, läßt sich nicht klären. Nach der ‚Machtergreifung' 1933 wurde Bender überführt und zu drei Jahren Zuchthaus verurteilt.

Unabhängig davon, ob Bender der einzige Hauptgewährsmann der politischen Polizei in Köln war, ob er einen Hintermann hatte oder ob es weitere hochrangige V-Leute neben ihm gab: Mindestens bis Juni 1932 war die politische Polizei in Köln durch ihren Hauptgewährsmann über alle wichtigen Interna der NSDAP bestens informiert.³⁷ Der V-Mann in Köln war der wichtigste in ganz Preußen. Dies zeigte sich auch daran, daß die internen Schriftstücke, die in den Denkschriften verwandt wurden, ausnahmslos aus dem Bereich des Polizeipräsidiums in Köln stammten.³⁸ Es gelang der NSDAP bis Juli 1932 nicht, dieses Loch zu stopfen.

Zusammengenommen legten die V-Leute umfangreiche Materialien über die NSDAP vor. Die nachrichtendienstlichen Berichte, die auf den Mitteilungen der V-

---

[32] Der Polizeipräsident Köln an den Regierungspräsidenten Köln, 17. September 1929, in: HStAD, Reg. Aachen, Nr. 22990, Bl. 20-23.

[33] Zur Finanzierung der NSDAP s.u. Die Abschriften, die dem Oberpräsidenten in Koblenz zugingen, sind in verschiedenen Aktenbänden enthalten, z.B. in: LHAK, Best. 403, Nr. 16732, 16733, 16759.

[34] Die Quellenlage zum V-Mann in Köln ist umfangreich, verstreut und widersprüchlich. Mehrere Hinweise auf Friedrich Bender als Hauptgewährsmann der politischen Polizei in Köln sind enthalten in: BAB, BDC-SA-P Hans Vogelsang, Bl. 122ff.

[35] Ebenda.

[36] Der Sturmbannführer des SA-Gausturms Rhein an den Osaf Stellv. West in Düsseldorf, Koblenz 20. März 1931, in: BAB, BDC-SA HansVogelsang.

[37] Die Überlieferung der Berichte bricht im Juni 1932 ab. Ob keine Berichte mehr eingegangen, oder sie verloren gegangen sind, läßt sich nicht klären. Vgl. H. MATZERATH / H. A. TURNER, S. 60, Anm. 2.

[38] Vgl. das neunte Kapitel dieser Studie.

Leute beruhen, umfassen - vorsichtig geschätzt - mehrere Tausend Blatt. Der Inhalt und die Qualität der auf diesem Wege gewonnenen Informationen ist beachtenswert. Zunächst widmete man dem Mitgliederbestand der Ortsgruppen ein besonderes Augenmerk, da die übergeordneten Behörden auf die nachrichtendienstlichen Berichte der politischen Polizei angewiesen waren, wenn sie sich ein verläßliches Bild über die Stärke NSDAP machen wollten.[39]

Die Angaben in den Berichten der politischen Polizei waren bemerkenswert genau: Neben der Mitgliederzahl der Ortsgruppen wurden die Leiter mit Alter, Beruf und Wohnort angegeben. Hierdurch entstanden sehr umfangreiche Übersichten: Ein im Frühjahr 1930 nach Polizeiangaben angefertigter Organisationsplan der NSDAP im Gau Rheinland umfaßte 38 Seiten.[40]

Das schnelle Wachstum der Partei ab 1928/29 blieb den Polizeibehörden nicht verborgen, wobei sie mitunter sehr aufschlußreiche Feststellungen hinsichtlich des Stimmenzuwachses bei Wahlen machten. Ein Mitarbeiter des Oberpräsidenten der Rheinprovinz bemerkte aufgrund von Polizeiberichten im Mai 1930, daß die „Bewegung jetzt vor allem in den ländlichen Gegenden um sich greift und zwar besonders in überwiegend protestantischen Gegenden mit einer mehr zu den Rechtsparteien hinneigenden Bevölkerung, während in den überwiegend katholischen Gegenden diese der N.S.D.A.P. bedeutend ablehnender gegenübersteht."[41]

Neben der Organisationsstruktur wurde der Propaganda der NSDAP größte Aufmerksamkeit geschenkt. Selbst taktische Änderungen in der Straßenpropaganda wurden aufmerksam registriert. Den Polizeibehörden fiel auf, daß auch bei kleineren Veranstaltungen möglichst eine SA-Kapelle mitzog und der Einmarsch der SA-Leute als Stimmungsmache für den Redner benutzt wurde.[42] Die Polizeibehörden berichteten dem zuständigen Regierungspräsidenten von solchen Tatbeständen in jedem Fall. In wichtigen Fällen wurde gleichzeitig dem Landeskriminalpolizeiamt in Berlin Mitteilung gemacht.

Neben der Partei wurden alle bekannten nationalsozialistischen Organisationen beobachtet und insbesondere SA und SS wurden observiert.[43] Die Polizeibehörden hatten dem Landeskriminalpolizeiamt vierteljährlich über die Veränderungen und Neugründungen der SA und SS zu berichten,[44] und Reorganisationen oder Veränderungen

---

[39] Der Polizeipräsident Berlin (LKP-Amt) an den Regierungspräsidenten Aachen, 6. Juni 1930, in: HStAD, Reg. Aachen, Nr. 22990, Bl. 286. Hierbei handelt es sich um ein Rundschreiben, das an jeden Regierungspräsidenten in Preußen gesandt wurde.
[40] Organisation der NSDAP Gau Rheinland, Stand 1.4. 1930, erstellt im Polizeipräsidium Köln, in: LHAK, Best. 403, Nr. 16733, Bl. 229-267.
[41] Der Oberpräsident Koblenz an den Regierungspräsidenten Aachen, 19. Mai 1930, in: HStAD, Reg. Aachen, Nr. 22990, Bl. 223-256, Bl. 233.
[42] Ebenda, Bl. 235.
[43] Vgl. beispielsweise: Aufstellungen über die SA im Bereich der LKP-Stelle Recklinghausen, Stand Juli 1931, in: StAMS, Reg. Münster, VII-67, Bd. 3, Bl. 56ff.
[44] Übersicht über Termine an das Landeskriminalpolizeiamt in Berlin, [undatiert], in: LHAK, Best. 403, Nr. 16913, Bl. 47.

in den Leitungsfunktionen der SA wurden von den Polizeibehörden sofort an die übergeordneten Stellen weitergegeben.[45] Außerdem wies der preußische Innenminister im August 1930 seine untergeordneten Behörden an, sich neben der genauen Übersicht über die Organisation vor allem der sozialen Herkunft und dem Lebensalter der SA-Mitglieder sowie der Finanzierung von Partei und SA zu widmen.[46]

Den möglichen Putschabsichten der SA wurde ebenfalls nachgegangen. Anfang Oktober 1931 wies der preußische Innenminister die Ober- und Regierungspräsidenten an, die SA Mitte des Monats sehr aufmerksam zu beobachten, da sie angeblich „marschfertig" stehe: „Ich ersuche ergebenst [...], rechtzeitig und rücksichtslos einzuschreiten."[47] Im Umfeld der beiden Wahlgänge zur Reichspräsidentenwahl im Frühjahr 1932 verdichteten sich abermals Gerüchte, daß die SA einen Putsch plane. Durch Informationen der V-Leute stellte sich frühzeitig heraus, daß die Gerüchte keine Grundlage hatten.[48] An dieser Stelle zahlte sich aus, daß die SA gut unterwandert war, wie die vielen Berichte über vertrauliche Zusammenkünfte und geschlossene Veranstaltungen belegen.[49]

Weiterhin finden sich in den Akten der Polizeibehörden zahlreiche Schriftstücke, die belegen, daß die Hitlerjugend,[50] der nationalsozialistische Schülerbund,[51] die NS-Hochschulgruppen,[52] der Nationalsozialistische Lehrerbund[53] und die Nationalsozialistische Betriebszellenorganisation[54] überwacht wurden. Bisweilen war die politische Polizei durch ihre Vertrauensmänner über die genauen Organisationsstrukturen

---

[45] Vgl. aus der reichhaltigen Überlieferung z.B.: Der Polizeipräsident Essen an den Regierungspräsidenten Düsseldorf, 5. Mai 1931 [Abschrift], in: HStAD, Reg. Düsseldorf, Nr. 17251, Bl. 49.
[46] Der preußische Minister des Innern an die Ober- und Regierungspräsidenten und den Polizeipräsidenten in Berlin, 20. August 1930, in: HStAD, Reg. Aachen, Nr. 22990, Bl. 457f.
[47] Der preußische Minister des Innern an die Ober- und Regierungspräsidenten und den Polizeipräsidenten in Berlin, 8. Oktober 1931, in: StAMS, Reg. Münster, VII-67, Bd. 3, Bl. 16.
[48] Der Polizeipräsident Köln an den Regierungspräsidenten Köln, 8. März 1932, in: LHAK, Best. 403, Nr. 16916, Bl. 341f.
[49] Hierzu beispielsweise: Der Regierungspräsident Düsseldorf an die Polizeipräsidenten seines Regierungsbezirks, 5. Mai 1928, in: HStAD, Reg. Düsseldorf, Nr. 30653c, Bl. 3 und den anliegenden Bericht der politischen Polizei aus Köln, ebenda, Bl. 4ff.; Der Polizeipräsident Essen an den Regierungspräsidenten Düsseldorf, 21. März 1931, in: HStAD, Reg. Düsseldorf, Nr. 30653d, Bl. 46f.
[50] Der Polizeipräsident Oberhausen an den Regierungspräsidenten Düsseldorf, 2. Oktober 1929, in: HStAD, Reg. Düsseldorf, Nr. 30653d, Bl. 279 mit Anlage: Abschrift eines Rundschreibens der Hitlerjugend Gau Ruhr, 15. September 1929, Bl. 280f.
[51] Der Polizeipräsident Köln an den Regierungspräsidenten Köln, 21. November 1929, in: HStAD, Reg. Aachen, Nr. 22990, Bl. 75-77.
[52] Der Polizeipräsident Köln an den Regierungspräsidenten Köln, 26. September 1929 [Abschrift], in: HStAD, Reg. Aachen, Nr. 22990, Bl. 35f.; Die Polizeiverwaltung Aachen an den Regierungspräsidenten Aachen, 31. Oktober 1929, in: ebenda, Bl. 39.
[53] Der Oberpräsident Koblenz an die Regierungspräsidenten der Provinz, 21. November 1930, in: HStAD, Reg. Aachen, Nr. 22989.
[54] Der Polizeipräsident Recklinghausen an den Regierungspräsidenten Münster, 17. Januar 1931, in: StAMS, Reg. Münster, VII-67, Bd. 2, Bl. 46.

unterrichtet. Dem Polizeipräsidenten in Essen lag eine sehr detaillierte Übersicht über die NSBO-Ortsgruppe der Stadt vor.[55]

Wie gut die politische Polizei über die NSDAP informiert war, soll exemplarisch an der Finanzierung der Partei dargelegt werden, auf die ein besonderes Augenmerk gelegt wurde. In der zeitgenössischen Presse kursierten viele Gerüchte betreffend der Finanzierung der NSDAP. Die *Vossische Zeitung* spekulierte 1929, daß Hitler im Rahmen des Volksbegehrens gegen den Young-Plan von Hugenberg durch Geld unterstützt werde - Hitler dementierte dies entschieden.[56] Ähnliche Artikel, in denen vermutet wurde, daß Hitler von Teilen der Großindustrie, von Mussolini oder anderen nicht genannten ausländischen Geldgebern finanziert werde, erschienen häufig in den Zeitungen.[57] Die Journalisten blieben die Beweise schuldig und die Behauptungen von Zeitgenossen über die Finanzierung der NSDAP, die im Exil nach 1933 veröffentlicht wurden, sind wenig erhellend.[58] Die Frage, wie sich die NSDAP finanzierte, ist bis heute umstritten.[59]

Für die preußischen Behörden war es offensichtlich, daß die NSDAP für ihre enorme Propaganda viel Geld brauchte.[60] Die Ermittlungen der politischen Polizei hatten früh ergeben, daß sich die Partei durch Mitgliedsbeiträge und Eintrittsgelder weitgehend selbst finanzierte. Der Leiter der politischen Gruppe der Polizeiabteilung

---

[55] Der Polizeipräsident Essen an den Regierungspräsidenten Düsseldorf, 1. Februar 1932, in: HStAD, Reg. Düsseldorf, Nr. 17251, Bl. 139ff.

[56] Hitlers Pakt mit Hugenberg, in: *Vossische Zeitung*, Nr. 191 vom 17. August 1929; Hitlers Dementi in: *Angriff*, Nr. 34 vom 26. August 1929.

[57] Vgl. die Sammlung solcher Artikel in: BAB, R 15.01, Nr. 26091.

[58] F. THYSSEN: I paid Hitler, London 1941. Vgl. hierzu die quellenkritische Analyse von H.A. TURNER: Fritz Thyssen und 'I paid Hitler', in: VjZ 19 (1971), S. 225-244, der überzeugend nachweist, daß Thyssen als Zeuge wenig glaubwürdig ist. Die publizistische Analyse von R. OLDEN: Hitler, Amsterdam 1935, S. 187-192, stellt pauschale, nicht nachprüfbare Behauptungen auf. Olden, ein früherer Leitartikler des Berliner Tageblattes, führt - in diesem Fall - lediglich die Linie der linksliberalen Presse der Weimarer Republik fort, die sehr früh und häufig über die finanzielle Unterstützung Hitler durch Hugenberg und die Schwerindustrie spekulierte.

[59] Vgl. aus der reichhaltigen Literatur vor allem: E. CZICHON: Wer verhalf Hitler zur Macht? Zum Anteil der deutschen Industrie an der Zerstörung der Weimarer Republik, Köln ⁵1978; J. JOHN: Zur politischen Rolle der Großindustrie in der Weimarer Staatskrise. Gesicherte Erkenntnisse und strittige Meinungen, in: H. A. WINKLER (Hrsg.): Die deutsche Staatskrise 1930-1933. Handlungsspielräume und Alternativen, München 1992, S. 215-237; H. MATZERATH / H. A. TURNER; R. NEEBE: Großindustrie, Staat und NSDAP 1930-1933. Paul Silverberg und der Reichsverband der Deutschen Industrie in der Krise der Weimarer Republik, Göttingen 1981; D. STEGMANN: Zum Verhältnis von Großindustrie und Nationalsozialismus 1930-1933. Ein Beitrag zur Geschichte der sogenannten Machtergreifung, in: AfS 13 (1973), S. 399-482; T. TRUMPP: Zur Finanzierung der NSDAP durch die deutsche Großindustrie. Versuch einer Bilanz, in: GWU 32 (1981), S. 223-241; H. A. TURNER: Faschismus und Kapitalismus in Deutschland. Studien zum Verhältnis zwischen Nationalsozialismus und Wirtschaft, Göttingen 1972; DERS.: Die Großunternehmer und der Aufstieg Hitlers, Berlin 1985; M. VOGT: Zur Finanzierung der NSDAP zwischen 1924 und 1928, in: GWU 21 (1970), S. 234-243. Weitere Literaturhinweise bei M. RUCK: Bibliographie zum Nationalsozialismus, Köln 1995, S. 195-199.

[60] Vgl. beispielsweise: Der Oberpräsident Magdeburg an den preußischen Minister des Innern, 20. Oktober 1930, in: LHAK, Best. 403, Nr. 16733, Bl. 293.

im preußischen Innenministerium, Kurt Schönner, trat im April 1930 auf einer Nachrichtenkonferenz der Auffassung entgegen, daß die NSDAP aus den Kreisen der Großindustrie unterstützt werde.[61] Die preußischen Behörden waren sich bei dieser Beurteilung sehr sicher,[62] gingen aber Gerüchten nach, die gegenteiliges behaupteten. Im Oktober 1930 wurde Carl Falck, dem Oberpräsidenten der Provinz Sachsen, vom Direktor der Berliner Handelsgesellschaft mitgeteilt, daß die Gelder zur Durchführung der Wahlpropaganda der NSDAP für die Reichstagswahlen von der rheinisch-westfälischen Schwerindustrie stammten.[63] Nachdem Falck den preußischen Innenminister informiert hatte, ersuchte dieser die Oberpräsidenten der Rheinprovinz und Westfalens, den Gerüchten nachzugehen. Die Nachforschungen der Polizeipräsidenten in Bochum, Essen und Düsseldorf ergaben, daß die Spitzenverbände der Industrie der NSDAP offiziell keine Gelder zur Verfügung gestellt hatten. Die Polizeipräsidenten in Bochum und Düsseldorf stellten übereinstimmend fest, daß sich die NSDAP vorwiegend durch Mitgliedsbeiträge, freiwillige Spenden und Überschüsse von Eintrittsgeldern der Veranstaltungen selbst finanziere.[64] Lediglich in Essen reichten die eigenen Anstrengungen offenbar nicht aus, den finanziellen Bedarf zu decken - gesicherte Erkenntnisse über Spenden aus der Industrie lagen dem Polizeipräsidenten in Essen aber nicht vor.[65]

Die Behörden vermuteten zwar, daß einzelne Industrielle, die nicht der NSDAP angehörten, die Partei finanziell unterstützten. Aber die übereinstimmende Meinung der Polizei- und Regierungspräsidenten war, daß diese Gelder nicht sonderlich ins Gewicht fielen und sich die „N.S.D.A.P. fast durchweg aus eigenen Mitteln" finanziere.[66] Dieses Ergebnis wurde in den folgenden Jahren fast ausnahmslos von den Nachforschungen der politischen Polizei bestätigt. In den Akten der Polizeibehörden finden sich keine Hinweise, daß die NSDAP von Verbänden der Industrie finanziert wurde.

---

[61] Vorträge auf der deutschen Nachrichtenkonferenz in Berlin, 28. und 29. April 1930, in: STAAT UND NSDAP, Dok. 6, S. 13-50, S. 45. Vgl. zur Biographie Schönners C. GRAF: Politische Polizei, S. 382.

[62] Bericht des Polizei-Direktors Sommer (Hagen) und des Regierungsrates Witzel über die Tagung der staatlichen Polizeiverwalter am 26. Juni 1930 im preußischen Ministerium des Innern, in: StAMS, Reg. Arnsberg, Nr. 14887; Vgl. auch die Einschätzung in der preußischen Referentendenkschrift vom Mai 1930, in: STAAT UND NSDAP, Dok. 7, S. 51-78, S. 72.

[63] Der Oberpräsident Magdeburg an den preußischen Minister des Innern, 20. Oktober 1930, in: LHAK, Best. 403, Nr. 16733, Bl. 293.

[64] Der Oberpräsident Münster an den Oberpräsidenten Koblenz, 15. November 1930, in: LHAK, Best. 403, Nr. 16733, Bl. 297; Regierungspräsident Düsseldorf an den Oberpräsidenten Koblenz, 6. Dezember 1930, in: Ebenda, Bl. 299 und HStAD, Reg. Düsseldorf, Nr. 30653b, Bl. 254f.

[65] Der Polizeipräsident Essen an den Regierungspräsidenten Düsseldorf, 28. November 1930, in: HStAD, Reg. Düsseldorf, Nr. 30653b, Bl. 252f; Polizeipräsident Essen an den Regierungspräsidenten Düsseldorf, 24. November 1930 [Abschrift], in: LHAK, Best. 403, Nr. 16733, Bl. 301f.

[66] Der Oberpräsident Koblenz an den preußischen Minister des Innern, 15. Dezember 1930, in: LHAK, Best. 403, Nr. 16733, Bl. 307-309, Bl. 308.

Die genauesten Erkenntnisse zu diesem Komplex stammen von dem Hauptgewährsmann der politischen Polizei in Köln. Die umfangreichen Schriftstücke, die er vorlegte, informieren über die finanziellen Verhältnisse des Gaues Rheinland und nach der Teilung über die des Gaues Köln-Aachen.[67] Diese Schriftstücke zeigen, daß die NSDAP sich überwiegend selbst finanzierte. Der Anteil der Mitgliedsbeiträge an den Gesamteinnahmen des Gaues Rheinland zwischen September 1930 und Mai 1931 betrug 89,8 Prozent. Nach der Teilung des Gaues entfielen im neu gegründeten Gau Köln-Aachen zwischen Juni 1931 und Februar 1932 auf die Mitgliedsbeiträge 72,2 Prozent, auf Spenden 15,3 Prozent und auf Veranstaltungen 12,4 Prozent der Einnahmen.[68]

Die politische Polizei war nicht nur über die finanziellen Verhältnisse der NSDAP gut informiert. Alles in allem war die nachrichtendienstliche Überwachung der NSDAP erfolgreich. Dies zeigt sich auch an den Denkschriften über die NSDAP, die im folgenden behandelt werden.

---

[67] Sämtliche Materialien finden sich in: LHAK, Best. 403, Nr. 16759. Die wichtigsten Schriftstücke sind abgedruckt bei: H. MATZERATH / H. A. TURNER, S. 73ff.
[68] Berechnung nach den Angaben bei: H. MATZERATH / H. A. TURNER, S. 71.

VIERTER TEIL

Konsequenzen der Tätigkeit der politischen Polizei

„Wer an der NSDAP teilnimmt, verwirkt daher Gefängnisstrafe von 3 Monaten bis 5 Jahren, wenn er sich in Kenntnis ihrer Bestrebungen an ihr beteiligt."

(Denkschrift: Die Nationalsozialistische Deutsche Arbeiterpartei als staats- und republikfeindliche hochverräterische Verbindung, in: STAAT UND NSDAP, Dokument 13, S. 96-155, S. 155)

NEUNTES KAPITEL

Die Denkschriften über die NSDAP

Während die nachrichtendienstliche Tätigkeit von den Polizeibehörden vor Ort wahrgenommen wurde, erfolgte die Auswertung der Informationen an übergeordneter Stelle im LKP-Amt am Polizeipräsidium Berlin und im preußischen Innenministerium. Die hieraus resultierenden Denkschriften bündelten und analysierten die Ergebnisse der Überwachung der NSDAP. Sie können als Quintessenz der nachrichtendienstlichen Tätigkeit angesehen werden.

Die erste preußische Denkschrift über die NSDAP entstand im Frühjahr 1930 und trug den knappen Titel „Die Nationalsozialistische Deutsche Arbeiterpartei".[1] Ob die Denkschrift im preußischen Innenministerium oder im Berliner Polizeipräsidium verfaßt wurde, ist nicht klar. Da ihr Material der politischen Polizei zugrunde lag, darf vermutet werden, daß Beamte des Berliner Polizeipräsidiums zumindest beteiligt waren.

Der genaue Entstehungszeitraum bleibt unklar. Wahrscheinlich wurde die Denkschrift nicht vor Ende Mai 1930 fertiggestellt, denn in den Anlagen zur Denkschrift ist als letztes Datum der 28. Mai 1930 angegeben.[2] Die Denkschrift ist in zehn ungleich gewichtete Kapitel gegliedert:

I. Historischer Rückblick
II. Organisation der Partei
III. Ziele der Partei
IV. Kampftruppe der Partei (SA und SS)
V. Strafrechtliche Beurteilung der Parteibestrebungen
VI. Wachstum und Stärke der Partei
VII. Ursachen der Erfolge
VIII. Objekte der nationalsozialistischen Propaganda
IX. Gefahren und
X. Richtungsstreit innerhalb der Partei.

Der Denkschrift waren zwei Anlagen beigegeben, die von Nationalsozialisten begangene Gewalttaten und bei Nationalsozialisten gefundene Waffen auflisten.

Die Denkschrift ähnelt in ihrer Gliederung einer politikwissenschaftlichen Seminar- oder Diplomarbeit, nur eine herkömmliche Einleitung und eine Zusammenfassung fehlen. Inhaltlich ist die Denkschrift eine Materialsammlung mit aufschlußreichen Folgerungen. Die Quellen, die der Denkschrift zugrunde liegen, sind vielfältig: Sie

---

[1] Die Denkschrift findet sich in mehreren Archiven, so z.B. in: GStA PK, I. HA, Rep 84a, Nr. 3157, Bl. 23-122. Die wesentlichen Teile der Denkschrift sind abgedruckt in: STAAT UND NSDAP, Dok. 7, S. 51-81. Im folgenden wird diese Denkschrift als Denkschrift [Mai 1930] hiernach zitiert.

[2] Anlage II zur Denkschrift [Mai 1930], in: STAAT UND NSDAP, Dok. 7, S. 81.

reichen von Hitlers *Mein Kampf* über Reden von prominenten Nationalsozialisten und Artikeln aus NS-Zeitungen bis hin zu internem Material der NSDAP. Das interne Material bestand aus Schriftstücken, das der Vertrauensmann der politischen Polizei in Köln beschafft hatte. Hierbei handelte es sich um mehrere Lehrbriefe für Führer, die vom Gau Rheinland herausgegeben worden waren und um Schreiben verschiedener SA-Führer.[3]

Der historische Rückblick und die Ausführungen über die Organisation der Partei sind alles in allem zutreffend, aber eher beschreibend als analysierend. Als Ziel der NSDAP wurde der revolutionäre Umsturz angesehen und die Gewaltbereitschaft der Partei herausgestellt.[4] Daß die Autoren in der NSDAP eine putschistische Partei erblickten, überrascht nicht: Hitler hatte im Januar 1923 erklärt, er werde niemals putschen,[5] tat es bekanntlich doch, so daß seinen Legalitätsbekundungen wenig Glauben geschenkt wurde.[6] Hierin erkannte man die Taktik, Maßnahmen der Polizeibehörden gegen die Partei und insbesondere ein Verbot zu verhindern. Die Beurteilung der SA folgte aus diesen Überlegungen: „Zur Erreichung ihres revolutionären staatsfeindlichen Zieles soll der NSDAP in erster Linie ihre Kampftruppe, die Sturmabteilungen und Schutzstaffeln dienen."[7] In der strafrechtlichen Beurteilung wurde darauf hingewiesen, daß die Bestrebungen der Partei „planmäßig auf Erschütterung und demnächst auf Beseitigung der verfassungsmäßigen republikanischen Staatsform gerichtet ist, mit dem Ziele, die staatliche Ordnung so zu zersetzen, daß eine erhöhte Gewähr für den Erfolg des Schlußangriffs besteht."[8] Die gesamte Tätigkeit der NSDAP wurde als Vorbereitung für einen Umsturz betrachtet. Die versuchte Zersetzung in Reichswehr und Polizei diene ebenfalls dem Zweck, die Widerstandskraft der Republik zu schwächen.

Für die politische Beurteilung der NSDAP waren der Mitgliederstand und das Wachstum der Partei von herausragender Bedeutung: Hatte man es mit einer Partei mit tatsächlichem Massenanhang zu tun oder war die NSDAP ein Papiertiger? Die Autoren der Denkschrift übernahmen die Angaben der NSDAP und gaben die Mitgliederzahlen für 1929 mit 150.000 und für 1930 mit 250.000 an. Hierbei waren sie nicht unkritisch, doch sie kamen zu dem Ergebnis, daß durch das „überraschende Anwachsen der Ortsgruppen der Partei" die Aussagen der NSDAP nicht in Zweifel zu ziehen seien.[9]

---

[3] Dies geht aus dem Schriftwechsel über die in der Denkschrift zitierten Rundschreiben des SA-Führers von Ullrich hervor, in: LHAK, Abt. 403, Nr. 16733, Bl. 61-71.
[4] Denkschrift [Mai 1930], in: STAAT UND NSDAP, Dok. 7, S. 56.
[5] Vgl. I. KERSHAW: Hitler. 1889-1936, Stuttgart 1998, S. 245.
[6] Vgl. zur Legalitätstaktik: K. RUEFFLER: Vom Münchener Landfriedensbruch bis zum Mord an Potempa. Der „Legalitätskurs" der NSDAP, Frankfurt a. M. 1994.
[7] Denkschrift [Mai 1930], in: STAAT UND NSDAP, Dok. 7, S. 59.
[8] EBENDA, S. 64.
[9] EBENDA, S. 67. Die Zahl der Ortsgruppen stieg von 1.378 im Jahr 1928 auf 4.964 im Jahr 1930. Vgl. G. PAUL: Aufstand der Bilder, S. 69.

Zudem wurden die Behauptungen der Nationalsozialisten durch „glaubwürdige Unterlagen"[10] aus dem Gau Rheinland stichpunktartig nachgeprüft.

Den genauen Mitgliederstand der NSDAP zu bestimmen, ist heute so schwierig wie damals: Die NSDAP gab nicht ihre tatsächliche Mitgliederzahl an, sondern die herausgegebenen Mitgliedsnummern. Es blieben Zahlenreihen frei, und Mitgliedsnummern, die durch Austritt oder Tod verwaist waren, wurden nicht neu vergeben. Daher kann ausgehend von der angegebenen Mitgliederzahl nur mittels Fluktuationsberechnungen der wahrscheinliche Mitgliederstand geschätzt werden.[11]

Die Schätzung von Madden geht von 125.000 Mitgliedern im Jahr 1929 aus.[12] Für das Jahr 1930 gibt die Parteistatistik der NSDAP aus dem Jahr 1935 den Mitgliederstand mit verdächtig genauen 129.563 an.[13] Die Angabe der Parteistatistik ist durch verschiedene Fehler zu niedrig.[14] Bis heute existiert keine verläßliche Schätzung zum Mitgliederstand für das Jahr 1930.

Vor diesem Hintergrund sind die Befunde der Denkschrift zum Mitgliederstand zu bewerten. Die Schätzungen von Madden und der Denkschrift differieren um 25.000 Personen. Angesichts der methodischen Schwierigkeiten kann die Angabe der Denkschrift als gute Schätzung angesehen werden. Der Mitgliederstand für das Jahr 1930 wird in der Denkschrift vermutlich zu hoch angesetzt - unterschätzt wurde das Wachstum der NSDAP sicherlich nicht.

Bemerkenswert ist die Bewertung der Ergebnisse der preußischen Landtagswahlen von 1924 und 1928, bei denen der Stimmenanteil der NSDAP von 2,4 auf 1,8 Prozent fiel. Die Autoren beurteilen den Rückgang als nur scheinbar: „Denn die 454.886 Stimmen entfielen am 7. Dezember 1924 auf die damalige Nationalsozialistische Freiheitspartei, die nicht nur die heutige NSDAP, sondern vor allem auch die damals in Preußen weit stärker als die NSDAP vertretene Deutschvölkische Freiheitspartei umfaßte, die im Jahr 1928 als völkisch-nationaler Block getrennt in den Wahlkampf ging [...]"[15] Daher sei es richtig, von einem verdeckten Stimmengewinn der extremen Rechten zu sprechen.

---

[10] Denkschrift [Mai 1930], in: STAAT UND NSDAP, Dok. 7, S. 67.
[11] Vgl. ausführlich zu dieser Problematik: P. MANSTEIN: Die Mitglieder und Wähler der NSDAP 1919-1933. Untersuchungen zu ihrer schichtmäßigen Zusammensetzung, Frankfurt a. M. ²1989, S. 143ff.
[12] Vgl. J. P. MADDEN: The Social Composition of the Nazi Party 1919-1930, Diss. U. o. Oklahoma 1976, S. 218.
[13] PARTEI-STATISTIK (1. Jan. 1935), hrsg. vom Reichsorganisationsleiter der NSDAP, 3 Bde., München o.J. [1935], Bd. 1, S. 70. Vgl. zur Ungenauigkeit der vermeintlich genauen Zahlen: W. KRÄMER: So lügt man mit Statistik, Frankfurt a. M. / New York ⁷1997, S. 15-26.
[14] Vgl. P. MANSTEIN, S. 147ff.
[15] Denkschrift [Mai 1930], in: STAAT UND NSDAP, Dok. 7, S. 67f. Bei den Landtagswahlen 1924 erhielt die Nationalsozialistische Freiheitspartei 454.886 Stimmen. Bei den Landtagswahlen 1928 erhielt die NSDAP 346.771 Stimmen und der völkisch-nationale Block 205.789 Stimmen. Zusammengenommen sind dies 552.560 Stimmen, was einer Steigerung um 21,5 Prozent entspricht. Gleiches läßt sich für die zeitlich parallel gelaufenen Reichstagswahlen feststellen. Vgl. jedoch die

Für die Erfolge der NSDAP machten die Autoren der Denkschrift ein Ursachenbündel verantwortlich. In erster Linie schrieben sie der schlechten Wirtschaftslage infolge des verlorenen Krieges den rasanten Aufstieg der NSDAP zu. Den Hauptkern der nationalsozialistischen Anhängerschaft sei der „allmählich verelendende Mittelstand" und „ferner die von der Arbeitslosigkeit betroffenen oder bedrohten Angestellten."[16] Dieser Erklärungsansatz wurde in der Weimarer Republik häufig vertreten.[17] In der historischen Forschung führte dies zur These, die NSDAP sei eine radikale Mittelstandspartei gewesen, die vor allem von Angestellten gewählt worden sei.[18] Mittlerweile gilt diese Ansicht als überholt.[19]

Weiterhin wurde im akademischen Nachwuchs und zunehmend in der unteren und mittleren Beamtenschaft das Reservoir der nationalsozialistischen Wählerschaft erkannt. Besonders die Beamten der Bahn-, Post- und Finanzverwaltung seien anfällig für die Ideen des Nationalsozialismus und auch unter der Lehrerschaft mache sich der Nationalsozialismus breit. Diese Annahmen lassen sich nur schwer nachweisen, doch es gibt Indizien, die darauf hindeuten, daß die Beamten überdurchschnittlich anfällig für den Nationalsozialismus waren.[20] Weiterhin wurde die Jugend der Parteimitglieder herausgestellt und betont, daß der größte Teil der Anhänger zwischen 15 und 30 Jahren sei.[21]

Die Erfolge der NSDAP seien überwiegend auf Kosten der rechten Parteien erzielt worden. Die Autoren prognostizierten weiterhin: „Ob die Anziehungskraft der nationalsozialistischen Bewegung auf die Dauer auf die Kreise der Rechtsorganisationen und Rechtsparteien beschränkt bleiben wird, erscheint mehr als zweifelhaft."[22] Tatsächlich konnte die NSDAP in Arbeiterkreisen, die traditionell der Sozialdemokratie nahestanden, und, in geringerem Ausmaß in der katholischen Bevölkerung, erste Erfolge erzielen.[23]

Für die Gewinne wurde die „hemmungslose und revolutionierende Propaganda"[24] verantwortlich gemacht, wobei durchaus Unterschiede in der Empfänglichkeit für die

---

entgegengesetzten, sachlich unzutreffenden Urteile bei: K.D. BRACHER: Deutsche Diktatur, S. 137; H. MOMMSEN, S. 321.
[16] Denkschrift [Mai 1930], in: STAAT UND NSDAP, Dok. 7, S. 71.
[17] Vgl. T. GEIGER: ‚Panik im Mittelstand', in: Die Arbeit 7 (1930), S. 637-654.
[18] Der führende Vertreter dieser These ist: S. M. LIPSET: ‚Fascism' – Left, Right and Center, in: DERS: Political Men. The Social Bases of Politics, Garden City 1960, S. 127-179.
[19] Vgl. D. HÄNISCH: Sozialstrukturelle Bestimmungsgründe des Wahlverhaltens in der Weimarer Republik. Eine Aggregatdatenanalyse der Ergebnisse der Reichstagswahlen 1924 bis 1933, Duisburg 1983, S. 180: „Insgesamt ergibt sich ein Zusammenhang, der nicht auf eine breite Unterstützung der Angestelltenschaft für die NSDAP hindeutet."
[20] Vgl. die differenzierte Bestandsaufnahme bei J. W. FALTER: Hitlers Wähler, München 1991, S. 242-248.
[21] Dieser Befund wird bestätigt durch: M. H. KATER: The Nazi Party. A Social Profile of Members and Leaders 1919-1945, Cambridge MA 1983, S. 139-144, 268-270.
[22] Denkschrift [Mai 1930], in: STAAT UND NSDAP, Dok. 7, S. 75.
[23] Vgl. zu den Wählerwanderungen zur NSDAP: J. W. FALTER: Hitlers Wähler, S. 67-135.
[24] Denkschrift [Mai 1930], in: STAAT UND NSDAP, Dok. 7, S. 74.

nationalsozialistische Agitation gesehen wurden: In den Klein- und Mittelstädten seien die Erfolge der NSDAP größer als auf dem flachen Lande. Falsch ist dies nicht: Die NSDAP erzielte 1928 ihre schlechtesten Ergebnisse in Orten mit weniger als 2.000 Einwohnern, aber bis einschließlich der Reichstagswahl im September 1930 war die NSDAP eine weitgehend ausgeglichene Partei bezüglich der Größe der Gemeinden.

Trotz einiger Unschärfen gelang den Autoren der Denkschrift eine gute Analyse der nationalsozialistischen Mitglieder- und Wählerschaft, vor allem wenn man die Zeitgebundenheit bedenkt. Daß die heutige Forschung nach über 40 Jahren wissenschaftlicher Beschäftigung mit diesem Thema differenziertere Aussagen machen kann, und einige frühere Annahmen korrigieren konnte ist wenig überraschend und mindert die Qualität der Denkschrift nicht.

Bevor abschließend versucht wurde, den Richtungsstreit innerhalb der Partei zu beurteilen, wurden im vorletzten Kapitel die Gefahren der NSDAP eindringlich beschrieben: „Diese Ermüdung und Zertrümmerung, das ‚Totlaufenlassen des parlamentarischen Systems', gehören aber zu den Nahzielen der NSDAP, die mit solcher Katastrophenpolitik das Feld für ihre Fernziele vorbereiten will. Es kommt ferner hinzu, daß die Beteiligung der Partei an der Regierung und damit ihr Einfluß auf die Besetzung der Regierungsämter die große Gefahr in sich birgt, daß dann sogar mit staatlicher Hilfe die Zersetzung des Staates und seiner Machtmittel betrieben und gefördert wird. Ist dies von Nationalsozialisten erstrebte Nahziel aber erreicht, so ist nur noch ein kurzer Weg für die Durchsetzung ihres zweiten Zieles, der Eroberung der Macht im Staate mit Mitteln der Gewalt und der Errichtung des ‚Dritten Reiches' in Form der nationalsozialistischen Diktatur mit ihren außen- wie innenpolitisch gleich schädlichen und verderblichen Auswirkungen."[25]

Diese beeindruckende Analyse beschreibt eindringlich das Modell der nationalsozialistischen ‚Machtergreifung'. Ständige Propaganda und Wahlen sollten die Republik sturmreif machen und die Beteiligung an Regierungen den Staat von innen zersetzen. Schließlich sollte mit Gewalt die nationalsozialistische Diktatur errichtet werden.[26]

An die untergeordneten Behörden wurde die Denkschrift ungefähr einen Monat nach ihrem Entstehen gesandt.[27] Ein klar formuliertes Ziel hatte sie nicht. Offenkundig war sie eine analytische Zusammenfassung des Kenntnisstandes über die NSDAP für den Gebrauch in der inneren Verwaltung. Die Wirkung der Denkschrift ist nur schwer einzuschätzen: Es ist läßt sich nicht klären, wie hoch die Auflage war und ob sie Einfluß auf Entscheidungen oder Handlungen hatte.

---

[25] EBENDA, S. 75f.
[26] Auch wenn die NSDAP am 30. Januar 1933 scheinbar legal an die Macht kam, wandte sie danach illegale Gewalt an, so daß nicht behauptet werden kann, daß die Regierung Hitlers verfassungskonform gewesen sei.
[27] Der preußische Minister des Innern an den Regierungspräsidenten Aachen, 23. Juni 1930, in: HStAD, Reg. Aachen, Nr. 22990, Bl. 340.

Im Sommer 1930 entstand auch im Reichsministerium des Innern eine Denkschrift, die den Titel „Das hochverräterische Unternehmen der NSDAP"[28] trug. Sie sollte dem Reichsgericht zum Hochverratsprozeß gegen die Ulmer Reichswehroffiziere vorgelegt werden. Da sich der Reichsjustizminister Johann Victor Bredt weigerte, dem Oberreichsanwalt eine entsprechende Anweisung zu geben, geschah dies nicht.[29] Während des Prozesses unternahm der als Zeuge geladene Staatssekretär im Reichsinnenministerium, Erich Zweigert, einen weiteren Vorstoß und versuchte, die Denkschrift zum Gegenstand der Verhandlung zu machen, konnte sich jedoch nicht durchsetzen.[30] Die Denkschrift basierte fast ausschließlich auf Material, welches von der preußischen politischen Polizei stammte, und wiederholte zum Teil den Inhalt der preußischen Denkschrift vom Mai 1930.[31] Angesichts des Fehlens von Reichspolizeibehörden ist dies erklärlich. Zudem läßt es auf eine weitgehende Kooperation zwischen den Innenministerien von Reich und Preußen in dieser Frage schließen.

Ungefähr zur gleichen Zeit entstand im Berliner Polizeipräsidium die zweite preußische Denkschrift, die den programmatischen Titel „Die Nationalsozialistische Deutsche Arbeiterpartei als staats- und republikfeindliche hochverräterische Verbindung (§ 129 StGB., § 4 Ziff. 1 RepSchGes., § 86 StGB)"[32] trug. Ob die Denkschrift im Auftrag des preußischen Innenministeriums oder auf Initiative der politischen Abteilung des Polizeipräsidiums erarbeitet wurde, ist unklar.[33]

Die Verfasser der Denkschrift waren der Polizeivizepräsident von Berlin, Bernhard Weiß, der für die NSDAP zuständige Dezernatsleiter, Hans-Joachim Schoch, und der Inspektionsleiter des Außendienstes, Johannes Stumm, von der politischen Abteilung des Polizeipräsidiums Berlin. Alle drei waren ausgesprochene Spezialisten der politischen Polizei und intime Kenner der NSDAP. Zwar waren sie promovierte Juristen, aber da die Denkschrift weitgehende rechtliche Schlüsse zog, wurde der Justitiar der Polizeiabteilung im preußischen Innenministerium, Robert Kempner, hinzugezogen.

Der Entstehungszeitraum der Denkschrift wird von Kempner mit Ende August 1930 angegeben. Am 28. August will er dem Oberreichsanwalt ein Exemplar übermittelt

---

[28] Die Denkschrift findet sich in: BAB, R 134/90. Das Schlußergebnis ist abgedruckt in: STAAT UND NSDAP, Nr. 12, S. 95f.
[29] J. V. BREDT: Erinnerungen und Dokumente 1914 bis 1933, bearb. von M. Schumacher, Düsseldorf 1970, S. 250f.
[30] Vgl. P. BUCHER: Der Reichswehrprozeß. Der Hochverrat der Ulmer Reichswehroffiziere 1929/30, Boppard 1969, S. 284-294.
[31] Das Material zur Denkschrift in: BAB, R 15.01, Nr. 26202.
[32] Erstmals in deutscher Sprache wurde die Denkschrift abgedruckt in: Staat und NSDAP, Nr. 13, S. 96-155, und wird im folgenden als Denkschrift [September 1930] zitiert. R. M. W. KEMPNER hatte zunächst eine englische Übersetzung veröffentlicht. Später veröffentlichte er die deutsche Ursprungsfassung unter dem Titel: Der verpaßte Nazi-Stopp, Berlin / Frankfurt a. M. / Wien 1983, S. 17-135.
[33] Vgl. R. M. W. KEMPNER: Ankläger eine Epoche. Lebenserinnerungen, Frankfurt a. M. / Berlin 1986, S. 65, der davon spricht, daß die Initiative vom Polizeipräsidium ausging. Im Widerspruch zu seinen eigenen Angaben behauptet R. M. W. KEMPNER: Der verpaßte Nazi-Stopp, S. 7, daß das Polizeipräsidium „beauftragt" worden sei.

haben, um eine Anklage gegen Hitler und die führenden Nationalsozialisten zu veranlassen.[34] Diese Angabe ist falsch: In der Denkschrift werden Äußerungen aus der Berliner Ausgabe des *Völkischen Beobachters* vom 28. August 1930 zitiert.[35] Weiterhin wird der Rücktritt des Obersten SA-Führers (Osaf) v. Pfeffer in „Zusammenhang mit der Auflehnung der Berliner Sturmabteilungen Anfang September 1930"[36] und die Übernahme des Amtes durch Hitler erwähnt. Demnach wäre die Denkschrift nach dem 1. September 1930 und wahrscheinlich vor den Reichstagswahlen vom 14. September fertiggestellt worden, da sie nicht erwähnt werden.[37] Anderen Ministerien wurde die Denkschrift im Laufe des Oktobers 1930 zugestellt.[38]

Der Ziel der Denkschrift wird bereits im Titel deutlich: Es sollte der Nachweis geführt werden, daß die NSDAP sowohl republik- und staatsfeindlich ist als auch eine hochverräterische Verbindung bildet. Hierdurch unterschied sie sich von der ersten preußischen Denkschrift vom Juni 1930, der dieses weitreichende Ziel fehlte.

Neben der ersten Denkschrift stand den Verfassern umfangreiches Material zur Verfügung. Durch ihre dienstliche Stellung hatten sie unbeschränkten Zugriff zu den Akten des Landeskriminalpolizeiamtes am Polizeipräsidium in Berlin und konnten von anderen Polizeibehörden Preußens zusätzliches Material anfordern. Aus den umfangreichen ihnen zur Verfügung stehenden Quellen wählten die Verfasser weit über 100 Zitate von nationalsozialistischen Führern aus, um ihre Argumentation zu belegen. Der größte Teil stammte aus veröffentlichtem Material, zum Beispiel dem *Völkischen Beobachter*, dem *Angriff*, den *Nationalsozialistischen Monatsheften* und aus Hitlers *Mein Kampf*. Weiterhin wurden über 20 Passagen aus öffentlichen Reden der Nationalsozialisten zitiert, bei denen die Berichte der politischen Polizei vorlagen.[39] Zusätzlich wurde 13 mal unveröffentlichte nationalsozialistische Schriftstücke zitiert, die wie

---

[34] EBENDA, S. 9.
[35] Denkschrift [September 1930], in: STAAT UND NSDAP, Dok. 13, S. 109.
[36] EBENDA, S. 143f. Hitler kündigte am 1. September 1930 an, selbst als Osaf zu fungieren. Vgl. P. LONGERICH, S. 104.
[37] Vgl. hingegen G. SCHULZ: Von Brüning zu Hitler. Der Wandel des politischen Systems in Deutschland 1930-1933, Berlin / New York 1992, S. 156, der als Entstehungszeitraum „vielleicht Ende August" und anderer Stelle mit „Ende August oder Anfang September" angibt. Interessant an dieser Einschätzung ist die Tatsache, daß Schulz als Herausgeber des Quellenbandes STAAT UND NSDAP, die Denkschrift erstmals veröffentlichte, den Hinweis für die Eingrenzung des Entstehungszeitraums jedoch übersah.
[38] Der preußische Minister des Innern an den Ministerpräsidenten und die übrigen Herren Staatsminister, 13. Oktober 1930, in: GStA PK, I. HA, Rep 84a, Nr. 3157, Bl. 140.
[39] Vgl. z.B. die Äußerungen Studentkowskis vom 15. Oktober 1929 in Essen, in: Denkschrift [September 1930], in: STAAT UND NSDAP, Dok. 13, S. 126. Hierzu: Der Polizeipräsident Essen an den Regierungspräsidenten Düsseldorf, 19. Oktober 1929 [beglaubigte Abschrift], in: BAB, R 15.01, Nr. 26202, Bl. 396-403, Bl. 399; die Äußerungen Fricks vom 18. Oktober 1929 in Pyritz, in: Denkschrift [September 1930], in: STAAT UND NSDAP, Dok. 13, S. 119. Hierzu: Versammlungsbericht der Landeskriminalpolizeistelle Stettin, 19. Oktober 1929 [Abschrift], in: BAB, R 15.01, Nr. 26202, Bl. 264f.

bei der ersten Denkschrift vom Vertrauensmann der politischen Polizei in Köln stammten.

Die Denkschrift zerfällt in drei Teile: A. Geschichtliche Entwicklung, B. Wesen und Zweck der NSDAP, C. Ergebnis. Die Teile A und C sind knapp gehalten und umfassen ¾ und ¼ Seiten. Der Hauptteil B von 57 Seiten[40] gliedert sich folgendermaßen:
I. Die Partei als Verbindung
II. Die Partei als staatsfeindliche Verbindung im Sinne des § 129 StGB
III. Die Partei als republikfeindliche Verbindung im Sinne des § 4 Ziff. 1 Repschges.
IV. Die Partei als hochverräterische Verbindung

Jeder dieser vier Teile umfaßt bis zu 18 Unterpunkte und schließt mit einer rechtlichen Würdigung, die den jeweiligen Tatbestand präzise zusammenfaßt.

Der Hauptunterschied der NSDAP zu anderen Parteien wurde in der engen Bindung der Mitglieder an die Partei gesehen: „Sie [d.i. die NSDAP] erfaßt ihre Mitglieder vielmehr viel enger und nicht nur in der einen Richtung der Willensbildung bei Wahlen und Abstimmungen, sondern sozusagen in allen Lebensbeziehungen. Damit erhält sie sozusagen ihren Doppelcharakter als politische Partei und als politischer Bund."[41]

Zwar umfaßten das Zentrum und die Sozialdemokratie ihre Mitglieder ebenfalls in verschiedenen Organisationen, aber sie kannten nicht die straffe, auf dem Führerprinzip beruhende Organisationsform der NSDAP. Vor allem die Unterordnung des einzelnen erfüllte den Charakter einer Verbindung im Sinne des § 129 des Strafgesetzbuchs.[42] Anhand verschiedener Äußerungen von führenden Nationalsozialisten wurde der „Wille zur Illegalität"[43] der NSDAP nachgewiesen, wobei betont wurde, daß es sich nicht um Einzelfälle oder Sonderansichten handele: „Das erörterte Vorgehen gegen staatliche Anordnungen ist vielmehr Zweck bzw. Beschäftigung der NSDAP."[44] Dies erfüllte die Bestimmungen im Sinne des § 129 des Strafgesetzbuchs; daher sei die NSDAP als staatsfeindliche Verbindung anzusehen.

Mit einer ähnlichen Argumentation und vielen Nachweisen führten die Autoren weiter aus, daß die NSDAP die verfassungsmäßig festgestellte Staatsform untergraben wolle: „Untergraben verlangt ein nicht überstürztes planvolles Handeln, das die Grundlagen der staatlichen Ordnung und ihre Verteidigungsmittel allmählich so er-

---

[40] Die Seitenangaben beziehen sich auf die in STAAT UND NSDAP, Dok. 13, veröffentlichte Version.
[41] Denkschrift [September 1930], in: STAAT UND NSDAP, Dok. 13, S. 98.
[42] Der § 129 StGB lautet: „Die Teilnahme an einer Verbindung, zu deren Zwecken oder Beschäftigungen gehört, Maßregeln der Verwaltung oder die Vollziehung von Gesetzen durch ungesetzliche Mittel zu verhindern oder zu entkräften, ist an den Mitgliedern mit Gefängnis bis zu einem Jahr, an den Stiftern und Vorstehern der Verbindung mit Gefängnis von drei Monaten bis zu zwei Jahren zu bestrafen. Gegen Beamte kann auf Verlust der Fähigkeit zur Bekleidung öffentlicher Ämter auf die Dauer von einem bis zu fünf Jahren erkannt werden."
[43] Denkschrift [September 1930], in: STAAT UND NSDAP, Dok. 13, S. 104.
[44] EBENDA, S. 106f.

schüttert, daß eine erhöhte Gewähr für den Erfolg des Schlußangriffs besteht."[45] Den Straftatbestand des § 4 Nr. 1 des Republikschutzgesetzes sah man daher als erfüllt.

Der letzte Teil der Denkschrift war der Frage gewidmet, ob die NSDAP eine hochverräterische Verbindung nach § 86 des Strafgesetzbuches sei. Der Straftatbestand des Hochverrats wurde als erfüllt angesehen, da hierunter auch „entfernteste, vorbereitende Handlung[en]"[46] fielen. Es könne kein Zweifel bestehen, daß die Tätigkeit der NSDAP in diesem Sinne hochverräterisch war.

Die Denkschrift kam zu folgendem, begründeten Ergebnis: „Danach ist die NSDAP eine staatsfeindliche Verbindung im Sinne des § 129 StGB., die die Bestrebung verfolgt, die verfassungsmäßig festgestellte republikanische Staatsform zu untergraben (§ 4 Nr. 1 RepSchGes.). Ihre Betätigung stellt sogar ein hochverräterisches Unternehmen im Sinne des § 86 StGB. dar."

Die zweite Denkschrift hätte ein Verbot der NSDAP begründet. Sie wurde dem Reichsgericht zugesandt, offenbar ohne Wirkung. Innerhalb der Reichsregierung führte sie aber zur Diskussion, ob die NSDAP legal oder illegal sei. Speziell zwischen Wirth und Groener war diese Frage umstritten.[47] Ihr Ziel verfehlte die Denkschrift offenkundig: Ein Verbot der NSDAP wurde weder von der Reichsanwaltschaft, noch von der Reichsregierung ernsthaft erwogen. Hieran zeigen sich die Grenzen der politischen Polizei: Ohne Unterstützung der Politik und der Justiz konnten ihre Maßnahmen nicht durchschlagend sein. Daß die NSDAP nicht verboten wurde, lag jedenfalls nicht an der politischen Polizei.[48]

Neben den beiden bisher genannten Denkschriften entstanden in den Jahren von 1930 bis 1932 weitere Memoranden und Materialsammlungen über die NSDAP, die sich mit einzelnen Aspekten beschäftigten. Am 3. September 1930 übersandte der preußische Innenminister Waentig den Ober- und Regierungspräsidenten eine „Zusammenstellung von Material über eine antichristliche Einstellung der Nationalsozialistischen Deutschen Arbeiterpartei."[49] Die Zusammenstellung umfaßte 34 maschinengeschriebene Seiten und wurde im Polizeipräsidium Berlin ausgearbeitet. Sie war ein ‚Abfallprodukt' der Denkschrift vom September 1930 oder sollte dieser als

---

[45] EBENDA, S. 114.
[46] EBENDA, S. 154.
[47] Der Reichswehrminister an den Reichsminister des Innern, 15. Oktober 1930, in: STAAT UND NSDAP, Dok. 16, S. 162f.; Der Reichsminister des Innern an den Reichswehrminister, 21. Oktober 1930, in: EBENDA, Dok. 17, S. 164f.; Der Reichswehrminister an den Reichskanzler 10. November 1930, in: EBENDA, Dok. 19, S. 169-171.
[48] Vgl. zur Einschätzung der Denkschrift: G. SCHULZ: Einleitung zu: STAAT UND NSDAP, S. XXXVI, der sie als „staatspolitisch" charakterisiert. Eine ähnlich positive Einschätzung bei: E. HENNIG: Politische Gewalt und Verfassungsschutz in der Endphase der Weimarer Republik, in: R. EISFELD / I. MÜLLER (Hrsg.): Gegen Barbarei. Essays Robert M. W. Kempner zu Ehren, Frankfurt a. M. 1989, S. 106-130.
[49] Ein Exemplar findet sich in: HStAD, Reg. Aachen, Nr. 22990, Bl. 481V-500V.

Anlage dienen.⁵⁰ In der Materialsammlung wurde nachgewiesen, daß die christliche Einstellung der Nationalsozialisten nur ein verkappter Antisemitismus und mit einer wirklichen christlichen Überzeugung nicht vereinbar sei.

Der Schluß der Zusammenstellung ist aufgrund seiner Hellsichtigkeit bemerkenswert: Der Nationalsozialismus sei „nichts anderes als ein nationaler Imperialismus der Religion, der mit dem positiven, für alle Nationen bestimmten Christentum in unlöslichem Widerspruch steht. Mit dieser Auffassung untergräbt der Nationalsozialismus die Grundlagen der sittlichen Weltauffassung und damit die letzten zuverlässigen Pfeiler einer gefestigten Staatsordnung. Wenn auch der einzelne Nationalsozialist, wenn auch der gegenwärtige Nationalsozialismus im ganzen sich dieser letzten Wirkungen vielleicht nicht bewusst wird, so ändert dies doch nichts an der Tatsache, dass der Nationalsozialismus diese letzten Konsequenzen im Keime in sich birgt, und ihre volle Ausreifung und Verwirklichung im Falle eines Sieges dieser Weltauffassung nur eine Frage der Zeit wäre."⁵¹

Im Anschreiben des preußischen Innenministers wurde ausdrücklich herausgestellt, daß die Materialsammlung auch zur „zweckentsprechenden Verwertung durch die Presse" gedacht war. Ob dies geschah, läßt sich nicht überprüfen: Die Anzahl aller erschienenen Zeitungen ist zu groß, um eine flächendeckende Analyse im Rahmen dieser Studie vornehmen zu können. Zudem ist nur schwer nachzuweisen, ob ein Artikel, der sich mit der Stellung der NSDAP zum Christentum auseinandersetzt, tatsächlich von der Materialsammlung inspiriert wurde.

Anfang September 1930 wurde weiterhin eine „Zusammenstellung von Material über wirtschaftsgefährdende Tendenzen der N.S.D.A.P. sowie ihre Stellung zu den Grundbegriffen des Privateigentums"⁵² versandt. Sie hatte einen Umfang von 129 maschinengeschriebenen Seiten und stand ebenfalls mit der Denkschrift vom September 1930 in Zusammenhang.⁵³

Im Frühjahr 1931 wurde eine „Zusammenstellung über außenpolitische Zwiespältigkeiten und Widersprüche der Nationalsozialistischen Deutschen Arbeiterpartei"⁵⁴ vom preußischen Innenminister an die Ober- und Regierungspräsidenten verschickt. Es wurde der Vermerk hinzugefügt, daß die Zusammenstellung zur „zweckentsprechenden Verwertung auch durch die Presse"⁵⁵ gedacht war. Der Verfasser war der für die NSDAP zuständige Dezernent im LKP-Amt, Regierungsassessor Hans-

---

⁵⁰ Hierfür spricht der gleiche Entstehungszeitraum und Entstehungsort. Vgl. weiterhin R. M. W. KEMPNER: Ankläger, S. 65, der behauptet, daß die Denkschrift vom September 1930 einen politischen, einen kirchlichen und einen wirtschaftlichen Teil hatte. Tatsächlich fehlten der Denkschrift jedoch solche Teile und es steht zu vermuten, daß sich Kempner auf die separat verschickte Materialsammlung bezieht.
⁵¹ HStAD, Reg. Aachen, Nr. 22990, Bl. 500V.
⁵² Ein Exemplar in: HStAD, Reg. Aachen, Nr. 22989.
⁵³ Vgl. Anm. 47 dieses Kapitels.
⁵⁴ Ein Exemplar in: LAS, Abt. 301, Nr. 4565.
⁵⁵ Der preußische Minister des Innern an den Oberpräsidenten und Regierungspräsidenten Kiel, 1. April 1931, in: Ebenda.

Joachim Schoch. Das 47 Seiten lange Schriftstück hat den Charakter einer Materialsammlung; auf eigene Interpretationen verzichtete Schoch weitgehend. Er stellte widersprüchliche Aussagen von Nationalsozialisten gegenüber, um die fehlende außenpolitische Kompetenz der NSDAP zu demonstrieren.[56]

Da die Denkschrift vom September 1930 nicht zu einem Verbot der NSDAP geführt hatte, unternahmen die preußischen Behörden im Winter 1931/32 einen weiteren Vorstoß. Im Februar 1932 wurde eine neue Denkschrift über die NSDAP fertiggestellt. Sie umfaßte 236 maschinengeschriebene Seiten. Zusätzlich lagen der Denkschrift 25 Anlagen mit insgesamt 139 Seiten bei, um zentrale Punkte der Argumentation zu untermauern.[57] Die Denkschrift gliederte sich in fünf Teile:
1. Das politische Ziel der NSDAP (S. 1-7)
2. Die Entwicklung der NSDAP bis zum Ende des Jahres 1929 (S. 8-43)
3. Die Entwicklung der NSDAP seit 1930 (S. 44-117)
4. Die SA und SS der NSDAP (S. 118-220)
5. Gesamtergebnis (S. 221-236).[58]

Über die Autoren der Denkschrift ließen sich keine exakten Angaben ermitteln; nach den Angaben Robert Kempners wurde sie von der politischen Polizei erstellt, und er selbst wurde zu verschiedenen Problemen der Denkschrift in seiner Eigenschaft als Polizeijustitiar befragt.[59] Vermutlich waren ebenso wie bei der Denkschrift vom September 1930 die zuständigen Dezernenten und Inspektionsleiter, Schoch und Stumm, beteiligt. Das Ziel der Denkschrift war, die NSDAP als hochverräterische, staats- und republikfeindliche Partei zu charakterisieren. Sie ähnelt in ihrem Ergebnis der Denkschrift vom September 1930 und die Argumentationslinien waren nicht grundlegend verschieden. In der Gesamtwürdigung stellten die Autoren erneut fest, daß die Betätigung der Partei gegen die Verfassung gerichtet sei und auf einen gewaltsamen Umsturz ziele. Das Volk solle als Träger der Staatsgewalt ausgeschaltet werden, was den Tatbestand des Hochverrates erfüllt. Es wurde auf Urteile des Reichsgerichtes und des preußischen Oberverwaltungsgerichtes hingewiesen, die die revolutionären und hochverräterischen Bestrebungen der Partei bestätigten.

---

[56] Weiterhin wurde eine sechsseitige Denkschrift zur Finanzierung der NSDAP gefunden, in: IISG, Nl. Grzesinski, Nr. 1558. Es ist weder ein Verfasser, noch ein Datum angegeben. Das Ergebnis dieser Denkschrift bestätigt die Ergebnisse der nachrichtendienstlichen Tätigkeit und betont den sehr hohen Anteil der Selbstfinanzierung der NSDAP. Vgl. das achte Kapitel dieser Studie.

[57] Denkschrift über die NSDAP, gefertigt im Februar 1932 im preußischen Innenministerium, nebst Anlagen, in: BAB, R 018/003864. Als Anlagen waren der Denkschrift ein Bericht des Polizeipräsidenten Berlin über Strafverfahren gegen NSDAP-Mitglieder wegen Vergehens gegen das Schußwaffengesetz, eine Nachweisung von Fällen, in denen Nationalsozialisten wegen verbotenen Waffentragens verurteilt und nicht aus der NSDAP ausgeschlossen wurden und eine Übersicht über anläßlich von Hausdurchsuchungen gefundenen Waffen beigegeben. Weiterhin lagen mehrere Schreiben des Obersten SA-Führers und andere parteiinterne Schriftstücke bei.

[58] Das Gesamtergebnis ist abgedruckt in: STAAT UND NSDAP, Dok. Nr. 59b, S. 290-298.

[59] Vgl. R. W. KEMPNER: Der verpaßte Nazi-Stopp, S. 12.

Die Denkschrift wurde am 4. März 1932 von Otto Braun an Heinrich Brüning gesandt. Zum Anlaß nahm er ein Schreiben des Reichsinnenministers an die Länderregierungen, in dem auf die Gefahren der KPD hingewiesen wurde. Braun führte aus: „Es braucht nicht betont zu werden, daß die Gefährlichkeit der KPD von der Leitung der preußischen Polizei seit jeher richtig beurteilt wird und daß ihre Treibereien und staatsgefährlichen Umtriebe mit allen Mitteln nachdrücklich bekämpft werden. Für mindestens ebenso gefährlich halte ich allerdings die nationalsozialistische Bewegung."[60] Bezugnehmend auf die Denkschrift schilderte Braun dem Reichskanzler in aller Kürze die Gefahren, die von der NSDAP sowie der SA ausgingen und kritisierte den Erlaß des Reichswehrministers, der den Nationalsozialisten die Eignung für den Eintritt in die Reichswehr bescheinigte.[61] Abschließend ging Braun auf den Stabschef der SA, Ernst Röhm, ein und wies - ohne das Wort zu nennen - auf seine Homosexualität hin. Man hatte der Denkschrift Abzüge von drei Briefe Röhms und einer polizeilichen Vernehmung beigefügt, die kompromittierend waren. Dies bestätigt Arnold Brecht in seinen Memoiren, der von einem Brief Röhms berichtet, „in dem dieser ganz ungeniert sein homosexuelles Vergnügen an den strammen Jungs der SA aussprach und drastisch beschrieb."[62] Es ist darauf hinzuweisen, daß Homosexualität zu dieser Zeit ein Straftatbestand nach § 175 StGB war. Brüning verzichtete jedoch auf eine Antwort und ließ einen Teil der Anlagen, unter anderem die Briefe Röhms, vernichten, so daß der letzte Vorstoß der preußischen Regierung zu einem Verbot der NSDAP wirkungslos verpuffte.[63]

---

[60] Der preußischen Ministerpräsident an den Reichskanzler, 4. März 1932, in: STAAT UND NSDAP, Dok. 59a, S. 287-289, S. 287.
[61] Gemeint ist der Erlaß des Reichswehrministers vom 29. Januar 1932, in: STAAT UND NSDAP, Dok. 55, S. 276-278.
[62] A. BRECHT: Mit der Kraft des Geistes. Lebenserinnerungen, Bd. 2: 1927-1967, Stuttgart 1967, S. 150.
[63] Der preußische Ministerpräsident an den Reichskanzler, 4. März 1932, in: STAAT UND NSDAP, Dok. 59a, S. 287-289, S. 289 Anm. 1: In einem handschriftlichen Vermerk des Oberregierungsrates in der Reichskanzlei, Erwin Planck, vom 5. Juni 1932 heißt es: „Herr Reichskanzler Brüning wünschte seinerzeit keine Antwort. Ein Teil der Anlagen wurde von mir auf sein Ersuchen vernichtet." Vgl. R. M. W. KEMPNER: Der verpaßte Nazi-Stopp, S. 144, der fälschlich behauptet, der Vermerk sei von Hermann Pünder.

ZEHNTES KAPITEL

Geplante Maßnahmen gegen die NSDAP

Die Denkschriften über die NSDAP waren nicht der erste Versuch, die NSDAP verbieten zu lassen. Im März 1930 regte Albert Grzesinski in einem privaten Brief an Otto Braun ein gleichzeitiges Verbot von NSDAP und KPD an: „Kann die N.S.D.A.P. nicht endlich und zwar im Hinblick auf ihre Verbindung mit der Reichswehr und gemeinsam mit der K.P.D. verboten werden? Die N.S.D.A.P. auf Grund des Gesetzes zur Ausführung des Friedensvertrages, die K.P.D. auf Grund des Republik-Schutzgesetzes."[1] Das Material, welches der politischen Polizei zu diesem Zeitpunkt vorlag, hätte die Verbote möglich gemacht, aber vermutlich wären sie bei Gericht nicht durchzusetzen gewesen.[2] Daher folgte Otto Braun dem Vorschlag Grzesinskis nicht - in der Sache stimmte er mit Grzesinski überein.[3]

Der Vorstoß Grzesinskis im März 1930 war inhaltlich wohl überlegt und der Zeitpunkt klug gewählt: die NSDAP hatte bei den Landtagswahlen 1929 an Stimmen zugelegt, stellte aber noch keine reichsweit bestimmende politische Kraft dar. Ein Verbot war grundsätzlich angemessen, da außer Frage stand, daß NSDAP und KPD den Umsturz der bestehenden Verhältnisse mit Gewalt planten.

Grzesinski ist für seine Versuche, die NSDAP mit politisch-polizeilichen Mitteln zu bekämpfen, von einzelnen Historikern kritisiert worden. So wirft Hans-Peter Ehni Grzesinski eine „begrenzte Einsicht in den Charakter der rechtsradikalen Bewegung"[4] vor. Diese Kritik ist unsachlich und unzutreffend: Ehni bleibt den Beweis eigener tieferer Einsicht schuldig, und macht nicht klar, welche wirksameren Maßnahmen die preußische Regierung hätte ergreifen sollen, um ein Anwachsen der NSDAP zu verhindern.

Grzesinski ließ sich von dem Mißerfolg seiner Bemühungen nicht entmutigen. Die spektakulärste Aktion, die Grzesinski plante, war die Ausweisung Adolf Hitlers aus Preußen.[5] Am 4. Dezember 1931 hatte Hitler ausländischen Journalisten ein Interview

---

[1] Albert Grzesinski an Otto Braun, London 21. März 1930, in: IISG, Nl. Grzesinski, Nr. 204.
[2] So auch: W. PYTA, S. 301.
[3] Angeblich hatten Grzesinski und Braun bereits im Oktober 1929 vor, NSDAP, KPD und Stahlhelm in ganz Preußen verbieten zu lassen. Vgl. H. SCHULZE: Otto Braun, S. 618. Das von Hagen Schulze zitierte Protokoll der Chefbesprechung in der Reichskanzlei enthält jedoch keinen Hinweis auf die geplanten Verbote: Chefbesprechung am 30. Oktober 1929, in: ADR, Kabinett Müller II, Bd. 2, Nr. 333, S. 1073-1083.
[4] H-P. EHNI, S. 166.
[5] Über dieses Vorhaben sind wir durch zwei Quellen informiert: Notizen Grzesinskis über Hitlers ‚Ausweisung' aus Berlin, Berlin 11. Dezember 1931, in: IISG, Nl. Grzesinski, Nr. 1555 und Aktenvermerk Pünders, 14. Dezember 1931, über beabsichtigte Maßnahmen der Preußischen Regierung gegen Hitler, in: STAAT UND NSDAP, Dok. 50, S. 266-268. Vgl. auch: H.P. EHNI, S. 234; C. GRAF: Politische Polizei, S. 38f.; W. PYTA, S. 371; H. SCHULZE: Otto Braun, S. 720.

gegeben, in dem er den Legalitätskurs seiner Partei bestätigte. Diese Äußerungen fanden eine starke Beachtung. Am 11. Dezember 1931 plante Hitler eine weitere Pressekonferenz. Otto Wels machte Grzesinski hierauf telephonisch aufmerksam und regte ein Verbot der Pressekonferenz an. Auch Severing war der Meinung, daß Hitler das Reden untersagt werden müsse.[6] Grzesinski, der sich mit seinem Vizepräsidenten Bernhard Weiß sowie Goehrke und Stumm von der politischen Polizei beriet, wollte Hitler zusätzlich als lästigen Ausländer aus Preußen ausweisen.

Dieses Vorhaben ging Severing zu weit. Er befürchtete nach zwei Telephonaten mit Hermann Pünder, dem Staatssekretär in der Reichskanzlei, daß die Reichsregierung eingreifen würde und ließ daher die ganze Aktion abblasen.[7] Die politische Absicht Grzesinskis wurde durchkreuzt: „Ich war empört, weil man sich nicht entschliessen konnte, eine grosse politische Tat, die in der jetzigen Zeit wirklich etwas bedeutet haben würde, durchzuführen, und die bewirkt hätte, daß der eitle Hitler als lächerlicher Fatzke, der er in Wirklichkeit ist, in der ganzen Welt dagestanden hätte. Er hätte wie ein begossener Pudel abreisen müssen und wäre damit zugleich auch seines Nimbusses bei seinen Anhängern, insbesondere den S.A.-Leuten entkleidet gewesen. Die letzteren hätten sich möglicherweise abgewandt oder, wenn es in der grossen Enttäuschung zu Tätlichkeiten und Gewalttätigkeiten gekommen wäre, um so besser."[8]

Hieran zeigt sich die Strategie Grzesinski: Ihm ging es weniger um einen einzelnen Nadelstich. Er betrachtete die Ausweisung Hitlers als eine hochpolitische Angelegenheit und war verärgert, daß „drüben im Reich alles das kaputt gemacht würde, was an politischen Handlungen in Preussen in Aussicht genommen würde."[9] Die geplante Ausweisung offenbarte erneut die unterschiedlichen Konzepte im Umgang mit der NSDAP: Während Grzesinski durchgreifende Maßnahmen plante, steuerte die Reichsregierung unter Brüning einen Integrationskurs, um die NSDAP an den Staat heranzuführen. Dieser Kurs wurde erst mit dem SA-Verbot im April 1932 verlassen.

Die Haltung Grzesinskis, sich mit einem Verbot der Pressekonferenz nicht zu begnügen, ist von Wolfram Pyta als „fehlendes Augenmaß" und das Nichterkennen der „Grenzen des eigenen Handelns" kritisiert worden.[10] Diese Kritik ist nicht gerechtfertigt und übersieht das politische Kalkül Grzesinskis: Eine bloße Absage der Pressekonferenz wäre ein bescheidener Erfolg gewesen; die Ausweisung Hitlers als lästigen

---

Weiterhin: Mitteilung von Johannes Stumm an Christoph Graf, 10./11. Oktober 1974, in: SBA, Depositum Hofer/Graf, Nr. 12, der den Versuch der Ausweisung Hitlers irrtümlich auf das Jahr 1930 datiert.

[6] Notizen Grzesinskis über Hitlers ‚Ausweisung' aus Berlin, Berlin 11. Dezember 1931, in: IISG, Nl. Grzesinski, Nr. 1555.

[7] Aktenvermerk Pünders, 14. Dezember 1931, in: STAAT UND NSDAP, Dok. 50, S. 267.

[8] Notizen Grzesinskis über Hitlers ‚Ausweisung' aus Berlin, Berlin 11. Dezember 1931, in: IISG, Nl. Grzesinski, Nr. 1555.

[9] Ebenda.

[10] W. PYTA, S. 372. Pyta übernimmt die Kritik Severings an Grzesinski, der ihm vorwarf, „die Sache vermasselt" zu haben. Notizen Grzesinskis über Hitlers ‚Ausweisung' aus Berlin, Berlin 11. Dezember 1931, in: IISG, Nl. Grzesinski, Nr. 1555.

Ausländer aus Preußen hätte ein spektakulärer Schlag gegen die nationalsozialistische Partei sein können. Einem energischen Republikaner wie Grzesinski vorzuwerfen, sich nicht mit Halbherzigkeiten begnügen zu wollen, ist nicht angemessen. Vielmehr muß man Severing vorhalten, durch seine allzu diplomatische und konziliante Art das Vorgehen Grzesinskis gebremst zu haben.

Grzesinski hatte diese Episode nicht vergessen. Auf einer Rede am 7. Februar 1932 in Leipzig führte er aus: „Wie blamabel ist es für das deutsche Volk, daß dieser Ausländer Hitler nicht nur mit der Regierung ernste außenpolitische Verhandlungen führt, sondern auch vor Vertretern der ausländischen Presse über Deutschlands Zukunft und Deutschlands außenpolitische Interessen sprechen kann, ohne daß man diesen Mann mit der Hundepeitsche davonjagt."[11]

Albert Grzesinski war ebenfalls an dem Plan beteiligt, die NSDAP-Führung im Juni 1932 verhaften zu lassen.[12] Dieser Plan wurde von Severing, wohl zu Recht, aus verfassungsrechtlichen Bedenken abgelehnt.[13] An allen genannten Beispielen zeigt sich jedoch, daß Albert Grzesinski der strategische Kopf des Staatsschutzes in Preußen war, der auch vor umstrittenen und durchgreifenden Maßnahmen nicht zurückschreckte. Er betrachtete diese nicht als Selbstzweck, sondern verfolgte mit ihnen politische Ziele.

Es war nicht die eigentliche Aufgabe der politischen Polizei, eigene politisch-strategische Überlegungen anzustellen. Dennoch verfolgten einzelne führende Beamte der politischen Polizei diese Absicht: In den siebziger Jahren berichtete Max Schindler, Dezernent für rechtsradikale Bewegung in der Abteilung I des Polizeipräsidiums Berlin, über Pläne, im Jahr 1932 die Kompetenzen der politischen Polizei auszuweiten.[14] Hieran beteiligten sich neben Schindler die Regierungsassessoren Dagobert Arian und Oscar Oesterle, beide ebenfalls Dezernenten in der politischen Abteilung des Polizeipräsidiums Berlin. Alle drei gehörten zur jungen republikanischen Garde der politischen Polizei: Sie waren zwischen 29 und 31 Jahren alt, promovierte Verwaltungsjuristen und Mitglieder der SPD. Sie erarbeiteten auf privater Grundlage einen Plan, der auf eine Lockerung der rechtsstaatlichen Schranken des Polizeiverwaltungsgesetzes von 1931 zielte. Der genaue Inhalt des Plans ist nicht überliefert. Ob ein Abbau von rechtsstaatlichen Schranken tatsächlich erfolgreichere Maßnahmen gegen die NSDAP ermöglicht hätte, sei dahingestellt. Die Überlegung eines solchen bedenklichen Schrittes zeigt die Verzweiflung der beteiligten Beamten, ebenso wie der nächste von Schindler erwähnte Plan: Er spricht in einer schriftlichen Mitteilung an Christoph Graf von der Einrichtung von „Konzentrationslagern" für Nationalsozialisten. Dieser Plan wurde angeblich von Goehrke, dem Leiter der politischen Ab-

---

[11] Die Rede Grzesinskis ist abgedruckt, in: Leipziger Volkszeitung, Nr. 32 vom 8. Februar 1932.
[12] Vgl. A. GRZESINSKI: La Tragi-Comédie, S. 132.
[13] Vgl. C. SEVERING, S. 337, 370f.
[14] Mitteilung von Max Schindler an Christoph Graf, 7. Januar 1975, 13. Januar 1975 und 26. Juni 1975, in: SBA, Depositum Hofer/Graf, Nr. 26.

teilung in Berlin, im preußischen Innenministerium während einer Unterhaltung vorgetragen.[15] Es bleibt unklar, was Schindler unter einem Konzentrationslager versteht und wie eine solche Einrichtung in einem rechtsstaatlichen System überhaupt funktionieren sollte.

Doch die politische Polizei und die führenden preußischen Politiker verstiegen sich nicht nur zu unrealistischen und zweifelhaften Plänen. Sie hatten die Realität nicht aus den Augen verloren, wie sich am SA-Verbot im Frühjahr 1932 zeigte.

---

[15] Ebenda.

ELFTES KAPITEL

Das SA-Verbot

Alle Versuche, die NSDAP zu verbieten, scheiterten - hauptsächlich am Integrationskurs der Reichsregierung gegenüber den Nationalsozialisten.[1] Wenn die Reichsregierung schon die Ausweisung Hitlers aus Preußen nicht billigte, war an ein reichsweites Verbot der NSDAP nicht zu denken. Ein Verbot der SA hingegen lag im Bereich des möglichen, denn auch der Rote-Frontkämpfer-Bund war, ohne gleichzeitige Auflösung der KPD, verboten worden.

Lange Zeit war die preußische Regierung gegen ein Verbot der SA. Noch im Frühjahr 1931 hatte Severing ein vom damaligen Reichsinnenminister Wirth angeregtes Verbot abgelehnt.[2] Er sah in dem vorliegenden Material über die SA keine unanfechtbaren Verbotsgründe gegeben.[3] Zudem befürchtete Severing eine negative psychologische Wirkung.[4]

Anfang 1932 hatte sich die Lage geändert: Severing sah nun in der SA eine ernstzunehmende Gefahr. Für seinen Sinneswandel war die politische Polizei mitverantwortlich, denn sie hatte über die Polizeipräsidenten Severing die Gefahr der SA eindringlich klar gemacht. Die in den Denkschriften der politischen Polizei getätigten Analysen hatten einen weiteren Anteil an der veränderten Beurteilung. Das Eintreten Severings für ein Verbot der SA ist daher als Ergebnis der Tätigkeit der politischen Polizei zu sehen. Zudem hatten sich alle bisher ergriffenen Maßnahmen als ungeeignet erwiesen: Insbesondere das SA-Uniformverbot hatte die politischen Gewalttaten nicht eindämmen und die latente Bürgerkriegsgefahr nicht entspannen können.

Durch den Wechsel im Reichsinnenministerium vom linken Zentrumspolitiker Joseph Wirth zum General Wilhelm Groener war eine spürbare Wende in der Innenpolitik des Reiches eingetreten. Während Wirth zu durchgreifenden Maßnahmen gegen die NSDAP und die SA bereit gewesen wäre, vertrat Groener einen Integrationskurs. Der Erlaß Groeners vom 29. Januar 1932, der die Einstellung von Nationalsozialisten in die Reichswehr ermöglichte, ist ein Beleg für diese Politik.[5] Hiermit hintertrieb Groener die preußische Beamtenpolitik, die ein Verbot der Mitgliedschaft von

---

[1] Vgl. das neunte und zehnte Kapitel dieser Studie.
[2] Der Reichsminister des Innern an den preußischen Minister des Innern, 13. Februar 1931, in: STAAT UND NSDAP, Dok. 24, S. 183f. und: Der preußische Minister des Innern an den Reichsminister des Innern, 9. April 1931, in: EBENDA, Dok. 30, S. 192f.
[3] Der preußische Minister des Innern an den Reichsminister des Innern, 9. April 1931, in: EBENDA, Dok. 30, S. 192f.
[4] Vgl. das sechste Kapitel dieser Studie.
[5] Erlaß des Reichswehrministers betreffend Haltung gegenüber Wehrverbänden und Richtlinien für die Einstellung in die Reichswehr, 29. Januar 1932, in: STAAT UND NSDAP, Dok. 55, S. 276-278.

Beamten in KPD und NSDAP vorsah.[6] Alle republikanischen Parteien lehnten dieses Zugeständnis an die NSDAP ab, und auch die großen Länder waren sich in diesem Punkte einig. Auf einem gemeinsamen Spaziergang mit Severing mußte sich Groener Anfang Februar 1932 harte Vorwürfe gefallen lassen, gegenüber der NSDAP nicht energisch genug zu sein.[7]

Am 14. Februar 1932 traf sich Severing mit seinem bayerischen Kollegen Stützel, um ein gemeinsames Vorgehen gegen den Erlaß des Reichswehrministers zu beraten. Die Länder Baden und Hessen wollten sich diesem Vorhaben anschließen. Die Einigkeit der großen Länder und die Tatsache, daß diese Opposition Sozialdemokraten und konservative BVP-Politiker wie Stützel umfaßte, führte im Reichswehrministerium zur Frage, ob nicht die Taktik im Umgang mit der SA geändert werden müsse.[8]

Die Opposition der Länder wurde durch die Weigerung Hitlers, die Wiederwahl Hindenburgs zu unterstützen, begünstigt. Die Absage Hitlers traf Groener persönlich, da sie eine Niederlage seiner Ausgleichs- und Integrationspolitik gegenüber den Nationalsozialisten darstellte.[9] Gleichzeitig wurde Groener im Reichsinnenministerium ein energischeres Verhalten gegenüber der NSDAP nahegelegt. Mehrere seiner wichtigsten Berater im Innenministerium waren Sozialdemokraten: Den Ministerialdirektor der Abteilung I für Verfassungsfragen und Politik, Hans Menzel, hatte Severing 1929 ins Reichsinnenministerium geholt. Zuvor war Menzel Polizeipräsident von Magdeburg gewesen. Der Ministerialdirigent der Unterabteilung I A für Polizeiangelegenheiten, Kurt Häntzschel, war ebenfalls 1929 ins Reichsinnenministerium gekommen und stand der Sozialdemokratie nahe. Der persönliche Referent des Ministers, Kurt Baurichter, war im Juni 1928 von Severing eingestellt und von Groener übernommen worden. Baurichter gehörte ebenfalls der Sozialdemokratie an. Trotz eines konservativen Ministers war das Reichsinnenministerium kein Hort der Reaktion, sondern in zentralen Positionen bis Mitte 1932 fest in der Hand von Sozialdemokraten. Dies ist ein Beispiel für den Erfolg der preußischen Personalpolitik.

Im Reichsinnenministerium waren bereits Anfang 1932 Vorbereitungen für ein Verbot von SA und SS getroffen worden. Eine - vermutlich - von Häntzschel verfaßte Denkschrift über die SA und die SS kam zu folgendem Ergebnis: „Nach Lage der Sache kann schließlich demnach nur die Anwendung des Art. 48 RV, d.h. die Auflösung der SA. und SS. auf Grund dieser Bestimmung in Betracht kommen."[10] Trotz

---

[6] Dies beklagte Severing auf einer Besprechung mit den Ober- und Regierungspräsidenten im preußischen Ministerium des Innern am 27. Januar 1932, 29. Januar 1932, in: EBENDA, Dok. 58, S. 282-287, S. 283.
[7] C. SEVERING, S. 322f.
[8] Aktenvermerk über Bemerkungen Groeners, 17. Februar 1932, in: STAAT UND NSDAP, Dok. 56, S. 279.
[9] Vgl. hierzu und zum folgenden: J. HÜRTER, S. 330ff.
[10] Denkschrift des Reichsinnenministeriums: Die SA. und SS. der NSDAP, mit Vermerk Groeners vom 20. Januar 1932, in: BAB, R 15.01, Nr. 13129-4, Bl. 1-35, Bl. 35. Anlagen zur Denkschrift: ebenda, Bl. 36-120.

dieser unzweideutigen Haltung seiner Berater und der Opposition der Länder konnte sich Groener im März 1932 nicht zu einem Verbot entschließen.

Die Gerüchte um Putschvorbereitungen der SA für den Fall des Scheiterns Hitlers bei der Reichspräsidentenwahl, die Häntzschel zu Ohren gelangt waren, änderten hieran nichts. Häntzschel verfaßte ein Schreiben an Severing über diese Gerüchte, welches mit der Unterschrift Groeners am 8. März 1932 abgeschickt wurde.[11] Drei Tage später vereinbarten Groener und Severing, vorerst nichts zu unternehmen, den weiteren Verlauf zu beobachten und die preußische Polizei für den Ernstfall bereitzuhalten.[12]

Nachdem sich die Gerüchte über einen Putsch der SA gehäuft hatten,[13] handelte Severing eigenmächtig: Er wies alle preußischen Polizeibehörden an, am 17. März 1932 sämtliche Geschäftsstellen der NSDAP und der SA zu durchsuchen. Das Ergebnis dieser Polizeiaktion war wenig spektakulär, denn die SA war vorgewarnt und konnte wirklich brisantes Material an die Seite schaffen. Es zeigte sich aber, daß die SA am Wahltag tatsächlich in Alarmbereitschaft versetzt worden war.[14]

Groener, von dem preußischen Alleingang wenig angetan, schätzte das Ergebnis - wohl zu Recht - als gering ein.[15] Verärgert war er, als sein Schreiben an Severing vom 8. März 1932 an die Öffentlichkeit geriet: Bei der Verhandlung des Reichsgerichtes am 24. März 1932 über die Klage der NSDAP gegen die preußische Polizeiaktion legte der preußische Vertreter den Brief Groeners vor und interpretierte ihn als Anlaß der Durchsuchungsaktion. Groener dementierte diese Auslegung öffentlich und versagte der preußischen Regierung die Rückendeckung.

Auf der anderen Seite war Groener nicht bereit, alle nationalsozialistischen Umtriebe zu dulden. Er zwang den nationalsozialistischen Innenminister von Braunschweig, Dietrich Klagges, unter Androhung einer militärischen Exekution, ein geplantes Jugendtreffen der NSDAP in Braunschweig Ende März abzusagen, da es gegen den Osterfrieden verstieß.[16]

Zur gleichen Zeit berieten die süddeutschen Länder Bayern, Baden, Württemberg und Hessen ein gemeinsames Vorgehen: Sie überlegten, die SA ohne Unterstützung der Reichsregierung zu verbieten. Dieser Zustand war für Groener unerträglich; er konnte sich dennoch nicht zu einem Verbot durchringen.[17] Am 30. März 1932 stellte

---

[11] Der Reichsminister des Innern an den preußischen Minister des Innern, 8. März 1932, in: STAAT UND NSDAP, Dok. 60, S. 299.
[12] Vgl. C. SEVERING, S. 327f.
[13] Der Polizeipräsident Köln an den Regierungspräsidenten Köln, 8. März 1932, in: LHAK, Abt. 403, Nr. 16916, Bl. 341.
[14] Vgl. P. LONGERICH, S. 153, der im Gegensatz, daß gefundene Material für bedeutend hält.
[15] Vgl. hierzu und zum folgenden: J. HÜRTER, S. 333ff.
[16] Verordnung des Reichspräsidenten zum Schutz des inneren Friedens, 17. März 1932, in: RGBl. 1932, I, S. 133. Durch die Verordnung waren alle politischen Kundgebungen vom 20. März bis zum 3. April 1932 verboten.
[17] Aufzeichnung des Reichswehrministers a.D. Groener vom Oktober 1932 in Berlin: Chronlogische Darstellung der Vorkommnisse, die zu meinem Rücktritt als Reichswehr- und Innenminister

ihm schließlich der bayerische Innenminister Stützel ein schriftliches Ultimatum, reichsweit die Alarmbereitschaften zu verbieten und die Wahlfreiheit vor dem Terror der SA zu sichern. Andernfalls werde man in Bayern entsprechende Verordnungen erlassen.[18]

Der Druck der großen Länder auf Groener hatte seinen Höhepunkt erreicht, zudem war er der stetigen Beeinflußung seiner sozialdemokratischen Berater im Innenministerium ausgesetzt. Einen Tag später, am 1. April, scheint sich Groener ernsthaft mit dem Gedanken eines SA-Verbotes beschäftigt zu haben.[19] Er beraumte für den 5. April 1932 eine Konferenz der Innenminister im Reichsministerium des Innern an, um sich über die möglichen Maßnahmen zu besprechen.

Zu Beginn dieser Konferenz erklärte Groener, daß der „dauernde Bestand der SA eine vollkommene Unmöglichkeit" sei und bekundete seine Bereitschaft, die SA in nächster Zeit aufzulösen.[20] Gleichzeitig deutete er an, daß andere Verbände auf Dauer ebenfalls nicht geduldet werden könnten.[21] Sein Fernziel sei es, alle Verbände zu einer Art Wehrsport-Miliz zusammenzufassen. Auf beide Anregungen gingen die Innenminister der Länder kaum ein, sondern betonten nachdrücklich die Notwendigkeit, energische Maßnahmen gegen die SA durchzuführen. Man einigte sich, unmittelbar nach dem 10. April 1932, dem Tag der Reichspräsidentenwahl, erneut zusammenzukommen, um endgültig über ein Verbot der SA zu beraten.

Groener bereitete nach dieser Konferenz alle nötigen Schritte für ein SA-Verbot vor.[22] Am 9. April sprach er bei Hindenburg vor, um diesen von dem Vorhaben zu unterrichten und ihm zwei Alternativen vorzuschlagen: Entweder werde ein sofortiges Verbot der SA erlassen oder ein Ultimatum an Hitler gestellt, welches bei Erfüllung einer Auflösung der SA nahekäme.[23] Die Idee eines Ultimatums stammte von

---

geführt haben, in: T. VOGELSANG, S. 449-457, S. 453; Groener an Schleicher, 23. März 1932, in: STAAT UND NSDAP, Dok. 61, S. 300f. Groener berichtet hier über eine Unterredung am 22. März in Weimar.

[18] Das bayerische Innenministerium an das Reichsministerium des Innern, 30. März 1932, in: STAAT UND NSDAP, Dok. 62a, S. 301f. Stützel legte seinem Schreiben als Anlage zwei Entwürfe für Verordnungen zur Bekämpfung politischer Ausschreitung und zur Sicherung der Wahlfreiheit bei, in: EBENDA, Dok. 62b und c, S. 303f.

[19] Vgl. J. HÜRTER, S. 337f.

[20] Niederschrift über die Konferenz der Innenminister im Reichsministerium des Innern, 5. April 1932, in: STAAT UND NSDAP, Dok. 63, S. 304-309, S. 305. Es handelt sich um die Aufzeichnungen des bayerischen Gesandten in Berlin. Vgl. auch die Niederschrift des Regierungsrates Lenggriesser vom 20. April 1932, in: T. VOGELSANG, S. 445-449; Aktenvortrag über den Verlauf der mündlichen Besprechung im Reichsinnenministerium des württembergischen Gesandten Bosler, in: W. BESSON: Württemberg und die deutsche Staatskrise 1928-1933. Eine Studie zur Auflösung der Weimarer Republik, Stuttgart 1959, S. 393-396.

[21] Groener bezog sich hierbei offensichtlich auf die Eiserne Front und möglicherweise auch auf den Stahlhelm.

[22] Vgl. J. HÜRTER, S. 340, der wohl zu recht annimmt, daß Groener „regelrecht erleichtert über das vorläufige Ende seines lavierenden Kurses gewesen sei."

[23] Niederschrift des Staatssekretärs Pünder über das SA-Verbot vom 13. April, in: ADR, Kabinette Brüning, Bd. 3, Nr. 717, S. 2437-2440.

Schleicher, der vom Integrationskurs nicht abweichen wollte. Hindenburg entschied sich für ein Verbot, und Groener verfaßte ein Schreiben an Brüning, in dem er die Auflösung der SA als zwingend notwendig schilderte und die Wahrung der Autorität des Reiches gegenüber den Ländern durch ein reichsweites Verbot betonte.[24] Der Unterschied zwischen der preußischen Argumentation und der der Reichsregierung ist offenkundig: Preußen sah in der SA eine Gefährdung der Demokratie und des Staates, Groener war vor allem um die Autorität des Reichs gegenüber den Ländern besorgt.

Am Abend des 10. April 1932 wurde die Auflösung der SA auf einer Chefbesprechung in der Reichskanzlei beschlossen, einzig Schleicher war nach wie vor gegen ein Verbot und begann, im Reichswehrministerium und im Umfeld des Reichspräsidenten gegen ein Verbot zu intrigieren. Tatsächlich schwankte Hindenburg im Laufe des 11. April, ob er einem SA-Verbot zustimmen sollte.[25] Brüning und Groener gelang es, den Reichspräsidenten in seinem ursprünglichen Entschluß zu bekräftigen, und Hindenburg unterzeichnete die Notverordnung am 13. April 1932.[26]

Die Entstehungsgeschichte des SA-Verbots zeigt, daß die preußische Regierung und die politische Polizei bei der Bekämpfung der NSDAP und der SA auf eine Zusammenarbeit oder Duldung durch die Reichsregierung angewiesen waren. Durchgreifende Maßnahmen wie das SA-Verbot waren ohne Unterstützung oder gegen den Willen der Reichsregierung nur schwer durchzuführen.[27] Hier offenbarten sich die Grenzen des Staatsschutzes in Preußen.

Durch die Verordnung wurden alle militärähnlichen Organisationen der NSDAP aufgelöst. Einbezogen waren ausdrücklich die SS, die Motor-, Marine- und Reiterstürme, die Flieger- und Kraftfahrkorps und einige andere NS-Organisationen. Alle Gegenstände, die militärähnlichen Zwecken dienten, sollten polizeilich sichergestellt werden. Wer den organisatorischen Zusammenhalt der verbotenen Vereinigungen unterstützte oder sich in anderer Form als Mitglied beteiligte, wurde mit Gefängnis nicht unter einem Monat bedroht.

Die preußischen Polizeibehörden waren bereits einen Tag zuvor unterrichtet worden, daß voraussichtlich ein SA-Verbot ergehen würde und in Bereitschaft versetzt worden, um eine Durchsuchung und Schließung aller Geschäftsstellen der verbotenen Organisationen durchzuführen und alle militärähnlichen Gegenstände polizeilich sicherzustellen.[28] Zu diesen zählten neben Dienstanzügen sämtliche Bekleidungs- und

---

[24] Der Reichsminister des Innern an den Reichskanzler, 10. April 1932, in: ADR, Kabinette Brüning, Bd. 3, Nr. 714, S. 2426-2429; auch abgedruckt in: STAAT UND NSDAP, Dok. 65, S. 312-315.
[25] Vgl. J. HÜRTER, S. 344. Es ist unklar, ob die Unschlüssigkeit Hindenburgs auf Schleichers Einwirkung zurückzuführen ist.
[26] Verordnung des Reichspräsidenten zur Sicherung der Staatsautorität, 13. April 1932, in: RGBl. 1932, I, S. 175. Auch abgedruckt in: STAAT UND NSDAP, Dok. 67, S. 316f.
[27] Vgl. H. SCHULZE: Otto Braun, S. 662. Alle Maßnahmen nach Art. 48, Abs. 2 WRV, hätten vom Reichspräsidenten abgelehnt werden können. Landesweite SA-Verbote hätten durch den Reichspräsidenten mittels Art. 48, Abs. 2 WRV aufgehoben werden können.
[28] Funkspruch des Polizeipräsidenten Berlin an alle Regierungspräsidenten und L.K.P.-Stellen, 12. April 1932, in: HStAD, Reg. Düsseldorf, Nr. 30654a, Bl. 181.

Ausrüstungsgegenstände, Fahnen und Standarten, Feldküchen, Instrumente der Musikzüge, Flugzeuge und Kraftwagen sowie alle technischen Mittel des Nachrichten- und Relaisdienstes. Die Karteien der SA und SS sollten beschlagnahmt werden, um den organisatorischen Zusammenhalt zu erschweren. Alle SA-Heime und ähnliche Einrichtungen wurden sofort geschlossen.

Die Polizeiaktion nahm in Preußen einen überwiegend friedlichen Verlauf, nur im Regierungsbezirk Düsseldorf kam es zu vereinzelten, kleineren Demonstrationen von Nationalsozialisten.[29] Im Vorfeld der Aktion war es jedoch zu Pannen gekommen: Die NSDAP war bereits vor der Polizei über das anstehende Verbot unterrichtet und daher fand sich in vielen Orten nur wenig zu beschlagnahmendes Material in den SA-Heimen.[30] Besonders eindringlich berichtete der Polizeipräsident aus Essen hierüber: „Die Organisationen waren auf die Maßnahme der Durchsuchung anscheinend seit mehreren Tagen vorbereitet und hatten alles der polizeilichen Sicherstellung unterliegende Material beiseite geschafft. Es ist zu unterstellen, daß, da dieselben Erfahrungen allerorts gemacht wurden, zentrale Anweisungen der Parteileitung vorgelegen haben."[31]

Wer für den Verrat der Durchsuchungsaktion verantwortlich war, konnte nicht ermittelt werden. Severing betonte, daß preußische Dienststellen für die vorzeitige Bekanntgabe nicht in Frage kamen, da die Polizeibehörden erst am 12. April 1932 um 16 Uhr benachrichtigt wurden und die Nationalsozialisten zu dieser Zeit bereits informiert waren.[32] Tatsächlich wußte Goebbels schon am 11. April 1932 von dem bevorstehenden Verbot.[33] Möglicherweise gab es aber im preußischen Innenministerium eine undichte Stelle. Ob der Verräter tatsächlich der Regierungsrat in der Polizeiabteilung und spätere Gestapo-Chef Rudolf Diels war, kann nicht bewiesen werden.[34]

Eine weitere Panne ereignete sich bei der Übermittlung des Befehls. Zunächst war geplant, die Verordnung des Reichspräsidenten am Nachmittag des 13. Aprils im Rundfunk verlesen zu lassen. Die Bekanntgabe sollte gleichzeitig das Signal für den Beginn der Aktion sein. Da die Verordnung nicht im Rundfunk bekannt gegeben wurde, sollte durch den Polizeifunk gegen 18 Uhr das Stichwort „Anfang" an die Polizeibehörden gesandt werden.[35] Tatsächlich wurde das Stichwort gegen 17 Uhr vom preußischen Innenministerium abgesetzt, war jedoch nur an die Regierungspräsidenten

---

[29] Der preußische Minister des Innern an den Reichsminister des Innern, 20. April 1932, in: STAAT UND NSDAP, Dok. 69, S. 318f.
[30] Zur polizeilichen Beschlagnahme infolge der SA-Auflösung die Materialien, in: GStA PK, I. HA, Rep. 77, Tit. 4043, Nr. 315.
[31] Der Polizeipräsident Essen an den Regierungspräsidenten Düsseldorf, 14. April 1932, in: HStAD, Reg. Düsseldorf, Nr. 30654a, Bl. 194.
[32] Der preußische Minister des Innern an den Reichsminister des Innern, 20. April 1932, in: STAAT UND NSDAP, Dok. 69, S. 318f.
[33] J. GOEBBELS: Tagebucheintrag vom 11. April 1932, Bd. 3, S. 153f.
[34] Dies vermutet T. ALEXANDER, S. 193, der für seine Annahme jedoch keine Belege anführen kann.
[35] Funksprüche des Polizeipräsidenten Berlin an alle Regierungspräsidenten und L.K.P.-Stellen, 12. und 13. April 1932, in: HStAD, Reg. Düsseldorf, Nr. 30654a, Bl. 181 und 184.

und die L.K.P.-Stellen gerichtet. Daher wurde es nicht von allen Polizeibehörden aufgenommen. Erst auf spätere Nachfragen wurde die Aktion mit zweistündiger Verspätung gestartet.[36] Da die SA vorher unterrichtet war, wog diese Panne nicht so schwer.

Wenn auch durch den Verrat der Notverordnung die Polizeiaktion weniger wirksam war als erhofft, so erzielte die SA-Auflösung eine große Resonanz.[37] Die Wirkung des SA-Verbots bei den Anhängern der Republik sollte nicht gering geschätzt werden: Der Staat zeigte sich zumindest gegenüber den radikalen und gewaltbereiten Teilen der Nationalsozialisten energisch.[38] Endlich konnten sich die SA-Kolonnen nicht mehr öffentlich zeigen, was durch das Uniformverbot nicht erreicht worden war. Zudem glaubten viele Sozialdemokraten an einen möglichen Putsch der SA und konnten durch die Auflösung beschwichtigt werden.[39]

Hatte das SA-Verbot - abgesehen von der beruhigenden Wirkung - einen praktischen Nutzen? Heinrich Bennecke, ein früherer SA-Führer, beurteilte das Verbot kritisch: „Die praktische Bedeutung des SA-Verbotes war daher viel geringer als allgemein heute noch angenommen wird. Es drängt sich infolgedessen die Frage auf, welchen Sinn das Verbot überhaupt gehabt hat."[40] Bennecke bezieht sich auf die Tatsache, daß die SA-Gruppen in veränderter Form weiterbestanden. Tatsächlich gelang es durch das Verbot nicht, den organisatorischen Zusammenhalt entscheidend zu zerschlagen.[41] Hierüber war die politische Polizei gut informiert. Sie kannte die Tarnorganisationen, wie z.B. den „Notschutz" oder die Taktik, die SA als Propagandaformationen zu maskieren, wobei die Organisationsform der SA übernommen wurde: Aus den Scharen wurden die Straßenpropaganda-Abteilungen, aus den Stürmen die Ortspropaganda-Abteilungen und aus dem Reserve-Sturmbann die Reserve-Kreispropaganda-Abteilung.[42] Die SA wählte nicht nur verschiedene Decknamen, teilweise ordneten sich die SA-Männer als normale Parteigenossen in die NSDAP ein, was den Polizeibehörden ebenfalls nicht verborgen blieb.[43] Schon seit 1929 war in den

---

[36] Der Polizeipräsident Krefeld an den Regierungspräsidenten Düsseldorf, 14. April 1932, in: HStAD, Reg. Düsseldorf, Nr. 30654a, Bl. 195f.
[37] Dies belegen zahlreiche Zeitungsausschnitte in: BAB, R 15.01, Nr. 26032.
[38] Vgl. M. BROSZAT: Die Machtergreifung. Der Aufstieg der NSDAP und die Zerstörung der Weimarer Republik, München ⁵1994, S. 139: „Worauf es mit dem SA-Verbot letzten Endes ankam, war vielmehr die Bekundung des Verteidigungswillens der Staatsorgane gegenüber den um sich greifenden nationalsozialistischen Einschüchterungsversuchen und Drohgebärden."
[39] Vgl. W. PYTA, S. 374.
[40] H. BENNECKE, S. 182.
[41] Vgl. P. LONGERICH, S. 154.
[42] Der Polizeipräsident Berlin (Dezernent Oesterle) an den Minister des Innern, 3. Juni 1932, in: GStA PK, I. HA, Rep. 77, Tit. 4043, Nr. 316, Bl. 9-16. Dieser ausführliche Bericht beschreibt verschiedene Formen der illegalen Fortsetzung der SA und SS.
[43] Der Polizeipräsident Hannover an den Regierungspräsidenten Hannover, 19. April 1932, in: GStA PK, I. HA, Rep. 77, Tit. 4043, Nr. 316, Bl. 25.

zuständigen preußischen Behörden bekannt, daß die Partei und die SA Vorkehrungen für ein Verbot getroffen hatten.[44]

Abgesehen von einigen Einzelfällen zeigte sich die SA nicht mehr uniformiert in der Öffentlichkeit und befolgte das staatliche Verbot weitgehend.[45] Durch Schließung der SA-Heime wurde der Zusammenhalt der SA erschwert, obgleich nicht völlig unterbunden.[46] Ständige Kontrollen in den Räumen der NSDAP sollten die Befolgung des Verbotes sicherstellen.[47]

Das SA-Verbot hatte einen weiteren Zweck: Da die SA nicht mehr öffentlich auftreten konnte, wurden die politischen Gewalttaten eingedämmt. Im ersten Quartal 1932 wurden in Preußen laut einer im Innenministerium erstellten Statistik 1.962 Personen bei politischen Ausschreitungen verletzt, davon 15 mit Todesfolge. In 16 Fällen wurden Totschlag und Mord festgestellt; zusätzlich wurden 8 Personen in Notwehr getötet.[48] Im zweiten Quartal 1932 erhöhten sich diese Zahlen auf 2.510 Verletzte, davon 24 mit Todesfolge. Weitere 10 Fälle von Totschlag und Mord wurden registriert, und die Zahl der in Notwehr getöteten Personen belief sich auf 13.[49] In diesem zweiten Quartal war die SA zwei Monate verboten. Auf den ersten Blick erscheint das SA-Verbot wenig wirkungsvoll, und die Einschätzung Benneckes scheint sich zu bestätigen.

Betrachtet man die letzten zwei Wochen des Verbots und die ersten zwei Wochen nach dessen Aufhebung, so wird klar, daß das Verbot durchaus einen Sinn hatte: Zwischen dem 1. und dem 14. Juni 1932 wurden in Preußen bei politischen Auseinandersetzungen 2 Menschen getötet und 8 verletzt. Nach der Aufhebung am 14. Juni 1932 des SA-Verbots durch die Reichsregierung wurden in vierzehn Tagen in Preußen 23 Menschen aus politischen Motiven getötet und 211 verletzt.[50] Im Juli starben 86 Menschen in Preußen bei politischen Auseinandersetzungen.[51] Dies waren

---

[44] Der preußische Minister des Innern an die Oberpräsidenten, Regierungspräsidenten und den Polizeipräsidenten Berlin, 9. Dezember 1929, in: HStAD, Reg. Aachen, Nr. 22990, Bl. 85.
[45] Vgl. zu diesen Einzelfällen: F. ARNDT: Die Politik der preußischen Regierung während der beiden Brüning-Kabinette (März 1930 bis Mai 1932), phil. Diss. Berlin (Ost) 1966, S. 293ff.
[46] Zu den Schließungen der SA-Heime die Materialien, in: GStA PK, I. HA, Rep. 77, Tit. 4043, Nr. 314.
[47] Runderlaß des preußischen Ministers des Innern vom 30. April 1932, in: HStAD, Reg. Düsseldorf, Nr. 30654a, Bl. 225.
[48] Übersicht über politische Ausschreitungen in Preußen, Januar-März 1932 [undatiert], in: GStA PK, I. HA, Rep. 77, Tit. 4043, Nr. 121, Bl. 447f. Grundlage dieser Zusammenstellung waren die Berichte der Regierungspräsidenten, in: ebenda, Bl. 365-445.
[49] Übersicht über politische Ausschreitungen in Preußen, April-Juni 1932 [undatiert], in: GStA PK, I. HA, Rep. 77, Tit. 4043, Nr. 121, Bl. 536f. Grundlage dieser Zusammenstellung waren die Berichte der Regierungspräsidenten, in: ebenda, Bl. 450-533.
[50] Zusammenstellung von politischen Zusammenstößen [undatiert, ohne Verfasser], in: GStA PK, I. HA, Rep. 77, Tit. 4043, Nr. 121, Bl. 538-541.
[51] Bericht des Ministerialdirektors Arnold Brecht, in: PREUSSEN CONTRA REICH vor dem Staatsgerichtshof. Stenogrammbericht der Verhandlungen vor dem Staatsgerichtshof in Leipzig vom 10. bis 14. und vom 17. Oktober 1932, Berlin 1933 (ND Glashütten 1976), S. 14-16.

genauso viele wie alle im ersten Halbjahr getöteten Personen bei Einrechnung der Notwehrfälle.

Zu einem ähnlichen Ergebnis kam der Bericht des preußischen Ministerialdirektors Arnold Brecht vor dem Staatsgerichtshof, obwohl die einzelnen Angaben leicht differieren.

Tabelle 4:
Todesfälle in Preußen mit politischem Hintergrund von Februar bis Juli 1932[52]

Monat	Tote	in %	NSDAP	KPD	Andere
Februar	8	5,8	3	3	2
März	11	8,0	2	9	-
April	6	4,3	2	3	1
Mai	7	5,1	2	4	1
Juni (bis 14.)	3	2,2	2	1	-
Juni (ab 14.)	17	12,3	12	5	-
Juli	86	62,3	38	30	18
Insgesamt:	138	100,0	61	55	22

Die Welle der Gewalt nach der Aufhebung des SA-Verbots wurde durch die Aufhebung der noch bestehenden Uniformverbote der Länder am 29. Juni 1932 durch die Reichsregierung auf die Spitze getrieben.[53] Der Regierungspräsident in Köln schrieb an den preußischen Innenminister: „Seit Aufhebung des Uniformverbots sind bei drei verschiedenen Gelegenheiten insgesamt drei angeblich Parteilose von NSDAP'er im hiesigen Regierungsbezirk erschossen worden; die NSDAP hat bisher in angegebener Zeit keine Tote zu beklagen."[54]

Das SA-Verbot hatte also neben der die Öffentlichkeit beruhigenden Wirkung einen praktischen Nutzen: In dem Moment, als das SA-Verbot zu greifen begann und die politischen Gewalttaten zurückgingen, wurde es aufgehoben. Hierdurch wurde eine realistische Chance vertan, die latente Bürgerkriegsgefahr mittelfristig zu bannen. Die Aufhebung des SA-Verbots führt unmittelbar zur Vorgeschichte des Preußenschlages am 20. Juli 1932.

---

[52] EBENDA.
[53] Zweite Verordnung des Reichspräsidenten gegen politische Ausschreitungen, 28. Juni 1932, in: RGBl. 1932, I, S. 339.
[54] Der Regierungspräsident Köln an den preußischen Minister des Innern, 18. Juli 1932, in: GStA PK, I. HA, Rep. 77, Tit. 4043, Nr. 308, Bl. 129.

FÜNFTER TEIL

Der Staatsschutz am Wendepunkt:
Der ‚Preußenschlag' vom 20. Juli 1932

*„Manch einer von uns hat Angst, daß diese Regierung
zu viel tue und uns nichts mehr übrig bleibe."*

(Tagebucheintrag von Joseph Goebbels
am 22. Juli 1932, Band 2, S. 209)

ZWÖLFTES KAPITEL

Vorgeschichte und Ablauf des 20. Juli 1932

Zur gleichen Zeit, als die NSDAP mit den Mitteln des Staatsschutzes bekämpft wurde, steuerte die politische Auseinandersetzung mit den Nationalsozialisten im Frühjahr 1932 auf zwei Höhepunkte zu: Die Reichspräsidentenwahl am 10. April und die preußische Landtagswahl am 24. April.[1] Hindenburg konnte sich im zweiten Wahlgang bei der Reichspräsidentenwahl gegen Hitler durchsetzen, aber nach dem Ausgang zu urteilen, war mit dem Verlust der Mehrheit der Weimarer Koalition in Preußen zu rechnen.

Während die Polizeibehörden der Länder drei Tage nach der Wiederwahl Hindenburgs das SA-Verbot umsetzten, begann gleichzeitig die Demontage des Kabinetts Brüning.[2] General von Hammerstein, der Chef der Heeresleitung, übergab ohne Wissen seines Vorgesetzten Groener, Hindenburg Material über das Reichsbanner. Das Material war mehr als notdürftig, dennoch verlangte Hindenburg von Groener, nun gegen das Reichsbanner vorzugehen. An dieser Episode zeigte sich der Verfall der politischen Führung: Brüning, der sich zu dieser Zeit in Genf aufhielt, wurde übergangen. Der zuständige Reichswehrminister General Groener wurde durch seinen Untergebenen von Hammerstein hintergangen und die Forderung Hindenburgs, gegen das Reichsbanner vorzugehen, wurde der Presse übergeben, bevor Groener sie erhielt.

Das Reichsbanner löste seine Eliteformation, die Schufo auf, um seine Friedlichkeit zu demonstrieren und der Reichsregierung keinen Anlaß zu geben einzuschreiten - sehr zum Mißfallen des Reichspräsidenten. Um dem halsstarrigen Hindenburg entgegenzukommen, stellte Groener am 3. Mai 1932 alle Wehrverbände unter staatliche Aufsicht. Hindenburg war mit der Innenpolitik Brünings und Groeners dennoch nicht mehr zufrieden: Mit dem SA-Verbot hatten sie einen Kurswechsel von der Integrationspolitik hin zu einer Konfrontationspolitik gegenüber der NSDAP vollzogen.

Wie zu erwarten war, verlor die preußische Regierung bei den Landtagswahlen ihre parlamentarische Mehrheit:[3] Die SPD fiel von 29 auf 21,2 Prozent. Die DDP, die sich nun Staatspartei nannte, wurde fast aufgerieben: Sie erhielt nur 1,5 Prozent der Stimmen im Vergleich zu 4,4 Prozent im Jahre 1928. Nur das Zentrum konnte sein Ergebnis stabil halten und erreichte 15,3 Prozent. Von den 423 Landtagsmandaten verfügte die Weimarer Koalition nur über 163. Die NSDAP hatte allein 162 Sitze bei 36,3 Prozent der Stimmen. Dennoch war die Bildung eines rechten Kabinetts nicht möglich, da

---

[1] Parallel zu den preußischen Landtagswahlen fanden Landtagswahlen in Bayern, Württemberg, Hamburg und Anhalt statt.
[2] Vgl. zum folgenden: G. SCHULZ: Von Brüning zu Hitler, S. 768ff. H. A. WINKLER: Weimar 1918-1933. Die Geschichte der ersten deutschen Demokratie, Frankfurt a. M. / Wien 1993, S. 455.
[3] Ergebnisse nach: J. FALTER / T. LINDENBERGER / S. SCHUMANN, S. 101.

die DNVP von 17,4 auf 6,9 Prozent gefallen war und die konservativen Splitterparteien einschließlich der DVP nur zehn Sitze erhielten. Zur parlamentarischen Mehrheit fehlten einer nationalsozialistisch-konservativen Regierung neun Stimmen. Goebbels kommentierte treffend: „Parlamentarisch ist ohne das Zentrum nirgends etwas zu machen, weder in Preußen, noch im Reich."[4]

Durch den Ausgang der Wahlen war das demokratische Bollwerk Preußen unterspült; es blieb nur die „Ruine einer Regierung"[5] zurück. Doch durch die Änderung der Geschäftsordnung des preußischen Landtags am 12. April 1932 hatte der preußische Landtag das konstruktive Mißtrauensvotum eingeführt.[6] Zuvor war die einfache Mehrheit im zweiten Wahlgang zur Wahl des preußischen Ministerpräsidenten nötig gewesen. Nun blieb die Regierung so lange geschäftsführend im Amt, bis ein neuer Ministerpräsident über die absolute Mehrheit verfügte. Ohne die Änderung der Geschäftsordnung wäre höchstwahrscheinlich ein nationalsozialistischer Kandidat im zweiten Wahlgang zum preußischen Ministerpräsidenten gewählt worden. Er wäre von der Mehrheit der Parteien der Weimarer Koalition und der KPD sofort gestürzt worden, allerdings geschäftsführend im Amt geblieben.[7] Die von einigen Historikern geäußerte Kritik an der Änderung der Geschäftsordnung ist daher nicht ganz verständlich, zumal sie keine praktikablen Alternativen entwickeln.[8]

Die einzige Möglichkeit, eine parlamentarische Mehrheit in Preußen zu erreichen, war eine Koalition von NSDAP und Zentrum, die bereits im Herbst 1931 in Hessen erfolglos geplant wurde. Auch in Preußen wurden erste Verhandlungen geführt. Das preußische Zentrum bot der NSDAP sogar den Posten des Ministerpräsidenten an, was am Einspruch Brünings und dem Beschluß des geschäftsführenden Vorstands des Zentrums scheiterte. Brüning war nicht gewillt, die preußische Polizei in die Hände eines Nationalsozialisten zu geben.[9]

Zu diesem Zeitpunkt waren Hitler und die NSDAP nicht mehr auf eine Koalition mit dem Zentrum angewiesen. Hitler hatte sich am 28. April und 7. Mai 1932 mit von Schleicher getroffen. Goebbels, der wie üblich gut informiert war, frohlockte: „ [...] einige Herren aus der engsten Umgebung des Reichspräsidenten sind dabei. Alles geht

---

[4] J. GOEBBELS, Tagebucheintrag vom 26. April 1932, Bd. 2, S. 161.
[5] G. SCHULZ: „Preußenschlag" oder Staatsstreich? Neues zum 20. Juli 1932, in: Der Staat 17 (1978), S. 553-581, S. 555.
[6] Urantrag Nr. 8420 vom 9. April 1932, in: SAMMLUNG DER DRUCKSACHEN DES PREUSSISCHEN LANDTAGS, 3. Wahlperiode, 16. Band, S. 8350; Namentliche Abstimmung, in: SITZUNGSBERICHTE DES PREUSSISCHEN LANDTAGS, 3. Wahlperiode, 17. Band, Sp. 24915ff.
[7] Vgl. H. SCHULZE: Otto Braun, S. 726.
[8] Vgl. T. TRUMPP: Franz von Papen, der preußisch-deutsche Dualismus und die NSDAP in Preußen, phil. Diss. Tübingen 1963, S. 60, der von einem „höchst bedenklichen Schritt" spricht; F. K. FROMME: Von der Weimarer Verfassung zum Bonner Grundgesetz. Die verfassungspolitischen Folgerungen des Parlamentarischen Rates aus Weimarer Republik und nationalsozialistischer Diktatur, Tübingen ²1962, S. 103, sieht in der Änderung einen „verfassungsrechtlich nicht ganz einwandfreiem Charakter". Diese Kritik ist nicht ganz unbegründet, dennoch vermag Fromme nicht klarzumachen, welche Alternativen bestanden.
[9] H. BRÜNING: Memoiren 1918-1934, Stuttgart 1970, S. 568.

gut. Der Führer hat überzeugend zu ihnen geredet. Brüning soll in den nächsten Tagen schon fallen. Der Reichspräsident wird ihm sein Vertrauen entziehen. Der Plan geht dahin, ein Präsidialkabinett zu installieren; der Reichstag wird aufgelöst, alle Zwangsgesetze sollen fallen, wir bekommen Agitationsfreiheit und liefern dann ein Meisterstück an Propaganda."[10] Im Gegenzug sollten die Nationalsozialisten für die Neuwahlen und die Aufhebung des SA-Verbots ein rechtsgerichtetes Kabinett tolerieren. Die Tage der Regierung Brüning waren gezählt.

Tatsächlich befand sich die Reichsregierung zu dieser Zeit in einer tiefen Krise: Brüning war am 30. April 1932 von den Abrüstungsverhandlungen aus Genf quasi mit leeren Händen zurückgekehrt; er hatte die militärische Gleichberechtigung nicht erreicht.[11] Gleichzeitig zerfiel Brünings Kabinett: Am 28. April bat Wirtschaftsminister Warmbold schriftlich um seine Entlassung, da das Kabinett keine aktive Konjunkturpolitik betrieb.[12] Am 2. Mai beabsichtigte einer der engsten Berater Brünings, der Staatssekretär im Finanzministerium, Hans Schäffer, zurückzutreten, da er die Verantwortung für die Finanzpolitik nicht mehr übernehmen wollte. Er ließ sich überreden, erst nach der Reichstagssession vom 9. bis 12. Mai 1932 das Amt niederzulegen.[13]

Während dieser Reichstagssession schritt der Niedergang der Regierung Brüning fort: Obwohl Groener erkrankt war, saß er mit Kopfverband und Fieber im Reichstag. Er wurde durch Hermann Göring provoziert und ließ sich zu einer improvisierten Rede hinreißen, in der er versuchte, das SA-Verbot zu rechtfertigen. Groener war kein guter Redner und die unvorbereitete Rede mißlang ihm völlig. Die Nationalsozialisten unterbrachen ihn durch Zwischenrufe, so daß an eine Fortsetzung der Rede nicht zu denken war und die Sitzung abgebrochen werden mußte. Der Eindruck war bei Freund und Feind gleichermaßen katastrophal.[14] Schleicher nutzte die Schwäche Groeners und stellte Brüning ein Ultimatum: Entweder Groener gehe oder die Generalität des Reichswehrministeriums trete zurück. Groener war zum Rücktritt bereit, wollte aber als Innenminister im Amt bleiben. Hiergegen erhob Hindenburg Einspruch, der Groeners völligen Rückzug aus dem Kabinett wollte. Der so erzwungene Rücktritt Groeners war ein weiteres Signal für das bevorstehende Ende des Kabinetts Brüning.

Auf die weitere Geschichte der Demontage der Regierung Brüning braucht an dieser Stelle nicht eingegangen zu werden: Am 30. Mai 1932 trat Brüning mit seinem

---

[10] J. GOEBBELS: Tagebucheintrag vom 8. Mai 1932, Bd. 2, S. 165.
[11] Vgl. S. NADOLNY: Abrüstungsdiplomatie 1932/33. Deutschland auf der Genfer Konferenz im Übergang von Weimar zu Hitler, München 1978, S. 136ff.
[12] Der Reichswirtschaftsminister an den Reichspräsidenten, 28. April 1932, in: ADR, Kabinette Brüning, Bd. 3, Nr. 729, S. 2474f.
[13] Ministerbesprechung vom 2. Mai 1932, 16.30 Uhr, in: ADR, Kabinette Brüning, Bd. 3, Nr. 732, S. 2480-2483, Anm. 18, S. 2482; H. BRÜNING, S. 556. Vgl. auch: E. WANDEL: Hans Schäffer. Steuermann in wirtschaftlichen und politischen Krisen, Stuttgart 1974, S. 227ff.
[14] H. PÜNDER: Politik in der Reichskanzlei. Aufzeichnungen aus den Jahren 1929-1932, hrsg. v. T. Vogelsang, Stuttgart 1961, S. 120 (Aufzeichnung vom 10. Mai 1932); J. GOEBBELS, Tagebucheinträge vom 10. und 11. Mai 1932, Bd. 2, S. 166f.

Kabinett zurück, weil er nicht mehr das Vertrauen Hindenburgs hatte. Hindenburg war den Einflüsterungen der Kamarilla um von Schleicher und seinen Sohn Oskar erlegen. Der Sturz Brünings markiert eine tiefe Zäsur in der Geschichte der Weimarer Republik: Er stellt den Übergang vom gemäßigten Präsidialkabinett, das von der Sozialdemokratie parlamentarisch wenigstens toleriert wurde, hin zum nur von Hindenburg abhängigen Präsidialkabinett dar. Festzuhalten bleibt, daß Brüning und Groener auch über das SA-Verbot und ihre Kooperation mit dem sozialdemokratisch regierten Preußen gestürzt waren.

Nachfolger Brünings wurde Franz von Papen. Kurt von Schleicher wurde Reichswehrminister - er galt als der starke Mann des Kabinetts. Da sich von Papen nicht vor den Reichstag trauen konnte, ohne ein sofortiges Mißtrauensvotum zu erhalten, löste er den Reichstag am 4. Juni 1932 auf und schrieb Neuwahlen aus.

Unmittelbar nach seinem Amtsantritt distanzierte sich von Papen von der preußischen Regierung. Der Staatssekretär des preußischen Staatsministeriums sollte nur noch zu Sitzungen eingeladen werden, die Preußen direkt betrafen.[15] Weiterhin trat von Papen entgegen den üblichen Gepflogenheiten direkt mit dem Präsidenten des preußischen Landtages, dem Nationalsozialisten Hanns Kerrl, zwecks einer Regierungsbildung in Preußen in Kontakt.[16] Hiergegen verwahrte sich der stellvertretende Ministerpräsident Hirtsiefer im Namen der preußischen Regierung.[17]

Gleichzeitig begann Papens Politik der Vorleistungen gegenüber der NSDAP. Neben der Auflösung des Reichstags gehörte dazu die Aufhebung des SA-Verbotes am 4. Juni 1932.[18] Nach dem Bericht des Badischen Gesandten in Berlin bezeichnete der neue Reichsinnenminister Freiherr von Gayl das Verbot als eine „gewisse Ungerechtigkeit" und führte im Hinblick auf die ausgeschriebenen Neuwahlen aus, daß „der schwere politische Kampf, der in den nächsten 8 Wochen in Deutschland geführt werden wird, von allen Teilen der Bevölkerung möglichst mit gleichen Waffen (natürlich bildlich gesprochen) solle geführt werden können."[19] Diese Aussage bedeutet trotz der gemachten Einschränkung nichts anderes, als daß die Reichsregierung die Gewalttaten der SA billigend in Kauf nahm, um sich die zweifelhafte Unterstützung Hitlers zu sichern.

Von Gayl und von Schleicher waren zudem entschlossen, die preußische Regierung per Staatsstreich abzusetzen. Aus einem Aktenvermerk von Gayls geht hervor, daß man nur auf einen entsprechenden Anlaß wartete. Derweil suchte man nach einem ge-

---

[15] Ministerbesprechung vom 2. Juni 1932, 18 Uhr, in: ADR, Kabinett von Papen, Bd. 1, Nr. 2, S. 3-6, S. 6.
[16] Der Reichskanzler an den Präsidenten des Preußischen Landtages Kerrl, 6. Juni 1932, in: ADR, Kabinett von Papen, Bd. 1, Nr. 10, S. 22f.
[17] Der preußische Wohlfahrtsminister von Hirtsiefer an den Reichskanzler, 7. Juni 1932, in: ADR, Kabinett von Papen, Bd. 1, Nr. 16, S. 41f.
[18] Vgl. das elfte Kapitel dieser Studie.
[19] Bericht des Badischen Gesandten in Berlin über die Sitzung der Vereinigten Ausschüsse des Reichsrats, 11. Juni 1932, in: STAAT UND NSDAP, Dok. 72, S. 326- 332, S. 330.

eigneten Kandidaten für den Posten des stellvertretenden Reichskommissars, der die Aufgaben des preußischen Innenministers wahrnehmen sollte.[20]

Spätestens Anfang Juli 1932 waren sich von Gayl und von Schleicher einig, wie der Staatsstreich ablaufen sollte. Sie hatten mit dem Essener Oberbürgermeister Franz Bracht die passende Person für den Posten des stellvertretenden Reichskommissars gefunden. Der Reichspräsident unterzeichnete am 13. Juli eine Notverordnung und ließ das Datum offen, da man weiterhin auf einen geeigneten Anlaß wartete, um einschreiten zu können.

Welches Ziel das adelige Triumvirat von Papen, von Schleicher und von Gayl mit der geplanten Absetzung der preußischen Regierung verfolgte, ist nicht auf den ersten Blick zu erkennen. Die Beseitigung der Regierung der Weimarer Koalition zugunsten einer NSDAP-Regierung kann wohl ausgeschlossen werden.[21] Wenig wahrscheinlich ist auch, daß sie eine Regierungsbeteiligung der NSDAP in Preußen verhindern wollten, wie dies von Papen später behauptete.[22]

Die Motive von Schleichers machte der neue Staatssekretär in der Reichskanzlei, Erwin Planck, in einem Gespräch mit Hans Schäffer deutlich. Von Schleicher sei der Auffassung, daß nun die Rechte regieren müsse, damit sich die Gefahr, die von den Nationalsozialisten ausgehe, verlaufe. Entweder zerfalle die NSDAP hierbei oder sie werde durch die Übernahme von Verantwortung in Länderregierungen vernünftig. Planck erklärte, daß Schleicher überzeugt sei, großen Einfluß auf Hitler zu haben und Hitler niemals etwas gegen die von ihm geführte Reichswehr tue.[23]

Bei der Zusammenarbeit mit den Nationalsozialisten war von zentraler Bedeutung für den Kreis um von Papen, daß die preußische Polizei nicht in die Hände der Nationalsozialisten fiel. Bereits Anfang 1932 hatte sich die Reichswehrführung Gedanken gemacht, die preußische Schutzpolizei der Kontrolle der Reichswehr zu unterstellen, um im Falle einer Regierungsbeteiligung der NSDAP den Zugriff der Nationalsozialisten auf die Polizei zu verhindern.[24] Ein zentrales Anliegen des Staatsstreichs war also, die Verfügungsgewalt über die preußische Polizei zu bekommen, was Ernst Heilmann zu dem pointierten Ausspruch vom „Staatsstreich gegen die preußische Polizei"[25] führte. Dabei hätte es nicht eines Staatsstreiches bedurft, um die Kontrolle über die preußische Polizei zu erlangen. Die Einsetzung eines Reichskommissars zur Kontrolle der Verwaltung und der Finanzen wäre auch ohne die Ab-

---

[20] Undatierter Aktenvermerk des Freiherrn von Gayl über die Vorbereitung des Staatsstreichs am 20. Juli 1932, in: W. BENZ / I. GEISS: Staatsstreich gegen Preußen, Düsseldorf [1982], S. 55-56.
[21] So auch: G. SCHULZ: „Preußenschlag", S. 555.
[22] Vgl. F. VON PAPEN: Vom Scheitern einer Demokratie, Mainz 1968, S. 238.
[23] Vgl. W. BENZ: Staatsstreich gegen Preußen am 20. Juli 1932, in: DERS. / I. GEISS, S. 9-40, S. 27f. mit einer kurzen Wiedergabe des Gesprächs.
[24] Vgl. P. HAYES: „A Question Mark with Epaulettes"? Kurt von Schleicher and Weimar Politics, in: JMH 52 (1980), S. 35-65, S. 48f.; E.D. KOHLER: The Crisis in the Prussian Schutzpolizei 1930-32, in: G. L. MOSSE: Police Forces in History, London / Beverly Hills 1975, S. 131-151, S. 145ff.
[25] E. HEILMANN: Freiheit! Freiheit!, in: Das Freie Wort, Nr. 25 vom 19. Juni 1932, S. 2.

setzung der preußischen Regierung möglich gewesen. Der Staatsstreich war erkennbar auch gegen die demokratische Linke gerichtet.

Die Diskussion um die Einsetzung eines Reichskommissars in Preußen wurde im Juli 1932 bereits öffentlich geführt. Die preußische Regierung war zu dieser Zeit führungslos und reagierte nicht: Otto Braun hatte sich krank und resigniert zurückgezogen, und Carl Severing war verzagt und konnte sich nicht zu Entscheidungen durchringen. Allein der energische Albert Grzesinski verlangte einen offensiven Kurs der preußischen Regierung und wollte den offenkundigen Bestrebungen der Reichsregierung entgegentreten. Er empfahl, den Ausnahmezustand durch die preußische Regierung ausrufen zu lassen, um allen Einmischungsversuchen der Reichsregierung die Legitimation zu nehmen.[26]

Es ist darauf hinzuweisen, daß in der Literatur überwiegend davon gesprochen wird, daß am 16. Juli 1932 der Parteivorstand der SPD beschlossen habe, auf jeden Widerstand zu verzichten.[27] Diese weitverbreitete Annahme basiert auf einer Stelle in Severings Memoiren.[28] Rainer Schaefer hat herausgestellt, daß sie eine sehr unsichere Quelle sind.[29] Es scheint nach Lage der Dinge so gewesen zu sein, daß weder von der preußischen Regierung, noch von der sozialdemokratischen Parteiführung vor dem 20. Juli 1932 ein Plan für den Fall der Absetzung der preußischen Regierung ausgearbeitet wurde. Womit man sehr wohl rechnete, war die Unterstellung der Polizei und der Finanzen unter Reichshoheit, nicht aber mit einer verfassungswidrigen Absetzung der Regierung.

Durch die Aufhebung des SA- und Uniformverbotes ereigneten sich immer mehr Gewalttaten.[30] Ironischerweise beklagte sich von Papen, der für diese Situation mitverantwortlich war, am 11. Juli 1932 auf einer Ministerbesprechung, „daß die jetzige innerpolitische [sic!] Lage, vor allem die zunehmenden Terrorakte politischer Parteien eine schwere Belastung für die Reichsregierung darstelle."[31] Die Reichsregierung hatte durch die Aufhebung des SA-Verbots dafür gesorgt, daß sich ein Anlaß für ein Eingreifen ‚ergeben' würde.

Der 17. Juli 1932 stellte den vorläufigen Höhepunkt der politischen Gewalt dar: Der sogenannte ‚Altonaer Blutsonntag' forderte 18 Todesopfer.[32] 7.000 SA-Männer waren

---

[26] Vgl. T. ALBRECHT, S. 310ff.
[27] Vgl. K. D. BRACHER: Die Auflösung der Weimarer Republik. Eine Studie zum Problem des Machtverfalls in der Demokratie, Villingen ⁵1971, S. 521; H. MOMMSEN, S. 451f.; H. SCHULZE: Weimar. Deutschland 1917-1933, Berlin 1982, S. 379; Kritisch hierzu: H.A. WINKLER, S. 493f.
[28] C. SEVERING, Bd. 2, S. 347: „Die Besprechung [gemeint ist die des Parteivorstandes, C.D.] kam einmütig zu dem Ergebnis, bei allem, was kommen möge, die Rechtsgrundlage der Verfassung nicht zu verlassen."
[29] Vgl. überzeugend: R. SCHAEFER, S. 422-424.
[30] Vgl. das elfte Kapitel dieser Studie.
[31] Ministerbesprechung vom 11. Juli 1932, 16.30 Uhr, in: ADR, Kabinett von Papen, Bd. 1, Nr. 57, S. 204-208, S. 204.
[32] Vgl. hierzu und zum folgenden: L. SCHIRMANN: Altonaer Blutsonntag 17. Juli 1932. Dichtungen und Wahrheit, Hamburg 1994, S. 28f.

zu propagandistischen Zwecken durch ein kommunistisches Stadtviertel Altonas marschiert.[33] Der Demonstrationszug war vom Altonaer Polizeipräsidenten, dem Sozialdemokraten Otto Eggerstedt, genehmigt worden. Anfangs hatte er Einwände gegen den geplanten Weg, stimmte dann dem Zug durch das von den Kommunisten beherrschte Arbeiterviertel zu. Zwar waren das SA-Verbot und das allgemeine Demonstrationsverbot aufgehoben worden, aber es wäre durchaus möglich gewesen, die Veranstaltung zu verbieten oder Auflagen zu erteilen. Ob Eggerstedt dies aus Resignation oder aufgrund einer falschen Einschätzung der Lage unterließ, kann nicht beantwortet werden. Auf jeden Fall wollte Eggerstedt die Nationalsozialisten nicht begünstigen: Er war ein Gegner des Nationalsozialismus und wurde von einem SS-Mann im Oktober 1933 im Konzentrationslager Esterwegen ermordet.[34]

Zum Zeitpunkt des Umzugs war Eggerstedt auf Wahlkampfreise und sein Stellvertreter, Oberregierungsrat Schabbehard, befand sich in Urlaub, obwohl Severing eine Urlaubssperre für politische Beamte verhängt hatte. Die Leitung des Polizeipräsidiums wurde dem unerfahrenen Regierungsrat Andritzke, dem Leiter des Polizeiamtes Wandsbek, übertragen. Zusätzlich war der Kommandeur der Altonaer Schutzpolizei, Oberst Münzenberg, in Genesungsurlaub.[35] Die Altonaer Polizei hatte mehrere Fehler begangen: Sie erlaubte einen gefährlichen Demonstrationszug ohne Auflagen, und während des Umzugs war die Führungsspitze nicht vor Ort.

Der Ablauf des Altonaer Blutsonntags ist umstritten: Während meist davon ausgegangen wird, daß Kommunisten auf den SA-Zug geschossen hätten, bezweifelt Léon Schirmann dieses und erörtert die Möglichkeit, daß die Polizei irrtümlich zuerst geschossen habe. Diese Frage ist nicht mehr zu klären.

Durch den ‚Altonaer Blutsonntag' erhielt die Reichsregierung ihre ersehnte Handhabe zum Staatsstreich, wie Reichsinnenminister von Gayl bemerkte: „Dieser Anlaß ergab sich durch die Zwischenfälle in Altona am 17. d. M."[36] Der Vorwurf, die preußische Regierung sei nicht in der Lage, die öffentliche Sicherheit und Ordnung zu gewährleisten, war nur einer der Vorwände zum Staatsstreich. Politisch schwerwiegender waren die Anschuldigungen von Papens, die dieser am Abend des 20. Juli 1932 in einer Rundfunkrede erhob: „Wenn beispielsweise hohe Funktionäre des preußischen Staates ihre Hand dazu bieten, Führern der kommunistischen Partei die Verschleierung illegaler Terrorabsichten zu ermöglichen [...], dann wird die Autorität des Staates von oben her in einer Weise untergraben, die für die Sicherheit des Reiches unerträglich

---

[33] Altona war ein selbständige Stadt, gehörte seit 1867 zu Preußen und wurde erst 1937 in Hamburg eingemeindet.
[34] W. KOPITZSCH: Art. Eggerstedt, in: Biographisches Lexikon für Schleswig-Holstein und Lübeck. Herausgegeben im Auftrag der Gesellschaft für Schleswig-Holsteinische Geschichte und des Vereins für Lübeckische Geschichte und Altertumskunde, Bd. 10, Neumünster 1994, S. 110-113.
[35] Vgl. L. SCHIRMANN, S. 27ff.
[36] Undatierter Aktenvermerk des Freiherrn von Gayl über die Vorbereitung des Staatsstreichs am 20. Juli 1932, in: W. BENZ / I. GEISS, S. 55f. Auch abgedruckt bei: T. TRUMPP, S. 210-212.

ist."[37] Von Papen wurde nicht konkret und nannte keine Namen, aber Eingeweihte wußten die Anspielungen zweifellos zu deuten. Bereits am 22. Juni 1932 hatte der DNVP-Abgeordnete Eldor Borck im preußischen Landtag behauptet: „Der Staatssekretär im preußischen Innenministerium Herr Abegg konspiriert jetzt sehr eifrig mit Herren der Linken und versucht auf diese Weise hinter den Kulissen ganz eigenartige Geschäfte für die Regierung Braun zu machen."[38] Überdies berichtete der Reichsinnenminister von Gayl am 12. Juli 1932 in einer Ministerbesprechung über Verhandlungen Abeggs „wegen eines Zusammenschlusses der SPD mit der KPD."[39] Er wußte hiervon durch Gerüchte in der Presse.[40]

Die Vorwürfe gegen Abegg bezogen sich auf eine Unterredung mit den KPD-Funktionären Wilhelm Kasper und Ernst Torgler.[41] An dem Gespräch nahm auch Rudolf Diels teil, der Dezernent in der politischen Gruppe der Polizeiabteilung im preußischen Innenministerium und spätere erste Chef der Gestapo.[42] Über den Verlauf und Inhalt der Unterredung existieren zwei Versionen.

Am 19. Juli 1932 erhob Diels gegen Abegg den Vorwurf des „Konspirierens mit kommunistischen Führern."[43] Bei einer nächtlichen Zusammenkunft in seiner Wohnung berichtete er dem Staatssekretär Papens, Erwin Planck, und dem zum stellvertretenden Reichskommissar auserkorenen Franz Bracht, daß Abegg ihn „vor ungefähr zwei Wochen" gebeten habe, die beiden KPD-Funktionäre zu einer Unterredung zu bestellen. Dieses Gespräch habe an einem Samstag im preußischen Innenministerium stattgefunden und 3 ½ bis 4 Stunden gedauert. Abegg soll, so Diels, die Kommunisten aufgefordert haben, ihre scharfe Opposition gegen die preußische Regierung aufzugeben. Zugleich betonte er, daß die politischen Gewalttaten aufhören müßten. Weiterhin habe Abegg den KPD-Führern angeboten, durch fingierte Dokumentenfunde die Legalität der KPD nachzuweisen. Severing habe von dem Gespräch seines Staatssekretärs nichts gewußt, später davon erfahren und Abegg scharf getadelt. Ein Ergebnis habe die Unterredung nicht gebracht.

---

[37] Rundfunkrede des Reichskanzlers, 20. Juli 1932, 19 Uhr, in: PREUSSEN CONTRA REICH, S. 482-484, S. 484.
[38] SITZUNGSBERICHTE DES PREUSSISCHEN LANDTAGS, 4. Wahlperiode, 10. Sitzung am 22. Juni 1932, Band 1, Sp. 692.
[39] Ministerbesprechung vom 12. Juli 1932, 17 Uhr, in: ADR Kabinett von Papen, Bd. 1, Nr. 59, S. 209-213, S. 212.
[40] EBENDA, Anm. 7. Entsprechende Gerüchte waren am 9. Juli 1932 in der Berliner Börsenzeitung veröffentlicht worden. Zudem wurde behauptet, Abegg plane die Verhaftung der Reichsregierung durch die preußische Polizei.
[41] Kasper war Fraktionsführer der KPD im preußischen Landtag. Torgler war Fraktionsführer der KPD im Reichstag.
[42] Vgl. die Kurzbiographie bei C. GRAF: Politische Polizei, S. 317-329.
[43] Aktenvermerk des Ministerialrates Wienstein vom 25. Juli 1932 betr. Besprechung mit Regierungsrat Diels vom 19. Juli 1932, abgedruckt in: C. GRAF: Politische Polizei, Dok. 6, S. 407f. und ADR, Kabinett von Papen, Bd. 1, Nr. 66, S. 246f. Das Original befindet sich in: BAB, R 43 I, Nr. 2280, Bl. 51-53. Anwesend waren neben Planck, Bracht und dem Protokollanten Wienstein der Minsterialrat im preußischen Handelsministerium, Friedrich Landfried und der Ministerialrat im preußischen Innenministerium, Erwin Schütze.

Nach Darstellung Abeggs[44] hatte das Gespräch bereits am 4. Juni stattgefunden und eine andere Vorgeschichte: Diels selbst habe ihm eine Unterredung mit Kasper vorgeschlagen, die wesentlich kürzer gewesen sei, als Diels behauptete. Der Zweck der Besprechung, von der Severing tatsächlich nichts wußte, war, laut Abegg, die Kommunisten zu überzeugen, auf Gewalttaten zu verzichten. Abegg bestritt nicht, daß er den Kommunisten angeboten habe, durch die Polizei Geheimbefehle finden zu lassen, die den Willen der KPD zum Verzicht auf Gewalttaten beweisen sollten. Hierdurch sollten nicht Gewalttaten verschleiert, sondern verhindert werden. Weiterhin habe er Kasper und Torgler aufgefordert, die Wahl eines Zentrumsabgeordneten zum preußischen Ministerpräsidenten zu unterstützen.

Unbestritten ist also, daß die Besprechung zwischen Abegg und Diels und den KPD-Funktionären Kasper und Torgler stattgefunden hat. Die Bemerkung Diels, daß das Gespräch Anfang Juli geführt worden sei, dürfte nicht zutreffend sein. Die genaue Angabe des Datums durch Abegg und die Vorwürfe von Borcks am 22. Juni im Landtag deuten darauf, daß das Gespräch wahrscheinlich am 4. Juni 1932 stattgefunden hat.[45]

Der Inhalt des Gesprächs wird von Diels und Abegg ungefähr gleich geschildert. Strittig ist neben der Frage, von wem die Initiative zu der Unterredung ausging, der Zweck des Gesprächs. Diels warf Abegg ein „Konspirieren"[46] vor, daß von Papen in seiner Rundfunkrede zu einer „Verschleierung illegaler Terrorabsichten"[47] stilisierte. Diese Anschuldigung von Papens ging weit über das von Diels berichtete hinaus und kann als unbegründet gelten. Dies hätte Abeggs bisheriger Tätigkeit und seinen politischen Überzeugungen widersprochen.[48] Zudem wäre er zu einer solch weitreichenden Aktion nicht befugt gewesen.

Fragt man nach der Glaubwürdigkeit der beiden Aussagen, so fällt auf, daß Rudolf Diels sechs Wochen wartete, bis er sich entschloß, der Reichsregierung Mitteilung über den angeblichen Verrat zu machen. Das spricht nicht dafür, daß Diels große Bedenken bei oder nach der Besprechung gehabt hat. Denn wenn die Unterredung mit den beiden KPD-Führern „objektiv an Hochverrat"[49] grenzte, wie er später ausführte, warum meldete er diesen nicht sofort? Um dieser Frage auszuweichen, wird er das Gespräch auf Anfang Juli datiert haben.

Die Tatsache, daß Diels nicht seinen und Abeggs Vorgesetzten, den preußischen Innenminister Severing, zuerst informierte, kann als Verrat an der preußischen Re-

---

[44] Zum folgenden die Gegendarstellung Abeggs in der Erklärung der preußischen Staatsregierung vom 10. August 1932, in: BAB, R 43 I, Nr. 2080.
[45] Der 4. Juni 1932 war ein Samstag. Somit stimmt die Angabe von Diels, daß das Gespräch an einem Samstag stattgefunden hat. Vgl. C. SEVERING, S. 342, der auch den 4. Juni 1932 als Gesprächstermin nennt.
[46] Vgl. Anm. 41.
[47] Vgl. Anm. 35.
[48] So auch: C. GRAF: Politische Polizei, S. 63.
[49] Diels in einer Erklärung der Reichsregierung vom 25. August 1932, in: BAB R 43 I, Nr. 2080.

gierung bezeichnet werden. Rudolf Diels wurde nicht in „schwere Gewissenskonflikte"[50] gebracht, wie er behauptete. Allen Zeugnissen nach zu urteilen, scheint Rudolf Diels ein zutiefst gewissenloser Mensch gewesen zu sein.[51] Zudem wußte Diels, daß die Einsetzung eines Reichskommissars in Preußen kurz bevorstand. Durch seinen Verrat konnte er den neuen Machthabern nun einen wichtigen Vorwand liefern und sich ihnen in vorauseilendem Gehorsam andienen.

Die stetig steigenden Bedenken, die Diels im nachhinein bei der Besprechung gehabt haben will, sind augenfällig und tragen wenig dazu bei, seine Glaubwürdigkeit zu erhöhen.[52] Anfang November dementierte Diels den Vorwurf des Hochverrates und beschuldigte die Ministerialräte Landfried und Schütze, die Anschuldigungen aufgebracht zu haben.[53] Zu diesem Zeitpunkt hatte Diels bereits Kontakt zu Hermann Göring aufgenommen und lieferte ihm vertrauliche Informationen aus der politischen Polizei. 1933 stieg Diels zum ersten Chef der Gestapo auf: Alles in allem kann Diels als ein geschickter Opportunist und unglaubwürdiger Zeuge gelten.

Die Aussage Wilhelm Abeggs darf zunächst eine höhere Vertrauenswürdigkeit dadurch beanspruchen, daß er sich in keine Widersprüche verstrickte. Während Abegg das genaue Datum benennen konnte, hatte Diels offenbar bei der Angabe des Datums gelogen.

Zu klären bleibt, auf wessen Initiative die Besprechung stattfand, und welche Absicht Wilhelm Abegg verfolgte. Joachim Petzold vermutet, daß Abegg durch eine Äußerung Wilhelm Piecks im preußischen Landtag zwei Tage zuvor zu der Unterredung inspiriert wurde.[54] Gegenüber der NSDAP hatte Pieck im preußischen Landtag erklärt: „Wir werden unter Einsetzung aller Kräfte des Proletariats zu verhindern wissen, daß sie hier oder sonst wo anders die Regierungsgewalt in die Hände bekommen [...]."[55] Petzold ist zuzustimmen, daß diese Äußerung zu der vorangegangenen Politik der KPD im Widerspruch stand; ob dies eine „grundsätzliche Wende in der KPD-Politik"[56] möglich erscheinen läßt, ist hingegen fraglich. In der gleichen Sitzung kritisierte Pieck die preußische Regierung, insbesondere die Sozialdemokraten, und verstieg sich zur absurden These vom Sozialfaschismus: „Vieles in den Methoden und

---

[50] Ebenda
[51] Aus den vielen negativen Einschätzungen über Diels Charakter: Mitteilung von Dagobert Arian an Christoph Graf, 7. Mai 1975, in: SBA, Depositum Hofer/Graf, Nr. 7, der ihn mit Catilina und Alkibiades vergleicht.
[52] Hierauf verwies bereits Abegg in seiner Erklärung vom 10. August 1932, in: BAB, R 43 I, Nr. 2080.
[53] Vgl. E. FEDER, S. 310f.
[54] J. PETZOLD: SPD und KPD in der Endphase der Weimarer Republik. Unüberwindbare Hindernisse oder ungenützte Möglichkeiten?, in: H.A. WINKLER: Die deutsche Staatskrise, München 1992, S. 78-98, S. 95.
[55] SITZUNGSBERICHTE DES PREUSSISCHEN LANDTAGS, 4. Wahlperiode, 4. Sitzung am 2. Juni 1932, Band 1, Sp. 138.
[56] J. PETZOLD: SPD und KPD, S. 95.

auch im Inhalt der Arbeit der Sozialdemokratie gleicht den Methoden und dem Inhalt der Arbeit der Nationalsozialisten."[57]

Ob sich Abegg durch die sehr unbestimmte Äußerung Piecks veranlaßt sah, Verhandlungen mit der KPD aufzunehmen, muß offen bleiben. Es ist genauso gut möglich, daß die Initiative von Diels ausging: Er verfügte als Referent für linksradikale Parteien in der politischen Gruppe der Polizeiabteilung im preußischen Innenministerium über gute Kontakte zur KPD. Bei der Verschlagenheit, die Diels häufig an den Tag legte, wäre es denkbar, daß er die Anregung zu diesem Gespräch bereits mit dem Hintergedanken einer späteren Kompromittierung Abeggs gab. Die Frage, wer die Anregung zum Treffen mit den KPD-Führern gab, läßt sich nicht endgültig klären.

Die Absichten, die Abegg mit dem Gespräch verfolgte, sind ebenfalls nicht einfach zu ermitteln. Im Jahre 1947 behauptete Abegg in einem Brief an Carl Severing, ihm sei es um die Schaffung einer „Einheitsfront" gegen den Nationalsozialismus gegangen. Er warf Severing Passivität und mangelnde Härte gegenüber den Nationalsozialisten vor.[58] Quellenkritisch ist anzumerken, daß Abeggs Schilderung seinen eigenen zeitgenössischen Aussagen widerspricht und die Unterschiede einer im Laufe der Jahre zunehmenden Verbitterung und Radikalisierung zuzuschreiben sind. Zudem war das Verhältnis Abeggs zu Severing stark angespannt, wie aus dem Brief hervorgeht, was ihn möglicherweise zu den Vorwürfen verleitete.

Nach der Quellenlage zu urteilen, wollte Abegg die KPD von ihrem gewaltsamen Kurs abbringen und eine Art Stillhalteabkommen erzielen, damit die KPD die geschäftsführende preußische Regierung zumindest indirekt unterstützt. Das Vorgehen Abeggs wird in der Forschung als ungewöhnlich, unklug und unrealistisch bezeichnet.[59] Teilweise wird ihm gar die Loyalität gegenüber seinen Vorgesetzten abgesprochen.[60] Sicherlich war die Aktion ungewöhnlich - besonders wenn man bedenkt, daß weder Severing noch Braun, Grzesinski oder Hirtsiefer informiert waren.

Betrachtet man die grundsätzliche Haltung der KPD sowohl zur Weimarer Republik, als auch zur Sozialdemokratie,[61] erscheint der Versuch Abeggs, in dieser Situation ein Stillhalteabkommen zu erzielen, tatsächlich unrealistisch. Doch es gab durchaus Anhaltspunkte für eine zumindest taktische Änderung der KPD-Linie: Neben der bereits zitierten Äußerung Piecks hatte die KPD am 3. Juni 1932 gegen einen Antrag der DNVP gestimmt, der darauf zielte, bei der Wahl des preußischen Ministerpräsidenten zur alten Geschäftsordnung ohne konstruktives Mißtrauensvotum zurück-

---

[57] SITZUNGSBERICHTE DES PREUSSISCHEN LANDTAGS, 4. Wahlperiode, 4. Sitzung am 2. Juni 1932, Band 1, Sp. 139.
[58] Wilhelm Abegg an Carl Severing, Zürich 31. Mai 1947, in: ASD, Nl. Severing, M 306.
[59] So die Einschätzungen von: C. GRAF: Politische Polizei, S. 63; H. MOMMSEN, S. 452f.; T. VOGELSANG, S. 237.
[60] Vgl. H. SCHULZE: Otto Braun, S. 740.
[61] Vgl. vor allem: H. WEBER: Die Wandlung des deutschen Kommunismus. Die Stalinisierung der KPD in der Weimarer Republik, 2 Bände, Frankfurt a. M. 1969; DERS.: Hauptfeind Sozialdemokratie. Strategie und Taktik der KPD in der Weimarer Republik, Düsseldorf 1982.

zukehren.⁶² Zudem gibt es einige Anzeichen, daß das Gespräch Abeggs mit Torgler und Kasper Wirkung zeigte: Am 15. Juni stimmte die KPD-Fraktion im preußischen Landtag gegen einen nationalsozialistischen Antrag, nach dem die preußischen Minister, die der SPD oder DDP angehörten, vor den Staatsgerichtshof gestellt werden sollten.⁶³ Bei der Wahl zum Präsidium des preußischen Landtages am 22. Juni 1932 wollte die KPD die Kandidaten des Zentrums und der SPD unterstützen, wenn im Gegenzug die volle Versammlungs-, Presse- und Demonstrationsfreiheit hergestellt würde.⁶⁴ Weiterhin verlangte sie die Nichtdurchführung der Notverordnungen von Papens und die Freigabe des Rundfunks für die KPD. Die Forderungen wurden von der preußischen Staatsregierung abgelehnt, wie nicht anders zu erwarten war. Trotz der Ablehnung war die KPD bereit, bei der Wahl die Kandidaten des Zentrums und der SPD zu unterstützen, wenn diese die Wahl von Nationalsozialisten und Deutschnationalen verhindern würden. Für sich verlangte die KPD keinen Sitz im Landtagspräsidium. Die preußische Regierung ging auf das Angebot nicht ein. Möglicherweise war der Vorschlag lediglich taktischer Natur, da man eine Absage erwartete. Der zeitliche Zusammenhang legt aber den Schluß nahe, daß die Offerte aus dem Gespräch mit Abegg resultierte. Somit zeigt sich, daß die Bemühungen Abeggs nicht völlig chancenlos waren.

Diese taktische Änderung in der KPD-Linie bedeutete nicht, daß eine dauerhafte ‚Einheitsfront' realistisch war. Hierzu hätte die KPD ihre Strategie, die auf die Zerstörung der Weimarer Republik gerichtet war, grundlegend ändern müssen.

Auf der anderen Seite war die preußische Regierung nicht bereit, sich durch die KPD tolerieren zu lassen. Tatsächlich wäre der KPD ein nicht unerhebliches Druckmittel in die Hand gegeben worden. Zudem befürchtete die preußische Regierung, mit einer Tolerierung durch die KPD die Einsetzung eines Reichskommissars zu provozieren. Tatsächlich hatten bereits diesbezügliche Gerüchte ausgereicht, um die Einsetzung des Kommissars in den Augen der Reichsregierung zu rechtfertigen. So gesehen erscheint die Aktion Abeggs unklug. Man wird Abegg jedoch nicht gerecht, wenn man seine Handlungsweise apodiktisch als politische Dummheit verurteilt.

Betrachtet man die Sitzverteilung im preußischen Landtag, so hätte nur eine Koalition aus NSDAP und Zentrum eine Mehrheit gehabt. Abeggs Ziel war die Fernhaltung der NSDAP von allen staatlichen Machtpositionen. Die einzige Chance, die geschäftsführende preußische Regierung auf Dauer im Amt zu halten, war die Tolerierung durch die KPD. Dieser Möglichkeit wurde auch vom Fraktionsvorsitzen-

---

[62] Urantrag Nr. 57, in: SAMMLUNG DER DRUCKSACHEN DES PREUSSISCHEN LANDTAGS, 4. Wahlperiode, Band 1, S. 64; Namentliche Abstimmung, in: SITZUNGSBERICHTE DES PREUSSISCHEN LANDTAGS, 4. Wahlperiode, 5. Sitzung am 3. Juni 1932, Band 1, Sp. 315f.

[63] Urantrag Nr. 128, in: SAMMLUNG DER DRUCKSACHEN DES PREUSSISCHEN LANDTAGS, 4. Wahlperiode, Band 1, S. 88; Namentliche Abstimmung, in: SITZUNGSBERICHTE DES PREUSSISCHEN LANDTAGS, 4. Wahlperiode, 5.Sitzung am 3. Juni 1932, Band 1, Sp. 427f.

[64] Dies äußerte Wilhelm Pieck, in: SITZUNGSBERICHTE DES PREUSSISCHEN LANDTAGS, 4. Wahlperiode, 10. Sitzung am 22. Juni 1932, Band 1, Sp. 682.

den der SPD im preußischen Landtag, Ernst Heilmann, nachgegangen. Heinrich August Winkler attestiert ihm ein schlüssiges Konzept.[65]
Somit wäre es wohl angemessener, von einer Verzweiflungstat Abeggs zu sprechen. Wer ihm Illoyalität oder totalen Realitätsverlust unterstellt, verkennt seine Motive. Die ironische Bewertung der Aktion durch Severing als „Diplomatenstück" in seinen Memoiren erscheint wenig angemessen.[66]
Zusammenfassend läßt sich die verzerrte Darstellung des Gespräches zwischen Abegg und den KPD-Führern Kasper und Torgler durch Rudolf Diels als wichtigste Begründung für die Reichsregierung zur Einsetzung eines Reichskommissars festhalten. Die Reichsregierung suchte nur einen Anlaß, um diese Aktion durchführen zu können. Die tatsächliche Bedeutung des Gespräches spielte keine entscheidende Rolle.[67]
Nachdem die Reichsregierung glaubte, durch den ‚Altonaer Blutsonntag' und die Diels-Abegg-Affäre zwei geeignete Anlässe innerhalb von zwei Tagen gefunden zu haben, zögerte sie nicht lange: In einer Besprechung der preußischen Regierung mit Vertretern der Reichsregierung am Vormittag des 20. Juli 1932 erklärte Reichskanzler von Papen den anwesenden preußischen Ministern Hirtsiefer, Severing und Klepper, daß der Reichspräsident eine Verordnung erlassen habe, die ihn, den Reichskanzler, zum Reichskommissar für das Land Preußen bestelle.[68] Weiterhin gab von Papen bekannt, daß er Braun und Severing der Ämter enthebe. Er selbst übernehme die Geschäfte des preußischen Ministerpräsidenten. Mit der kommissarischen Führung des preußischen Innenministeriums betraute von Papen Franz Bracht.[69]
Severing verwahrte sich gegen die Unterstellung, daß in Preußen die öffentliche Sicherheit und Ordnung weniger gewährleistet sei als in den anderen Ländern des Deutschen Reichs. Weiterhin erklärte er, das Vorgehen der Reichsregierung sei eine offene Verletzung der Verfassung. Von Papen ließ sich nicht beeindrucken und fragte Severing, ob er freiwillig seinen Posten räume, woraufhin Severing die viel zitierten Worte sprach, daß er nur der Gewalt weiche.[70] Der stellvertretende preußische Ministerpräsident Hirtsiefer bestritt, daß das Vorgehen seines ehemaligen Parteifreundes verfassungsmäßig sei. Von Papen erklärte, die preußischen Minister könnten sich zur Klärung an den Staatsgerichtshof wenden.

---

[65] Vgl. H. A. WINKLER, S. 459, der weiterhin urteilt: „Ganz aussichtslos war Heilmanns Appell an die KPD nicht."
[66] C. SEVERING, S. 341.
[67] C. GRAF: Politische Polizei, S. 64, sieht in der Diels-Abegg-Affäre „ein Beispiel für das Machtpotential einer Politischen Polizei in einem politisch polarisierten und labilen Kontext, in dem politische Informationen eine Waagschale entscheidend gewichten können." Zwar gehörten Diels und Abegg nicht direkt zur politischen Polizei, aber im weiteren Sinne können sie hinzugezählt werden.
[68] Verordnung des Reichspräsidenten betreffend die Wiederherstellung der öffentlichen Sicherheit und Ordnung im Gebiet des Landes Preußen, 20. Juli 1932, in: RGBl. 1932, I, S. 377.
[69] Bekanntmachung des Reichskanzler von Papen, 20. Juli 1932, in: DRAnz. Nr. 168 vom 20. Juli 1932, S.1.
[70] C. SEVERING, S. 349.

Kurz nach der Besprechung verhängte die Reichsregierung, gestützt auf die Notverordnung des Reichspräsidenten, den militärischen Ausnahmezustand über Berlin und die Provinz Brandenburg. Die vollziehende Gewalt ging auf die Reichswehr über, der die gesamte preußische Schutzpolizei unterstellt wurde. Die preußischen Minister versammelten sich in Severings Dienstzimmer und verfaßten eine einstimmige Erklärung, in der sie die Einsetzung eines Reichskommissars als verfassungswidrig und ungültig bezeichneten, da kein Anlaß gegeben sei. Sie teilten mit, daß man den Staatsgerichtshof anrufen und bis zum endgültigen Bescheid eine einstweilige Verfügung beantragen werde.[71]

Von besonderem Interesse ist die Rolle, die die Polizei und insbesondere die politische Polizei während des 20. Juli spielte. Im äußeren Ablauf kam der Polizei keine entscheidende Funktion zu. Hinter den Kulissen wirkten indessen einige höhere Beamte der preußischen Polizeiverwaltung entscheidend an der Vorbereitung und Durchführung des Staatsstreichs mit. Eine bis heute umstrittene Rolle spielte der Leiter der Polizeiabteilung im preußischen Innenministerium, Erich Klausener.[72] Während ihm einige Mitarbeiter attestierten, loyal zur Republik gestanden und den Nationalsozialismus bekämpft zu haben, beschuldigten ihn Severing, Grzesinski und verschiedene republikanische Beamte, unaufrichtig gehandelt und die preußische Regierung am 20. Juli 1932 verraten zu haben. Tatsächlich trat Klausener im Prozeß der preußischen Regierung gegen die Reichsregierung als einer der Kronzeugen der Reichsregierung auf. Er behauptete, die preußische Regierung habe den Kommunismus nur unzureichend bekämpft. Klausener solidarisierte sich im Herbst 1932 weitgehend mit dem Papenregime, lehnte den Nationalsozialismus allerdings ab und mußte am 30. Juni 1934 in der sogenannten ‚Nacht der langen Messer' mit seinem Leben zahlen. Diese Tatsachen erlauben jedoch keine zwingenden Rückschlüsse auf sein Verhalten am 20. Juli 1932.

Während die Rolle Klauseners nicht geklärt werden kann, steht außer Frage, daß Rudolf Diels und der Ministerialrat Erwin Schütze an der Vorbereitung des Staatsstreichs beteiligt waren. Schütze leitete ein Referat im preußischen Innenministerium in der Abteilung für Rechts- und Verfassungsfragen.[73]

Aus der Tatsache, daß einige höhere preußische Beamte mit der von Papen-Regierung konspirativ zusammenarbeiten, können keine allgemeingültigen Aussagen über die Loyalität der politischen Beamten gezogen werden: Während einer Bespre-

---

[71] Der Ablauf des 20. Juli ist weitgehend unstrittig und gut dokumentiert. Vgl. als Darstellungen: J. BAY: Der Preußenkonflikt 1932/33. Ein Kapitel aus der Verfassungsgeschichte der Weimarer Republik, jur. Diss. Erlangen-Nürnberg 1965, S. 5-16; W. BENZ: Staatsstreich, in: DERS. / I. GEISS, S. 9-40; K. D. BRACHER: Die Auflösung, S. 510-526. Aus der Memoirenliteratur: O. BRAUN, S. 401ff.; A. BRECHT: Kraft des Geistes, S. 181-201; A. GRZESINSKI: La Tragi-Comédie, S. 221ff.; C. SEVERING, S. 348ff.
[72] Vgl. zum folgenden: C. GRAF: Politische Polizei, S. 65f.
[73] Vgl. EBENDA, S. 383f.

chung am 20. Juli 1932 stellten sich alle Abteilungsleiter des Polizeipräsidiums Berlin hinter Polizeipräsident Grzesinski.[74]

Über die Loyalität der Beamten der politischen Polizei läßt sich wenig sagen, da sie am Ablauf des Staatsstreichs nicht beteiligt waren. Albert Grzesinski berichtet allerdings, daß sich die beiden Kriminalbeamten der politischen Abteilung, die er zu seinem Schutze angefordert hatte, bei dem neuen Polizeipräsidenten Melcher meldeten.[75] Abwägend urteilte Christoph Graf: „Im übrigen läßt sich die unmittelbare Haltung der Beamten der politischen Abteilung des Polizeipräsidiums Berlin zu den Ereignissen des 20. Juli 1932 nur indirekt und mit Vorbehalten aus ihren Äußerungen im Zusammenhang mit dem Verfahren ‚Preußen contra Reich' ablesen. Demnach hatten allerdings auffällig viele Beamte der Politischen Polizei sich sehr schnell mit dem Papen-Bracht-Regime solidarisiert beziehungsweise ihre republikanischen Vorgesetzten desavouiert."[76] Als Beleg für diese Aussage nennt Graf lediglich acht Kriminalkommissare, von denen allerdings nur zwei vor dem 20. Juli 1932 bei der politischen Abteilung tätig waren.[77] Somit muß seine Aussage relativiert werden

Am Abend des 20. Juli 1932 hatte die Reichsregierung Fakten geschaffen: Die preußische Regierung war staatsstreichartig abgesetzt. Mehrere sozialdemokratische Ober-, Regierungs-, und Polizeipräsidenten waren ihrer Ämter enthoben.[78] Die preußischen Sozialdemokraten hatten ihre Machtmittel kampflos aus der Hand gegeben und hofften, daß von Papen die Quittung bei den Reichstagswahlen erhalten würde.

Im Zusammenhang mit dem 20. Juli 1932 wird meist die Frage gestellt, ob ein Widerstand gegen den Staatsstreich möglich und sinnvoll gewesen wäre. Einige Historiker wie Karl-Dietrich Bracher oder Horst Möller argumentieren, daß ein Widerstand gegen den Staatsstreich zumindest eine Demonstration des demokratischen Behauptungswillens gewesen wäre und nicht hätte unterbleiben dürfen, egal wie hoch die Wahrscheinlichkeit für ein Gelingen war.[79] Die Mehrheit der Historiker verneint jedoch eine reelle Chance, den Staatsstreich zu verhindern.[80]

---

[74] Aufzeichnung Albert Grzesinskis über den 20. Juli 1932, Berlin 20. Juli 1932 [masch.], in: IISG, Nl. Grzesinski, 2045.
[75] Ebenda.
[76] C. GRAF: Politische Polizei, S. 68.
[77] Vgl. C. GRAF: Politische Polizei, S. 80, der folgende Kriminalkommissare nennt: Fischer, Frohwann, Futh, Geißler, Heisig, Lorenz, Sattler und Wipper. Nur Heisig und Futh waren vor dem 20. Juli 1932 bei der politischen Polizei.
[78] Hierauf wird im dreizehnten Kapitel eingegangen.
[79] Vgl. K.D. BRACHER: Die Auflösung, S. 519-526; E. MATTHIAS: Die Sozialdemokratische Partei Deutschlands, in: DERS. / R. MORSEY: Das Ende der Parteien 1933, Düsseldorf 1960, S. 101-278, S. 144; H. MÖLLER: Parlamentarismus, S. 570ff.
[80] Vgl. exemplarisch: P. LESSMANN, S. 369f.; H. MOMMSEN, S. 455f.; J. PETZOLD: Franz von Papen, S. 94f.; H. SCHULZE: Weimar, S. 380f.; H. A. WINKLER: Weimar, S. 500f.

Der geforderte Widerstand hätte auf dreierlei Weise geschehen können: Durch einen Generalstreik, durch den Einsatz des Reichsbanners gegen die Reichswehr und durch die preußische Polizei.[81]

Die Berliner Schutzpolizei war der in Berlin und Umgebung stationierten Reichswehr zahlenmäßig überlegen, hatte bessere Ortskenntnisse und mehr Erfahrung im Straßenkampf.[82] Auf mittelfristige Sicht verfügte aber die Reichswehr über die größeren Personalressourcen und konnte die 3. Reichswehrdivision aus Küstrin, Schweidnitz und Frankfurt an der Oder heranziehen.[83] Zudem besaß die Reichswehr das schwerere militärische Gerät.

Abgesehen von solchen taktischen Überlegungen ist zu fragen, ob überhaupt die Mehrheit der preußischen Schutzpolizisten auf das Kommando der abgesetzten Regierung gehört hätte. Der Kommandeur der Berliner Schutzpolizei, Magnus Heimannsberg, glaubte fest an die Loyalität der preußischen Polizei zu ihrer Regierung.[84] Führende preußische Politiker waren sich hingegen einig, daß ein nicht unerheblicher Teil der Beamten dem Befehl der preußischen Regierung, gegen die Reichswehr vorzugehen, nicht gefolgt wäre.[85] Diese Haltung der Beamten wäre verständlich gewesen: Es handelte sich nicht um den Putsch eines beliebigen politischen Hasardeurs. Der vom Reichspräsidenten bevollmächtigte Reichskanzler hatte die preußische Regierung abgesetzt und die Schutzpolizei dem Kommando der Reichswehr unterstellt.[86] Ein Nichtbefolgen der Anweisung des militärischen Befehlshabers hätte mit der Todesstrafe geahndet werden können. Zwar war die Rechtmäßigkeit der Absetzung der preußischen Regierung höchst umstritten, aber die Unterstellung der Polizei unter das Kommando der Reichswehr nicht offenkundig verfassungswidrig. Daher ist es fraglich, ob die Mehrheit der Polizisten dem Befehl der preußischen Regierung gefolgt wäre und auf die Reichswehr geschossen hätte.

Schließlich ist zu fragen, was mit einem offenen Widerstand gegen die Reichsregierung erreicht worden wäre. Man darf annehmen, daß ein offener Bürgerkrieg ausgebrochen wäre, der möglicherweise mit einer Niederlage der Republikaner geendet hätte. Eine spätere ‚Machtergreifung' der NSDAP wäre dadurch nicht ausgeschlossen worden. Völlig zu recht urteilt daher Hagen Schulze: „[...] aber wie sähe das Urteil der Nachwelt aus, wenn sie [die Sozialdemokraten] einen hoffnungslosen Kampf

---

[81] Auf die Möglichkeit eines Generalstreiks und den Einsatz des Reichsbanners soll hier nicht ausführlich eingegangen werden. Ein Generalstreik war angesichts der hohen Arbeitslosenzahlen und der leeren Gewerkschaftskassen nicht möglich. An der Tapferkeit des Reichsbanners soll nicht gezweifelt werden, aber es wäre gegen die Reichswehr chancenlos gewesen.
[82] Vgl. L. DIERSKE: War eine Abwehr des „Preußenschlages" vom 20. Juli 1932 möglich?, in: Zeitschrift für Politik 17 (1970), S. 197-245, S. 240.
[83] Vgl. P. LESSMANN, S. 366.
[84] Bericht von Magnus Heimannsberg aus dem Jahr 1957, abgedruckt bei: K. D. BRACHER: Auflösung, S. 641-643.
[85] Vgl. A. BRECHT: Vorspiel zum Schweigen. Das Ende der deutschen Republik, Wien 1948, S. 99; A. GRZESINSKI: Inside Germany, New York 1939, S. 161.
[86] Vgl. O. BRAUN, S. 247.

begonnen und verloren hätten, und wenn die Niederschlagung einer republikanischen Gewaltaktion zur Geburt einer Diktatur der Reichswehr oder des Nationalsozialismus geführt hätte?"[87]

---

[87] H. SCHULZE: Otto Braun, S. 754f.

DREIZEHNTES KAPITEL

Die Folgen des ‚Preußenschlags' für die politische Polizei

Neben der Absetzung der preußischen Regierung hatte der Preußenschlag weitere personelle Konsequenzen: Der Polizeipräsident von Berlin, Albert Grzesinski, sein Stellvertreter Bernhard Weiß und der Kommandeur der Berliner Schutzpolizei wurden ihrer Ämter enthoben und am 20. Juli 1932 kurzfristig inhaftiert. Unmittelbar nach dem Staatsstreich wurden vier Oberpräsidenten, sieben Regierungspräsidenten sowie elf Polizeipräsidenten und -direktoren abgesetzt.[1] Betroffen waren überwiegend Sozialdemokraten oder Mitglieder der Staatspartei, seltener Angehörige des Zentrums. Im preußischen Innenministerium wurde der Staatssekretär Wilhelm Abegg in den einstweiligen Ruhestand versetzt. Ihm folgten kurze Zeit später zwei Ministerialdirektoren und drei Ministerialräte, darunter Hermann Badt und Hans Hirschfeld. Der Referent für Rechtsextremismus in der Polizeiabteilung des preußischen Innenministeriums, der sozialdemokratische Regierungsrat Wilhelm Deist, wurde in die Provinz versetzt.[2] In anderen Ministerien gab es ebenfalls personelle Konsequenzen: Die Staatssekretäre Hans Staudinger und Hans Krüger aus dem Handelsministerium und dem Landwirtschaftsministerium wurden ihrer Ämter enthoben.

Bis zum 10. Oktober 1932 waren von 588 politischen Beamten 94 in den einstweiligen Ruhestand versetzt und 11 zwangsweise in den Urlaub geschickt worden.[3] Am 12. November 1932 wurden weitere 69 Ministerialbeamte ‚abgebaut', die meist Sozialdemokraten waren.[4] Die entlassenen oder beurlaubten Beamten wurden durch konservative Wartestandsbeamte ersetzt, die meist Mitglieder der DNVP waren und reaktionären Studentenkorps angehörten. Rudolf Diels wurde zum Oberregierungsrat befördert - unter Umgehung des Senioritätsprinzips.[5]

Die NSDAP profitierte nicht direkt von den Neubesetzungen. Es war gleichwohl im Sinne der Nationalsozialisten, daß die Regierung von Papens innerhalb weniger Wochen die jahrelangen und erfolgreichen Bemühungen der preußischen Regierung um eine Demokratisierung der höheren Beamtenschaft zunichte machte.[6]

In der Abteilung I am Polizeipräsidium Berlin wurden keine Beamten in den einstweiligen Ruhestand versetzt oder entlassen, da dies beamtenrechtlich nicht ohne weiteres möglich war. Allerdings wurden einige höhere Beamte in unpolitische Abtei-

---

[1] Sitzung des preußischen Staatsministeriums [der Kommissariatsregierung C.D.], 21. Juli 1932, in: ADR, Kabinett von Papen, Bd. 1, Nr. 76, S. 281-283, S. 282.
[2] Vgl. C. GRAF: Politische Polizei, S. 72; J. PETZOLD: Franz von Papen. Ein deutsches Verhängnis, München / Berlin 1995, S. 97.
[3] PREUSSEN CONTRA REICH, S. 90.
[4] Vgl. W. RUNGE, S. 238f.
[5] Vgl. C. GRAF: Politische Polizei, S. 71-77.
[6] Vgl. das Zitat von Goebbels eingangs des fünften Teils.

lungen abgeschoben: Der Leiter der politischen Abteilung, Fritz Goehrke, wurde in die Abteilung III (Fremdenamt) versetzt, ebenso wie der Dezernent für linksradikale Parteien, Dagobert Arian. Der Inspektionsleiter für rechtsradikale Parteien, Kriminalrat Johannes Stumm, mußte zur Kriminalpolizei wechseln. Gleiches geschah mit dem Regierungsassessor Max Schindler sowie einigen Kriminalkommissaren und mittleren Kriminalbeamten.[7]

An anderen Polizeipräsidien gab es im Zuge des 20. Juli 1932 keine Entlassungen oder Versetzungen in der politischen Polizei.[8] Die vergleichsweise geringen personellen Veränderungen in der politischen Polizei bedeuteten jedoch nicht, daß die bisherige Praxis unverändert weitergeführt wurde. Durch den weitgehenden Austausch des Führungspersonals in den Ober-, Regierungs- und Polizeipräsidien und die veränderte politische Situation ergab sich ein Wandel in der Arbeit der politischen Polizei. Die erhaltenen Quellen zeigen ein anderes Vorgehen bei Zeitungs- und Flugblattverboten: Maßnahmen gegen nationalsozialistische Publikationen nahmen ab, Verbote gegen kommunistische stiegen merklich an. Vereinzelt wurden SPD-Zeitungen und -Flugblätter verboten.[9]

Dies war die Konsequenz des neuen Kurses der Kommissariatsregierung: Keinen Monat nach dem Staatsstreich hatte Diels am 16. August 1932 angewiesen, ab sofort die SPD überwachen zu lassen.[10] Christoph Graf betont, daß die Anweisung in Berlin gewissenhaft umgesetzt wurde und umfangreiche Ermittlungen über „Organisation, Stärke, personelle Zusammensetzung, Finanzen, politische Pläne und Aktivitäten, Bewaffnung, Chiffriermethoden usw."[11] durchgeführt wurden. Im Zentrum der Aufmerksamkeit stand das Reichsbanner. In Flensburg wurden ebenfalls umfangreiche Listen und Verzeichnisse über die Sozialdemokratie durch die politische Polizei angefertigt.[12] Das Material war die Grundlage für die späteren Maßnahmen der Nationalsozialisten nach dem Reichstagsbrand. Zu einer massiven Bekämpfung der Sozialdemokratie ist es unter der Regierung von Papens indes nicht gekommen.

Inwieweit die Beamten der politischen Polizei mit der neuen preußischen Regierung zusammenarbeiteten, ist nur schwer zu sagen. Selbstverständlich hatten Beamte die Befehle der Regierung von Papens umzusetzen. Laut der Polizeiangestellten Charlotte

---

[7] Pers. Mitteilung Johannes Stumm an Christoph Graf, 10./11. Oktober 1974, in: SBA, Depositum Hofer/Graf, Nr. 12. Vgl. die Kurzbiographien von Arian, Goehrke, Schindler und Stumm in Anhang 1.
[8] Lediglich der Kriminalkommissar Köhler am Polizeipräsidium in Kiel scheint kurz nach dem 20. Juli 1932 zur Kriminalpolizei versetzt worden zu sein. Ob dies in direktem Zusammenhang mit dem Papenputsch stand, muß offen bleiben. Der Polizeipräsident Kiel an den Regierungspräsidenten Schleswig, 10. August 1932, in: LAS, Abt. 309, Nr. 22700.
[9] Die Sammlung von Polizeifunksprüchen, in: HStAD, Reg. Düsseldorf, Nr. 30656f, zeigt deutlich diese Verschiebung nach dem 20. Juli 1932.
[10] Aktenvermerk des Regierungsassessors Schnitzler vom 16. August 1932, in: GStA PK, I. HA, Rep. 219, Nr. 27, Bl. 3; auch abgedruckt bei: C. GRAF: Politische Polizei, S. 410.
[11] C. GRAF: Politische Polizei, S. 86.
[12] Vgl. G. PAUL: Gestapo in Flensburg, S. 20.

Elsler, die im Berliner Polizeipräsidium in der Abteilung I tätig war, waren die meisten Beamten der politischen Abteilung durchaus bereit, mit den neuen Machthabern zusammenzuarbeiten.[13]

In vielen Polizeipräsidien waren Sozialdemokraten in führenden Positionen bei der politischen Polizei verblieben: Der Kriminalkommissar Ganser, ein überzeugter Sozialdemokrat, behielt seinen Posten als Leiter der politischen Exekutive in Bochum. Er wurde erst Anfang 1933 durch die Nationalsozialisten entfernt. Der Leiter des Außendienstes der politischen Polizei in Frankfurt am Main, der Sozialdemokrat Ferdinand Mührdel, behielt seinen Posten ebenfalls bis 1933. Wie sich diese Beamten verhielten, läßt sich aufgrund der überlieferten Quellen nicht sagen. Für eine übereifrige Anpassung an das Papen-Regime finden sich zumindest keine Anzeichen in den Quellen.

Die wenigen nicht abgesetzten sozialdemokratischen Polizeipräsidenten behielten nach dem Papenputsch sogar ihre politische Linie bei. In Duisburg war der sozialdemokratische Polizeipräsident Hermann Meyer nach dem 20. Juli 1932 im Amt verblieben, und die Duisburger Polizei schützte noch Anfang Februar 1933 auf Meyers Geheiß das Reichsbanner gegen die SA!ature[14]

Zwar ist die Übergangsphase zwischen dem Preußenschlag und der Machtergreifung auf der höchsten politischen Ebene gut erforscht,[15] doch die zweite Hälfte des Jahres 1932 wird in Regional- und Lokalstudien selten ausführlich berücksichtigt. Lokale Gegebenheiten und Unterschiede müssen künftig stärker als bisher berücksichtigt werden.

Ungeachtet dieser Einschränkung kann festgehalten werden, daß sich die Arbeit der politischen Polizei und die Überwachungslage veränderten. Dies zeigt sich an den Umstrukturierungen der politischen Abteilungen. Die Abteilung I in Berlin war im Herbst 1931 im Innendienst in neun Dezernate unterteilt: Dezernat 3 war für die KPD zuständig, Dezernat 4 für alle linksradikalen, nichtkommunistischen Bewegungen. Für die NSDAP war das Dezernat 7, für die übrigen rechtsradikalen Parteien das Dezernat 6 zuständig. Der Außendienst war gleichmäßig gegen rechts und links ausgerichtet: Von den fünf Inspektionen war jeweils eine für rechts- und linksradikale Parteien zuständig.[16] Im Dezember 1932 war nach einer Umstrukturierung die verstärkte Ausrichtung gegen links erkennbar: Fünf Dezernate (2a-e) waren für die KPD und ihre Unterorganisationen zuständig. Ein Dezernat kümmerte sich um alle Parteien von der

---

[13] Vgl. H.-H. LIANG, S. 181.
[14] Vgl. K. BLUDAU: Widerstand und Verfolgung in Duisburg 1933-1945, Duisburg 1973, S. 10f.
[15] Vgl. G. SCHULZ: Von Brüning zu Hitler, S. 877-1049; H. A. TURNER: Hitlers Weg zur Macht. Der Januar 1933, München 1997.
[16] Geschäftsverteilungsplan der Abteilung I des Polizeipräsidiums Berlin vom Herbst 1931, in: C. GRAF: Politische Polizei, S. 401-403.

SPD bis zur DNVP und ein Dezernat um die NSDAP und alle anderen rechtsradikalen Organisationen.[17]

In Bochum wurde die politische Abteilung gleichermaßen stärker gegen links ausgerichtet: Während im Dezember 1930 vier Beamte im Kommissariat für Rechtsbewegung und jeweils fünf für Linksradikalismus und Spionageabwehr zuständig waren, stellte sich die Situation im Dezember 1932 folgendermaßen dar: Im Kommissariat für Linksbewegung und Spionageabwehr taten nun jeweils sechs Beamte Dienst; im Kommissariat für Rechtsbewegung blieb der Personalstand gleich.[18]

An einigen markanten Ereignissen, wie zum Beispiel dem Streik der Berliner Verkehrsbetriebe, wird der Perspektivenwechsel überaus deutlich.[19] Die Beamten der politischen Polizei legten ausführliche Berichte und Spitzelinformationen vor, die eine genaue Kenntnis der kommunistischen Pläne und Ziele während des Streiks verraten. Die Beteiligung der NSDAP wird nur am Rand erwähnt.[20] Weiterhin wurde die langjährige Zusammenarbeit mit dem Centralverein deutscher Staatsbürger jüdischen Glaubens, die auf Bekämpfung des Nationalsozialismus zielte, allmählich eingestellt.[21]

Bei der Bewertung der Folgen des 20. Juli 1932 für die politische Polizei muß zunächst festgehalten werden, daß sich für zwei Drittel der Beamten der wenig änderte: Die Beamten, die in der Spionageabwehr tätig waren, konnten ihren Dienst unverändert fortführen und die Beamten aus den Kommissariaten für Linksradikalismus wurden in ihrem Diensteifer bestärkt, da die Regierung von Papen die Bedrohung durch die KPD ausdrücklich betonte.[22] Nur die Beamten, die für die NSDAP zuständig waren, mußten sich umstellen.

Die größten personellen und organisatorischen Veränderungen im Zuge des Preußenschlages hatte es im Polizeipräsidium Berlin gegeben.[23] Da es als Landeskriminalpolizeiamt auf dem Gebiet der politischen Polizei landespolizeiliche Funktionen wahrzunehmen hatte, war dieser Wandel nicht nur von lokaler Bedeutung. Christoph Graf hat die Bedeutung des Preußenschlages für die politische Polizei in Berlin pointiert zusammengefaßt: „In diesem Lichte erscheint die Politische Polizei des Dritten Reiches, erscheint auch die nationalsozialistische Machtergreifung vom 30.

---

[17] Geschäftsverteilungsplan der Abteilung I des Polizeipräsidiums Berlin vom Dezember 1932, in: C. GRAF: Politische Polizei, S. 409f.

[18] Personalbestand des Polizeipräsidiums Bochum und der Polizeiämter, in: Polizei-Anzeiger des Polizeipräsidiums Bochum, Nr. 30 vom 24. Dezember 1930, S. 135ff., in: StAMS, Polizeipräsidien, Nr. 204 und Nr. 25 vom 23. Dezember 1932, S. 111ff., in: StAMS, Polizeipräsidien, Nr. 206.

[19] Vgl. zum Streik: K. R. RÖHL: Nähe zum Gegner. Kommunisten und Nationalsozialisten im Berliner BVG-Streik von 1932, Frankfurt a. M. 1994.

[20] Hierzu verschiedene Berichte der politischen Polizei, in: GStA PK, I. HA, Rep. 219, Nr. 80.

[21] Vgl. A. PAUCKER: Der jüdische Abwehrkampf, in: W. E. MOSSE (Hrsg.): Entscheidungsjahr 1932. Zur Judenfrage in der Endphase der Weimarer Republik, Tübingen ²1966, S. 405-499, S. 459f.

[22] Dies wurde bereits deutlich in der amtlichen Verlautbarung der Reichsregierung zum 20. Juli 1932 und in der Rundfunkrede von Papens vom gleichen Tag, in: PREUSSEN CONTRA REICH, S. 482ff.

[23] Vgl. C. GRAF: Politische Polizei, S. 83-91.

Januar 1933 überhaupt nicht als völliger Neubeginn, sondern als logische Fortsetzung des Papenputsches vom 20. Juli 1932."[24]

Für die gesamte preußische politische Polizei erscheint diese Zuspitzung übertrieben. Richtig ist aber, daß in der höheren Beamtenschaft der Preußenschlag der entscheidende Dammbruch war: Der Großteil der demokratischen politischen Beamten wurde ausgetauscht und die gesamte innere Verwaltung, gewollt oder ungewollt, auf die ‚Machtergreifung' vorbereitet. Bei den Beamten der politischen Polizei griff man nicht einschneidenden personellen Maßnahmen. Dennoch führten die Umstrukturierungen in den politischen Abteilungen und die verstärkte Ausrichtung gegen links zusammen mit dem neuen politischen Kurs der Reichsregierung dazu, daß die Bekämpfung der NSDAP in Preußen de facto am 20. Juli 1932 endete.

Für die Entwicklung der politischen Polizei stellte die ‚Machtergreifung' am 30. Januar 1933 den zweiten tiefen Einschnitt binnen eines halben Jahres dar. Innerhalb weniger Monate wurde aus der politischen Polizei die Gestapo. Doch was geschah mit den Beamten der politischen Polizei im Nationalsozialismus? In der älteren Forschung überwog das Bild, daß im Bereich der Polizei umfangreiche Säuberungen durchgeführt worden seien.[25] In einzelnen Städten, zum Beispiel in Köln, sollen angeblich „rund zwei Drittel der Beamtenschaft in wenigen Wochen ausgewechselt worden"[26] sein.

Diese Sichtweise hat in letzter Zeit zunehmend Kritik erfahren, und die Kontinuität von der politischen Polizei zur Gestapo wurde betont.[27] Die Kontinuitätsthese stützt sich unter anderem auf verschiedene Aussagen vor dem Internationalen Militärgerichtshof in Nürnberg. Werner Best, bis 1940 stellvertretender Leiter des Gestapa, sagte aus, daß frühere Anhänger der demokratischen Parteien Karriere in der Gestapo machten, weil es für „einen deutschen Beamten eine Selbstverständlichkeit war, dem Staat weiter zu dienen auch bei Wechsel der Regierung, solange er dazu überhaupt in der Lage war."[28] Weiterhin behauptete Best, daß die politisch-polizeilichen Aufgaben vor und nach 1933 „im allgemeinen von den gleichen Beamten"[29] wahrgenommen worden seien. Ähnlich äußerte sich Karl Heinz Hoffmann, stellvertretender Leiter der

---

[24] EBENDA, S. 108.
[25] Vgl. H.-H. LIANG, S. 184-193, mit dem Abschnitt „Säuberungsaktionen 1933"; J. TUCHEL / R. SCHATTENFROH: Zentrale des Terrors. Prinz-Albrecht-Straße 8, Das Hauptquartier der Gestapo, Berlin 1987, S. 63ff., die ebenfalls von „Säuberungen" sprechen; E. K. BRAMSTEDT: Dictatorship and Political Police. The Technique of Control by Fear, New York 1976, S. 96, der von einer „purification of the Political Police" spricht.
[26] M. HUISKES (Hrsg.): Die Wandinschriften des Kölner Gestapo-Gefängnisses im EL-DE-Haus 1943-1945, Köln 1983, S. 16.
[27] Vgl. R. GELLATELY: Die Gestapo und die deutsche Gesellschaft. Die Durchsetzung der Rassenpolitik 1933-1945, Paderborn / München / Wien / Zürich, S. 67f.
[28] Zeugenaussage von Werner Best, 31. Juli 1946, in: INTERNATIONALER MILITÄRGERICHTSHOF NÜRNBERG (IMT): Der Prozeß gegen die Hauptkriegsverbrecher vor dem Internationalen Militärgerichtshof, Bd. XX, S. 143. Vgl. zu Best und insbesondere zu seiner Glaubwürdigkeit U. HERBERT: Best. Biographische Studien über Radikalismus, Weltanschauung und Vernunft, 1903-1989, Berlin ³1996, S. 413ff.
[29] IMT, Bd. XX, S. 146f.

Stapostellen in Koblenz und Düsseldorf, vor dem Internationalen Militärgerichtshof.[30] Außerdem lagen 665 eidesstattliche Versicherungen von Gestapomitarbeitern vor, die besagten, „daß bei der Errichtung der Gestapo der Personalbedarf zum überwiegenden Teil aus der eigenen politischen Polizei übernommen wurde."[31] Quellenkritisch ist anzumerken, daß die zitierten Aussagen sehr unbestimmt sind und das offenkundige Ziel verfolgen, die Gestapo als normale politische Polizei hinzustellen. Robert Gellately räumt diesen Umstand ein, bestätigt aber die Aussagen für Würzburg im großen und ganzen und nennt weitere Einzelfälle aus Bremen, Hamburg und München.[32] Keines der Beispiele stammt aus Preußen und Gellately zitiert nur Einzelfälle. Über die personelle Kontinuität der politischen Polizei in Preußen sagt er nichts aus.

Die Forschung ist sich nicht einig, wieviel Prozent der preußischen Polizeibeamten aufgrund des Berufsbeamtengesetzes entlassen wurden. Laut Jane Caplan wurden bis 1934 7,7 Prozent der Beamten entlassen.[33] Caplan beruft sich auf ein Schreiben Dalueges an Hitler vom 3. Februar 1934. Gerhard Schulz zitiert ebenfalls eine Mitteilung Dalueges an Hitler vom 1. Februar 1934, nach der zwischen dem 7. April und 31. Dezember 1933 aufgrund des Berufsbeamtengesetzes folgende Zahl von Beamten entlassen wurden: bei der Verwaltungspolizei 60 (1,3 Prozent), bei der Kriminalpolizei 103 (1,5 Prozent), bei der Schutzpolizei 200 Offiziere (7,3 Prozent) und 826 Wachtmeister (1,7 Prozent) sowie bei der Landjägerei 12 Offiziere (13,5 Prozent) und 73 Beamte (0,9 Prozent).[34] Gerhard Paul spricht lediglich von 3,1 Prozent entlassener Beamter, nennt jedoch keine Quelle.[35] Selbst die Studie von Jörg Grotkopp gibt keinen Aufschluß, wie viele Polizeibeamte in Preußen entlassen wurden.[36]

Unabhängig davon, welche dieser Zahlen zum Maßstab genommen wird: Sie sind einerseits relativ niedrig, andererseits sind sie höher als im Reichsschnitt und die absoluten Zahlen der entlassenen Beamten gehen in die Tausende. Diese allgemeinen Aussagen geben wenig Auskunft über die Kontinuität innerhalb der politischen Polizei, denn es ist durchaus denkbar, daß in dem quantitativ kleinen Bereich der politischen Polizei der Personalaustausch prozentual wesentlich höher oder niedriger war. Zum

---

[30] Zeugenaussage Karl Heinz Hoffmann, 1. August 1946, in: IMT, Bd. XX, S. 177: „Die Staatspolizeistelle Koblenz, deren Personalbestand ich mir rekonstruiert habe, bestand schätzungsweise aus 45 bis 50 Kriminalbeamten, die überwiegend aus der Schutzpolizei und Kriminalpolizei beziehungsweise aus der alten IA übernommen waren [...]."

[31] Dr. Rudolf Merkel, Verteidiger der Gestapo, in: IMT, Bd. XXI, S. 331.

[32] Vgl. R. GELLATELY, S. 71ff.

[33] Vgl. J. CAPLAN: Government without Administration. State and Civil Service in Weimar and Nazi Germany, Oxford 1988, S. 145.

[34] Vgl. W. SCHULZ: Die Anfänge des totalitären Maßnahmestaates, Köln / Opladen 1974, S. 457, Anm. 161.

[35] Vgl. G. PAUL: Staatlicher Terror, S. 71.

[36] Vgl. J. GROTKOPP: Beamtentum und Staatsformwechsel. Die Auswirkungen der Staatsformwechsel von 1918, 1933 und 1945 auf das Beamtenrecht und die personelle Zusammensetzung der deutschen Beamtenschaft, Frankfurt a. M. u.a. 1992.

Personalaustausch zählen nicht nur die Entlassungen, sondern auch die Versetzungen zur Kriminalpolizei, denn eine solche Versetzung bedeutete, daß die Nationalsozialisten diese Beamten nicht mit den geheimen Aufgaben der politischen Polizei betrauen wollten.

Christoph Graf, der sich dieses Themas ausführlich angenommen hat, stellt fest, daß „die höhere Kriminalbeamtenschaft vorwiegend ein Element der Kontinuität innerhalb der Politischen Polizei bedeutete und scheinbar wertfrei unter den republikanischen Vorgesetzten wie unter Diels und Heydrich diente [...]."[37] In seiner verdienstvollen Studie nennt Graf nur Einzelfälle, so daß unklar bleibt, was unter vorwiegender Kontinuität zu verstehen ist.

Es konnte keine Quelle ermittelt werden, in der über die personelle Kontinuität der gesamten preußischen politischen Polizei verläßlich berichtet wird. Doch einige lokale und regionale Beispiele zeigen, wie umfangreich die ‚Säuberungen' der Nationalsozialisten in der politischen Polizei waren.

Durch den Polizeianzeiger des Polizeipräsidiums Bochum, ein namentliches Verzeichnis vom 1. April 1933 und die Nachweisung über die Beamten der Staatspolizeistellen für das Jahr 1935 ergibt sich folgendes Bild:[38] Der Außendienst der politischen Abteilung in Bochum bestand im Dezember 1932 aus 20 Beamten: drei Kriminalkommissaren, sieben Kriminalsekretären und zehn Kriminalassistenten. Am 1. April 1933 waren von diesen 20 noch 9 bei der politischen Polizei in Bochum tätig. Es handelte sich um einen Kriminalkommissar, einen Kriminalsekretär und sechs Kriminalassistenten. Mit anderen Worten, nur 45 Prozent der Mitarbeiter der Abteilung I A waren zwei Monate nach der Machtergreifung noch bei der politischen Polizei tätig; 55 Prozent waren entlassen oder versetzt worden. Im Juni 1935 waren nur noch sieben ehemalige Beamte der Abteilung I A im Dienst der Gestapo. Vier versahen ihren Dienst bei der Stapostelle Dortmund und drei Beamte waren an andere Stapostellen überwiesen worden. Ein Beamter war mit 60 Jahren in Pension gegangen, ein weiterer war zur Kriminalpolizei versetzt worden. Kurz gesagt, im Juni 1935 waren nur noch 35 Prozent der ehemaligen Mitarbeiter der Bochumer Abteilung I A bei der Gestapo beschäftigt. Von diesen sieben Beamten waren zur Zeit der Weimarer Republik drei für die Bekämpfung der KPD zuständig, zwei für die NSDAP und einer für die Spionage-

---

[37] C. GRAF: Politische Polizei, S. 396.
[38] Polizei-Anzeiger des Polizeipräsidiums Bochum, Nr. 25 vom 24. Dezember 1932, S. 111ff., in: StAMS, Polizeipräsidien, Nr. 206, Bl. 121ff.; Namentliches Verzeichnis der Beamten der politischen Polizei in Bochum und Dortmund, Stand 1. April 1933, in: StAMS, Reg. Arnsberg, Nr. 14601, Bl. 14; Nachweisung der bei der Staatspolizeistelle Bielefeld beschäftigen männlichen Kräfte des Innen- und Außendienstes nach dem Stande vom 25. Juni 1935 und dito für die Staatspolizeistelle Dortmund sowie Durchsicht aller Nachweisungen, in: GStA PK, I. HA, Rep. 90 P, Nr. 14, Heft 2.

abwehr.[39] Bei einem Beamten ist nicht zu erkennen, welchen sachlichen Schwerpunkt seine Arbeit hatte, da er beim Polizeiamt Herne seinen Dienst versah.

In Aachen wurden von zwölf Beamten der politischen Polizei fünf zur Stapostelle Aachen übernommen;[40] ein weiterer war möglicherweise bei der Stapo in Breslau tätig.[41] Die personelle Kontinuität betrug also maximal 50 Prozent. Die Entwicklung in Aachen verlief nicht geradlinig. Nur die beiden Kriminalsekretäre Schmidt und Bleyen blieben bei der politischen Polizei bzw. Stapostelle und wurden nicht versetzt. Die beiden Kriminalkommissare der politischen Polizei wurden sofort zur Kriminalpolizei versetzt und blieben dort bis mindestens 1935, ebenso wie drei Kriminalassistenten. Der Kriminalassistent Küppers hingegen wurde erst zur Kriminalpolizei versetzt, war dann für mehrere Wochen bei der politischen Polizei und wurde wieder zur Kriminalpolizei versetzt. Den Kriminalassistenten Kusmierz, Müller und Bleilevens erging es ähnlich: Sie wurden mehrfach zwischen den Abteilungen hin und her versetzt, verblieben aber schließlich bei der Stapostelle. Über die Versetzungen kann im einzelnen nicht gesagt werden, ob sie aus politischen oder aus dienstlichen Gründen erfolgten. Man darf annehmen, daß die Beamten, die sofort zur Kriminalpolizei versetzt wurden und dort blieben, den Nationalsozialisten politisch nicht zuverlässig erschienen. Insgesamt 40 Versetzungen zwischen der Kriminalpolizei und der Staatspolizeistelle im Jahr 1933 deuten nicht auf ein durchdachtes oder vorbereitetes Vorgehen, sondern zeigen ein hohes Maß an Improvisation.[42]

In Frankfurt am Main wurden mindestens sechs von 18 Beamten übernommen: Es handelte sich um die gesamte Spionageabteilung.[43] Mindestens vier Beamte und der Leiter der politischen Exekutive wurden entlassen.[44] Über die anderen Beamten ließen sich keine Angaben ermitteln. Eine überwiegende Kontinuität läßt sich in Frankfurt am Main nicht feststellen.

---

[39] Bei den beiden Beamten, die für die Überwachung der NSDAP zuständig waren, handelt es sich um Lippold und Wilts, die bereits vor 1933 mit der NSDAP zusammenarbeiteten. Vgl. das achte Kapitel dieser Studie.

[40] Der Polizeipräsident Aachen an den Regierungspräsidenten Aachen, 6. Oktober 1934, in: HStAD, BR 1031/185, Bl. 210ff.

[41] Aus den Quellen geht nicht klar hervor, ob der Beamte Posmyk in Breslau mit dem zuvor in Aachen beschäftigten identisch ist. Bei dem relativ seltenen Namen darf jedoch angenommen werden, daß es sich hierbei um die gleiche Person handelt.

[42] Vgl. aber C. GRAF: Politische Polizei, S.111, der die Planmäßigkeit des Vorgehens betont. Es ist möglich, daß hier wie so oft, lokale Besonderheiten den Ausschlag gaben.

[43] Vgl. V. EICHLER, S. 72 und Mitteilung von Frau Dipl.-Pol. Elisabeth Kohlhaas (Frankfurt a. M.). Frau Kohlhaas hat sich jahrelang im Rahmen eines Forschungsprojektes mit den Mitarbeitern der Gestapo beschäftigt und bereitet zur Zeit eine Dissertation über das weibliche Personal der Gestapo vor.

[44] Vgl. K. SCHÄFER, S. 21.

In der Provinz Schleswig-Holstein überwog ebenfalls die Diskontinuität: Von 43 ermittelten Beamten wurden 18 zur Stapo übernommen, was 41,8 Prozent entspricht.[45] Anzumerken ist hierbei, daß in diesen Zahlen die Beamten enthalten sind, die kurz vor der Machtergreifung versetzt wurden, da sich aus den Quellen nicht immer ein genauer Versetzungstermin ergibt.

Die niedrigste Kontinuität ließ sich in Köln feststellen: Von 29 Beamten, die im September 1931 in der politischen Abteilung tätig waren, lassen sich sechs im Juni 1935 an der Stapostelle nachweisen, was 20,7 Prozent entspricht.[46] Aus dem Kommissariat für Rechtsbewegung wurde einer von sechs, aus dem Kommissariat für Linksbewegung zwei von neun und aus dem Kommissariat für Spionageabwehr zwei von sieben Beamten übernommen. Ein Beamter ließ sich keinem Kommissariat zuordnen. Zwar sind in diesen Zahlen die Versetzungen vor dem 30. Januar 1933 mitenthalten, aber von einer überwiegenden Kontinuität kann nicht die Rede sein.

Anhand der genannten Beispiele zeigt sich zudem, daß die höheren Kriminalbeamten häufiger von einer Entlassung oder Versetzung betroffen waren, als die unteren und mittleren Dienstränge. Weiterhin ist zu beobachten, daß im Innendienst die Kontinuität geringer war, als im Außendienst. Von acht Innendienstbeamten der Abteilung I am Polizeipräsidium Bochum im Dezember 1932 (inklusive des Leiters der politischen Abteilung) war im Juni 1935 nicht einer bei der Stapo tätig.[47]

Darüber hinaus spielte für eine Entlassung oder Versetzung das Aufgabengebiet eine wichtige Rolle. Karl Schäfer, der Leiter der Spionageabwehrabteilung der politischen Polizei in Frankfurt am Main, schrieb in seinen Memoiren: „Wenn ich mir vergegenwärtige, welche mir bekannten Kriminalkommissare der früheren Abteilung I A in Preußen nach 1933 zur Stapo [...] übernommen wurden, dann sind dies entweder reine Abwehr-Kommissare gewesen, oder reine KPD-Spezialisten größerer Behörden, oder aber solche, die vorher schon heimlich die NSDAP unterstützt hatten."[48]

Die Mitgliedschaft in einer demokratischen Partei war nicht per se ein Entlassungs- oder Versetzungsgrund. Ein Sachbearbeiter des Judenreferats der Kieler Gestapo war ein gläubiger Katholik und vor 1933 Mitglied der SPD.[49] Dies war keineswegs ein spektakulärer Einzelfall, aber es kann festgehalten werden, daß die Mitgliedschaft in

---

[45] Diese Angabe beruht auf der Auswertung der Personen-Datenbank am IRZG Schleswig und der Nachweisung der bei der Staatspolizeistelle Kiel beschäftigten männlichen Kräfte des Innen- und Außendienst nach dem Stande vom 26. Juni 1935, in: GStA, I. HA, Rep. 90 P, Nr. 14, Heft 2.
[46] Amtliche Bekanntmachung des Polizeipräsidenten Köln, 24. September 1931, in: NS-Dok; Nachweisung aller männlichen Kräfte des Innen- und Außendienstes der Staatspolizeistelle Köln, 25. Juni 1935, in: GStA PK, I. HA, Rep. 90 P, Nr. 14, Heft 2.
[47] Polizei-Anzeiger des Polizeipräsidiums Bochum, Nr. 25 vom 24. Dezember 1932, S. 111ff., in: StAMS, Polizeipräsidien, Nr. 206; Nachweisung der männlichen Kräfte des Innen- und Außendienstes der Staatspolizeistelle Dortmund nach dem Stande vom 25. Juni 1935, in: GStA PK, I. HA, Rep. 90 P, Nr. 14, Heft 2.
[48] K. SCHÄFER, S. 21. Zwar enthalten die Memoiren Schäfers einige verzerrende Selbststilisierungen, aber die Grundtendenz seiner oben zitierten Aussage ist zutreffend.
[49] Vgl. G. PAUL: Staatlicher Terror, S. 77.

einer der Parteien der Weimarer Koalition, insbesondere der SPD, von Nachteil war. Alle höheren Kriminalbeamten, die der Sozialdemokratie angehörten, wurden nach 1933 entlassen.[50] Von 59 ermittelten Kriminalbeamten des höheren Dienstes der politischen Polizei wurden nach 1933 14 entlassen, 28 zur Kriminalpolizei versetzt und 11 zur Gestapo übernommen.[51]

Zusammengenommen war die politische Polizei der am stärksten ‚gesäuberte' Bereich der gesamten inneren Verwaltung. Das zeigt, wie weitgehend die Nationalsozialisten die politische Polizei mit der Weimarer Republik identifizierten.

---

[50] Vgl. zur Parteizugehörigkeit der höheren Kriminalbeamten der politischen Polizei das vierte Kapitel dieser Studie.
[51] Auswertung des Anhangs 1. Vier weitere Kriminalkommissare waren am Polizei-Institut Berlin-Charlottenburg tätig. Einer war ordnungsgemäß in den Ruhestand versetzt worden und zu einem ließen sich keine verläßlichen Daten gewinnen.

FAZIT

Welche Antworten lassen sich im Licht der vorgelegten Ergebnisse auf die eingangs gestellten Fragen geben: Wie trat Preußen dem Ansturm der Nationalsozialisten entgegen und welche Rolle spielte die politische Polizei? Die Antworten sollen auf drei Ebenen gegeben werden: Es ist zwischen den Zielen, den Methoden und dem Ergebnis des Staatsschutzes zu unterscheiden.

Das Ziel der preußischen Regierung war, die NSDAP von der Macht und allen Schlüsselpositionen in Preußen sowie im Reich fernzuhalten. Die politischen Voraussetzungen waren gegeben, denn bis zum April 1932 verfügte die sozialdemokratisch geführte Landesregierung über eine stabile parlamentarische Mehrheit. Durch die Tolerierungspolitik gegenüber der Regierung Brüning versuchte man das Bollwerk Preußen zu festigen und gleichzeitig eine nationalsozialistische Beteiligung an der Reichsregierung zu verhindern. Die Beamtenpolitik in Preußen diente ebenfalls der politischen Stabilisierung: Demokratische Beamte wurden in Führungspositionen gebracht; gleichzeitig war es allen Beamten verboten, sich als Mitglied in der NSDAP und der KPD zu betätigen.

Das allgemeine Ziel des Staatsschutzes war, die Republik gegen ihre Staatsfeinde zu verteidigen. In Preußen wurde kein Unterschied zwischen Staats- und Republikfeinden gemacht. Ein genaueres Ziel des Staatsschutzes läßt sich nicht definieren: Die Zieldefinition des Staatsschutzes muß allgemein gehalten sein, die Maßnahmen und die Einzelziele dieser Schritte können hingegen speziell sein.

Die ergriffenen Maßnahmen richteten sich in erster Linie nach den Handlungen der Nationalsozialisten – waren also reaktiv. Das Vorgehen der politischen Polizei gegen die Nationalsozialisten mußte sich dabei an drei Faktoren orientieren: der rechtlichen Lage, der Organisation und personellen Ausstattung des Staatsschutzinstrumentes politische Polizei sowie dem Verhalten der Nationalsozialisten.

Die rechtlichen Handhaben waren gut: Um dem Anstieg der NSDAP und ihrem Treiben zu begegnen standen umfangreiche rechtliche Mittel zur Verfügung. Neben den Republikschutzgesetzen dienten die Notverordnungen des Reichspräsidenten als rechtliche Grundlage für die Verwaltungsmaßnahmen gegen die NSDAP. Sie erlaubten die Auflösungen von Veranstaltungen, Uniformverbote und erweiterten die Möglichkeiten der Polizei auf dem Gebiet der Pressepolizei. Die Notverordnungen des konservativen Präsidialkabinetts Brüning dienten somit auch der Stabilisierung der Weimarer Republik. Zahlreiche politische Amnestien verhinderten hingegen die wirkungsvolle Strafahndung durch die Justiz und stellten eine schwere Belastung für den Staatsschutz dar.

Die politische Polizei in Preußen war eine verhältnismäßig kleine Sonderabteilung, die zur Verwaltungspolizei gehörte und nur an den staatlichen Polizeiverwaltungen existierte. Im Laufe der zwanziger Jahre wurden die politischen Abteilungen nach und nach ausgebaut; in der Endphase der Weimarer Republik hatte die preußische politische Polizei gleichwohl nicht mehr als 1000 Beamte. Höchstens ein Drittel von ihnen beschäftigte sich ausschließlich mit der Bekämpfung der NSDAP, da die anderen mit der Spionageabwehr und dem Linksextremismus befaßt waren. Die politische Polizei hatte umfassende Aufgaben wahrzunehmen: Hierzu zählten verwaltende und vollziehende Aufgaben und sie hatte alle Sachgebiete zu bearbeiten, die politische Belange berührten. Die politische Polizei war also eine kleine Spezialeinheit mit weitreichendem Auftrag.

Ihre Beamten stellten eine Elite innerhalb der Polizei dar: Die Positionen der leitenden Innendienstbeamten galten als ausgesprochene Karriereposten und die meisten dieser Beamten gehörten einer der Parteien der Weimarer Koalition an. Bei ihnen wurde auf die Qualifikation und die politische Einstellung gleichermaßen geachtet. Zwar finden sich unter den höheren Verwaltungsbeamten einige, die sich später sehr bereitwillig mit dem Papenregime und den Nationalsozialisten arrangierten, aber der Großteil dieser Beamten war loyal.

Die höheren Kriminalbeamten der politischen Polizei waren ebenfalls eine Elite: Sie waren im Durchschnitt jünger und akademischer gebildet, als ihre Kollegen von der Kriminalpolizei. Dies hatte mehrere Gründe: Die Stellensituation und die Karrierechancen waren bei der politischen Polizei besser, zudem hatten sich einige Beamte aus politischer Überzeugung gemeldet. Die eingangs zitierten negativen Urteile des Berliner Polizeipräsidenten Albert Grzesinski und des Kasseler Regierungspräsidenten Ferdinand Friedensburg über die politische Polizei und ihre Beamten überraschen daher.[1] Die Loyalität und Tüchtigkeit der Beamten zeigte sich vornehmlich in ihrem Handeln.

Die Vorgehensweise der politischen Polizei richtete sich nach den Aktionen der Nationalsozialisten. Da die NSDAP in weiten Teilen eine Propagandabewegung war, mußte sich die politische Polizei vornehmlich mit der Propaganda der Nationalsozialisten auseinandersetzen.[2] Ihr Ziel war, alle Veranstaltungen zu überwachen und die zügellose Propaganda durch exekutive Maßnahmen einzudämmen. Tatsächlich wurden die öffentlichen Veranstaltungen der NSDAP nahezu flächendeckend überwacht, allerdings selten aufgelöst. In erster Linie lag dies nicht an der Nachlässigkeit der Beamten der politischen Polizei, vielmehr waren die meisten nationalsozialistischen Redner gut geschult und verstanden es, sich bei ihren Reden stets am Rande der Legalität zu bewegen. Weiterhin war die Gefahr zu beachten, durch die Auflösung

---

[1] Vgl. die Einleitung dieser Studie.
[2] Vgl. G. PAUL: Aufstand der Bilder, S. 255, der klar macht, daß die Propaganda nur ein Faktor für den Erfolg der Nationalsozialisten war. Dennoch wird man die Bedeutung der Propaganda nicht gering schätzen dürfen.

einer Veranstaltung erst den Anlaß für Gewalttätigkeiten zu geben. In ländlichen Gebieten tauchten im Zuge von Veranstaltungen die größten Probleme auf: Die Landjäger waren oft nicht entsprechend instruiert oder politisch ungebildet und Polizeikräfte standen meist nicht in ausreichender Menge zur Verfügung. Vorbeugende Verbote von Veranstaltungen wurden nur vergleichsweise selten ausgesprochen, was daran lag, daß sich die Nationalsozialisten zumindest nach außen an die Auflagen der Behörden hielten. Intensiv genutzt wurden hingegen die individuellen Redeverbote: In Preußen wurden über 80 solcher Verbote ausgesprochen. Betroffen waren meist prominente Nationalsozialisten, die ein großes Publikum anzogen. Ihnen wurde das öffentliche Reden in einzelnen Regierungsbezirken oder in ganz Preußen untersagt. Diese Verbote trafen die NSDAP nicht nur in Hinsicht auf ihre Propaganda, vielmehr waren die finanziellen Verluste das Hauptproblem, da nur die prominenten Redner ein zahlendes Massenpublikum versprachen. Zudem brachte die politische Polizei die zahlreichen Gesetzesverstöße der Redner zur Anzeige: Die führenden NS-Redner wurden mit einer Flut von Prozessen überzogen. Häufig wurden sie jedoch freigesprochen oder zu niedrigen Strafen verurteilt. Die Gerichte scheinen die Straftaten der nationalsozialistischen Redner nicht konsequent geahndet zu haben. Die Prozesse waren den Nationalsozialisten dennoch lästig, da sie Zeit und Geld kosteten. Allerdings verhinderten die Amnestien, daß die verurteilten Nationalsozialisten tatsächlich ihre Strafen verbüßen mußten. Zusammengenommen war die politische Polizei mit der Veranstaltungspropaganda der NSDAP überfordert. Ihre Maßnahmen konnten daher nur Nadelstiche sein, die mitunter aber die Partei sehr schmerzten.

Die SA, ihre Propaganda und die mit ihr eng verknüpfte politische Gewalt stellte die politische Polizei vor weitere Herausforderungen. Der preußische Innenminister Carl Severing lehnte lange Zeit ein generelles Verbot der SA ab, da er die SA für militärisch bedeutungslos hielt. Der Versuch, die SA durch ein Uniformverbot an einem einheitlichen Auftreten zu hindern, und sie gleichermaßen beherrschbar zu machen, scheiterte an unglücklichen und halbherzigen Bestimmungen: Der Polizei war es nicht möglich das Uniformverbot durchzusetzen, und die Nationalsozialisten verstanden es, alle Maßnahmen der Polizei geschickt zu umgehen oder lächerlich zu machen. Die Autorität der Polizei und des Staates wurde so durch die Umgehungsversuche der Nationalsozialisten untergraben. Zudem verursachte es der Polizei zusätzliche Arbeit, die in keinem Verhältnis zum Nutzen stand. Das Ziel, die SA durch das Uniformverbot zu disziplinieren und an ihrem einheitlichen öffentlichen Auftreten zu hindern, wurde nicht erreicht. Bei ihrem weiteren Vorgehen gegen die SA war die politische Polizei durchaus energisch: Häufig wurden die SA-Lokale und -Heime, die Brutstätten der politischen Gewalt waren, polizeilich geschlossen. Diese Maßnahmen verhinderten indes nicht, daß die latente Bürgerkriegslage zu eskalieren drohte, denn der Polizei gelang es nicht, daß Phänomen der Parteiarmeen wirkungsvoll zu bekämpfen. Dies lag in erster Linie daran, daß meist wenige Beamte einer großen Zahl von Nationalsozialisten und Kommunisten gegenüberstanden. Vor allem in ländlichen Gegenden war die politische Gewalt ein strukturelles Problem und selbst die Verbote einzelner NSDAP-Ortsgruppen in den Jahren 1927 und 1929 waren kein Ausweg. Die Politik hatte das Problem zur Polizei abgeschoben, die es allein nicht lösen konnte.

Die Pressepropaganda war die dritte Hauptform der nationalsozialistischen Propaganda. Die politische Polizei konnte anhand der rechtlichen Möglichkeiten, mit Verboten und Beschlagnahmungen gegen die NS-Presse vorgehen. Das Hauptziel war, die NS-Presse finanziell zu schädigen. Die Maßnahmen sollten, wie es Carl Severing nach den Worten des Ministerialrats Pritsch ausdrückte, „dem Verleger mehr Schmerzen bereiten, als dem Redakteur; [...]."[3] Von Dezember 1928 bis Juli 1932 wurden 80 nationalsozialistische Tageszeitungen annähernd 200 mal für insgesamt fast zwölf Jahre verboten. Die Nationalsozialisten wurden von diesen Maßnahmen stark getroffen. Ein Verbot einer Zeitung erschwerte zunächst die Binnenpropaganda. Stärker wogen die finanziellen Einbußen: Durch ausbleibende Verkaufserlöse und Werbeeinnahmen wurden große Löcher in die Kassen der Nationalsozialisten gerissen. Je professioneller die NS-Zeitungen wurden, um so stärker wurden sie getroffen, da die Druckmaschinen unterhalten und das festangestellte Personal weiterbezahlt werden mußte. Einige nationalsozialistische Zeitungen gingen infolge von Verboten bankrott, womit das von Severing vorgegebene Ziel partiell erreicht wurde. Die Nationalsozialisten unternahmen verschiedene Umgehungsversuche, die meist von der politischen Polizei erkannt und unterbunden wurden. Die politische Polizei wollte noch häufiger gegen NS-Zeitungen vorgehen, wurde aber von den übergeordneten Behörden nicht immer unterstützt. Auch nationalsozialistische Flugblätter wurden beschlagnahmt und verboten. Zwischen April 1931 und April 1932 wurden über 140 NS-Flugblätter in Preußen verboten. Alles in allem war die pressepolizeiliche Tätigkeit erfolgreich. Entgegen anderslautenden Aussagen wurde die politische Polizei von der Justiz hierbei nicht behindert: Es wurden nur wenige Verbote vom Reichsgericht aufgehoben oder verkürzt.

Die Maßnahmen der politischen Polizei gegen die nationalsozialistische Propaganda zeigen, daß sie energisch vorging und flexibel reagierte: Die Bandbreite der Maßnahmen reichte von Ermahnungen bis hin zu dauerhaften Verboten. Die politische Polizei schöpfte ihre rechtlichen Möglichkeiten weitgehend aus. Wenn die Frage nach dem Erfolg der ergriffenen Schritte dennoch zwiespältig beantwortet werden muß, so liegt dies in erster Linie daran, daß eine politische Lösung des Problems nicht erreicht wurde.

Die Ambivalenz jeden Staatsschutzes zeigte sich auch bei der Bekämpfung der NSDAP: Durch den Außendruck wurde die Partei zusammengeschweißt und die Nationalsozialisten konnten sich in der Rolle der Verfolgten gerieren. Dessen ungeachtet wurden sie von den Schritten der politischen Polizei mehr getroffen, als sie

---

[3] Der preußische Innenminister Carl Severing auf einer Besprechung mit den Oberpräsidenten, Regierungspräsidenten und Leitern der staatlichen Polizeiverwaltungen am 19. Februar 1931, in: STAAT UND NSDAP, Dok. 25, S. 184-188, S. 186.

öffentlich zugeben wollten, wie die verschiedenen Umgehungsversuche zeigen. Während es den Nationalsozialisten beispielsweise beim Uniformverbot gelang, die staatlichen Vorkehrungen zu hintertreiben und lächerlich zu machen, konnten sie hingegen die pressepolizeilichen Maßnahmen nicht dauerhaft und wirkungsvoll umgehen.

Um das endgültige Ergebnis der Tätigkeit der politischen Polizei zu beurteilen, muß zudem die Rolle der Justiz berücksichtigt werden. Ein Resümee fällt zwiespältig aus: Wie gesehen wurden die exekutiven Maßnahmen nicht behindert, nationalsozialistische Straftäter allerdings oft nicht konsequent verurteilt. Grundsätzlich ist Christoph Gusy zuzustimmen, der ausführte: „Es waren nicht die Gerichte, welche den Untergang der Republik bewirkt haben. Aber es bleibt auch festzuhalten, daß sie sich zu spät und zu wenig für die Republik eingesetzt haben."[4] Eine auf Quellen gestützte wissenschaftliche Erforschung der politischen Justiz in der Weimarer Republik steht bis heute aus.

Neben den repressiven Maßnahmen hatte die politische Polizei mit der Überwachung der NSDAP eine wichtige präventive Aufgabe: Ziel der nachrichtendienstlichen Tätigkeit war, relevante und verwertbare Informationen über die NSDAP zu gewinnen. Die politische Polizei wandte verschiedene Methoden an: Sie beobachtete nationalsozialistische Veranstaltungen und wertete die Presse aus und konnte so die öffentlich zugänglichen Quellen ausschöpfen. Zudem bekam sie Mitteilungen aus der Bevölkerung, über deren Inhalt und Häufigkeit aufgrund der Quellenlage wenig gesagt werden kann. Von herausragender Bedeutung war die geheime Nachrichtengewinnung durch V-Leute. Diese waren Nationalsozialisten, die gegen Geldzahlungen Informationen lieferten – Beamte wurden nicht in die NSDAP eingeschleust. Für alle geheimen nachrichtendienstlichen Ermittlungen standen der preußischen politischen Polizei 300.000 Mark pro Jahr zur Verfügung, die sie für Spionageabwehr und Ermittlungen in links- und rechtsradikalen Kreisen aufteilen mußte.

Die angeworbenen V-Männer hatten unterschiedliche Qualitäten: Neben Doppelagenten und wenig verläßlichen V-Leuten gelang es der politischen Polizei Funktionäre der mittleren Führungsebene anzuwerben, die in der Lage waren, kontinuierlich vertrauliche Informationen zu beschaffen. Die Durchdringung der NSDAP mit solchen V-Männern scheint sehr hoch gewesen zu sein, denn die politische Polizei war in der Regel gut über die Interna der Partei unterrichtet. Das Beispiel des Hauptgewährsmanns der politischen Polizei in Köln zeigt, wie weitgehend die Kenntnisse der politischen Polizei waren. Die nachrichtendienstliche Tätigkeit erreichte insgesamt ihr Ziel und war effektiv und effizient zugleich.

Sie war jedoch kein Selbstzweck: Die so gewonnenen Kenntnisse wurden im LKP-Amt am Polizeipräsidium Berlin und im preußischen Innenministerium gesammelt. Aus diesem Material wurden mehrere Denkschriften über die NSDAP mit unterschiedlichem Charakter und verschiedenen Absichten angefertigt. Die meisten waren

---

[4] C. GUSY: Die Weimarer Reichsverfassung, Tübingen 1997, S. 223.

Materialsammlungen und behandelten besondere Themen wie zum Beispiel die nationalsozialistische Stellung zum Christentum oder Widersprüche in den Äußerungen der Nationalsozialisten zur Außenpolitik. Ziel der Schriften war es, die nachrichtendienstlichen Kenntnisse zu bündeln und den untergeordneten Polizeibehörden zur Verfügung zu stellen. Über die Rezeption der Memoranden läßt sich nichts sagen. Neben diesen speziellen Materialsammlungen wurden drei große allgemeine Denkschriften über die NSDAP verfaßt. Die erste entstand im Frühjahr 1930 und hatte kein klar formuliertes Ziel. Sie informierte auf einem hohen Niveau über die NSDAP und verrät die sehr guten Kenntnisse der politischen Polizei. Die Angaben hinsichtlich der Mitgliederzahl und -struktur sind präzise und halten der Überprüfung durch die heutige Forschung weitgehend stand. Das Ziel der NSDAP, die Weimarer Republik und die Demokratie in Deutschland rücksichtslos zu zerstören, wurde von den Autoren klar benannt. Dies war keine Selbstverständlichkeit.

Nach der ersten Denkschrift entstand im Herbst 1930 eine weitere, die das Ziel hatte, die NSDAP als staats- und republikfeindliche hochverräterische Verbindung verbieten zu lassen. Die Autoren, die Beamte der politischen Polizei in Berlin waren, argumentierten kleinschrittig und präzise. Die von ihnen vorgetragene Beweislast war erdrückend und hätte wohl einer gerichtlichen Überprüfung standgehalten. Doch das Reichsgericht setzte sich mit der Denkschrift inhaltlich nicht auseinander. Innerhalb der Reichsregierung zeigte sie gleichermaßen keine durchschlagende Wirkung.

Der erneute Versuch der politischen Polizei im Februar 1932 mit einer neuen Denkschrift auf ein Verbot der NSDAP zu drängen, schlug fehl. Sie war noch ausführlicher als ihre Vorgängerin und stand dieser in der Genauigkeit der Beweisführung in nichts nach. Sie wurde mit mehreren Anlagen an Reichskanzler Heinrich Brüning gesandt, der einen Teil vernichten ließ. Der letzte preußische Vorstoß für ein Verbot der NSDAP versandete ergebnislos. Ihr Ziel hatten die Denkschriften verfehlt, was nicht an ihrer inhaltlichen oder formalen Qualität lag.

Daß ein reichsweites Verbot der NSDAP, welches nach den Denkschriften möglich erschien, von der Reichsregierung nicht ernsthaft erwogen wurde, lag an ihrer Integrationspolitik, mit der sie versuchte, die Nationalsozialisten an den Staat heranzuführen. Aus diesem Grunde lehnte die Reichsregierung eine rückhaltlose Bekämpfung der NSDAP lange Zeit ab. Die preußische Regierung und die politische Polizei wurden bei weitergehenden Maßnahmen gegen die NSDAP durch die Reichsregierung blockiert, wie sich am Beispiel der versuchten Ausweisung Hitlers aus Preußen zeigte. Kurz gesagt, Albert Grzesinski und führende Beamte der politischen Polizei wollten noch energischer gegen die Nationalsozialisten vorgehen, wurden dabei gebremst.

Erst mit dem SA-Verbot im April 1932 verließ die Reichsregierung ihren Integrationskurs. Es war vor allem auf Druck der Länder, insbesondere Preußens und Bayerns, zustande gekommen. Erst nach langem zähem Ringen war Groener bereit, die SA zu verbieten, da er einsah, daß sein Konzept des Umgangs mit den Nationalsozialisten fehlgeschlagen war. Das SA-Verbot hatte nicht nur eine beruhigende

Wirkung auf die Öffentlichkeit und sollte den Behauptungswillen des Staates gegenüber den Nationalsozialisten demonstrieren, sondern führte zugleich zu einem Rückgang der politischen Gewalttaten. Entgegen der landläufigen Meinung war das SA-Verbot ein Erfolg und es war die letzte tiefgreifende Staatsschutz-Maßnahme gegen die Nationalsozialisten.

Kurze Zeit später hatte sich die politische Situation grundlegend geändert: Durch den Verlust der demokratischen Mehrheit in Preußen bei den Landtagswahlen am 24. April 1932 war das demokratische Bollwerk Preußen unterspült und durch den erzwungenen Rücktritt Brünings am 30. Mai 1932 war der sozialdemokratischen Tolerierungspolitik die Grundlage entzogen worden. Der neue Reichskanzler Franz von Papen hob am 14. Juni 1932 das SA-Verbot auf, was zu einer Welle der politischen Gewalt führte. Der vorläufige Höhepunkt war der ‚Altonaer Blutsonntag‘, den die Reichsregierung zum Anlaß nahm, die geschäftsführende preußische Regierung, gestützt auf eine Notverordnung des Reichspräsidenten, staatsstreichartig abzusetzen. Für den ‚Altonaer Blutsonntag‘ war in erster Linie die Reichsregierung selbst verantwortlich: Ohne Aufhebung des SA-Verbots wäre es höchstwahrscheinlich nicht zu dieser Eskalation gekommen. Als weitere Begründung diente der Reichsregierung die sogenannte ‚Diels-Abegg-Affäre‘. Nur zum Teil begründete Gerüchte, der Staatssekretär im preußischen Innenministerium, Wilhelm Abegg, plane gemeinsam mit den Kommunisten Abwehrmaßnahmen gegen die Nationalsozialisten, reichten der Reichsregierung als weitere Rechtfertigung ihres Vorgehens. Beide Begründungen waren zweifelhaft, berührten aber politisch-polizeiliche Belange. An ihnen zeigt sich die polarisierte innenpolitische Situation.

Die Polizei, und auch die politische Polizei, war nicht in der Lage, den Staatsstreich zu verhindern. Allerdings kann nicht von einem Versagen der politischen Polizei gesprochen werden,[5] denn es war nicht ihre Aufgabe, den Reichskanzler und Reichspräsidenten zu bekämpfen.

Nach dem 20. Juli 1932 tauschte die Kommissariatsregierung einen großen Teil der politischen Beamten aus, insbesondere in der Polizei. Bei der politischen Polizei wurden keine Beamten entlassen, wohl aber führende Beamte am Polizeipräsidium Berlin zur Kriminalpolizei versetzt. Die politischen Abteilungen richtete man stärker gegen die Kommunisten aus, die Sozialdemokratie wurde nun auch Objekt der politischen Polizei und die Frontstellung nach links erweitert. Gleichzeitig wurde zwar die Überwachung der NSDAP nicht eingestellt, dennoch endete die Bekämpfung der Nationalsozialisten mit exekutiven Maßnahmen in Preußen de facto am 20. Juli 1932. Die neue Regierung betonte hingegen sehr stark die Gefährlichkeit der Kommunisten. Daher war der Preußenschlag eine tiefe Zäsur für den Staatsschutz und er bereitete die politische Polizei nach und nach auf die ‚Machtergreifung‘ vor.

---

[5] So aber: G. LOTFI, S. 25.

Dieser nächste noch tiefere Bruch hatte nun auch auf der unteren und mittleren Ebene weitgehende personelle Konsequenzen: Viele der Staatsschützer der Weimarer Republik wurden entlassen oder zur Kriminalpolizei versetzt. Nur ein kleiner Teil wurde zur Gestapo übernommen. Hierbei handelte es sich meist um Beamte aus den Kommissariaten für Spionageabwehr und Linksbewegungen, die unverzichtbar waren. Beamte, die energisch gegen die NSDAP vorgegangen waren, wurden in der Regel entlassen oder versetzt.

Betrachtet man alles nun dargelegte, so ist Arnold Brecht zuzustimmen, der das Problem des Staatsschutzes gegenüber den Nationalsozialisten in der Weimarer Republik treffend formuliert hat: „Polizeiliches Vorgehen war gewiß notwendig. Aber es war nicht genug. Die Polizei konnte nicht überall gegenwärtig sein. Ihre Mittel konnten gegen die immer raffinierteren Methoden systematischer Beunruhigung und Aufreizung oft nichts ausrichten. Ihr Einsatz traf Symptome, nicht den Kern der Krankheit; er reizte oft mehr, als er heilte."[6]

Der Kern der Krankheit war, daß die Gegner der Demokratie in der Mehrheit waren und einen millionenfachen Anhang hatten. Eine politische Polizei kann keine Massenbewegung dauerhaft und wirkungsvoll bekämpfen - dies ist nicht ihre Aufgabe.

Fragt man nach dem Endergebnis der Bekämpfung der NSDAP in Preußen, so fällt die Antwort paradox aus. Das Ziel, die Weimarer Republik zu erhalten, wurde verfehlt, trotzdem ist das Fazit positiv: Mit den Mitteln des Staatsschutzes wurde erreicht, was erreicht werden konnte.

---

[6] A. BRECHT: Kraft des Geistes, S. 141.

ANHANG 1

Kurzbiographien der Beamten der politischen Polizei

Erläuterung

Im folgenden werden die biographischen Angaben aller ermittelten Beamten der preußischen politischen Polizei wiedergegeben. Die Einträge sind nach folgendem Schema aufgebaut: In der ersten Kopfzeile werden Name und Vorname in der zweiten der letzte Dienstgrad vor dem 30. Januar 1933 und in der dritten, soweit bekannt, das Geburtsdatum genannt. Spätere Beförderungen werden im Text genannt. Bei fehlenden Angaben wurde auf Platzhalter verzichtet.

Die aus verschiedenen archivalischen Quellen und der Literatur gewonnenen biographischen Daten sind unterschiedlich: Zu vielen Beamten der unteren Ränge konnten nur Nachname, Dienstgrad und ein einzelner Nachweis der Tätigkeit bei der politischen Polizei ermittelt werden. Bei den höheren Beamten liegen meist genauere Angaben vor, woraus sich die unterschiedliche Länge der Artikel ergibt. Auch die regionale Verteilung ist ungleichmäßig; zu einigen Polizeipräsidien existieren lückenlose Nachweise, zu anderen waren nur vereinzelte oder keine Angaben zu ermitteln.

Trotz der Einschränkungen ist dieser biographische Anhang sinnvoll: Erstens erlauben die 218 ermittelten Personen verallgemeinerbare Aussagen über die Beamten der politischen Polizei, zweitens entlasten die Kurzbiographien das vierte Kapitel und drittens wird künftigen Forschungen zur politischen Polizei und zur Gestapo ein Arbeitsmittel an die Hand gegeben.

Hinweis zur Zitierweise: Neben den üblichen Kurztiteln für veröffentlichte Quellen und Literatur finden sich in diesem Anhang zwei zusätzliche Kurztitel, die sich nicht ohne weiteres über das Quellen- und Literaturverzeichnis ausfindig machen lassen:

Bei den als Nachweisung Aachen, Nachweisung Breslau usw. zitierten Quellen handelt es sich um die Nachweisungen der männlichen Kräfte des Innen- und Außendienstes der jeweiligen Staatspolizeistelle nach dem Stande vom 25. Juni 1935, in: GStA PK, I. HA, Rep. 90 P, Nr. 14, Heft 2.

Bei der als Mitteilung Kohlhaas zitierten Quelle handelt es sich um eine schriftliche Mitteilung von Frau Dipl.-Pol. Elisabeth Kohlhaas, Frankfurt am Main, die mir freundlicherweise ihre bisher unveröffentlichten Forschungsergebnisse mitgeteilt hat.

ABT, Herbert
Kriminalkommissar
geb. 15. August 1888
Prüfung zum Kriminalkommissar am 20. Dezember 1923, Leiter der Inspektion V (Spionagesachen, Landesverrat) der Abteilung I A des Polizeipräsidium Berlin. Im Juni 1935 bei der Kriminalpolizei in Berlin.
(DIENSTALTERSLISTE 1935, S. 14, S. 81; C. GRAF: Politische Polizei, S. 403)

ANDEXER, Kurt
Kriminalrat
geb. 10. November 1887
Ernennung zum Kriminalkommissar am 31. Januar 1919 und zum Kriminalrat am 1. Januar 1930. Anfang 1931 an der LKP-Stelle in Liegnitz in der Abteilung I tätig. 1935 bei der Kripo in Berlin.
(GStA PK, I. H.A., Rep. 77, Tit. 4043, Bd. 149; DIENSTALTERSLISTE 1935, S. 13, S. 73)

ARIAN, Dagobert, Dr. jur.
Regierungsassessor
geb. 1903
Beförderung zum Regierungs-Assessor am 25. April 1928. Seit Frühjahr 1929 bis zum 20. Juli 1932 in der Abteilung I des Polizeipräsidiums Berlin als Dezernent 3 (KPD, Revolutionäre Gewerkschaftsopposition). Mitglied der SPD und Vertrauensmann Grzesinskis. Am 22. Juli 1932 in die Abteilung III des Polizeipräsidiums versetzt. Ab 8. August 1932 beurlaubt, um als Hilfsarbeiter der Rechtsvertretung Preußens im Prozeß gegen die Reichsregierung mitzuarbeiten. Im Februar 1933 seiner Stellung im Polizeipräsidium enthoben. Kurzfristige Inhaftierung im Mai 1933, durch Intervention Diels' freigelassen und im September 1933 nach Palästina emigriert. Dort Mitarbeit beim Aufbau der Verwaltung und Bekleidung höherer Staatsämter.
(C. SCHUBOTZ: Liste, S. 16; C. GRAF: Politische Polizei, S. 331)

BARTMANN, Fritz, Dr. jur.
Kriminalkommissar
geb. 11. September 1901
Prüfung zum Kriminalkommissar am 3. Juli 1930; Anstellung am 1. Februar 1931 in der Abteilung I A des Polizeipräsidiums Recklinghausen. Im Juni 1935 am Polizeiinstitut Berlin-Charlottenburg.
(StAMS, Reg. Münster, VII-67, Bd. 2, Bl. 171; DIENSTALTERSLISTE 1935, S. 10, S. 91)

BAUS, Heinrich
Kriminalkommissar
geb. 29. August 1884
Anstellung als Polizeisergant am 1. Oktober 1908 in Düsseldorf, am 1. Januar 1925 Beförderung zum Kriminalpolizeisekretär. Prüfung zum Kriminalkommissar am 9. Januar 1925 mit Anstellung als Polizeikommissar zum 1. März 1926, ab 1. Juli 1927 als Kriminalkommissar. Im Februar 1928 bei der politischen Polizei in Düsseldorf. Dort im Juni 1935 bei der Kriminalpolizei.
(Personalkarte, in: PPD; HStAD, Reg. Düsseldorf, Nr. 30653c, Bl. 38; DIENSTALTERSLISTE 1935, S. 23, 85)

BEHRENS
Kriminalassistent
Im Dezember 1927 bei der politischen Polizei am Polizeiamt Gelsenkirchen, welches bis 1928 zum Polizeipräsidium Bochum gehörte.
(StAMS, Polizeipräsidien, Nr. 202, Bl. 153)

BERGMANN, Fritz
Regierungsrat
geb. 1888
Beförderung zum Regierungsrat am 1. Juli 1927. Für April und Dezember 1930 als Leiter der Abteilung I am Polizeipräsidium Bochum ausgewiesen. Im Dezember 1931 nicht mehr in Bochum.
(StAMS, Polizeipräsidien, Nr. 204-205; C. SCHUBOTZ: Liste, S. 58)

BERGMANN, Johann
Kriminalkommissar
geb. 4. März 1883
Prüfung zum Kriminalkommissar am 18. Dezember 1920, Anstellung zum 1. Juli 1921. Im Januar 1931 bei der Abteilung I A am Polizeipräsidium Aachen und dort im April 1932 Leiter des Außendienstes. Am 25. Februar 1933 zur Kriminalpolizei in Aachen versetzt und dort im Juni 1935 noch tätig.
(HStAD, Reg. Aachen, Nr. 22831, Nr. 23332, Bl. 3; HStAD, BR 1031/185, Bl. 212; LHAK, Best. 403, Nr. 16913, Bl. 95; DIENSTALTERSLISTE 1935, S. 11, 79)

BIELEMEYER, Wilhelm
Kriminalassistent
geb. 21. August 1893
Im April 1930 im Spionageabwehrkommissariat der politischen Polizei in Bochum tätig. Im Dezember 1930 offenbar nicht mehr in der Abteilung I A in Bochum. Im Dezember 1932 im Kommissariat für Linksbewegung am Polizeipräsidium Bochum und dort bis mindestens April 1933. Im Juni 1935 an der Stapostelle Bielefeld.
(StAMS, Polizeipräsidien, Nr. 204-206; StAMS, Reg. Arnsberg, Nr. 14601, S. 14; Nachweisung Bielefeld)

BILO, Theodor
Kriminalkommissar
geb. 11. September 1891
Volksschule, Bürolehrling und -angestellter. Von 1910-1913 Militärdienst, ab dem 13. Juni 1913 Polizeisergeant auf Probe. 1914 bis 1917 Kriegsteilnahme mit Beförderung zum Unteroffizier. Im März 1920 Beförderung zum Kriminalassistent, zum Kriminalsekretär am 1. Dezember 1923. Prüfung zum Kriminalkommissar am 31. August 1922 mit Anstellung am 1. März 1927. Von 1922 bis 1926 am Polizeipräsidium Recklinghausen, vom 1. September 1926 bis zum 28. Februar 1931 am Polizeipräsidium Bochum, dort bis Oktober 1927 kommissarische Leitung der Spionageabwehrstelle, danach im Kriminalpolizeidienst. Im November 1930 praktische Ausbildung in der politischen Polizei in Bochum und im März 1931 nach Wilhelmshaven versetzt, dort Leiter der Kriminal- und politischen Polizei. Ab 1. Mai 1933 Leiter der Stapostelle ebenda. zum 1. April 1934 ans Polizeipräsidium Wuppertal versetzt, dort Leiter der Kriminalpolizei in Solingen-Ohligs. 1935 rückwirkender Eintritt in die NSDAP zum 1. Mai 1933. Verstorben am 15. März 1938.
(HStAD-ZK, PA 153415; StAMS, Reg. Arnsberg, Nr. 14613 und Polizeipräsidien, Nr. 202; DIENSTALTERSLISTE 1935, S. 51, S. 87)

BLEES, Josef
Kriminalkommissar
geb. 26. November 1898
Prüfung zum Kriminalkommissar am 20. Dezember 1923, Anstellung zum 1. Mai 1925. 1932 in der politischen Polizei am Polizeipräsidium Aachen; am 25. Februar 1933 zur Kriminalpolizei versetzt und dort noch im Juni 1935.
(HStAD, BR 1031/185, Bl. 212; DIENSTALTERSLISTE 1935, S. 11, 85)

BLEILEVENS, Johann
Kriminalassistent
geb. 29. Oktober 1892
1932 bei der politischen Polizei am Polizeipräsidium Aachen. Im Laufe des Jahres 1933 mehrfach zwischen Kripo und politischer Polizei gewechselt und im Juni 1934 bei der Stapo in Aachen und dort noch im Juni 1935
(HStAD, BR 1031/185, Bl. 212f.; Nachweisung Aachen)

BLEYEN, Martin
Kriminalsekretär
geb. 26. August 1890
1932 am Polizeipräsidium Aachen in der politischen Polizei. Übernommen in die Stapo und dort bis mindestens Juni 1935. Beförderung zum Kriminalbezirkssekretär nach 1933.
(HStAD, BR 1031/185, Bl. 212ff.; Nachweisung Aachen)

BLUCK
Kriminalsekretär
Mindestens seit Juli 1930 bei der politischen Polizei in Altona. Vornehmlich

mit der linksradikalen Bewegung befaßt.
(LAS, Abt. 301, Nr. 4513)

BÖHMER, Anton, Dr. jur.
Kriminalkommissar
geb. 20. Dezember 1899
Prüfung zum Kriminalkommissar am 23. Dezember 1926, Anstellung zum 1. Oktober 1928. Im September 1931 Leiter des Kommissariats für linksradikale Bewegung am Polizeipräsidium in Köln. 1933 zur Kripo versetzt, Leiter des 5. Kommissariats. Im Juni 1935 am Polizeiinstitut in Berlin-Charlottenburg.
(Amtliche Bekanntmachung des Polizeipräsidenten Köln, 24. September 1931, in: NS-Dok; DIENSTALTERSLISTE 1935, S. 10, S. 88; GREVENS ADRESSBUCH 1935, II, S. 10)

BONATZ, Wilhelm
Kriminalrat
geb. 26. Juli 1883
Nach abgebrochenem Jurastudium seit 1910 am Polizeipräsidium Berlin, 1914 Kriminalkommissar, ab 1918 Inspektionsleiter in der politischen Abteilung, Beförderung zum Kriminalrat am 1. Juli 1928, Laut Geschäftsverteilungsplan vom Herbst 1931 Leiter der Inspektion IV: Waffenschutzdienst, Gewerkschaften, Vereine und Ausländer. Seit 1932 in der NS-Beamtenschaft. Im März 1933 Leiter des Außendienstes der Abteilung I, in dieser Funktion in das Gestapa übernommen und dort im Juni 1935 noch tätig.
(DIENSTALTERSLISTE 1935, S. 54, S. 98; C. GRAF: Politische Polizei, S. 335)

BORGMANN
Kriminalsekretär
Mindestens von Juni 1929 bis Dezember 1931 bei der politischen Polizei in Kiel.
(LAS, Abt. 301, Nr. 4513, Nr. 4559)

BRANDT
Kriminalassistent
Ab Mai 1932 bei der politischen Polizei in Altona.
(LAS, Abt. 301, Nr. 4513)

BRASCHWITZ, Rudolf, Dr. med. dent.
Kriminalkommissar
geb. 18. Januar 1900
Freikorpstätigkeit 1918/1919, Zahnarztstudium mit Promotion 1923, Ausbildung zum Kriminalkommissar mit Prüfung am 8. August 1924 und Anstellung zum 1. Mai 1927. Seit 1928 in der politischen Polizei im Polizeipräsidium Berlin, Kommissariatsleiter für die kommunistische Bewegung, 1933 in das Gestapa übernommen. Bis 1932 Mitglied der DDP und der SPD, vor 1933 Kontaktmann der Nationalsozialisten. Im Mai 1934 zur Kriminalpolizei in Berlin versetzt und dort im Juni 1935 noch tätig.
(DIENSTALTERSLISTE 1935, S. 15, S. 86; C. GRAF: Politische Polizei, S. 336)

BRODEFUHR
Kriminalsekretär
Ende Juli 1932 am Polizeipräsidium Köln, Abt. I A; im September 1931 noch nicht nachgewiesen.
(GStA PK, I. HA, Rep. 77, Tit. 4043, Nr. 308, Bl. 138)

BRODESSER, Johann (Jean)
Kriminalsekretär
geb. 6. September 1887
Eintritt in den Polizeidienst 1913 bei der Schutzmannschaft in Köln. 1919 Übertritt zur Kriminalpolizei, 1929 zur politischen Polizei. Im September 1931 im Kommissariat für rechtsradikale Bewegung am Polizeipräsidium Köln und dort bis 1933. Übernahme in die Stapostelle Köln. Beförderung zum

Kriminalobersekretär 1938. Zunächst Referats- später Dienststellenleiter. Im April 1942 Versetzung zur Stapo Schwerin und im September 1942 nach Krakau zum Kommandeur der Sicherheitspolizei. Ab dem Januar 1944 bei der Stapo in Düsseldorf und ab September 1944 bis zum Kriegsende bei der Kripo in Köln.
(Amtliche Bekanntmachung des Polizeipräsidenten Köln, 24. September 1931, in: NS-Dok; Nachweisung Köln; HStAD, RW 34/9; HStAD, Ger. Rep. 231/513, Bl. 360ff.)

BROSIG, Max
Kriminalsekretär
geb. 16. Juni 1884
Besuch der Volksschule. Militärdienst von Oktober 1903 bis September 1913, von August 1914 bis Juni 1917 und von März 1918 bis Dezember 1918. Danach als Polizeisergeant am Polizeipräsidium Düsseldorf. Ernennung zum Kriminalassistenten am 22. Oktober 1925. Seit dem 6. August 1926 bei der politischen Abteilung am Polizeipräsidium Düsseldorf. Beförderung zum Kriminalsekretär am 22. Dezember 1926. Übernahme in die Stapo und dort bis mindestens Juni 1935.
(Personalkarte, in: PPD)

BRÜCKENHAUS, Hugo
Kriminalkommissar
geb. 25. November 1890
Gelernter Weinküfer. Militärdienst vom Oktober 1911 bis September 1913. Teilnahme am Ersten Weltkrieg, Entlassung aus der Reichswehr am 23. August 1919. Ab dem 4. Dezember 1919 am Polizeipräsidium Düsseldorf beschäftigt. Seit 1922 bei der Kriminalpolizei; Beförderung zum Kriminalassistenten am 1. Oktober 1923 und zum Kriminalsekretär am 20. Dezember 1926. Ausbildung zum Kriminalkommissar mit Ernennung am 18. Dezember 1929. Versetzung nach Köln am 15. Februar 1930 mit endgültiger Anstellung zum 15. Juni 1930. Mindestens von September 1931 bis Ende Juli 1932 in der Abteilung I A am Polizeipräsidium in Köln, dort Leiter des Kommissariats für rechtsradikale Bewegungen. 1933 Leiter der Geschäftsstelle der Kriminaldirektion in Köln. Im Juni 1935 bei der Kriminalpolizei an einem nicht genannten Polizeipräsidium.
(Personalkarte, in: PPD; LHAK, Best. 403, Nr. 16732; GStA PK, I. HA, Rep. 77, Tit. 4043, Nr. 308, Bl. 138; Amtliche Bekanntmachung des Polizeipräsidenten Köln, 24. September 1931, in: NS-Dok; DIENSTALTERSLISTE 1935, S. 90; GREVENS ADRESSBUCH 1933, II, S. 10)

BRUCKNER,
Kriminalsekretär
Spätestens seit 1927 als Kriminalassistent in der politischen Polizei am Polizeiamt Herne (zum Polizeipräsidium Bochum gehörend); Beförderung zum Kriminalsekretär vor Dezember 1928. Tätigkeit bis mindestens Dezember 1932.
(StAMS, Polizeipräsidien, Nr. 202-206)

BRUNS, Richard
Kriminalassistent
geb. 28. Juni 1900
Bürogehilfe, seit September 1918 Teilnahme am Weltkrieg als Unteroffizier. Seit 1920 bei der Polizei in Flensburg und dort ab Juni 1932 in der politischen Abteilung. 1934 in die Stapo übernommen, 1935 in Kiel, 1936 in Flensburg und ab 1941 beim SD in Oslo. Beförderung zum Kriminalobersekretär 1943. 1946 in Oslo zum Tode verurteilt.
(IZRG-Datenpool)

BUCIEK, Paul,
Polizeirat
geb. 1880
Jurastudium, im Ersten Weltkrieg angeblich im Nachrichtendienst tätig. Ernennung zum Polizeirat am 1. August 1923. Tätigkeit in Gleiwitz. Seit 1926 Leiter der Abteilung I am Polizeipräsidium Köln. Laut Westdeutschem Beobachter 1931 pensioniert worden.
(LHAK, Best. 403, Nr. 16732, Nr. 16913; C. SCHUBOTZ: Liste, S. 101; WESTDEUTSCHER BEOBACHTER, 23. September 1933, S. 6)

CARSTENS
Kriminalassistent
Im Februar 1931 bei der politischen Polizei in Kiel.
(LAS, Abt. 301, Nr. 4559)

CAPLAN
Kriminalassistent
1932 bei der politischen Polizei in Aachen und am 25. Februar 1933 zur Kriminalpolizei versetzt.
(HStAD, BR 1031/185, Bl. 212)

CLAASSEN, Tjark
Kriminalbezirkssekretär
geb. 17. August 1884
Mindestens von Juni 1929 bis Februar 1930 bei der politischen Polizei in Kiel. Zwischen 1930 und 1933 nicht nachzuweisen. Im April 1934 bei der Stapo in Kiel und dort bis mindestens bis 1944 tätig. Eintritt in die NSDAP im Mai 1937. Beförderung zum Kriminalinspektor vor 1944.
(LAS, Abt. 301, Nr. 4513; IZRG-Datenpool)

CLÖVERS
Kriminalsekretär
Mindestens vom Februar 1928 bis September 1931 stellvertretender Leiter des Spionageabwehrkommissariats am Polizeipräsidium in Köln.
(HStAD, Regierung Köln, Nr. 8261; Amtliche Bekanntmachung des Polizeipräsidenten Köln, 24. September 1931, in: NS-Dok)

CORNELI, Peter
Kriminalsekretär
Im September 1931 im Spionageabwehrkommissariat am Polizeipräsidium in Köln. In die Gestapo übernommen und dort Sachbearbeiter für französische, belgische und englische Spionage. Beförderung zum Kriminalobersekretär 1942.
(HStAD, RW 34/9, 31; Amtliche Bekanntmachung des Polizeipräsidenten Köln, 24. September 1931, in: NS-Dok)

CRAMER, Hermann
Kriminalsekretär
geb. 7. April 1878
Mindestens von April 1930 bis Dezember 1932 im Spionageabwehrkommissariat am Polizeipräsidium Bochum tätig gewesen. Im Juni 1935 bei der Stapostelle Dortmund tätig, ohne Mitglied der NSDAP zu sein.
(StAMS, Polizeipräsidien, Nr. 204-206; Nachweisung Dortmund)

DEVANTIER, Georg
Kriminalassistent
geb. 22. April 1893
Besuch der Volksschule. Militärdienst von November 1914 bis Oktober 1919. Ab 22. Oktober 1919 am Polizeipräsidium Düsseldorf. Am 25. November 1925 Beförderung zum Kriminalassistenten. Ab 1926 in der Zweigstelle Rath beschäftigt und am 14. Oktober 1930 zur Abteilung I A versetzt. Am 16. Februar 1933 zum Stab des Höheren Polizeiführers im Westen und am 1. April 1934 zur Stapo Düsseldorf versetzt und dort bis mindestens Juni 1935.
(Personalkarte, in: PPD; Nachweisung Düsseldorf)

DOMINICUS
Polizeiobersekretär
geb. 2. November 1884
Im Januar 1929 in der Abteilung I am Polizeipräsidium Dortmund. Zuständig für Spionage- und Landesverratssachen. Dort noch 1933 tätig und in die Stapostelle übernommen und bis mindestens Juni 1935 tätig.
(StAMS, Reg. Arnsberg, Nr. 14601, Bl. 14; ebenda, Nr. 15149; Nachweisung Dortmund)

DOMKE, Hermann
Kriminalkommissar
geb. 19. Dezember 1893
Anstellung als Kriminalkommissar am 15. August 1930. Im Dezember 1932 bei der politischen Polizei in Bochum, zuständig für die Rechtsbewegung. Am 15. September 1933 bei der politischen Polizei in Dortmund und dort im Juni 1935 bei der Kripo.
(StAMS, Reg. Arnsberg, Nr. 14601, Bl. 14; Dienstaltersliste 1935, S. 21, S. 90; StAMS, Polizeipräsidien, Nr. 206)

DRESCHER, Otto
Kriminal-Oberinspektor
geb. 24. September 1876
Militärdienst vom 1. Oktober 1895 bis 1904. Eintritt in die staatliche Polizei am 1. April 1904 als Kriminalschutzmann im Spionageabwehrdienst in Thorn bis 1914. Ab Dezember 1914 bei der Geheimen Feldpolizei als Feldpolizeikommissar. Ab 1919 bei der Landeskriminalpolizei in Ostpreußen, Ernennung zum Grenzkommissar am 1. Januar 1923, Prüfung zum Kriminalkommissar am 30. Juni 1923. Ab 1. Juni 1924 Leiter der Landeskriminalpolizeistelle Flensburg. Beförderung zum Kriminaloberinspektor am 1. April 1925. Ab 1. November 1928 zur Kriminalpolizei nach Düsseldorf versetzt. Ab 1. Januar 1930 Leiter der Abteilung I A, ebenda. Am 1. Mai 1933 Leiter der Kriminalinspektion II in Düsseldorf. Eintritt in die NSDAP am 1. Mai 1933. Zum 1. November 1933 zum Kriminalrat ernannt und als Leiter der Kriminalpolizei nach Gladbach-Rheydt versetzt. Ab 15. Februar 1934 in Düsseldorf ständiger Vertreter des Leiters der Kriminalpolizei. Am 19. August 1936 ordnungsgemäß in den Ruhestand versetzt.
(Personalakte Drescher, in: PPD; LHAK, Best. 403, Nr. 16913; DIENSTALTERSLISTE 1935, S. 23, S. 75; G. PAUL: Gestapo in Flensburg, S. 17f.)

DRZIMALA, Franz
Polizei-Oberinspektor
geb. 1890
Beförderung zum Polizei-Oberinspektor am 1. September 1927. Leiter der politischen Polizei in Krefeld.
(HStAD, Nl. Elfes, RWN 72,2, Bl. 15; C. SCHUBOTZ: Liste, S. 108)

ECHTERHOFF, Theodor
Polizeirat
geb. 1875
Beförderung zum Polizeirat am 13. November 1923. Im Juli 1930 Leiter der politischen Abteilung am Polizeipräsidium Recklinghausen.
(StAMS, Kreis Tecklenburg, LRA, Nr. 1325; C. SCHUBOTZ: Liste, S. 116)

ESSING, Karl,
Kriminalsekretär
geb. 8. September 1895
1914 bis 1918 Teilnahme am Weltkrieg. Ab dem Februar 1919 Schutzmann in der staatlichen Polizei in Köln. Ab August 1920 bei der Kripo. Beförderung zum Kriminalassistenten am 1. Mai 1924 und zum Kriminalsekretär am 1. April 1925. Seit dem 1. Februar 1929 bei der politischen Polizei in Köln. Übernahme in die Gestapo am 1.

April 1934 und dort bis Kriegsende tätig. Beförderung zum Kriminalobersekretär am 1. November 1936.
(HStAD-ZK, PA 146914; Amtliche Bekanntmachung des Polizeipräsidenten Köln, 24. September 1931, in: NS-Dok)

FEISTEL, Wendelin
Kriminalkommissar
geb. 3. Februar 1873
Ende 1931 Kommissariatsleiter im Außendienst der Abteilung I, Polizeipräsidium Berlin, Inspektion III, rechtsradikale Parteien und Organisationen. Zum 1. April 1933 mit 60 Jahren ordnungsgemäß in den Ruhestand versetzt.
(DIENSTALTERSLISTE 1935, S. 102; C. GRAF: Politische Polizei, S. 342)

FEUßNER
Polizeisekretär
Im Dezember 1932 bei der Abteilung I am Polizeipräsidium Bochum
(StAMS, Polizeipräsidien, Nr. 206)

FISCHER
Kriminalassistent
Im Jahr 1930 bei der politischen Polizei in Dortmund. Anscheinend hauptsächlich mit der Überwachung der NSDAP betraut.
(GStA PK, I. HA, Rep. 84a, Nr. 12937, Bl. 36ff.)

FLOHR, Karl
Kriminalsekretär
Laut Polizeidirektor von Hamm im Dezember 1930 seit mehreren Jahren in der politischen Polizei tätig.
(StAMS, Regierung Arnsberg, Nr. 14621)

FREUND, Emil
Kriminalkommissar
Leiter des Außendienstes der politischen Polizei in Duisburg, Mitglied des Zentrums. In der Dienstaltersliste von 1935 nicht aufgeführt.
(I. BUCHLOH, S. 117)

FUTH, Karl
Kriminalkommissar
geb. 6. November 1879
Ab 1923 als Kriminalkommissar in der Abteilung I A des Polizeipräsidiums Berlin, Ende 1931 Inspektionsleiter I: Pressesachen. Belastungszeuge gegen die preußische Regierung beim Prozeß Preußen contra Reich. Im Mai 1933 ins Gestapa übernommen, am 1. Juli 1933 zum Kriminalrat befördert und im Juni 1935 dort noch tätig.
(DIENSTALTERSLISTE 1935, S. 54, S. 98; C. GRAF: Politische Polizei, S. 344)

GABRIEL
Kriminalassistent
Ab April 1931 bei der politischen Polizei in Altona. Dort mindestens bis August 1932 im Kommissariat für linksradikale Bewegungen tätig.
(LAS, Abt. 301, Nr. 4513)

GALUBANSKI, Franz
Kriminalassistent
geb. 26. März 1891
Besuch der Volksschule, dann als Arbeiter tätig. Militärdienst von Oktober 1911 bis September 1913 und von August 1914 bis Juni 1919. Anstellung als Polizeiwachtmeister am 17. Februar 1920 bei der Polizeiverwaltung Düsseldorf. Beförderung zum Kriminalassistenten am 12. Dezember 1924. Am 6. August 1926 zur politischen Abteilung versetzt. Am 1. April 1933 zur Kriminalpolizei versetzt und am 19. Mai 1933 bis 6. November 1933 zwangsbeurlaubt. Am 11. November 1933 mit Wirkung zum 1. Januar 1934 nach Stettin versetzt.
(Personalkarte, in: PPD)

GANSER, Gottfried
Kriminalkommissar
Von 1918 bis 1920 bei der Volkswehr in Gelsenkirchen, dann Übernahme in die Nachrichtenabteilung der staatlichen Polizeiverwaltung, 1922 Oberwachtmeister, ab 1923 Kriminalassistent, später Beförderung zum Kriminalsekretär. 1927 Teilnahme am Kriminalkommissar-Kursus in Eiche. Ende 1927 Leiter des politischen Sonderkommissariats der Kriminalpolizei am Polizeipräsidium Bochum, später Leiter des Außendienstes der politischen Abteilung bis mindestens Dezember 1932. Gleichzeitig Leiter des Spionageabwehrkommissariats. Offenbar auf Antrag des Polizeipräsidenten Anfang 1933 zur Kriminalpolizei an ein anderes Polizeipräsidium versetzt worden. In der Dienstalterliste 1935 nicht mehr nachgewiesen. Mitglied der SPD und aktiver Katholik.
(Personalakte Wilkowksi, in: PPD; StAMS, Polizeipräsidien, Nr. 202, Bl. 113; Nr. 206, Bl. 112; StAMS, Reg. Arnsberg, Nr. 14613)

GERHARDS
Kriminalsekretär
Im April 1930 als Kriminalassistent im Kommissariat für Linksbewegung in der politischen Polizei am Polizeipräsidium Bochum. Im Dezember 1932 als Kriminalsekretär geführt, ohne Zuteilung zu einem Kommissariat.
(StAMS, Polizeipräsidien, Nr. 204-206)

GIRBIG, Max[1]
Kriminalkommissar
geb. 30. März 1880

---

[1] Vgl. D. STEGMANN: Politische Radikalisierung, S. 115, Anm. 345, behauptet fälschlicherweise, daß Girbig erst nach 1933 zum Kriminalkommissar aufstieg.

Prüfung zum Kriminalkommissar 17. Juli 1925 mit Anstellung zum 1. Januar 1926. Bei der politischen Polizei Harburg-Wilhelmsburg. Dort im Juni 1935 bei der Kriminalpolizei.
(D. STEGMANN: Politische Radikalisierung, S. 115; DIENSTALTERSLISTE 1935, S. 34, S. 85)

GLOWALLA, Robert
Kriminalassistent
geb. 30. August 1887
Gelernter Bürogehilfe. Von Dezember 1914 bis September 1917 bei der Marineinfanterie als Vizefeldwebel. Von 1925 bis 1926 Mitglied des Stahlhelms. Von Juni 1929 bis Ende 1932 im Kommissariat für Spionageabwehr am Polizeipräsidium Kiel nachzuweisen. Übernahme in die Stapostelle Kiel. Beförderung bis zum Kriminalinspektor. Eintritt in die NSDAP im Mai 1933 und in die SS im Juni 1933. Im Januar 1945 SS-Obersturmführer.
(LAS, Abt. 301, Nr. 4513; IZRG-Datenpool)

GOEHRKE, Fritz
Regierungsdirektor
geb. 1869
Seit ca. 1887 im Polizeidienst, über die mittlere Beamtenlaufbahn aufgestiegen, Anfang des Jahrhunderts als Bezirkskommissar in Dortmund zur Überwachung der Polenbewegung eingesetzt. Seit 1920 in der Abteilung I A des Polizeipräsidiums Berlin, von 1922 bis 1931 Leiter des Fremdenamtes, Beförderung zum Oberregierungsrat am 17. November 1930. Ab 23. Januar 1931 als Regierungsdirektor Leiter der politischen Polizei in Berlin. Nach dem 20. Juli 1932 seines Postens enthoben und in die Abteilung II versetzt, nach dem 30. Januar 1933 vorläufig in den Ruhestand versetzt und später endgültig

nach § 4 des Berufsbeamtengesetzes in den Ruhestand versetzt. Mitglied der Staatspartei, angeblich hochrangiger Freimaurer.
(C. SCHUBOTZ: Liste, S. 16; R. JESSEN: Polizei im Industrierevier, S. 153; C. GRAF: Politische Polizei, S. 346)

GREEN
Kriminalassistenten-Anwärter
Im August 1932 bei der politischen Polizei in Kiel.
(LAS, Abt. 301, Nr. 4561)

GROBBRÜGGE
Kriminalassistent
1932 bei der politischen Polizei in Aachen und am 25. Februar 1933 zur Kriminalpolizei versetzt.
(HStAD, BR 1031/185, Bl. 212)

GROSSE, Ernst
Kriminalsekretär
geb. 3. Mai 1895
Von 1920 bis 1926 bei der politischen Polizei am Polizeipräsidium Erfurt, von 1926 bis 1929 bei der Kriminalpolizei und von 1929 an wiederum bei der politischen Abteilung. 1934 Lehrgang zum Kriminalkommissar mit Beförderung zum Kriminalkommissar auf Probe am 15. November 1934. Anschließend bei der Kriminalpolizei in Oppeln und Breslau. Am 25. Mai 1935 zur Stapo Breslau abgeordnet.
(Dienstaltersliste 1935, S. 25, S. 101; Nachweisung Breslau, Auskunft Kohlhaas)

HACHFELD
Polizeirat
In Wesermünde 1928 Stellvertreter des Polizeidirektors.
(D. STEGMANN: Politische Radikalisierung, S. 115)

HANS
Kriminalsekretär
Im September 1931 am Polizeipräsidium Köln im Kommissariat für linksradikale Bewegung.
(Amtliche Bekanntmachung des Polizeipräsidenten Köln, 24. September 1931, in: NS-Dok)

HECK, Peter
Kriminalassistent
geb. 13. November 1884
Ab 1919 bei der Schutzpolizei in Koblenz, ab 1924 bei der Kriminalpolizei und vor 1933 zur politischen Polizei versetzt. Ende 1933 in die Stapo Koblenz übernommen und im Oktober 1935 zur Stapo Frankfurt a.M. versetzt.
(Nachweisung Koblenz; Auskunft Kohlhaas)

HEINSOHN
Kriminalsekretär
Von Oktober 1931 bis April 1932 bei der politischen Polizei in Kiel
(LAS, Abt. 301, Nr. 4513)

HEINZEL, Georg
Kriminalkommissar
geb. 2. August 1902
Prüfung zum Kriminalkommissar am 9. Oktober 1928. Dann im Oktober 1928 Sonderausbildung bei der politischen Polizei in Halle a. d. S.; im Juni 1929 bei der politischen Polizei in Bochum. Zunächst Leiter der Kommissariate Spionageabwehr und Rechtsbewegung. Ernennung zum Kriminalkommissar am 1. März 1930. Ab 1931 nur noch für Rechtsbewegung zuständig. 1932 Leiter des Kommissariats für die Linksbewegung. Auf Betreiben des Polizeipräsidenten Anfang 1933 aus Bochum versetzt worden. Im Juni 1935 bei der Kriminalpolizei in Duisburg.
(StAMS, Reg. Arnsberg, Nr. 14613; Polizeipräsidien, Nr. 204-206; DIENSTALTERSLISTE 1935, S. 22, 89)

HEISIG, Helmut
Kriminalkommissar
geb. 1. August 1902
Studienabbruch 1928, anschließend Ausbildung zum Kriminalkommissar in Breslau mit Prüfung 1930. Ab Oktober 1931 am Polizeipräsidium Berlin in der Abteilung I A in der KPD-Bekämpfung tätig, ab Juli 1932 SPD-Bekämpfung. Ins Gestapa übernommen. Ab Januar 1934 Leiter der politischen und Kriminalpolizei in Dessau, Beförderung zum Kriminaloberinspektor. Kurzfristig beurlaubt, daher in der Dienstaltersliste von 1935 nicht nachgewiesen. 1937 als Kriminalrat Leiter der politischen und Kriminalpolizei in Bonn, ab 1938 bei der Kriminalpolizei in Chemnitz. Danach an verschiedenen Stapostellen. 1945 bis 1948 interniert, 1954 gestorben.
(C. GRAF: Politische Polizei, S. 351)

HELDT, Hermann
Kriminalassistent
geb. 2. Juli 1894
Gelernter Kaufmann, seit 1924 bei der Schutzpolizei in Flensburg. 1932 bei der politischen Polizei in Hannover, 1934 bei der Stapostelle, ebenda. 1936 an der Stapostelle Kiel. Eintritt in die NSDAP 1937. 1937 bis 1940 Leiter des Grenzpolizeipostens Westerland, 1940 in Travemünde. Ab 1941 bei der Stapostelle Kiel.
(Nachweisung Hannover; G. PAUL: Staatlicher Terror, S. 266)

HELLER, Reinhold
Kriminalkommissar
geb. 15. Juli 1885
Erfolgloses Jurastudium; 1912 Offiziersanwärter in der königlichen Schutzmannschaft Berlin. Im Ersten Weltkrieg Frontoffizier, 1919 Freikorpstätigkeit in der Brigade Reinhard, anschließend Übernahme in das Polizeipräsidium Berlin, Abteilung I A und Prüfung zum Kriminalkommissar. 1931/32 Leiter der Außendienst-Inspektion des KPD-Dezernates, rechtsgerichteter Beamter. 1933 ins Gestapa übernommen und dort im Juni 1935 noch tätig; Ernennung zum Kriminalrat am 1. April 1935. Während des Krieges Leiter der Stapo-Stelle Potsdam, Selbstmord 1945.
(DIENSTALTERSLISTE 1935, S. 54, S. 98; C. GRAF: Politische Polizei, S. 352f.)

HERBST, Herbert
Kriminalkommissar
geb. 27. November 1901
Abitur und Banklehre in Elbing, Ausbildung zum Kriminalkommissar mit Ernennung zum 1. Oktober 1930. 1931 nach Berlin versetzt und Kommissariatsleiter in der Rechtsradikalen-Inspektion. Demokratischer Beamter, der sich nach 1933 anpaßte und in die NSDAP eintrat. 1933 bei der Stapostelle in Elbing, im Juni 1935 einziger Kriminalkommissar an der Stapostelle Osnabrück. Beförderung zum Kriminaldirektor 1942. Seit 1944 kurzfristig an der Sicherheitspolizeischule Fürstenberg, dann an der Stapoleitstelle Nürnberg.
(DIENSTALTERSLISTE 1935, S. 63, S. 100; GESTAPO OSNABRÜCK MELDET..., S. 19; C. GRAF: Politische Polizei, S. 354)

HERMANN, Friedrich
Kriminalsekretär
Beamter der Abteilung I A im Polizeipräsidium Bochum. Aus der uniformierten Polizei kommend, seit 1920 bei der Kriminalpolizei, seit 1926 bis mindestens Dezember 1932 bei der politischen Polizei. In vielfältigen Funktionen im Innen- und Außendienst

eingesetzt: Führung des Geschäftsbetriebes, vertretungsweise Leitung des Außendienstkommissariats I A 2 (Linksbewegung), zuständig für den Chiffrierdienst.
(StAMS, Regierung Arnsberg, 14612; Polizeipräsidien, Nr. 206)

HERMANNSEN, Hans
Kriminalbezirkssekretär
geb. 11. Juni 1891
Kaufmännische Lehre, Kriegsdienst, selbständiger Kaufmann. 1922 Ausbildung zum Polizeibeamten, seit Mitte der 20er Jahre bei der Kriminalpolizei in Flensburg, hauptsächlich mit Staatsschutzdelikten beschäftigt. Seit 1929 bei der Abteilung I A im Flensburger Polizeipräsidium. Im April 1933 kurzfristig vom Dienst suspendiert. Später in die Gestapo übernommen und 1935 Chef des Grenzpolizeikommissariats in Flensburg (Außenstelle der Stapo Kiel). Im April 1940 als Beauftragter der Gestapo nach Kopenhagen versetzt. Am 1. Dezember 1942 zum Kriminalrat befördert. Nach Kriegsende Flucht nach Deutschland. 1948 Tätigkeit für den amerikanischen Geheimdienst. Am 21. Oktober 1952 verstorben.
(Nachweisung Kiel; G. PAUL: Staatlicher Terror, S. 87ff.; G. PAUL: Hans Hermannsen)

HOCH
Kriminalassistent
Im September 1931 am Polizeipräsidium Köln im Kommissariat für linksradikale Bewegung tätig.
(Amtliche Bekanntmachung des Polizeipräsidenten Köln, 24. September 1931, in: NS-Dok)

HOFFMANN
Kriminalassistent
Im September 1931 im Kommissariat für linksradikale Bewegung am Polizeipräsidium Köln.
(Amtliche Bekanntmachung des Polizeipräsidenten Köln, 24. September 1931, in: NS-Dok)

HOFMANN
Kriminalkommissar[2]
Seit 1903 im Polizeidienst, mindestens zwischen Februar 1928 und September 1931 Leiter der politischen Inspektion der Abteilung I am Polizeipräsidium Köln.
(HStAD, Reg. Köln, Nr. 8261; LHAK, Best. 403, Nr. 16732, Nr. 16913; Amtliche Bekanntmachung des Polizeipräsidenten Köln, 24. September 1931, in: NS-Dok)

JENSEN
Kriminalsekretär
Ab Oktober 1931 bei der politischen Polizei in Kiel.
(LAS, Abt. 301, Nr. 4513)

JOHANNSEN, Johannes Kriminalsekretär
geb. 11. Januar 1890
Kreisbahnbeamter, von August 1914 bis 1918 Frontdienst. Seit den zwanziger Jahren am Polizeipräsidium Flensburg in der politischen Abteilung tätig und in die Stapo übernommen und ab 1935 Leiter der Stapo Flensburg. Seit 1937 in der NSDAP und ab 1938 in der SS. Beförderung bis zum Kriminalinspektor 1944 und zum Obersturmführer 1945.
(IZRG-Datenpool)

KÄMMERER, Hugo
Kriminalassistent
geb. 22. Januar 1879
Besuch der Volksschule. Gelernter Landwirt. Militärdienst von Oktober 1898 bis September 1901 und von Juni

---

[2] In der DIENSTALTERSLISTE 1935 werden ein Heinrich und ein Hermann Hofmann nachgewiesen. Es ließ sich nicht bestimmen, ob einer der beiden mit dem oben genannten Hofmann identisch ist.

1902 bis Oktober 1903. Anstellung als Polizeisergeant am 1. November 1903 bei Polizeiverwaltung Düsseldorf. Beförderung zum Kriminalassistenten am 22. Oktober 1925. Zunächst bei der Kriminalpolizei, am 15. Februar 1931 zur politischen Polizei und am 1. Juni 1935 in den Ruhestand versetzt.
(Personalkarte, in: PPD)

KAMPMÜLLER
Kriminalsekretär
Im September 1931 im Kommissariat für rechtsradikale Bewegung am Polizeipräsidium in Köln.
(Amtliche Bekanntmachung des Polizeipräsidenten Köln, 24. September 1931, in: NS-Dok)

KAPPERT, Gustav
Kriminalassistent
geb. 4. Oktober 1880
Vor 1933 bei der politischen Polizei in Frankfurt a. M. und dort in die Stapostelle übernommen und bis mindestens Juni 1935 tätig.
(Nachweisung Frankfurt a. M.; Auskunft Kohlhaas)

KLAWITTER, Ewald
Kriminalassistent
Bis 1933 bei der politischen Polizei in Hannover. Stand der Sozialistischen Arbeiterpartei Deutschlands nahe und wurde 1933 versetzt und 1938 aus der Polizei entlassen.
(H.-D. SCHMID: ‚Anständige Beamte', S. 139)

KLEINEBERG, Karl
Polizeiinspektor
geb. 23. Juni 1894
1914 als Leutnant der Reserve Teilnahme am Ersten Weltkrieg. Seit 1919 Stadtassistent an der Polizeiverwaltung der Stadt Dortmund. Ab 1. April 1924 als Inspektor bei der staatlichen Polizeiverwaltung in Dortmund. Dort als stellvertretender Leiter der politischen Abteilung de facto der Leiter. Mitglied des Zentrums und laut Polizeipräsident Lübbring republiktreuer Beamter. Im Februar 1933 Versetzung nach Bochum nach Weigerung mit der NSDAP zusammenzuarbeiten. Eintritt in die Wehrmacht 1937 als Hauptmann, 1938 zur Abwehr als Sachbearbeiter für Personalfragen. Vertrauter von General Oster und stellvertretender Adjutant von Canaris. Kontakt zum Widerstand; Beförderung zum Oberstleutnant 1945. Inhaftierung durch die Alliierten 1945-1946. 1949 bis 1959 stellvertretender Leiter des Amtes für Verfassungsschutz in Nordrhein-Westfalen. Verstorben 1969.
(StAMS, Reg. Arnsberg, Nr. 15149; J. KNIPPSCHILD: Karl Kleineberg; G. KNIZA, S. 659.)

KLEINSCHMIDT, Friedrich
Kriminaldirektor
geb. 28. Mai 1884
Prüfung zum Kriminalkommissar am 22. Dezember 1910 mit Ernennung zum 1. Oktober 1911. Beförderung zum Kriminalrat am 1. April 1925 und zum Kriminaldirektor am 16. Februar 1932. Leiter der politischen Polizei am Polizeipräsidium Harburg-Wilhelmsburg. Im Juni 1935 bei der Kriminalpolizei in Altona.
(D. STEGMANN: Politische Radikalisierung, S. 115; DIENSTALTERSLISTE 1935, S. 12, S. 71)

KNIPFELBERG, Johann
Kriminalassistent
geb. 20. Dezember 1890
Von 1910 bis 1920 Feldwebel beim Heer. Von Juni 1929 bis Ende 1932 bei der politischen Polizei in Kiel. Übernahme in die Stapostelle. Eintritt in die NSDAP im Mai 1937.
(LAS, Abt. 301, Nr. 4513; IZRG-Datenpool)

KÖHLER
Kriminalkommissar
Von mindestens Juni 1929 bis Juli 1932 bei der politischen Polizei in Kiel. Ab dem August 1932 beurlaubt und offenbar 1933 entlassen. In der Dienstaltersliste von 1935 nicht erwähnt.
(LAS, Abt. 301, Nr. 4513)

KOHL, August
Kriminalkommissar
geb. 10. Januar 1876
Beförderung zum Kriminalkommissar am 1. April 1925. Im Januar 1929 Leiter der politischen Exekutive am Polizeipräsidium Dortmund: Im April 1933 dort nicht mehr tätig. 1935 bei der Kriminalpolizei in Dortmund.
(StAMS, Reg. Arnsberg, Nr. 14601, Nr. 14615, Nr. 15149; DIENSTALTERSLISTE 1935, S. 21)

KOTZOTT
Kriminalassistent
Mindestens von Juni 1929 bis August 1930 bei der politischen Polizei in Kiel.
(LAS, Abt. 301, Nr. 4513, Nr. 4558)

KRAUSE, Max
Kriminalsekretär
geb. 11. September 1887
Im September 1931 am Polizeipräsidium Köln im Spionageabwehrkommissariat. In die Gestapo übernommen und dort bis mindestens 1942 mit Abwehrsachen beschäftigt.
(Nachweisung Köln; Amtliche Bekanntmachung des Polizeipräsidenten Köln, 24. September 1931, in: NS-Dok)

KREFT, Dr.
Regierungsrat
Im Dezember 1932 Leiter der Abteilung I am Polizeipräsidium Bochum.
(StAMS, Polizeipräsidien, Nr. 206)

KRIEGEL, Reinhold
Kriminalsekretär
geb. 11. Dezember 1891
Kriegsteilnahme, im Dezember 1918 Entlassung als Unteroffizier. Im Juni 1919 Hilfspolizeibeamter in Hannover, 1920 Polizeiwachtmeister, 1925 Polizeihauptwachtmeister. Im März 1925 als Kriminalbetriebsassistent bei der Abteilung I A in Hannover zuständig für Presseüberwachung, ab Ende 1929 Sachbearbeiter für die politische Kartei und Personalakten. Bis 1945 bei der Stapo-Stelle in Hannover tätig gewesen.
(Nachweisung Hannover; H.-D. SCHMID: ‚Anständige Beamte', S. 141)

KRIEGER
Kriminalassistent
Im Dezember 1927 bei der politischen Polizei in Bochum; ein Jahr später im Stellenbesetzungsplan nicht mehr erwähnt.
(StAMS, Polizeipräsidien, Nr. 202)

KROCKER
Kriminalassistent
Spätestens seit Dezember 1927 bis Mai 1929 in der Abteilung I A im Polizeipräsidium in Bochum. Danach zu einem anderen Polizeipräsident versetzt.
(StAMS, Polizeipräsidien, Nr. 63, Nr. 202)

KÜHN
Kriminalbezirkssekretär
Bei der politischen Polizei in Berlin tätig und im Dezember 1928 auf Dienstreise in Schleswig-Holstein.
(StAMS, Kreis Tecklenburg, LRA, Nr. 1325)

KÜPPERS
Kriminalassistent
1932 bei der politischen Polizei in Aachen, im März 1933 mehrfach zwischen Kripo und politischer Polizei

gewechselt und im April 1933 endgültig zur Kripo versetzt.
(HStAD, BR 1031/185, Bl. 212f.)

KUSMIERZ, Hermann
Kriminalassistent
geb. 6. August 1894
1932 bei der politischen Polizei am Polizeipräsidium Aachen. Im Laufe des Jahres 1933 mehrfach zwischen Kripo und politischer Polizei gewechselt und im Juni 1934 bei der Stapo in Aachen.
(HStAD, BR 1031/185, Bl. 212f.)

LANG
Kriminalassisstent
Im September 1931 im Kommissariat für rechtsradikale Bewegung am Polizeipräsidium Köln.
(LHAK, Best. 403, Nr. 16732; Amtliche Bekanntmachung des Polizeipräsidenten Köln, 24. September 1931, in: NS-Dok)

LEHMANN, Albert
Kriminalsekretär
geb. 11. Dezember 1891
Vor 1933 bei der politischen Polizei in Flensburg und 1934 in die Stapo übernommen, 1935 nach Kiel versetzt.
(Nachweisung Kiel; IZRG-Datenpool)

LEHNKERING, Dr.
Oberregierungsrat
geb. 1890
Beförderung zum Oberregierungsrat am 15. Juli 1930. Im Januar 1931 am Polizeipräsidium Wuppertal als höchster Beamter nach dem Polizeipräsidenten und gleichzeitig Leiter der politischen Abteilung.
(LHAK, Best. 403, Nr. 16913; C. SCHUBOTZ: Liste, S. 129)

LEIS, August Karl
Kriminalassistent
geb. 8. Oktober 1881
Ab Januar 1931 bei der politischen Polizei in Altona nachzuweisen. Übernahme in die Stapo. Seit 1935 Mitglied der SA und der NSDAP.
(LAS, Abt. 301, Nr. 4513; IZRG-Datenpool)

LIESENFELD, Karl
Kriminalassistent
geb. 14. Juni 1889
Besuch der Volksschule. Tätigkeit als Zigarrenarbeiter. Militärdienst von Oktober 1911 bis September 1913 und von August 1914 bis Oktober 1919. Am 1. November 1919 bei der Polizeiverwaltung Düsseldorf als Polizeisergeant auf Probe eingestellt. Beförderung zum Kriminalassistenten am 22. Oktober 1925. Am 6. August 1926 zur Abteilung I A versetzt. Dort bis zum 1. November 1928. Dann zur Kriminalpolizei und am dem 1. Mai 1931 wieder bei der politischen Polizei. Am 1. Juni 1933 nach Gladbach-Rheydt versetzt und am 27. September 1933 verstorben.
(Personalkarte, in: PPD)

LINDOW, Kurt
Kriminalkommissar
geb. 16. Februar 1903
Beförderung zum Kriminalkommissar am 11. August 1930. Ab Januar 1931 stellvertetender Leiter der Abteilung I A am Polizeipräsidium Altona. 1935 bei der Stapostelle Hannover.
(LAS, Abt. 301, Nr. 4513, Nr. 4561; DIENSTALTERSLISTE 1935, S. 60, S. 100)

LIPPOLD, Richard
Kriminalassistent
geb. 8. Februar 1897
Nach Mittelschulenbesuch Kriegsteilnehmer von 1914-1918, Unteroffizier, Freikorpstätigkeit. Seit 1919 bei der Sicherheitspolizei, seit Anfang 1920 in Bochum bei der Schutzpolizei bis 1927. Seit 1928 bei der Kriminalpolizei und

seit 1929 bei der politischen Polizei in Bochum im Kommissariat für Rechtsbewegung. Kontaktmann zur NSDAP. Im Juni 1935 bei der Stapostelle Dortmund und Parteimitglied der NSDAP.
(StAMS, Reg. Arnsberg, Nr. 14613, Nachweisung Dortmund)

LÜDTKE
Kriminalkommissar
Bei der politischen Polizei am Polizeipräsidium Harburg-Wilhelmsburg. Nach der ‚Machtergreifung' 1933 entlassen.
(D. STEGMANN: Politische Radikalisierung, S. 115)

LÜNING
Kriminalkommissar
Bei der politischen Polizei am Polizeipräsidium Harburg-Wilhelmsburg. In der Dienstaltersliste von 1935 nicht nachgewiesen.
(D. STEGMANN: Politische Radikalisierung, S. 115)

LUNK
Kriminalsekretär
Im September 1931 am Polizeipräsidium in Köln im Spionageabwehrkommissariat.
(Amtliche Bekanntmachung des Polizeipräsidenten Köln, 24. September 1931, in: NS-Dok)

MARTIN, Konstantin, Dr.
Kriminalkommissar
geb. 24. Februar 1901
Bereits während der Ausbildung bei der politischen Polizei in Berlin tätig. Prüfung zum Kriminalkommissar am 17. Dezember 1929, danach am Polizeipräsidium Berlin in der Abteilung I A als Hilfskriminalkommissar. Zum 15. August 1930 nach Bochum versetzt und Leiter des Kommissariates für Linksbewegung bis mindestens Dezember 1931. Ernennung zum Kriminalkommissar am 20. November 1931. Im Dezember 1932 Leiter des Kriminalkommissariats in Wattenscheid. Im Juni 1935 bei der Kriminalpolizei am Polizeipräsidium Bochum.
(StAMS, Reg. Arnsberg, Nr. 14613; Polizeipräsidien, Nr. 206; DIENSTALTERSLISTE 1935, S. 18, S. 91)

MASCHKE
Kriminalsekretär
Seit mindestens Dezember 1927 bei der politischen Polizei im Polizeiamt Witten (zum Polizeipräsidium Bochum gehörend). Dort bis mindestens April 1930 tätig. Ab Dezember 1930 bis Dezember 1932 in der politischen Polizei am Polizeipräsidium Bochum nachgewiesen.
(StAMS, Polizeipräsidien, Nr. 202-206)

MASLAK, Carl
Kriminalrat
geb. 3. November 1884
Prüfung zum Kriminalkommissar am 7. Dezember 1912. Anstellung als Kriminalkommissar am 1. Oktober 1918. Lange Jahre in Berlin tätig. Am 1. November 1928 Versetzung nach Essen, dort Leiter der Abt. I A. Ernennung zum Kriminalrat am 1. Januar 1929. Am 1. Januar 1934 zur Stapo nach Düsseldorf versetzt. Im Juni 1935 bei der Kriminalpolizei in Magdeburg. Am 23. November 1936 nach Düsseldorf versetzt. Verhaftet wegen Vergehen gegen § 175 StGB und am 23. August 1937 aus dem Staatsdienst entlassen.
(Personalkarte, in: PPD; HStAD, Reg. Aachen, Nr. 22831; LHAK, Best 403, Nr. 16913; DIENSTALTERSLISTE 1935, S. 40, S. 73)

MAY, Fritz
Kriminalkommissar
geb. 19. Oktober 1889
Besuch des Gymnasiums. Studium in Königsberg, Göttingen und München. Militärdienst von August 1914 bis Februar 1919. Am 26. Februar 1919 Anstellung als Grenzkommissar auf Probe in Flatow. Beförderung zum Grenzkommissar am 1. Januar 1923. Prüfung zum Kriminalkommissar am 23. Juni 1923. Am 1. April 1929 zum Polizeipräsidium Düsseldorf versetzt und dort bis zum 25. April 1933 in der Abt. I A tätig. Dann zur Kriminalpolizei versetzt und am 20. Mai 1933 zur Kriminalpolizei nach Oberhausen versetzt und dort noch 1935 tätig.
(Personalkarte, in: PPD; DIENSTALTERSLISTE 1935, S. 42, S. 81.)

MEER, Gordian
Kanzlei-Angestellter
geb. 27. Oktober 1901
Ab 1930 als Verwaltungsangestellter am Polizeipräsidium Frankfurt am Main tätig. Ab 1932 in der politischen Abteilung. Ab 1933 bei der Stapo ebenda.
(Nachweisung Frankfurt a. M.; Auskunft Kohlhaas)

MEINKE
Kriminalsekretärin
Im September 1931 im Spionageabwehrkommissariat am Polizeipräsidium in Köln.
(Amtliche Bekanntmachung des Polizeipräsidenten Köln, 24. September 1931, in: NS-Dok)

MEISE, Heinrich
Kriminalassistent
geb. 15. April 1888
Seit 1912 im Polizeidienst in Frankfurt am Main. Dort ab 1927 bei der politischen Polizei im Spionageabwehrkommissariat tätig und 1933 in die Stapostelle übernommen.
(Nachweisung Frankfurt a.M.; Auskunft Kohlhaas)

MELFSEN, Heinrich
Kriminalassistent
geb. 16. Mai 1891
Zunächst als Bauer tätig. Von 1914 bis 1918 Wachtmeister in Flensburg und in den 20er Jahren dort bei der politischen Polizei. 1934 Übernahme in die Stapo, 1935 kurzfristig in Kiel, danach in Flensburg, Niebüll und seit 1944 wieder in Flensburg. Seit 1937 Mitglied in der NSDAP und seit 1938 in der SS. Beförderung zum SS-Unterscharführer 1942. Nach dem Krieg Tätigkeit als Hausdiener und landwirtschaftlicher Arbeiter.
(IZRG-Datenpool)

MERTEN
Kriminalkommissar
Im September 1932 bei der politischen Polizei in Kiel. In der Dienstalterliste 1935 nicht nachgewiesen.
(LAS, Abt. 301, Nr. 4561)

MENNICKE, Paul
Polizei-Oberinspektor
geb. 1890
Beförderung zum Polizei-Oberinspektor am 1. April 1924. Mindestens von Dezember 1927 bis 1930/1931 stellvertretender Leiter des Polizeiamtes Witten (zum Polizeipräsidium Bochum gehörend); Leiter des Hauptbüros, später Hauptgeschäftsstelle. Ab April 1930 gleichzeitig Leiter der Abteilung I. Im Dezember 1931 nicht mehr im Bereich des Polizeipräsidiums Bochum nachzuweisen.
(StAMS, Polizeipräsidien, Nr. 204-205; C. SCHUBOTZ: Liste, S. 61)

MEYER
Kriminalsekretär
Von April 1931 bis mindestens August 1931 bei der politischen Polizei in Altona.
(LAS, Abt. 301, Nr. 4513)

MEYER, Wilhelm
Kriminalkommissar
Arbeitete unter Johannes Stumm in der Inspektion für rechtsradikale Parteien am Polizeipräsidium Berlin, wurde 1932/33 entlassen.
(Pers. Mitt. Johannes Stumm an Christoph Graf 10./11. November 1974, in: SBA, Depositum Hofer/Graf, Nr. 12; H.-H. Liang, S. 158)

MEYER, Erich, Dr.
Kriminalkommissar
geb. 22. Januar 1902
Von November 1928 bis Januar 1931 als Kriminalkommissars-Anwärter in Berlin, am 1. Februar 1931 als Kriminalkommissar auf Probe bei der Kriminalpolizei in Düsseldorf angestellt. Ernennung zum Kriminalkommissar am 1. August 1931. Ab dem 1. Oktober 1931 bei der Abt. I A. Am 14. Februar 1933 zum Stab des höheren Polizeiführers im Westen und am 1. August 1933 nach Potsdam versetzt. Dort an der Stapo-Stelle bis mindestens Dezember 1936 tätig.
(Personalkarte, in: PPD; Mitt. Stumm an Graf, 16. Dezember 1974, in: SBA, Depositum Hofer/Graf, Nr. 12; Nachweisung Potsdam; DIENSTALTERSLISTE 1935, S. 64, S. 100; S. HINZE: Vom Schutzmann, S. 122)

MICKEL, Josef
Kriminalbezirkssekretär
geb. 16. Oktober 1886
Besuch der Volksschule. Militärdienst von Oktober 1906 bis September 1908. Anstellung als Polizeisergeant am 1. Juni 1909 in Düsseldorf. Teilnahme am Ersten Weltkrieg von August 1914 bis November 1918. Beförderung zum Kriminalassistenten am 22. Oktober 1925 und zum Kriminalsekretär am 17. Mai 1926. Seit 6. August 1926 bei der Abt. I A am Polizeipräsidium Düsseldorf. Beförderung zum Kriminalbezirkssekretär am 23. März 1932. Am 1. April 1934 in die Stapostelle Düsseldorf übernommen.
(Personalkarte, in: PPD)

MIEBACH, Arthur, Dr.
Kriminalkommissar
geb. 7. Juni 1898
Prüfung zum Kriminalkommissar am 9. Oktober 1928, ab 10. Oktober 1928 Hilfs-Kriminalkommissar am Polizeipräsidium Elberfeld; vom 1. November 1928 bis zum 15. August 1929 Sonderausbildung zwecks Handhabung der politischen Polizei am Polizeipräsidium Köln, Ernennung zum Kriminalkommissar am 1. Mai 1929, danach in der Abt. I A in Elberfeld. Im Juni 1935 bei der Kriminalpolizei in Hamm/W.
(HStAD, Reg. Köln, Nr. 8261; DIENSTALTERSLISTE 1935, S. 32, S. 88)

MIESSNER
Polizeipraktikant
Im September 1931 in der politischen Polizei in Köln.
(Amtliche Bekanntmachung des Polizeipräsidenten Köln, 24. September 1931, in: NS-Dok)

MITTASCH, Kurt
Polizeirat
geb. 1880
Beförderung zum Polizeirat am 1. April 1920. Bis 1929 Leiter des KPD-Dezernates, danach Leiter des Organisationsdezernates in der Abteilung I des Polizeipräsidiums Berlin, nach dem 20. Juli 1932 als Leiter in das Dezernat 5

(Landesverrat, Spionageabwehr) versetzt. Nach der Machtergreifung nicht in das Gestapa übernommen.
(C. SCHUBOTZ: Liste, S. 18; C. GRAF: Politische Polizei, S. 367)

MÜHLFRIEDEL, Hubert
Kriminalkommissar
geb. 17. Februar 1902
Ausbildung zum Kriminalkommissar mit Prüfung am 9. Oktober 1928. Anstellung als Kriminalkommissar zum 1. Mai 1929 bei der politischen Polizei in Berlin. War beteiligt an der Aufklärung der Bombenattentate 1929. 1935 bei der Kripo in Berlin.
(DIENSTALTERSLISTE 1935, S. 15, S. 89; H.-H. LIANG, S. 135, S. 153, S. 186)

MÜHRDEL, Ferdinand
Kriminalpolizeirat
geb. 25. Mai 1888
Besuch der Oberrealschule. Von 1907 bis 1912 bei der Kreisdirektion in Weißenburg im Elsaß beschäftigt. Von 1912 bis 1918 Hilfspolizeikommissar, ab 1917 Polizeikommissar. Von 1918 bis 1920 Polizeikommissar und Polizeigefängnisvorsteher in Hanau. Von 1920 bis 1933 am Polizeipräsidium Frankfurt am Main. Ernennung zum Kriminalkommissar am 1. April 1923 und zum Kriminalpolizeirat am 1. November 1929. Langjähriger Leiter der politischen Exekutive in Frankfurt am Main. Entlassung 1933 und Arbeitslosigkeit bis 1945. 1945 kurzfristig Polizeipräsident in Frankfurt am Main. Ab dem 22. Mai 1946 Leiter der hessischen Kriminalpolizei; Ernennung zum Regierungs- und Kriminaldirektor im hessischen Ministerium des Innern am 10. September 1946. Ab dem 1. September 1948 Leiter des neugegründeten Landeskriminalpolizeiamtes. Seit 1949 im Ruhestand.
(HStAWI, Abt. 527, II 1940)

MÜLLER, Alfred
Kriminalassistent
geb. 11. Mai 1881
Einstellung am 1. April 1909 als Polizeisergeant in Düsseldorf. Ernennung zum Kriminalassistenten am 1. April 1923. Im Februar 1928 bei der politischen Polizei in Düsseldorf. Beförderung zum Kriminalsekretär am 1. April 1935. Am 1. Februar 1947 in den Ruhestand versetzt.
(Personalkarte, in: PPD; HStAD, Reg. Düsseldorf, Nr. 30653c)

MÜLLER
Kriminalbezirkssekretär
Im Dezember 1931 bei der politischen Polizei in Altona.
(LAS, Abt. 301, Nr. 4513)

MÜLLER, Georg, Dr.
Oberregierungsrat
geb. 1883
Beförderung zum Oberregierungsrat am 1. Februar 1925. Im April 1930 am Polizeipräsidium Essen als ranghöchster Beamter und Leiter der Abteilung I.
(C. SCHUBOTZ: Liste, S. 76; LHAK, Best. 403, Nr. 16732)

MÜLLER, Rud.
Kriminalassistent
1932 bei der politischen Polizei in Aachen und am 25. Februar 1933 zur Kriminalpolizei versetzt.
(HStAD, BR 1031/185, Bl. 212)

MÜLLERMEISTER, Dr.
Regierungsrat
geb. 1894
Beförderung zum Regierungsrat am 16. April 1928. Im Januar 1931 Leiter des Polizeiamtes Gelsenkirchen, welches zum Polizeipräsidium Recklinghausen

gehörte. Leiter der Abteilung I am Polizeipräsidium Bochum im Dezember 1931, gleichzeitig Leiter der Pressestelle. Im Dezember 1932 nicht mehr im Bereich des Polizeipräsidium Bochum nachzuweisen.
(StAMS, Polizeipräsidien, Nr. 205-206; C. SCHUBOTZ: Liste, S. 118)

NICOLAI
Polizeisekretär
Im August 1930 im Innendienst der politischen Abteilung am Polizeipräsidium Duisburg.
(HStAD, Reg. Düsseldorf, Nr. 30653a, Bl. 251f.)

NOACK, Max
Kriminalassistent
geb. 25. April 1889
Seit mindestens Dezember 1927 bei der politischen Polizei am Polizeiamt Herne (zum Polizeipräsidium Bochum gehörend) und dort mindestens bis Dezember 1930 tätig. Im Dezember 1932 als Mitarbeiter des Kommissariats zur Abwehr der Linksbewegung am Polizeipräsidium Bochum nachgewiesen. Im Juni 1935 als Kriminalsekretär Mitarbeiter der Stapostelle Dortmund.
(StAMS, Polizeipräsidien, Nr. 202-206; Nachweisung Dortmund)

NOETHE, Ernst
Polizeiobersekretär
geb. 1899
Beförderung zum Polizeiobersekretär am 1. August 1930. Zwischen 1930 und 1931 bei der Pressestelle am Polizeipräsidium Bochum. Nach offensichtlicher Auflösung der Dienststelle bei der politischen Polizei bis mindestens Dezember 1932.
(StAMS, Polizeipräsidien, Nr. 204-206; C. SCHUBOTZ: Liste, S. 59)

NUESPERLING
Kriminalassistent
Von April 1930 bis Dezember 1932 bei der politischen Polizei am Polizeiamt Witten (zum Polizeipräsidium Bochum gehörend). Dort einziger Außendienstbeamter.
(StAMS, Polizeipräsidien, Nr. 204-206)

OBERWINDER
Polizeihauptmann
Mindestens von Dezember 1927 bis Dezember 1928 Leiter der Pressestelle der politischen Polizei in Bochum; später zum Polizeihauptmann befördert und im April 1930 Leiter der Pressestelle des Präsidialbüros.
(StAMS, Polizeipräsidien, Nr. 202-204)

OCHS
Kriminalassistent
Im September 1931 am Polizeipräsidium Köln im Kommissariat für linksradikale Bewegung.
(Amtliche Bekanntmachung des Polizeipräsidenten Köln, 24. September 1931, in: NS-Dok)

OESTERLE, Oscar, Dr. jur.
Regierungsassessor
geb. 1903
Beförderung zum Reg.-Ass. am 25. September 1929. 1931/1932 Dezernent für rechtsradikales Partei- und Vereinswesen in der Abteilung I des Polizeipräsidiums Berlin. 1932 in die Abteilung K versetzt und 1933 in die Provinz. Während des Krieges in der Verwaltung in Elsaß-Lothringen tätig. Katholik und Mitglied der SPD.
(C. SCHUBOTZ: Liste, S. 17; C. GRAF: Politische Polizei, S. 372)

OETKER, Dr.
Regierungsassessor
Im September 1929 an der Abteilung I
des Polizeipräsidiums Köln
(HStAD, Reg. Aachen 22990)

PABST, Willi
Kriminalassistent
geb. 23. Januar 1899
In der politischen Polizei in Hannover
für die Überwachung der NSDAP zuständig und trotzdem in die Stapo-Stelle übernommen worden.
(Nachweisung Hannover; H.-D. SCHMID: ‚Anständige Beamte', S. 139)

PALLASCH, Wilhelm
Kriminalsekretär
geb. 4. Dezember 1896
Vor 1933 in der politischen Polizei in Hannover tätig und hatte offenbar seit 1929 Kontakte zur NSDAP. In die Stapo-Stelle übernommen und 1936 nach Trier versetzt.
(Nachweisung Hannover; H.-D. SCHMID: ‚Anständige Beamte', S. 140)

PAUKER, Jakob
Kriminalsekretär
geb. 21. Oktober 1892
Seit 1919 bei der Schutzpolizei in Koblenz, 1929 zur Kriminalpolizei übernommen und ab 1931 bei der politischen Abteilung im Sachgebiet NSDAP. Zur Stapo Koblenz übernommen.
(Nachweisung Koblenz; Auskunft Kohlhaas)

PETER, Fritz
Kriminalassistent
Bis 1933 bei der politischen Polizei in Hannover für die Überwachung der NSDAP zuständig. 1933 versetzt worden.
(H.-D. SCHMID: ‚Anständige Beamte', S. 139)

PETERS, August
Kriminalassistent
geb. 2. März 1898
Von Oktober 1913 bis Januar 1920 bei der Marine. Von Juni 1929 bis Juni 1931 bei der politischen Polizei in Kiel nachweisbar. Versetzung nach Altona. Im April 1934 bei der Stapo in Kiel. Eintritt in die NSDAP im Mai 1937.
(LAS, Abt. 301, Nr. 4513, Nr. 4559; IZRG-Datenpool)

PETERSEN, Georg
Kriminalassistent
geb. 14. Februar 1897
Seit 1916 Teilnahme am Weltkrieg und danach bis 1920 Freikorpstätigkeit. Seit Ende der zwanziger Jahre bei der Polizei in Flensburg, dort in der politischen Abteilung. 1934 Übernahme in die Stapo, 1935 in Kiel und 1943 in Flensburg.
(IZRG-Datenpool)

POSMYK
Kriminalassistent
1932 bei der politischen Polizei in Aachen und am 25. Februar 1933 zur Kriminalpolizei versetzt.
(HStAD, BR 1031/185, Bl. 212)

PRAWITZ, Erich
Regierungsrat
geb. 1882
Früherer Gewerkschaftsfunktionär. Beförderung zum Regierungsrat am 1. August 1929. 1931/32 Regierungsrat und stellvertretender Leiter der Abteilung I im Polizeipräsidium Berlin, 1932 Leiter der Abteilung II des Polizeipräsidiums, nach dem 20. Juli 1932 zurückgesetzt und nach dem 30. Januar 1933 aufgrund § 2 des Berufsbeamtengesetzes entlassen. Mitglied der SPD:
(C. SCHUBOTZ: Liste, S. 17; C. GRAF: Politische Polizei, S. 375)

PROCHNOW, Richard
Kriminalkommissar
geb. 12. März 1879
Mittlere Reife, 1896 beim Militär. Eintritt in die Schutzpolizei 1904, Übertritt zur Kripo 1914 als Kriminalschutzmann. Ausbildung zum Kriminalkommissar mit Ernennung zum 1. August 1924. Seit Ende Januar 1931 Leiter der Abteilung I A 2 (Spionageabwehr) am Polizeipräsidium Kiel. 1935 bei der Stapostelle in Kiel. 1938 Leiter der Abt. II (innere politische Polizei) an der Stapostelle Kiel. Beförderung zum Kriminalrat im Januar 1936. 1931 kurzfristig Mitglied der Deutschen Staatspartei. Eintritt in die NSDAP im Mai 1937. Mitglied der SA und SS seit Januar 1936.
(LAS, Abt. 301, Nr. 4513; IZRG-Datenpool; G. PAUL: Staatlicher Terror, S. 47, S. 263)

PRÜFER
Kriminalassistent
Im Juli 1931 bei der politischen Polizei in Kiel.
(LAS, Abt. 301, Nr. 4561)

PÜTZ
Kriminalsekretär
Im September 1931 im Spionageabwehrkommissariat am Polizeipräsidium in Köln.
(Amtliche Bekanntmachung des Polizeipräsidenten Köln, 24. September 1931, in: NS-Dok)

RAUSCH, Arthur
Kriminalkommissar (a.Pr.)
geb. 21. Dezember 1899
Im Oktober 1932 bei der Abteilung I A in Altona. Beförderung zum Kriminalkommissar am 1. Dezember 1932. 1935 an der Stapostelle Harburg-Wilhelmsburg.
(LAS, Abt. 301, Nr. 4513; DIENSTALTERSLISTE 1935, S. 60, S. 100)

REFELD, Otto
Kriminalassistent
geb. 19. August 1884
Von Juni 1929 bis Ende 1932 bei der politischen Polizei (Spionageabwehr) in Kiel nachweisbar. Übernahme in die Stapo. Beförderungen bis zum Kriminalinspektor im Dezember 1942. Seit Mai 1937 NSDAP-Mitglied.
(LAS, Abt. 301, Nr. 4513; IZRG-Datenpool)

REINDERS
Kriminalbezirkssekretär
Seit 1921 bei der damals kommunalen politischen Polizei in Dortmund. Ablegung der Kriminalsekretärsprüfung 1926. Spätestens ab 1929 Stellvertreter der beiden Kommissariatsleiter in der Abteilung I A in Dortmund. Vor 1933 zum Kriminalbezirkssekretär befördert und vor dem 1. April 1933 zwangsbeurlaubt.
(StAMS, Reg. Arnsberg, Nr. 14601, Nr. 14613)

REHFELD, Adolf
Kriminalkommissar
geb. 9. Februar 1884
Prüfung zum Kriminalkommissar am 9. Oktober 1928. Vor 1929 als Kriminalbezirkssekretär bei der politischen Polizei in Bielefeld, im März 1929 bei der staatlichen Polizeiverwaltung in Köln. Im April 1929 nach Dortmund versetzt und Leiter des Kommissariats für Spionageabwehr und Rechtsbewegung. Ernennung zum Kriminalkommissar zum 1. Juli 1929. Im Juni 1931 bei der Kripo in Dortmund und dort noch im Juni 1935.
(StAMS, Reg. Arnsberg, Nr. 14613, Nr. 14615; DIENSTALTERSLISTE 1935, S. 21, S. 89)

RESENER
Kriminalsekretär
Ab April 1930 bei der politischen Polizei in Flensburg.
(LAS, Abt. 301, Nr. 4513)

RETZLAFF
Kriminalassistent
Ab Mai 1932 bei der politischen Polizei in Kiel.
(LAS, Abt. 301, Nr. 4513, Nr. 4561)

RIECK
Kriminalassistent
Von Juni 1929 bis Dezember 1930 bei der politischen Polizei in Kiel.
(LAS, Abt. 301, Nr. 4513)

RIMKUS, Johannes
Kriminalassistent
geb. 24. Juni 1898
Ab Dezember 1928 in der politischen Polizei am Polizeiamt Herne (zum Polizeipräsidium Bochum gehörend) nachzuweisen. Dort bis mindestens Dezember 1932 tätig. Zuständig für Castrop-Rauxel. Im Juni 1935 bei der Stapo-Stelle Dortmund.
(StAMS, Polizeipräsidien, Nr. 203-206; Nachweisung Dortmund)

RÖBBEL, Max
Kriminalkommissar
geb. 25. August 1878
Seit 1. September 1922 Polizeikommissar, ab 6. März 1924 Kriminalkommissar. Von Juni 1929 bis Januar 1931 Leiter der Abteilung I A 2 (Spionageabwehr) bei der politischen Polizei in Kiel. Offenbar dann zur Kriminalpolizei versetzt. 1935 bei der Kriminalpolizei in Kiel.
(LAS, Abt. 301, Nr. 4513; Dienstaltersliste 1935, S. 36, S. 80)

RUMOR, Wilhelm
Kriminalsekretär
Stellvertretender Leiter des Kommissariats für linksradikale Bewegung am Polizeipräsidium Köln im September 1931. 1938 bei der Gestapo in Köln in der Abwehrabteilung.
(Amtliche Bekanntmachung des Polizeipräsidenten Köln, 24. September 1931, in: NS-Dok; HStAD, RW 34/9)

SARBIN, Max
Kriminalsekretär
Seit mindestens 1927 als Kriminalsekretär in Köln tätig. Im September 1931 im Kommissariat für rechtsradikale Bewegung am Polizeipräsidium Köln. Nicht in die Gestapo übernommen.
(Amtliche Bekanntmachung des Polizeipräsidenten Köln, 24. September 1931, in: NS-Dok; GREVENS ADRESSBUCH 1927-1936)

SAUER, Alwin
Polizeiobersekretär
geb. 1891
Beförderung zum Polizeiobersekretär am 1. November 1928. Im Dezember 1932 bei der Abteilung I am Polizeipräsidium Bochum.
(StAMS, Polizeipräsidien, Nr. 206; C. SCHUBOTZ: Liste, S. 59)

SCHABBEHARD
Oberregierungsrat
1929 Leiter der Abteilung I am Polizeipräsidium Altona.
(Handbuch für die Provinz Schleswig-Holstein, S. 64)

SCHÄFER, Karl, Dr. jur.
Kriminalkommissar
geb. 15. August 1901
Schulbesuch von 1908 bis 1919 mit Notreifeprüfung, anschließend „Einjährig-Freiwilliger" bei der Reichswehr bis März 1920. Von 1920 bis 1925 Jurastudium in Frankfurt, Tübingen und

Marburg mit Promotion im April 1925. Ab August 1925 Kriminalkommissars-Anwärter in Frankfurt am Main. Endgültige Ernennung zum Kriminalkommissar am 1. Juni 1928. Ab Dezember 1926 in der politischen Abteilung des Polizeipräsidiums Frankfurt am Main, dort hauptsächlich mit Spionageabwehr befaßt. 1933 in die Stapostelle übernommen. Von August 1935 bis April 1936 Lehrer am Polizeiinstitut Charlottenburg. Von April 1936 bis Januar 1942 Stapostelle Frankfurt am Main, Abteilung Spionageabwehr. Beförderung zum Kriminalrat im Dezember 1939. Januar 1942 bis Juli 1942 Stapostelle, später Stapoleitstelle Berlin. Ab Juli 1942 bis Kriegsende im Reichssicherheitshauptamt im Referat IV E 3 (Spionageabwehr).
(K. SCHÄFER: Erinnerungen)

SCHERLER, Fritz
Kriminaldirektor
Inspektionsleiter für rechtsradikale Parteien am Polizeipräsidium Berlin, Abteilung I A, seit Mitte 1931 Kriminaldirektor und Leiter des Außendienstes der politischen Polizei. Anfang Februar 1933 beurlaubt und kurze Zeit später entlassen.
(C. GRAF: Politische Polizei, S. 379; H.-H. LIANG, S. 159)

SCHIEFELBEIN
Kriminalassistent
Mindestens zwischen September 1931 und Ende Juli 1932 am Polizeipräsidium Köln in der Abteilung I A tätig.
(GStA PK, I. HA, Rep. 77, Tit. 4043, Nr. 308; Amtliche Bekanntmachung des Polizeipräsidenten Köln, 24. September 1931, in: NS-Dok)

SCHINDLER, Max
Regierungsassessor
geb. 1901
1927 Gerichtsassessor in Berlin, Ernennung zum Regierungsassessor am 11. Oktober 1927. 1928 als Regierungsassessor am Polizeipräsidium Halle a. d. S. tätig. Im Oktober/November 1931 Versetzung zum Polizeipräsidium Berlin in die Abteilung I als Dezernent für rechtsextreme und andere Splittergruppen. Nach dem 20. Juli 1932 zur Kripo und im Oktober an das Ober- und Regierungspräsidium in Oppeln versetzt. 1933 als „Parteibuchbeamter" entlassen. Emigration nach Palästina. SPD und Reichsbanner-Mitglied, jüdischer Herkunft.
(C. SCHUBOTZ: Liste, S. 90; C. GRAF: Politische Polizei, S. 379)

SCHIWY
Kriminalkommissar
Im Januar 1931 am Polizeipräsidium Wuppertal in der politischen Exekutive tätig. In der Dienstaltersliste 1935 nicht nachgewiesen.
(LHAK, Best. 403, Nr. 16913)

SCHMECHEL, Paul
Kriminal-Oberkommissar
geb. 14. Dezember 1895
Prüfung zum Kriminalkommissar am 20. Juni 1923 mit Anstellung zum 24. April 1926. Ernennung zum Kriminalrat am 1. April 1930. Im Juli 1929 am Polizeipräsidium Elberfeld, Abt. I A, vermutlich Leiter der politischen Exekutive. Im Juni 1935 als zweithöchster Beamter bei der Kriminalpolizei in Stettin.
(HStAD, Reg. Aachen, Nr. 22831; DIENSTALTERSLISTE 1935, S. 46, S. 73)

SCHMIDT, Gustav
Kriminalassistent
geb. 6. Oktober 1896
1932 bei der politischen Polizei in Aachen, im Juni 1935 bei Stapostelle

ebenda. Zwischen Juni 1934 und Juni 1935 zum Kriminalbezirkssekretär befördert worden.
(HStAD, BR 1031/185, Bl. 212ff.; Nachweisung Aachen)

SCHMIDT
Polizeisekretär
1929 in der Abteilung I am Polizeipräsidium Dortmund, zuständig für Waffen- und Sprengstoffwesen und Vereins- und Versammlungswesen ohne politischen Einschlag.
(StAMS, Reg. Arnsberg, Nr. 15149)

SCHNITZLER, Heinrich, Dr.
Regierungsassessor
geb. 31. März 1901
1927 Gerichtsassessor am Amtsgericht Düsseldorf. Ernennung zum Regierungsassessor am 18. November 1927. 1928 am Polizeipräsidium Mönchengladbach. 1929 Wechsel zum Polizeipräsidium nach Frankfurt am Main. Ab dem 16. August 1930 am Polizeipräsidium Berlin in der Abteilung I und dort ab 1931 Dezernent für linksradikale, nichtkommunistische Bewegungen. Mitglied des Zentrums. Belastungszeuge der Reichsregierung gegen Grzesinski im Prozeß Preußen contra Reich. Im April 1933 ins Gestapa übernommen, Eintritt in die NSDAP 1933, im August 1933 zum Regierungsrat ernannt. Im April 1934 stellvertretender Landrat in Opladen, 1935 Leiter des Polizeiamtes Remscheid. 1938 bis 1945 im Präsidium des Siedlungsverbandes Ruhrkohlenbezirk. Nach 1945 im Innenministerium Nordrhein-Westfalen in der Polizeiabteilung, Beförderung zum Oberregierungsrat 1950 und zum Ministerialrat 1952. 1962 verstorben.
(C. SCHUBOTZ: Liste, S. 17; C. GRAF: Politische Polizei, S. 380)

SCHOCH, Hans-Joachim, Dr. jur.
Regierungsassessor
geb. 1901
Spätestens seit 1924 in der politischen Abteilung am Polizeipräsidium Berlin. Beförderung zum Regierungsassessor am 9. Januar 1928. 1931 für die NSDAP zuständiger Dezernent und Gegner der NSDAP. Bereits vor dem 20. Juli 1932 ins preußische Finanzministerium gewechselt. 1933 aus dem Staatsdienst entlassen, vorübergehend verhaftet und später nach Südamerika emigriert und dort um 1960 gestorben.
(C. SCHUBOTZ: Liste, S. 17; C. GRAF: Politische Polizei, S. 381)

SCHOMAEKERS
Kriminalassistent
1932 bei der politischen Polizei am Polizeipräsidium Aachen. Im Laufe des Jahres 1933 mehrfach zwischen Kripo und politischer Polizei gewechselt und im Juni 1934 bei der Stapo in Aachen. Im Juni 1935 dort nicht nachweisbar.
(HStAD, BR 1031/185, Bl. 212f.; Nachweisung Aachen)

SCHÖNCHEN, Franz
Kriminalkommissar
geb. 6. Juli 1880
Kriminaloberwachtmeister in Köln von mindestens 1919-1922. Stadtverordneter für die SPD ebenda bis 1922. Im Februar 1928 als Kriminalbezirkssekretär Leiter des Spionageabwehrkommissariats am Polizeipräsidium in Köln; im September 1931 als Kriminalkommissar geführt. In der Dienstaltersliste 1935 nicht erwähnt.
(HStAD, Reg. Köln, Nr. 8261; Amtliche Bekanntmachung des Polizeipräsidenten Köln, 24. September 1931, in: NS-Dok)

SCHÖNFELDER, Wilhelm
Polizeiinspektor
geb. 1887
Beförderung zum Polizeiinspektor am 1. Januar 1925. Im Januar 1931 am Polizeipräsidium Bochum. Zwischen Dezember 1931 und Dezember 1932 stellvertretender Leiter der Polizeiamtes Witten (zum Polizeipräsidium Bochum gehörend), dort gleichzeitig Leiter der Hauptgeschäftsstelle und der politischen Polizei.
(StAMS, Polizeipräsidien, Nr. 205-206; C. SCHUBOTZ: Liste, S. 61.)

SCHRAMM, Alfred
Kriminaloberinspektor
geb. 9. Oktober 1882
Gelernter Kaufmann, Militärdienst von Oktober 1902 bis September 1904. Seit 1907 im Polizeidienst. Prüfung zum Kriminalkommissar am 23. Dezember 1919, Ernennung zum Polizeikommissar am 1. April 1920 und zum Kriminalkommissar am 30. November 1922. Als Kriminaloberinspektor 1929 Leiter der Abteilung I A am Polizeipräsidum Altona bis mindestens November 1932. und dort Übernahme in die Stapo. Am 1. Februar 1934 Beförderung zum Kriminalrat und Versetzung zur Kriminalpolizei nach Düsseldorf. Am 1. Oktober 1936 nach Harburg-Wilhelmsburg versetzt.
(Personalkarte, in: PPD; LAS, Abt. 301, Nr. 4513; DIENSTALTERSLISTE 1935, S. 23, S. 75; Handbuch für die Provinz Schleswig-Holstein, S. 64)

SCHRÖDER, Erich
Kriminalkommissar
geb. 12. März 1903
Ab April 1932 Kriminalkommissar auf Probe bei der politischen Polizei in Kiel. Beförderung zum Kriminalkommissar am 15. Mai 1932. Nachfolger von Kriminalkommissar Köhler als Leiter des Kommissariats I A 1 in Kiel im August 1932. Am 1. Juni 1935 bei der Stapostelle Kiel, am 25. Juni 1935 an der Stapostelle Bielefeld. Mitglied der SS seit November 1934.
(LAS, Abt. 301, Nr. 4513; Nachweisung Bielefeld; IZRG-Datenpool; DIENSTALTERSLISTE 1935, S. 61, S. 100)

SCHULZ
Polizeiobersekretär
1929 bei der Abteilung I am Polizeipräsidium Dortmund, dort zuständig für Pressesachen.
(StAMS, Reg. Arnsberg, Nr. 15149)

SCHWEKENDIEK, Henri
Kriminalsekretär
geb. 22. August 1898
Von Juni 1929 bis Ende 1932 bei der politischen Polizei in Kiel im Kommissariat für Spionageabwehr nachzuweisen. Übernahme in die Stapo. Von 1934 bis 1938 beim Grenzkommissariat in Eckernförde.
(LAS, Abt. 301, Nr. 4513; IZRG-Datenpool)

SCHWESIG
Kriminalassisstent
Im September 1931 im Kommissariat für linksradikale Bewegung am Polizeipräsidium Köln.
(Amtliche Bekanntmachung des Polizeipräsidenten Köln, 24. September 1931, in: NS-Dok)

SIEKMANN, Julius[3]
Kriminalsekretär
geb. 8. April 1886
Mindestens von Dezember 1927 bis April 1930 bei der politischen Polizei in Bochum. Offenbar dann nach Berlin

---

[3] Mit letzter Sicherheit ist nicht nachzuweisen, ob der Bochumer Siekmann mit dem Bielefelder identisch ist.

versetzt. Im Juni 1935 als Kriminalbezirkssekretär an der Stapostelle Bielefeld.
(StAMS, Polizeipräsidien, Nr. 202; Nachweisung Bielefeld)

SIERONKSI
Kriminalassistent
Mindestens zwischen März 1928 und September 1931 am Polizeipräsidium Köln im Spionageabwehrkommissariat tätig.
(HStAD, Reg. Köln, Nr. 8261; Amtliche Bekanntmachung des Polizeipräsidenten Köln, 24. September 1931, in: NS-Dok)

SOMMER, Franz
geb. 30. November 1897
Kriminalkommissar
Besuch der Volksschule und des Gymnasiums. Teilnahme am Ersten Weltkrieg von 1914 bis 1918. Anstellung als Polizeikommissarsanwärter am 19. November 1919 bei der Polizeiverwaltung in Düsseldorf. Absolvierung des Kommissarkursus und Beförderung zum Polizeikommissar am 5. Februar 1923. Während der zwanziger Jahre nach Oberhausen gewechselt und dort im März 1931 bei der politischen Polizei. Am 15. April 1933 nach Düsseldorf als Leiter der politischen Polizei versetzt und am 1. April 1934 in die Stapostelle übernommen. Am 1. Oktober 1934 zum Kriminalrat ernannt.
(Personalkarte, in: PPD; HStAD, Reg. Düsseldorf, Nr. 30653d, Bl.330ff.; DIENSTALTERSLISTE 1935, S. 58)

SPECK
Kriminalsekretär
Im Juli 1930 bei der politischen Polizei in Flensburg.
(LAS, Abt. 301, Nr. 4513)

STAVE
Kriminalsekretär
Mindestens ab Juli 1930 bei der politischen Polizei in Altona. Dort hauptsächlich mit der rechtsradikalen Bewegung befaßt.
(LAS, Abt. 301, Nr. 4513)

STEFFEN, Karl
Kriminalassistent
geb. 6. Februar 1883
Seit 1920 bei der Kriminalpolizei in Frankfurt am Main, ab 1922 bei der politischen Polizei. Dort ab 1933 bei der Stapo bis mindestens 1935.
(Nachweisung Frankfurt a. M.; Auskunft Kohlhaas)

STEFFENS, Hubert
Kriminalassistent
geb. 18. Oktober 1895
Seit 1919 bei der Schutzpolizei in Frankfurt am Main. Dort ab 1922 bei der Kriminalpolizei und ab 1931 bei der politischen Polizei. 1933 zurück zur Kriminalpolizei versetzt und ab dem 1. April 1935 an der Stapostelle Frankfurt am Main tätig.
(Nachweisung Frankfurt a. M.; Auskunft Kohlhaas)

STICHT, Karl
Polizeisekretär
geb. 1895
Mindestens zwischen Dezember 1931 und Dezember 1932 bei der Abteilung I am Polizeiamt Witten (zum Polizeipräsidium Bochum gehörend).
(StAMS, Polizeipräsidien, Nr. 205-206; C. SCHUBOTZ: Liste, S. 62)

STROHM, Wilhelm
Polizei-Oberinspektor
geb. 1877
Beförderung zum Polizei-Oberinspektor am 1. April 1926. Mindestens seit

Dezember 1927 Leiter des Hauptbüros, später Hauptgeschäftsstelle am Polizeiamt Herne (zum Polizeipräsidium Bochum gehörend). Dort von mindestens April 1930 bis Dezember 1932 gleichzeitig Leiter der politischen Polizei.
(StAMS, Polizeipräsidien, Nr. 204-206; C. SCHUBOTZ: Liste, S. 61)

STUMM, Johannes, Dr. rer. pol.
Kriminalrat
geb. 27. März 1897
Seit 1920 Ausbildung zum Kriminalkommissar mit Ernennung zum 19. Juni 1922. Unter Eindruck des Rathenau-Mordes freiwillige Meldung zur politischen Polizei, seit 1923 im Außendienst der Abteilung I A in der Inspektion für rechtsradikale Parteien. Neben dem Polizeidienst Studium der Rechts- und Staatswissenschaft mit Promotion 1925 und Mitglied der SPD seit dieser Zeit. Ab 1931 Inspektionsleiter und zum 1. September 1931 zum Kriminalrat befördert. Nach dem 20. Juli 1932 zur Kriminalpolizei versetzt und kurz nach dem 30. Januar 1933 beurlaubt und auf Grund § 4 des Berufsbeamtengesetzes entlassen. und Tätigkeit in der Privatwirtschaft. Nach 1945 Polizeivizepräsident und Polizeipräsident von Berlin bis 1963.
(C. GRAF: Politische Polizei, S. 385)

TEICHMANN, Walter
Kriminalkommissar
In der Abteilung I A in Berlin tätig. 1930 Ermittlung in der Mordsache Horst Wessel. Vorsitzender der Polizeibeamten-Vereinigung der DDP/DStP. In der Dienstaltersliste 1935 nicht aufgeführt.
(H.H. Liang, S. 135, S. 159)

THAMEN, Jürgen
Kriminalsekretär
geb. 28. Juli 1895
Seit 1932 bei der politischen Polizei in Flensburg, 1934 Übernahme in die Stapo und dort bis 1945 tätig.
(LAS, Abt. 354, Nr. 2946)

THAMM
Oberregierungsrat
Vor 1933 Leiter der Abteilung I am Polizeipräsidium Kiel. Ab dem 17. Februar 1933 ständiger Vertreter des Leiters der Abteilung I, da die Leitung vom Polizeipräsidenten übernommen wurde.
(LAS, Abt. 301, Nr. 5639)

THEURING, Gustav
Kriminalrat
geb. 19. März 1893
Besuch des Realgymnasiums in Eupen, Reifeprüfung 1912. Vier Semester Jura-Studium in Köln und Darmstadt. 1914 bis 1918 Teilnahme am Ersten Weltkrieg, zuletzt Oberleutnant d. R. Ab 1. Dezember 1918 Anwärter für den höheren Polizeidienst. Prüfung zum Kriminalkommissar am 21. Dezember 1919 mit der Note gut. Anstellung als Kriminalkommissar am 1. Oktober 1920 in Köln und dort bis 1929. Von 1929 bis 1931 Leiter der politischen Polizei in Breslau. Beförderung zum Kriminalrat am 1. April 1930. Von 1931 bis 1933 Leiter der Abteilung I A am Polizeipräsidium Köln, aktiver Katholik und Mitglied des Zentrums. 1933 zur Kriminalpolizei versetzt. Laut Lebenslauf mehrfach strafversetzt nach Wuppertal, Saarbrücken, Königsberg und Leipzig. 1939 Einberufung und bis 1943 bei der Abwehr im Stab von Oster mit Personalsachen beschäftigt. 1943 Beförderung zum Major und Ver-

setzung zum Heereswaffenamt. 1945/46 inhaftiert und seit 1947 Leiter der Kriminalpolizei bei der Regierungs-Bezirkspolizei Köln, dort ab 1948 ständiger Stellvertreter des Chefs. 1954 kurzfristig Schutzpolizeidirektor in Bonn, dann pensioniert.
(HStAD-ZK, BR-PE 1203; Amtliche Bekanntmachung des Polizeipräsidenten Köln, 24. September 1931, in: NS-Dok; DIENSTALTERSLISTE 1935, S. 53, S. 73)

THIELE, Waldemar
Kriminalrat
geb. 11. August 1878
Leiter der politischen Polizei in Wesermünde. Im Juni 1935 bei der Kriminalpolizei in Wuppertal.
(D. STEGMANN: Politische Radikalisierung, S. 115)

THOMAS
Kriminalassistent
Im September 1931 im Kommissariat für linksradikale Bewegung am Polizeipräsidium Köln.
(Amtliche Bekanntmachung des Polizeipräsidenten Köln, 24. September 1931, in: NS-Dok)

TONKE
Kriminalkommissar
In Wesermünde 1928 bei der politischen Polizei. In der Dienstaltersliste 1935 nicht erwähnt.
(D. STEGMANN: Politische Radikalisierung, S. 115)

TRAMPERT
Kriminalassistent
Im Oktober 1931 bei der politischen Polizei in Recklinghausen.
(StAMS, Reg. Münster, VII-67, Bd. 3, Bl. 29ff.)

TRETTIN, Otto
Kriminalkommissar
geb. 19. Oktober 1891
Prüfung zum Kriminalkommissar am 16. September 1919, Anstellung am 1. Januar 1920. Laut Stumm bei der politischen Polizei in Berlin tätig. Ernennung zum Kriminalrat am 1. April 1933 und zum Kriminaldirektor am 1. April 1934. Im Juni 1935 bei der Kriminalpolizei in Berlin, dort Spezialist für Einbrüche. Vor dem zweiten Weltkrieg in ein Korruptionsverfahren verwickelt, kam im Hausgefängnis der Gestapo um, angeblich durch Selbstmord.
(Pers. Mitt. Johannes Stumm an Christoph Graf 10./11. November 1974, in: SBA, Depositum Hofer/Graf, Nr. 12; DIENSTALTERSLISTE 1935, S. 13, S. 71; P. WAGNER, S. 235)

TRIERWEILER
Kriminalassistent
Am Polizeipräsidium Köln im September 1931 im Kommissariat für linksradikale Bewegung tätig.
(Amtliche Bekanntmachung des Polizeipräsidenten Köln, 24. September 1931, in: NS-Dok)

TRÖNER
Kriminalsekretär
Ab Juni 1929 bei der politischen Polizei in Kiel nachweisbar.
(LAS, Abt. 301, Nr. 4513)

TRON
Kriminalbezirkssekretär
Im September 1931 stellvertretender Leiter des Kommissariats für rechtsradikale Bewegungen am Polizeipräsidium in Köln.
(Amtliche Bekanntmachung des Polizeipräsidenten Köln, 24. September 1931, in: NS-Dok)

TROST, Theodor
Kriminalkommissar
geb. 28. Oktober 1888
Prüfung zum Kriminalkommissar am 15. Juli 1926, Anstellung zum 1. März 1927. Im Juli 1930 bei der politischen Abteilung am Polizeipräsidium Recklinghausen. Im Juni 1935 bei der Kriminalpolizei am Polizeipräsidium in Saarbrücken.
(StAMS, Kreis Tecklenburg, LRA, Nr. 1325; DIENSTALTERSLISTE 1935, S. 53, S. 86)

TÜMENA
Kriminalsekretär
Im Dezember 1927 als Polizeisekretär in der Pressestelle der politischen Polizei in Bochum, im Dezember 1928 als Kriminalsekretär, später in der Exekutive bis mindestens Dezember 1932 tätig.
(StAMS, Polizeipräsidien Nr. 202-206)

VAN LOOK, Werner
Kriminalkommissar
geb. 24. Juli 1894
Abitur 1914; Teilnahme am Ersten Weltkrieg als Artillerist und Sanitäter. Von 1919 bis 1922 Studium der Landwirtschaft. Im September 1922 Eintritt in die Kriminalpolizei in Köln als Hilfsbeamter. Prüfung zum Kriminalkommissar am 17. Dezember 1929. Versetzung nach Wiesbaden 1930, dort endgültige Anstellung zum 15. Februar 1931. Zunächst stellvertretender Leiter, später Leiter der politischen Exekutive in Wiesbaden. Im Februar 1933 zur Kriminalpolizei versetzt. Ab August 1939 bei der Geheimen Feldpolizei; im Juli 1940 zurück zur Kriminalpolizei Wiesbaden. 1941 Versetzung nach Warschau und Krakau; 1943 nach Mannheim und dort bis Kriegsende bei der Kriminalpolizei.

(HStAWI, Abt. 520, W 7398; ADRESSBUCH WIESBADEN 1931, IV, S. 40; EBENDA 1932/33, IV. S. 36; DIENSTALTERSLISTE 1935, S. 50, S. 91.)

VERRETTO-PERUSSONO, Josef
Polizeihauptwachtmeister
geb. 1895
Schutzpolizist in Hagen, der vom 30. Juli 1931 bis zum 29. Februar 1932 und ab dem 3. April 1932 im Außendienst der politischen Polizei tätig war.
(StAMS, Regierung Arnsberg, Nr. 14619)

VERSTEEGEN
Kriminalassistent
Mindestens von Dezember 1930 bis Dezember 1932 im Kommissariat für Linksbewegung in der Abteilung I A am Polizeipräsidium Bochum.
(StAMS, Polizeipräsidien, Nr. 204-206)

VOß, Heinrich
Polizei-Obersekretär
geb. 1896
Beförderung zum Polizei-Obersekretär am 10. Oktober 1929. Von April 1930 bis Dezember 1932 in der Abteilung I am Polizeipräsidium Bochum nachzuweisen.
(StAMS, Polizeipräsidien, Nr. 204-206; C. SCHUBOTZ: Liste, S. 60)

WABNIK, Robert
Kriminalsekretär
geb. 20. Juni 1892
Ab 1919 bei der Polizei in Gleiwitz tätig, seit 1923 bei der Kriminalpolizei und seit 1924 in der politischen Abteilung. 1933 in die Stapostelle Oppeln (Außenstelle Gleiwitz) übernommen. 1935 zur Stapo nach Frankfurt am Main versetzt.
(Nachweisung Oppeln; Auskunft Kohlhaas)

WANK
Kriminalassistent
Als Polizeioberwachtmeister im Dezember 1928 zur politischen Polizei abgeordnet. Im April 1930 als Kriminalassistenten-Anwärter in der Abteilung I A 2 tätig. Im Dezember 1932 bei der politischen Polizei am Polizeiamt Herne nachgewiesen, dort zuständig für Wanne-Eickel.
(StAMS, Polizeipräsidien, Nr. 203-206)

WEBER
Kriminalsekretär
Im September 1931 in der Pressestelle der Abteilung I des Polizeipräsidiums Köln.
(Amtliche Bekanntmachung des Polizeipräsidenten Köln, 24. September 1931, in: NS-Dok)

WEGNER, Karl
Kriminalassistent
geb. am 25. März 1891
Ab 1929 bei der politischen Polizei in Frankfurt am Main im Spionageabwehrkommissariat tätig und dort 1933 in die Stapo übernommen.
(Nachweisung Frankfurt a.M.; Auskunft Kohlhaas)

WEIMANN, Max
Polizeirat
geb. 1867
Beförderung zum Polizeirat am 1. Januar 1915. Im Herbst 1931 Leiter des Dezernates 2 (Pressepolizei) in der Abteilung I am Polizeipräsidium Berlin.
(C. SCHUBOTZ: Liste, S. 19; C. GRAF: Politische Polizei, S. 402)

WEINSCHENK, Max
Polizei-Oberinspektor
geb. 1879
Beförderung zum Polizei-Oberinspektor am 1. Oktober 1929. Mindestens von April 1930 bis Dezember 1931 in der Abteilung I des Polizeipräsidium Bochum.
(StAMS, Polizeipräsidien, Nr. 204-205; C. SCHUBOTZ: Liste, S. 59)

WERDER, Friedrich von
Regierungsrat
geb. 4. Januar 1891
Sohn eines Generals, Weltkriegsteilnahme als Offizier. Assessorexamen im Jahre 1924, 1926 bei der Regierung in Stade. 1930 in die Abteilung I A des Polizeipräsidiums Berlin versetzt. Dezernent für Partei- und Vereinswesen und für Landesverrat und Spionageabwehr. Beförderung zum Regierungsrat am 1. Dezember 1930. Nach dem 20. Juli 1932 stellvetender Abteilungsleiter. Ab dem 1. November 1932 kommissarischer Polizeipräsident in Bielefeld mit endgültiger Ernennung am 25. März 1933.
(C. SCHUBOTZ: Liste, S. 17; C. GRAF: Politische Polizei, S. 390)

WESENICK
Kriminalassistent
Im Dezember 1932 im Kommissariat für Linksbewegung am Polizeipräsidium Bochum tätig.
(StAMS, Polizeipräsidien, Nr. 206)

WIEDELMANN, Karl
Kriminalassistent
geb. 23. November 1888
Von April 1930 bis Dezember 1932 im Kommissariat für Rechtsbewegung in der politischen Polizei in Bochum nachgewiesen. Im Juni 1935 bei der Stapo-Stelle Dortmund.
(StAMS, Polizeipräsidien, Nr. 204-206; Nachweisung Dortmund)

WILKOWSKI, Albert
Kriminalassistent
geb. 15. August 1895
Vom 1. Oktober 1916 bis 19. November 1918 Militärdienst bei der Kriegsmarine als Obermatrose. Ab dem 20. November 1918 bei der Volkswehr in Gelsenkirchen, ab dem 22. April 1919 als Hilfspolizeibeamter. Ab 1920 in der Nachrichtenabteilung als Exekutivbeamter tätig. Ernennung zum Kriminalbetriebsassistenten am 1. April 1923 und zum Kriminalassistenten am 5. Juni 1925. Bis Juli 1931 bei der politischen Polizei am Polizeiamt Gelsenkirchen, dort zuständig für die KPD. Im Juli 1931 zur Kripo und im November 1931 nach Düsseldorf versetzt. Laut eigenen Nachkriegsangaben von 1918 bis 1933 Mitglied der SPD; 1933 behauptete Wilkowski bereits 1923 ausgetreten zu sein. Eintritt in die NSDAP 1933, trotzdem am 20. Juli 1933 aufgrund § 4 des ‚Berufsbeamtengesetzes' beurlaubt und am 1. April 1934 entlassen.
(Personalakte Wilkowski, in: PPD; StAMS, Polizeipräsidien, Nr. 202)

WILTS, Hans
Kriminalassistent
geb. 21. August 1901
Kaufmännische Lehre, Kriegsteilnahme 1918 ohne Frontdienst, danach Freikorpstätigkeit. Seit dem 10. März 1920 bei Sicherheitspolizei in Wesel ab Juni 1920 in Bochum. Nach Auflösung der Sicherheitspolizei bei der Schutzpolizei; Beförderungen bis zum Hauptwachtmeister am 1. Juni 1925. Seit dem 1. November 1928 als Kriminalassistent bei der politischen Polizei in Bochum im Kommissariat für Rechtsbewegung und dort bis 1933 tätig. Wilts war NSDAP-Kontaktmann. Im Oktober 1933 war Wilts bei der Kriminalpolizei in Dortmund, ab März 1936 in Düsseldorf. Dort im September 1936 bei der Stapostelle, im März 1939 zur Stapo Plauen und im März 1940 zur Stapo in Frankfurt am Main versetzt. Im Oktober 1941 wegen Hehlerei verhaftet.
(StAMS, Polizeipräsidien, Nr. 63; StAMS, Reg. Arnsberg, Nr. 14613; Auskunft Kohlhaas)

WINKLER, Karl
Oberregierungsrat
geb. 30. April 1884
Jurastudium in Berlin und München. 1914-1919 Militärdienst. Danach verschiedene Posten in der inneren Verwaltung. 1923-26 Regierungsrat und Polizeidezernent bei der Regierung Arnsberg. 1927 Leiter des Polizeiamtes Spandau (Berlin). 1929 stellvertretender Leiter der Abteilung I am Polizeipräsidium Berlin. Ab November 1929 Oberregierungsrat und Stellvertreter des Polizeipräsidenten in Köln. Im Mai 1933 an die Regierung in Arnsberg versetzt. Mitglied der DDP von 1929-1933. Vom März 1945 bis September 1952 Polizeipräsident von Köln.
(LHAK, Best. 403, Nr 16737; WITT/VOLLMER: 50 Jahre demokratische Polizei, S. 38f.)

WOINKE, Wilhelm
Kriminalsekretär
geb. 8. August 1894
Gelernter Drogist. Von 1915 bis 1918 Wachtmeister in Flensburg. 1918/19 Freikorpstätigkeit. Ab 1. Oktober 1919 bei der Grenzpolizei in Flensburg und ab 1928 bei der politischen Polizei ebenda. Übernahme in die Stapo 1934, Eintritt in die NSDAP 1937 und in die SS 1938. Beförderung bis zum SS-Untersturmführer 1945.
(IZRG-Datenpool; LAS, Abt. 354, Nr. 954)

WONSCHICK, Dr.
Regierungsassessor
Beförderung zum Regierungsassessor am 18. Januar 1926. Im Januar 1931 Leiter der Abteilung I am Polizeipräsidium in Aachen.
(LHAK, Best. 403, Nr. 16913, Bl. 95; C. SCHUBOTZ: Liste, S. 12)

ZIMMAT
Kriminalassistent
Ab Ende Februar 1931 bei der politischen Polizei in Kiel bis mindestens Juli 1932.
(LAS, Abt. 301, Nr. 4513, Nr. 4559)

ZIRPINS, Walter, Dr. jur.
Kriminalkommissar
geb. 26. Mai 1901
Abitur, anschließend bei einem Freikorps in Schlesien. Ausbildung zum Buchhalter und Geschäftsführer im Bankgewerbe. Parallel Jurastudium mit Promotion 1927. Danach Ausbildung zum Kriminalkommissar in Breslau, Prüfung am 10. Oktober 1928, Anstellung zum 1. März 1929. Ab 1929 Leiter der Kriminalinspektion und des politischen Kommissariats in Marienburg. Im Januar 1933 Versetzung nach Berlin und im April 1933 Übernahme ins Gestapa. Ernennung zum Kriminalrat am 1. Dezember 1934. Im Juni 1935 am Polizeiinstitut in Berlin-Charlottenburg. Nach dem Zweiten Weltkrieg Leiter des niedersächsischen Landeskriminalamts.
(DIENSTALTERSLISTE 1935, S. 76; C. GRAF: Politische Polizei, S. 391; P. WAGNER, S. 11)

ZUG, Max
Polizei-Obersekretär
geb. 1903
Beförderung zum Polizeiobersekretär am 1. April 1926. Mindestens von April 1930 bis Dezember 1931 in der Abteilung I am Polizeipräsidium Bochum.
(StAMS, Polizeipräsidien, Nr. 204-205; C. SCHUBOTZ: Liste, S. 59)

ANHANG 2

Liste der Zeitungsverbote

Nachweis der zwischen Dezember 1928 und Juli 1932
in Preußen verbotenen und beschlagnahmten NS-Zeitungen

Erläuterung

Unter dem Namen der Zeitung, der immer im Fettdruck erscheint, werden folgende Angaben gemacht: In der ersten Spalte wird der erste Tag des Verbots angegeben. Ein B hinter dieser Angabe bedeutet, daß eine einzelne Ausgabe beschlagnahmt wurde; ein E bedeutet, daß die Zeitung als Ersatz für eine verbotene angesehen wurde und somit gleichsam unter das Verbot fiel. In der zweiten Spalte wird der letzte Tag des ursprünglich ausgesprochenen Verbots angegeben. In der dritten Spalte wird die tatsächliche Verbotsdauer in Tagen genannt. Steht die Zahl in Klammern, so bedeutet dies, daß ein Verbot verkürzt oder aufgehoben wurde. In der vierten Spalte wird die Behörde, welche das Verbot ausgesprochen hat, genannt.

Zwar kann die folgende Aufstellung nicht den Anspruch auf vollkommene Erfassung erheben, aber die Angaben über die Verbote dürften weitgehend vollständig sein, da sie aus verschiedenen Quellen stammen, die sich gegenseitig ergänzen und bestätigen. Bei den Angaben zu den Beschlagnahmungen ist es hingegen möglich, daß einzelne Beschlagnahmungen nicht verzeichnet werden konnten, da diese Angaben fast ausschließlich aus den Polizeifunksprüchen gewonnen wurden. Ob diese ohne Lücken bei den Akten sind, ist unsicher.[1]

---

1. Altmärkischer Anzeiger[2]

15.07. 1932 - 21.07. 1932   (4) Tage[3]   Oberpräsident Sachsen

2. Der Angriff[4]

11.11. 1930 - 17.11. 1930   7 Tage   Polizeipräsident Berlin
04.02. 1931 - 16.02. 1931   (14) Tage[5]   Polizeipräsident Berlin
04.06. 1931 - 04.07. 1931   (14) Tage[6]   Polizeipräsident Berlin

---

[1] Die Quellenangaben sind im folgenden bewußt knapp gehalten, um den Anmerkungsapparat nicht übermäßig auszudehnen. Die Angaben aus dem HStAD sind aus Polizeifunksprüchen und Mitteilungen von Polizeibehörden über Zeitungsverbote und -beschlagnahmungen an andere Polizeibehörden oder Behörden der inneren Verwaltung entnommen. Die Angaben aus dem BAB, R 15.01 stammen aus einer Sammlung von Zeitungsausschnitten der Nachrichtensammelstelle im Reichsministerium des Innern sowie aus Abschriften von Urteilen des Reichsgerichts über Verhandlungen betreffend Zeitungsverbote. Die Angaben aus dem DRAnz, sind amtliche Mitteilungen über Zeitungsverbote. Die Angaben aus dem LHAK, Best. 403, Nr. 16809 sind einer Zusammenstellung über pressepolizeiliche Maßnahmen in der Rheinprovinz entnommen.

[2] DRAnz, Nr. 164 vom 15.7. 1932.

[3] Durch den Preußischen Minister des Innern auf den 18.7. 1932 verkürzt. Vgl. DRAnz, Nr. 167 vom 19.7. 1932.

[4] BAB, R 15.01, Nr. 26050, Bl. 64ff; HStAD, Reg. Düsseldorf, Nr. 30656a-b; J. GOEBBELS: Tagebucheinträge vom 7. Januar 1932 und 12. Januar 1932, Bd. 2, S. 107, S. 109; DRAnz, Nr. 264 vom 11.11. 1930, Nr. 30 vom 5.2. 1931, Nr. 128 vom 5.6. 1931, Nr. 164 vom 17.7. 1931, Nr. 180 vom 5.8. 1931, Nr. 181 vom 6.8. 1931, Nr. 194 vom 21.8. 1931, Nr. 217 vom 17.9. 1931, Nr. 228 vom 30.9. 1931, Nr. 280 vom 1.12. 1931, Nr. 288 vom 10.12. 1931, Nr. 7 vom 9.1. 1932, Nr. 50 vom 29.2. 1932, Nr. 71 vom 24.3. 1932, Nr. 148 vom 27.6. 1932, Nr. 164 vom 15.7. 1932.

[5] Verbot durch Urteil des Reichsgerichts vom 23. Februar 1931 aufgehoben. Abschrift des Urteils, in: BAB, R 15.01, Nr. 26050, Bl. 82f.

16.07.1931	- 24.07.1931	9 Tage	Polizeipräsident Berlin
03.08.1931	B	1 Tag	Polizeipräsident Berlin
04.08.1931	- 06.08.1931	(2) Tage[7]	Polizeipräsident Berlin
20.08.1931	B	1 Tag	Polizeipräsident Berlin
21.08.1931	- 26.08.1931	7 Tage	Polizeipräsident Berlin
12.09.1931	B	1 Tag	Oberstaatsanwalt Dessau
16.09.1931	B	1 Tag	Polizeipräsident Berlin
17.09.1931	- 24.09.1931	8 Tage	Polizeipräsident Berlin
29.09.1931	- 20.10.1931	23 Tage	Polizeipräsident Berlin
30.11.1931	- 07.12.1931	8 Tage	Polizeipräsident Berlin
09.12.1931	- 17.12.1931	9 Tage	Polizeipräsident Berlin
08.01.1932	- 14.01.1932	(7) Tage[8]	Polizeipräsident Berlin
27.02.1932	- 04.03.1932	5 Tage	Polizeipräsident Berlin
23.03.1932	- 30.03.1932	8 Tage	Polizeipräsident Berlin
27.06.1932	- 30.06.1932	4 Tage	Polizeipräsident Berlin
14.07.1932	- 23.07.1932	8 Tage	Polizeipräsident Berlin

3. Anhalter Nachrichten[9]

15.07.1932	- 21.07.1932	(4) Tage[10]	Oberpräsident Sachsen

4. Anhaltische Tageszeitung[11]

15.07.1932	- 21.07.1932	(4) Tage[12]	Oberpräsident Sachsen

5. Aus dem Gau Halle-Merseburg[13]

05.01.1931 E[14]

6. Berliner Arbeiterzeitung[15]

19.08.1928	B	1 Tag	Polizeipräsident Berlin
04.11.1928	B	1 Tag	Polizeipräsident Berlin
11.11.1928	B	1 Tag	Polizeipräsident Berlin
18.11.1928	B	1 Tag	Polizeipräsident Berlin

---

[6] Verbot durch Reichsminister des Innern verkürzt bis zum 18. Juni 1931, in: ebenda.
[7] Verbot durch den Polizeipräsidenten Berlin am 5. August 1931 aufgehoben. Vgl. den Polizeifunkspruch vom 5. August 1931, in: HStAD, LRA Moers, Nr. 112; DRAnz, Nr. 181 vom 6.8.1931.
[8] Verbot aufgehoben durch den Reichsminister des Innern am 12. Januar. J. GOEBBELS: Tagebucheintrag vom 12. Januar 1932, Bd. 2, S. 109.
[9] DRAnz, Nr. 164 vom 15.7.1932.
[10] Durch den Preußischen Minister des Innern auf den 18.7.1932 verkürzt. Vgl. DRAnz, Nr. 167 vom 19.7.1932.
[11] DRAnz, Nr. 164 vom 15.7.1932.
[12] Durch den Preußischen Minister des Innern auf den 18.7.1932 verkürzt. Vgl. DRAnz, Nr. 167 vom 19.7.1932.
[13] GStA PK, I. HA, Rep. 77, Tit. 4043, Nr. 35.
[14] Ersatz für Nr. 26: Der Kampf.
[15] HStAD, Reg. Düsseldorf, Nr. 30656a, Bl. 7ff.; DRAnz, Nr. 269 vom 17.11.1930; GStA PK, I. HA, Rep. 77, Tit. 4043, Nr. 30.

20.11.1929	-	15.01.1930	56 Tage	Polizeipräsident Berlin
15.11.1930	-	15.12.1930	28 Tage	Polizeipräsident Berlin

7. Berliner Schulbeobachter[16]

05.03.1932	-	31.05.1932	89 Tage	Polizeipräsident Berlin

8. Bielefelder Beobachter[17]

14.03.1932	-	16.03.1932	3 Tage	Oberpräsident Westfalen
24.03.1932	-	28.03.1932	5 Tage	Oberpräsident Westfalen
11.04.1932	-	13.04.1932	3 Tage	Oberpräsident Westfalen

9. Blatt der Niedersachsen. NS-Tageblatt für den Gau Hannover[18]

03.08.1931	-	09.08.1931	7 Tage	Oberpräsident Hannover

10. Die Deutsche Ostfront[19]

15.01.1932	-	04.02.1932	(7) Tage[20]	Oberpräsident Niederschlesien
24.03.1932	-	06.04.1932	(11) Tage[21]	Oberpräsident Niederschlesien

11. Die Deutsche Revolution[22]

26.07.1931 B			1 Tage	Polizeipräsident Berlin
23.05.1932	-	27.06.1932	65 Tage	Polizeipräsident Berlin

12. Die Diktatur[23]

02.05.1931	-	23.05.1931	22 Tage	Oberpräsident Pommern
17.07.1931	-	08.08.1931	22 Tage	Oberpräsident Pommern

13. Ehrenfelder Beobachter[24]

02.03.1929 B		1 Tag	Polizeipräsident Köln

14. Eichsfelder Beobachter[25]

14.08.1931	-	12.09.1931	28 Tage	Oberpräsident Hannover

---

[16] BAB, R 15.01, Nr. 26053, Bl. 145; DRAnz, Nr. 56 vom 7.3.1932.
[17] BAB, R 15.01, Nr. 26052, Bl. 10f. und 26053, Bl. 126; DRAnz, Nr. 62 vom 14.3.1932, Nr. 72 vom 26.3.1932, Nr. 84 vom 11.4.1932.
[18] HStAD, LRA Moers, Nr. 112; DRAnz, Nr. 181 vom 6.8.1931.
[19] BAB, R 15.01, Nr. 26051, Bl. 393ff.; DRAnz, Nr. 12 vom 15.1.1932, Nr. 24 vom 29.1.1932, Nr. 71 vom 24.3.1932.
[20] Auf den 21.1.1932 verkürzt. Vgl. DRAnz, Nr. 24 vom 29.1.1932.
[21] Verbot durch Urteil des Reichsgerichts vom 2. April 1932 bis zum 2. April 1932 begrenzt. Abschrift des Urteils, in: BAB, R 15.01, Nr. 26051, Bl. 395f.
[22] HStAD, Reg. Düsseldorf, Nr. 30656b, Bl. 177; DRAnz, Nr. 120 vom 23.5 1932.
[23] BAB, R 15.01, Nr. 26049, Bl. 554ff.; DRAnz, Nr. 102 vom 4.5.1931, Nr. 165 vom 18.7.1931.
[24] GStA PK, I. HA, Rep. 77, Tit. 4043, Nr. 31.
[25] DRAnz, Nr. 190 vom 17.8.1931.

15. Essener Arbeiterzeitung[26]

| 18.11.1929 | B | | 1 Tag | Polizeipräsident Berlin |
| 20.11.1929 | - | 15.01.1929 | 27 Tage | Polizeipräsident Berlin |

16. Die Faust[27]

00.12.1928	B	1 Tag	Polizeipräsident Elberfeld-Barmen
00.12.1928	B	1 Tag	Polizeipräsident Elberfeld-Barmen
00.01.1928	B	1 Tag	Polizeipräsident Elberfeld-Barmen

17. Frankfurter Volksblatt[28]

27.10.1930	-	23.11.1930	28 Tage	Oberpräsident Hessen-Nassau
13.12.1930	-	11.01.1931	28 Tage	Oberpräsident Hessen-Nassau
30.06.1931	-	10.08.1931	42 Tage	Oberpräsident Hessen-Nassau
17.03.1932	-	23.03.1932	7 Tage	Oberpräsident Hessen-Nassau
30.03.1932	-	04.04.1932	6 Tage	Oberpräsident Hessen-Nassau
19.04.1932	-	28.04.1932	10 Tage	Oberpräsident Hessen-Nassau
10.07.1932	-	19.07.1932	10 Tage	Oberpräsident Hessen-Nassau

18. Freystädter Tageblatt[29]

| 18.08.1931 | - | 31.08.1931 | 14 Tage | Oberpräsident Niederschlesien |
| 05.11.1931 | - | 26.11.1931 | 22 Tage | Oberpräsident Niederschlesien |

19. Gardeleger Tagespost[30]

| 15.07.1932 | - | 21.07.1932 | (4) Tage[31] | Oberpräsident Sachsen |

20. Harburger Kreiszeitung[32]

| 30.01.1932 | - | 12.02.1932 | 14 Tage | Oberpräsident Hannover |

21. Der Harzer Trommler[33]

| 16.12.1930 | E[34] | | | Oberpräsident Sachsen |
| 18.05.1931 | - | 10.10.1931 | (27) Tage[35] | Oberpräsident Sachsen |

---

[26] GStA PK, I. HA, Rep. 77, Tit. 4043, Nr. 30.
[27] HStAD, Reg. Düsseldorf, Nr. 30656a, Bl. 32ff.
[28] BAB, R 15.01, Nr. 26050, Bl. 291ff.; DRAnz, Nr. 252 vom 28.10.1930, Nr. 292 vom 15.12.1930, Nr. 151 vom 2.7.1931, Nr. 65 vom 17.3.1932, Nr. 75 vom 31.3.1932, Nr. 92 vom 20.4.1932, Nr. 160 vom 11.7.1932.
[29] DRAnz, Nr. 191 vom 18.8.1931, Nr. 260 vom 6.11.1931.
[30] DRAnz, Nr. 164 vom 15.7.1932.
[31] Durch den Preußischen Minister des Innern auf den 18.7.1932 verkürzt. Vgl. DRAnz, Nr. 167 vom 19.7.1932.
[32] DRAnz, Nr. 25 vom 30.1.1932.
[33] BAB, R 15.01, Nr. 26050, Bl. 214ff., DRAnz, Nr. 295 vom 18.12.1930, Nr. 13 vom 16.1.1931, Nr. 161 vom 14.7.1931, Nr. 263 vom 10.11.1931.
[34] Der Harzer Trommler wurde als Ersatz des Trommlers angesehen, obwohl der Harzer Trommler bereits vorher erschien. Vgl. die ausführliche Begründung des Oberpräsidenten, in: DRAnz, Nr. 295 vom 18.12.1930.

12.07.1931	-	11.02.1932	(90) Tage[36]	Oberpräsident Sachsen
09.11.1931	-	08.03.1932	(64) Tage[37]	Oberpräsident Sachsen

22. Herforder Beobachter[38]

14.03.1932	-	16.03.1932	3 Tage	Oberpräsident Westfalen
24.03.1932	-	28.03.1932	5 Tage	Oberpräsident Westfalen
11.04.1932	-	13.04.1932	3 Tage	Oberpräsident Westfalen

23. Hessische Volkswacht[39]

03.06.1931	-	30.06.1931	28 Tage	Oberpräsident Hessen-Nassau
07.07.1931	-	17.08.1931	42 Tage	Oberpräsident Hessen-Nassau
16.02.1932	-	07.03.1932	(14) Tage[40]	Oberpräsident Hessen-Nassau
22.03.1932	-	27.03.1932	6 Tage	Oberpräsident Hessen-Nassau

24. Hirschberger Beobachter[41]

26.04.1930	-	25.07.1930	(56) Tage[42]	Oberpräsident Niederschlesien

25. Hört! Hört![43]

17.10.1931	-	19.02.1931	120 Tage	Oberpräsident Hannover

26. Der Kampf[44]

17.12.1930	-	13.01.1931	28 Tage	Oberpräsident Sachsen
09.06.1931	-	03.08.1931	56 Tage	Oberpräsident Sachsen
23.10.1931	-	17.12.1931	56 Tage	Oberpräsident Sachsen
11.07.1932	-	15.07.1932	5 Tage	Oberpräsident Sachsen
16.07.1932	-	20.07.1932	5 Tage	Oberpräsident Sachsen

---

[35] Verbot durch Urteil des Reichsgerichts vom 12.06.1931 aufgehoben. Abschrift des Urteils, in: BAB, R 15.01, Nr. 26050; DRAnz, Nr. 134 vom 12.6.1931.

[36] Verbotszeit vom Reichsminister des Innern bis zum 11. Oktober 1931 beschränkt: BAB, R 15.01, Nr. 26050, Bl. 268R.

[37] Verbot durch Urteil des Reichsgerichts vom 4. Dezember 1931 bis zum 11. Januar 1932 begrenzt. Abschrift des Urteils, in: BAB, R 15.01, Nr. 26050, Bl. 285.

[38] BAB, R 15.01, Nr. 26051, Bl. 400f und 26053, Bl. 126; DRAnz, Nr. 62 vom 14.3.1932, Nr. 72 vom 26.3.1932, Nr. 84 vom 11.4.1932.

[39] BAB, R 15.01, Nr. 26050, Bl. 394ff.; DRAnz, Nr. 128 vom 5.6.1931, Nr. 157 vom 9.7.1931, Nr. 40 vom 17.2.1932, Nr. 72 vom 26.3.1932.

[40] Verbot durch Urteil des Reichsgerichts vom 3. März 1932 bis zum 3. März 1932 begrenzt. Abschrift des Urteils, in: BAB, R 15.01, Nr. 26050, Bl. 410.

[41] DRAnz, Nr. 97 vom 26.4.1930.

[42] Verbot durch Urteil des Reichsgerichts vom 5. Juni 1930 bis zum 30. Juni 1930 begrenzt. Vgl. DRAnz, Nr. 130 vom 6.6.1930.

[43] BAB, R 15.01, Nr. 26051, Bl. 315; DRAnz, Nr. 243 vom 17.10.1931.

[44] BAB, R 15.01, Nr. 26050, Bl. 21ff.; HStAD, Reg. Düsseldorf, Nr. 30656b, Bl. 21; DRAnz, Nr. 296 vom 19.12.1930, Nr. 133 vom 11.6.1931, Nr. 249 vom 24.10.1931, Nr. 160 vom 11.7.1932, Nr. 164 vom 15.7.1932.

27. Kieler Zeitung[45]

19.03. 1932	- 23.03. 1932	5 Tage	Oberpräsident Schleswig-Holstein
25.05. 1932	- 31.03. 1932	7 Tage	Oberpräsident Schleswig-Holstein

28. Koblenzer Nationalblatt[46]

08.08. 1931	- 18.08. 1931	11 Tage	Oberpräsident Rheinprovinz
18.02. 1932 B		1 Tag	Polizeipräsident Koblenz
09.03. 1932	- 16.03. 1932	8 Tage	Oberpräsident Rheinprovinz
10.03. 1932 B[47]		1 Tag	Polizeipräsident Koblenz
23.03. 1932	- 27.03. 1932	5 Tage	Oberpräsident Rheinprovinz

29. Die Laterne[48]

25.03. 1932	- 29.03. 1932	5 Tage	Oberpräsident Sachsen

30. Der Mansfelder[49]

09.09. 1931	- 08.11. 1931	60 Tage	Oberpräsident Sachsen

31. N.S.-Parole[50]

29.03. 1932	- 30.05. 1932	60 Tage	Oberpräsident Hannover

32. Nassauer Volksblatt[51]

17.03. 1932	- 23.03. 1932	7 Tage	Oberpräsident Hessen-Nassau
30.03. 1932	- 04.04. 1932	6 Tage	Oberpräsident Hessen-Nassau
19.04. 1932	- 28.04. 1932	10 Tage	Oberpräsident Hessen-Nassau
10.07. 1932	- 15.07. 1932	6 Tage	Oberpräsident Hessen-Nassau

33. Nationalsozialistischer Anzeiger für Weißenfels und Umgebung[52]

15.01. 1932 B	1 Tag	

---

[45] DRAnz, Nr. 68 vom 21.3. 1932, Nr. 121 vom 26.5. 1932.
[46] BAB, R 15.01, Nr. 26050, Bl. 582ff und Nr. 26051, Bl. 400; DRAnz, Nr. 59 vom 10.3. 1932, Nr. 71 vom 24.3. 1932; LHAK, Best. 403, Nr. 16798, Bl. 137ff. und Nr. 16809, Bl. 534ff.
[47] Es handelte sich um eine Sondernummer zur Reichspräsidentenwahl, die ebenfalls beschlagnahmt wurde. Polizeifunkspruch des Polizeipräsidenten von Koblenz vom 10. März 1932, in: HStAD, Reg. Düsseldorf, Nr. 30656e, Bl. 122.
[48] DRAnz, Nr. 72 vom 26.3. 1932.
[49] BAB, R 15.01, Nr. 26051, Bl. 105; DRAnz, Nr.212 vom 11.9. 1931.
[50] BAB, R 15.01, Nr. 26053, Bl. 136; DRAnz, Nr. 73 vom 29.3. 1932.
[51] BAB, R 15.01, Nr. 26052, Bl. 91ff.; DRAnz, Nr. 65 vom 17.3 1932, Nr. 75 vom 31.3. 1932, Nr. 92 vom 20.4. 1932, Nr. 160 vom 11.7. 1932.
[52] GStA PK, I. HA, Rep. 77, Tit. 4043, Nr. 96.

34 a. Der Nationale Sozialist für Mitteldeutschland[53]

11.11. 1928	B		1 Tag	Polizeipräsident Berlin
20.11. 1928	-	15.01. 1929	57 Tage	Polizeipräsident Berlin

34 b. Der Nationale Sozialist für Norddeutschland[54]

11.11. 1928	B		1 Tag	Polizeipräsident Berlin
20.11. 1928	-	15.01. 1929	57 Tage	Polizeipräsident Berlin

34 c. Der Nationale Sozialist für die Ostmark[55]

11.11. 1928	B		1 Tag	Polizeipräsident Berlin
20.11. 1928	-	15.01. 1929	57 Tage	Polizeipräsident Berlin

34 d. Der Nationale Sozialist für Rhein und Ruhr[56]

11.11. 1928	B		1 Tag	Polizeipräsident Berlin
20.11. 1928	-	15.01. 1929	57 Tage	Polizeipräsident Berlin

34 e. Der Nationale Sozialist für Sachsen[57]

11.11. 1928	B		1 Tag	Polizeipräsident Berlin
20.11. 1928	-	15.01. 1929	57 Tage	Polizeipräsident Berlin

34 f. Der Nationale Sozialist für Schlesien[58]

11.11. 1928	B		1 Tag	Polizeipräsident Berlin
20.11. 1928	-	15.01. 1929	57 Tage	Polizeipräsident Berlin

34 g. Der Nationale Sozialist für Westdeutschland[59]

11.11. 1928	B		1 Tag	Polizeipräsident Berlin
20.11. 1928	-	15.01. 1929	57 Tage	Polizeipräsident Berlin

34 h. Der Nationale Sozialist für Württemberg und Hohenzollern[60]

11.11. 1928	B		1 Tag	Polizeipräsident Berlin
20.11. 1928	-	15.01. 1929	57 Tage	Polizeipräsident Berlin

35. Der Nationale Sozialist[61]

15.11. 1930	-	15.12. 1930	30 Tage	Polizeipräsident Berlin

---

[53] GStA PK, I. HA, Rep. 77, Tit. 4043, Nr. 30 u. 31.
[54] Ebenda.
[55] Ebenda.
[56] Ebenda.
[57] Ebenda.
[58] Ebenda.
[59] Ebenda.
[60] Ebenda.
[61] BAB, R 15.01, Nr.26050, Bl. 329ff; DRAnz, Nr. 269 vom 17.11. 1930.

36. Nationalpost[62]

20.07. 1931	-	25.07. 1931	6 Tage[63]	Polizeipräsident Berlin
10.10. 1931	-	20.10. 1931	11 Tage	Polizeipräsident Berlin

37. Nationalsozialistische Schlesische Tageszeitung[64]

28.01. 1931	-	10.02. 1931	14 Tage	Oberpräsident Niederschlesien
17.02. 1931	-	09.03. 1931	21 Tage	Oberpräsident Niederschlesien
22.04. 1931	-	05.05. 1931	14 Tage	Oberpräsident Niederschlesien
26.07. 1931	-	15.08. 1931	21 Tage	Oberpräsident Niederschlesien
14.10. 1931	-	03.11. 1931	21 Tage	Oberpräsident Niederschlesien
14.01. 1932	-	23.01. 1932	(4) Tage[65]	Oberpräsident Niederschlesien
24.03. 1932	-	28.03. 1932	5 Tage[66]	Oberpräsident Niederschlesien
01.05. 1932	-	10.05. 1932	10 Tage	Oberpräsident Niederschlesien

38. Nationalsozialistischer Schlesischer Adler[67]

25.03. 1932	-	07.04. 1932	(12) Tage[68]	Oberpräsident Niederschlesien

39 a. Nationalzeitung[69] (Essen, Hauptausgabe)

11.02. 1932	-	17.02. 1932	7 Tage	Oberpräsident Rheinprovinz

39 b. Nationalzeitung[70] (Duisburg, Nebenausgabe)

11.02. 1932	-	17.02. 1932	7 Tage	Oberpräsident Rheinprovinz

39 c. Nationalzeitung[71] (Oberhausen, Nebenausgabe)

11.02. 1932	-	17.02. 1932	7 Tage	Oberpräsident Rheinprovinz

---

[62] BAB, R 15.01, Nr.26050, Bl. 502ff., DRAnz, Nr. 168 vom 22.7. 1931, Nr. 238 vom 12.10. 1931.
[63] Laut Polizeifunkspruch des Polizeipräsidenten von Berlin vom 21. Juli 1931, in: HStAD, Reg. Düsseldorf, Nr. 30656b, Bl. 162, sollte die Nr. 168 der Nationalpost vom 21. Juli 1931 beschlagnahmt werden. Da nach den Angaben im BAB, R 15.01, Nr. 26050, Bl. 502ff. die Nationalpost zu diesem Zeitpunkt verboten war, ergibt sich ein Widerspruch, der sich anhand der Quellen nicht einwandfrei klären läßt.
[64] BAB, R 15.01, Nr. 26049, Bl. 1ff.; DRAnz, Nr. 23 vom 28.1. 1931, Nr. 40 vom 17.2. 1931, Nr. 93 vom 22.4. 1931, Nr. 172 vom 27.7. 1931, Nr. 241 vom 15.10. 1931, Nr. 11 vom 14.1. 1932, Nr. 16 vom 20.1. 1932, Nr. 71 vom 24.3. 1932, Nr. 102 vom 2.5. 1932.
[65] Verbot vom Oberpräsidenten verkürzt bis zum 17. Januar 1932. Vgl. DRAnz, Nr. 16 vom 20.1. 1932.
[66] Verbot durch Urteil des Reichsgerichts vom 6. April 1932 aufgehoben. Abschrift des Urteils, in: BAB, R 15.01, Nr. 26049, Bl. 63f.
[67] BAB, R 15.01, Nr. 26052, Bl. 34ff und 26053, Bl. 135; DRAnz, Nr. 72 vom 26.3. 1932, Nr. 81 vom 7.4. 1932.
[68] Verbot durch Urteil des Reichsgerichts vom 5. April 1932 bis zum 5. April 1932 begrenzt. Abschrift des Urteils, in: BAB, R 15.01, Nr. 26052, Bl. 34; Vgl. DRAnz, Nr. 81 vom 7.4. 1932.
[69] BAB, R 15.01, Nr. 26053, Bl. 109; DRAnz, Nr. 36 vom 10.2. 1932.
[70] Ebenda.
[71] Ebenda.

39 d. Nationalzeitung[72] (Wesel, Nebenausgabe)

11.02.1932 - 17.02.1932	7 Tage	Oberpräsident Rheinprovinz

40. Nationalzeitung für Harzgebiet und Bodetal[73]

15.07.1932 - 21.07.1932	(4) Tage[74]	Oberpräsident Sachsen

41. Der Nazi[75]

27.11.1931 - 17.12.1931	(16) Tage[76]	Oberpräsident Sachsen

42. Neue Kreiszeitung[77]

30.03.1932 - 03.04.1932	5 Tage	Oberpräsident Sachsen
04.04.1932 - 08.04.1932	5 Tage	Oberpräsident Sachsen
09.04.1932 - 06.05.1932	(14) Tage[78]	Oberpräsident Sachsen

43. Neue Salzwedeler Zeitung[79]

15.07.1932 - 21.07.1932	(4) Tage[80]	Oberpräsident Sachsen

44. Neues Magdeburger Tageblatt[81]

15.07.1932 - 21.07.1932	(4) Tage[82]	Oberpräsident Sachsen

45. Niederrheinische Tageszeitung[83]

09.03.1931 - 22.03.1931	14 Tage	Oberpräsident Rheinprovinz
07.04.1931 - 20.04.1931	14 Tage	Oberpräsident Rheinprovinz
21.04.1931 - 04.05.1931	14 Tage	Oberpräsident Rheinprovinz

---

[72] Ebenda.
[73] DRAnz, Nr. 164 vom 15.7.1932.
[74] Durch den Preußischen Minister des Innern auf den 18.7.1932 verkürzt. Vgl. DRAnz, Nr. 167 vom 19.7.1932.
[75] BAB, R 15.01, Nr. 26051, Bl. 293; DRAnz, Nr. 278 vom 28.11.1931.
[76] Verbot durch Urteil des Reichsgerichts vom 12. Dezember 1931 aufgehoben. Abschrift des Urteils, in: BAB, R 15.01, Nr. 26051, Bl. 295f.
[77] BAB, R 15.01, Nr. 26052, Bl. 45ff.; DRAnz, Nr. 75 vom 31.3.1932, Nr. 78 vom 4.4.1932, Nr. 83 vom 9.4.1932, Nr. 97 vom 26.4.1932.
[78] Verbot durch Urteil des Reichsgerichts am 22. April 1932 bis zum 22. April 1932 begrenzt. Abschrift des Urteils, in: BAB, R 15.01, Nr. 26052, Bl. 51f.
[79] DRAnz, Nr. 164 vom 15.7.1932.
[80] Durch den Preußischen Minister des Innern auf den 18.7.1932 verkürzt. Vgl. DRAnz, Nr. 167 vom 19.7.1932.
[81] BAB, R 15.01, Nr. 26052, Bl. 156ff.; DRAnz, Nr. 164 vom 15.7.1932.
[82] Durch den Preußischen Minister des Innern auf den 18.7.1932 verkürzt. Vgl. DRAnz, Nr. 167 vom 19.7.1932.
[83] BAB, R 15.01, Nr. 26049, Bl. 203ff.; DRAnz, Nr. 57 vom 9.3.1931, Nr. 80 vom 7.4.1931, Nr. 117 vom 22.5.1931, Nr. 63 vom 15.3.1932; LHAK, Best. 403, Nr. 16809, Bl. 534f. In dieser Zusammenstellung über pressepolizeiliche Maßnahmen wird die Niederrheinische Tageszeitung zunächst als nationalsozialistisch bezeichnet, allerdings handschriftlich verbessert und dann als deutschnationales Organ geführt.

22.05. 1931	-	18.06. 1931	27 Tage	Oberpräsident Rheinprovinz
14.03. 1932	-	20.03. 1932	8 Tage	Oberpräsident Rheinprovinz

46. Niedersachsen Stürmer[84]

30.01. 1932	-	26.02. 1932	28 Tage	Oberpräsident Hannover

47. Niedersächsische Tageszeitung[85]

24.03. 1931	-	13.04. 1931	21 Tage	Oberpräsident Hannover
29.06. 1931	-	04.07. 1931	6 Tage	Oberpräsident Hannover
20.07. 1931	-	17.08. 1931	28 Tage	Oberpräsident Hannover
15.10. 1931	-	07.12. 1931	(14) Tage[86]	Oberpräsident Hannover
11.02. 1932	-	17.02. 1932	(5) Tage[87]	Oberpräsident Hannover
21.03. 1932	-	27.03. 1932	7 Tage	Oberpräsident Hannover

48. Niedersächsischer Beobachter[88]

29.06. 1931	-	25.07. 1931	28 Tage	Oberpräsident Hannover
11.02. 1932	-	20.02. 1932	10 Tage	Oberpräsident Hannover

49. Niederschlesische Tageszeitung[89]

04.05. 1932	-	09.05. 1932	6 Tage	Oberpräsident Niederschlesien

50. Nordschlesische Tageszeitung[90]

31.03. 1932	-	04.04. 1932	5 Tage	Oberpräsident Niederschlesien
09.06. 1932	-	11.06. 1932	3 Tage	Oberpräsident Niederschlesien

51. Oberbergischer Bote[91]

23.09. 1931	-	29.09. 1931	7 Tage	Oberpräsident Rheinprovinz
10.03. 1932	-	16.03. 1932	7 Tage	Oberpräsident Rheinprovinz
23.03 1932	-	27.03. 1932	5 Tage	Oberpräsident Rheinprovinz

---

[84] DRAnz, Nr. 23 vom 28.1. 1932.

[85] BAB, R 15.01, Nr. 26049, Bl. 256ff und 26050, Bl. 341ff.; DRAnz, Nr. 71 vom 25.3. 1931, Nr. 149 vom 30.6. 1931, Nr. 167 vom 21.7. 1931, Nr. 241 vom 15.10. 1931, Nr. 242 vom 15.10. 1931, Nr. 36 vom 12.2. 1932, Nr. 69 vom 22.3. 1932.

[86] Verbot durch Urteil des Reichsgerichts vom 24. Oktober 1931 bis zum 31. Oktober begrenzt. Abschrift des Urteils, in: BAB, R 15.01, Nr. 26049, Bl. 277-279.

[87] Vom preußischen Staatsministerium am 16. Februar 1932 aufgehoben: BAB, R 15.01, Nr. 26049, Bl. 284f.

[88] BAB, R 15.01, Nr. 26049, Bl. 256ff und 26050, Bl. 341ff.; DRAnz, Nr. 149 vom 30.6. 1931, Nr. 36 vom 12.2. 1932.

[89] BAB, R 15.01, Nr. 26052, Bl. 89; DRAnz, Nr. 104 vom 4.5. 1932.

[90] BAB, R 15.01, Nr. 26053, Bl. 28ff.; DRAnz, Nr. 74 vom 30.3. 1932, Nr. 132 vom 8.6. 1932.

[91] BAB, R 15.01, Nr. 26050, Bl. 582ff. und Nr. 26051 Bl. 110ff.; DRAnz, Nr. 61 vom 12.3. 1932, Nr. 71 vom 24.3. 1932; LHAK, Best. 403, Nr. 16809, Bl. 536ff.

52. Preußische Zeitung[92]

21.07.1931	-	17.08.1931	28 Tage	Oberpräsident Ostpreußen
19.02.1932	-	25.02.1932	7 Tage	Oberpräsident Ostpreußen
05.03.1932	-	25.03.1932	(7) Tage[93]	Oberpräsident Ostpreußen

53. Rechtsfront (Ersatz: Sturm / Der Orkan)[94]

18.05.1931	-	18.08.1931	90 Tage	Oberpräsident Brandenburg
31.05.1931	E			Oberpräsident Brandenburg
17.06.1931	E			Oberpräsident Brandenburg
03.12.1931	-	02.01.1932	30 Tage	Oberpräsident Brandenburg

54. Rheinwacht[95]

27.10.1930	-	23.11.1930	28 Tage	Oberpräsident Hessen-Nassau
13.12.1930	-	11.01.1931	28 Tage	Oberpräsident Hessen-Nassau
30.06.1931	-	10.08.1931	42 Tage	Oberpräsident Hessen-Nassau
16.03.1932	-	23.03.1932	8 Tage	Oberpräsident Hessen-Nassau

55. Rote Erde (Ersatz: National Anzeiger. Westfälische Tageszeitung für deutsche Politik)[96]

10.04.1931	B		1 Tag	Polizeipräsident Bochum
11.04.1931	-	24.04.1931	14 Tage	Polizeipräsident Bochum
15.06.1931	-	11.07.1931	27 Tage	Oberpräsident Westfalen
24.07.1931	-	20.08.1931	28 Tage	Oberpräsident Westfalen
28.07.1931	E			Polizeipräsident Bochum
30.09.1931	-	27.10.1931	(14) Tage[97]	Oberpräsident Westfalen
23.03.1932	-	27.03.1932	5 Tage	Oberpräsident Westfalen
10.04.1932	-	17.04.1932	8 Tage	Oberpräsident Westfalen

---

[92] BAB, R 15.01, Nr. 26050, Bl. 484ff.; HStAD, Reg. Düsseldorf, Nr. 30656b, Bl, 159, DRAnz, Nr. 168 vom 22.7.1931, Nr. 43 vom 20.2.1932, Nr. 56 vom 7.3.1932.

[93] Verbot durch Urteil des Reichsgerichts vom 11. März 1932 aufgehoben. Abschrift des Urteils, in: BAB, R 15.01, Nr. 26050, Bl. 485.

[94] BAB, R 15.01, Nr. 26049, Bl. 636ff.; HStAD, Reg. Düsseldorf, Nr. 30656a, Bl. 300 und 30656b, Bl. 34; DRAnz, Nr. 116 vom 21.5.1931, Nr. 126 vom 3.6.1931, Nr. 142 vom 22.6.1931, Nr. 284 vom 5.12.1931.

[95] BAB, R 15.01, Nr. 26050, Bl. 291ff; DRAnz, Nr. 252 vom 28.10.1930, Nr. 292 vom 15.12.1930, Nr. 151 vom 2.7.1931.

[96] BAB, R 15.01, Nr. 26049, Bl. 383ff; HStAD, Reg. Düsseldorf, Nr. 30656a, Bl. 210ff. und HStAD, Reg. Düsseldorf, Nr. 30656b, Bl. 209; DRAnz, Nr. 84 vom 11.4.1931, Nr. 138 vom 17.6.1931, Nr. 170 vom 24.7.1931, Nr. 226 vom 28.9.1931, Nr. 72 vom 26.3.1932, Nr. 83 vom 9.4.1932.

[97] Verbot durch Urteil des Reichsgerichts vom 12. Oktober 1931 bis zum 13. Oktober begrenzt. Abschrift des Urteils, in: BAB, R 15.01, Nr. 26049, Bl. 400f.

56. Roter Adler[98]

16.07.1931 - 24.07.1931	9 Tage	Polizeipräsident Berlin
30.11.1931 - 07.12.1931	8 Tage	Polizeipräsident Berlin
09.12.1931 - 17.12.1931	9 Tage	Polizeipräsident Berlin
07.01.1932 - 13.01.1932	(6) Tage[99]	Polizeipräsident Berlin

57. Sächsischer Beobachter[100]

15.11.1930 - 15.12.1930	30 Tage	Polizeipräsident Berlin

58. Schlesischer Beobachter[101]

26.04.1930 - 25.07.1930	(56) Tage[102]	Oberpräsident Niederschlesien
25.07.1930 - 25.10.1930	90 Tage	Oberpräsident Niederschlesien
15.01.1931 - 14.03.1931	60 Tage	Oberpräsident Niederschlesien
29.07.1931 - 08.09.1931	42 Tage	Oberpräsident Niederschlesien
24.03.1932 - 06.04.1932	14 Tage	Oberpräsident Niederschlesien
09.04.1932 - 20.05.1932	42 Tage	Oberpräsident Niederschlesien

59. Schleswig-Holsteinische Tageszeitung[103]

15.03.1929 - 11.04.1929	28 Tage	Oberpräsident Schleswig-Holstein
12.04.1931 - 09.05.1931	(14) Tage[104]	Oberpräsident Schleswig-Holstein
09.01.1932 - 29.01.1932	(11) Tage[105]	Oberpräsident Schleswig-Holstein

60. Schleswigsche Nachrichten[106]

29.03.1932 - 31.03.1932	3 Tage	Oberpräsident Schleswig-Holstein

61. Schwarze Front[107]

16.01.1932 - 01.03.1932	42 Tage	Polizeipräsident Berlin

---

[98] DRAnz, Nr. 164 vom 17.7.1931, Nr. 280 vom 1.12.1931, Nr. 288 vom 10.12.1931, Nr. 7 vom 9.1.1932.
[99] Verbot aufgehoben durch den Reichsminister des Innern am 12. Januar 1932, J. GOEBBELS: Tagebucheintrag vom 12. Januar 1932, Bd. 2, S. 109.
[100] BAB, R 15.01, Nr. 26050, Bl. 329ff.; DRAnz, Nr. 269 vom 17.11.1930.
[101] BAB, R 15.01, Nr. 26049, Bl. 1ff. und 26053, Bl. 145; DRAnz, Nr. 97 vom 26.4.1930, Nr. 130 vom 6.6.1930, Nr. 12 vom 15.1.1931, Nr. 174 vom 29.7.1931, Nr. 71 vom 24.3.1932, Nr. 83 vom 9.4.1932.
[102] Verbot durch Urteil des Reichsgerichts vom 5. Juni 1930 bis zum 20. Juni 1930 begrenzt. Vgl. DRAnz, Nr. 130 vom 6.6.1930.
[103] BAB, R 15.01, Nr. 26049, Bl. 447ff., DRAnz, Nr. 63 vom 15.3.1930, Nr. 85 vom 13.4.1931, Nr. 9 vom 12.1.1932, Nr. 19 vom 23.1.1932.
[104] Vom Reichsminister des Innern am auf den 25. April 1932 eingeschränkt. BAB, R 15.01, Nr. 26049, Bl. 450.
[105] Vom Reichsminister des Innern auf den 19.01.1932 verkürzt. Vgl. DRAnz, Nr. 19 vom 23.01.1932.
[106] BAB, R 15.01, Nr. 26053, Bl. 145; DRAnz, Nr. 9 vom 12.1.1932.
[107] BAB, R 15.01, Nr. 26051, Bl. 385; DRAnz, Nr. 14 vom 18.1.1932.

62. Siegerländer Nationalzeitung[108]

09.03.1932	-	16.03.1932	8 Tage	Oberpräsident Rheinprovinz
24.03.1932	-	28.04.1932	5 Tage	Oberpräsident Rheinprovinz

63. Stolper Fackel[109]

22.01.1932	-	06.03.1932	56 Tage	Oberpräsident Pommern

64. Sturm[110]

26.10.1931	-	06.12.1931	42 Tage	Oberpräsident Pommern

65. Die Sturmwelle[111]

23.06.1931	-	23.09.1931	90 Tage	Oberpräsident Hannover

66. Trierer Nationalblatt[112]

09.03.1932	-	16.03.1932	8 Tage	Oberpräsident Rheinprovinz
10.03.1932	B[113]		1 Tage	Polizeipräsident Koblenz
23.03.1932	-	27.03.1932	5 Tage	Oberpräsident Rheinprovinz

67. Der Trommler[114]

12.10.1930	B		1 Tage	Polizeipräsident Magdeburg
16.10.1930	-	31.03.1931	166 Tage	Oberpräsident Sachsen
11.04.1931	-	10.10.1931	182 Tage	Oberpräsident Sachsen
09.11.1931	-	08.02.1931	(36) Tage[115]	Oberpräsident Sachsen
10.02.1932	-	23.02.1932	14 Tage	Oberpräsident Sachsen

68. Völkischer Beobachter[116]

25.02.1932	B		1 Tage	Polizeipräsident Berlin

69. Der Volksbote[117]

14.08.1931	-	10.09.1931	28 Tage	Oberpräsident Niederschlesien

---

[108] BAB, R 15.01, Nr. 26050, Bl. 582ff; DRAnz, Nr. 72 vom 26.3.1932.
[109] DRAnz, Nr. 18 vom 22.1.1932.
[110] BAB, R 15.01, Nr. 26049, Bl. 644.
[111] BAB, R 15.01, Nr. 26050, Bl. 416ff.; DRAnz, Nr. 144 vom 24.6.1931.
[112] BAB, R 15.01, Nr. 26050, Bl. 582ff; DRAnz, Nr. 59 vom 10.3.1932, Nr. 71 vom 24.3.1932.
[113] Es handelte sich um eine Sondernummer zur Reichspräsidentenwahl, die unabhängig vom normalen Erscheinen beschlagnahmt wurde. Polizeifunkspruch des Polizeipräsidenten von Koblenz vom 10. März, in: HStAD, Reg. Düsseldorf, Nr. 30656e, Bl. 122.
[114] BAB, R 15.01, Nr. 26050, Bl. 214ff., DRAnz, Nr. 244 vom 18.10.1930, Nr. 85 vom 13.04.1931, Nr. 263 vom 10.11.1931, Nr. 36 vom 12.2.1932.
[115] Verbot durch Urteil des Reichsgerichts vom 5. Dezember 1931 bis zum 15. Dezember 1931 begrenzt. Abschrift des Urteils, in: BAB, R 15.01, Nr. 26050, Bl. 291.
[116] HStAD, Reg. Düsseldorf, Nr. 30656d, Bl. 284.
[117] DRAnz, Nr. 188 vom 14.8.1931.

70. Der Volkskampf[118]

20.11.1931	- 31.12.1931	(26) Tage[119]	Oberpräsident Schleswig-Holstein
09.01.1932	- 19.02.1932	(5) Tage[120]	Oberpräsident Schleswig-Holstein
11.03.1932	- 24.03.1932	14 Tage	Oberpräsident Schleswig-Holstein

71. Volksparole[121]

20.07.1931	- 26.07.1931	7 Tage	Oberpräsident Rheinprovinz
30.09.1931	- 24.10.1931	25 Tage	Oberpräsident Rheinprovinz
09.03.1932	- 16.03.1932	8 Tage	Oberpräsident Rheinprovinz
23.03.1932	- 27.03.1932	5 Tage	Oberpräsident Rheinprovinz

72. Volkswacht für Sieg und Westerwald[122]

09.03.1932	- 16.03.1932	8 Tage	Oberpräsident Rheinprovinz
23.03.1932	- 27.03.1932	5 Tage	Oberpräsident Rheinprovinz

73. Die Wacht[123]

27.08.1931	- 26.09.1931	30 Tage	Oberpräsident Hannover

74. Der Wandsbeker / Wandsbecker Beobachter[124]

11.09.1931	- 15.10.1931	35 Tage	Oberpräsident Schleswig-Holstein

75. Westdeutscher Beobachter[125]

12.12.1928	- 11.04.1929	120 Tage	Oberpräsident Rheinprovinz
08.08.1931	- 31.08.1931	24 Tage	Oberpräsident Rheinprovinz
28.09.1931	- 11.10.1931	14 Tage	Oberpräsident Rheinprovinz
12.10.1931	- 21.10.1931	10 Tage	Oberpräsident Rheinprovinz
10.03.1932	- 16.03.1932	7 Tage	Oberpräsident Rheinprovinz
23.03.1932	- 27.03.1932	5 Tage	Oberpräsident Rheinprovinz

---

[118] BAB, R 15.01, Nr. 26051, Bl. 272ff; DRAnz, Nr. 272 vom 21.11.1931, Nr. 9 vom 12.1.1932, Nr. 13 vom 16.1.1932, Nr. 61 vom 12.3.1932.
[119] Verbot durch Urteil des Reichsgerichts vom 5. Dezember 1931 bis zum 15. Dezember 1931 begrenzt. Abschrift des Urteils, in: LAS, Abt. 301, Nr. 4568.
[120] Das Verbot wurde vom preußischen Innenminister am 14.1.1932 aufgehoben wurde. Vgl. DRAnz, Nr. 13 vom 16.1.1932.
[121] BAB, R 15.01, Nr. 26050, Bl. 582ff.; DRAnz, Nr. 168 vom 18.7.1931, Nr. 230 vom 2.10.1931, Nr. 60 vom 11.3.1932, Nr. 71 vom 24.3.1932; LHAK, Best. 403, Nr. 16809, Bl. 534ff.
[122] BAB, R 15.01, Nr. 26050, Bl. 582ff.; DRAnz, Nr. 61 vom 12.3.1932, Nr. 71 vom 24.3.1932.
[123] BAB, R 15.01, Nr. 26051, Bl. 114; DRAnz, Nr. 198 vom 26.8.1931.
[124] DRAnz, Nr. 211 vom 10.9.1931.
[125] BAB, R 15.01, Nr. 26050, Bl. 582ff.; DRAnz, Nr. 288 vom 10.12.1928, Nr. 185 vom 11.8.1931, Nr. 226 vom 28.9.1931, Nr. 230 vom 2.10.1931, Nr. 59 vom 10.3.1932, Nr. 71 vom 24.3.1932; LHAK, Best. 403, Nr. 16809, Bl. 534ff.

76. **Westdeutsches Grenzblatt**[126]

28.09. 1931	-	11.10. 1931	14 Tage	Oberpräsident Rheinprovinz
12.10. 1931	-	21.10. 1931	10 Tage	Oberpräsident Rheinprovinz
10.03. 1932	-	16.03. 1932	8 Tage	Oberpräsident Rheinprovinz
23.03. 1932	-	27.03. 1932	5 Tage	Oberpräsident Rheinprovinz

77. **Westfalenwacht**[127]

10.04. 1932	-	07.05. 1932	28 Tage	Oberpräsident Westfalen

78. **Westfälischer Beobachter**[128]

14.03. 1932	-	16.03. 1932	3 Tage	Oberpräsident Westfalen
24.03. 1932	-	28.04. 1932	5 Tage	Oberpräsident Westfalen
11.04. 1932	-	13.04. 1932	3 Tage	Oberpräsident Westfalen

79. **Westwacht**[129]

09.03. 1932	-	16.03. 1932	8 Tage	Oberpräsident Rheinprovinz
10.03. 1932	B[130]		1 Tag	Polizeipräsident Koblenz
23.03. 1932	-	27.03. 1932	5 Tage	Oberpräsident Rheinprovinz

80. **Wuppertaler Zeitung**[131]

19.07. 1931	B		1 Tag	Polizeipräsident Wuppertal
19.08. 1931	-	25.08. 1931	7 Tage	Oberpräsident Rheinprovinz
09.03. 1932	-	16.03. 1932	8 Tage	Oberpräsident Rheinprovinz

---

[126] BAB, R 15.01, Nr. 26050, Bl. 582ff.; DRAnz, Nr. 226 vom 28.9. 1931, Nr. 230 vom 2.10. 1931, Nr. 59 vom 10.3. 1932, Nr. 71 vom 24.3. 1932.
[127] DRAnz, Nr. 84 vom 11.4. 1932.
[128] BAB, R 15.01, Nr. 26051, Bl. 400f und 26053, Bl. 126; DRAnz, Nr. 62 vom 14.3. 1932, Nr. 72 vom 26.3. 1932, Nr. 84 vom 11.4. 1932.
[129] BAB, R 15.01, Nr. 26050, Bl. 582ff.; DRAnz, Nr. 59 vom 10.3. 1932, Nr. 71 vom 24.3. 1932.
[130] Es handelte sich um eine Sondernummer zur Reichspräsidentenwahl, die ebenfalls beschlagnahmt wurde. Polizeifunkspruch des Polizeipräsidenten von Koblenz vom 10. März, in: HStAD, Reg. Düsseldorf, Nr. 30656e, Bl. 122.
[131] BAB, R 15.01, Nr. 26050, Bl. 582ff.; LHAK, Best. 403, Nr. 16798, Bl. 123ff und Nr. 16809, Bl. 536ff; DRAnz, Nr. 193 vom 20.8. 1931.

ANHANG 3

Liste der Flugblattverbote

Nachweis der zwischen April 1931 und April 1932 in Preußen beschlagnahmten und verbotenen Flugblätter der NSDAP

Erläuterung

Im folgenden werden alle beschlagnahmten und verbotenen NS-Flugblätter aufgeführt, die ermittelt werden konnten. Der größte Teil der Angaben stammt aus einer Sammlung von Polizeifunksprüchen, die sich im Nordrhein-Westfälischen Hauptstaatsarchiv in Düsseldorf befindet. Bestätigt und ergänzt wurden diese Angaben durch Quellen, die sich im Landeshauptarchiv Koblenz und im Staatsarchiv Münster fanden.

Die zeitliche Eingrenzung auf die Zeit von April 1931 bis April 1932 ergibt sich aus zwei Gründen: Erstens war vor dem April 1931 eine Beschlagnahmung oder ein Verbot eines Flugblattes nicht möglich,[1] zweitens ging die Verteilung von Flugblättern im Mai 1932 nach der Reichspräsidentenwahl im März und den preußischen Landtagswahlen im April stark zurück. Daher sind in der Zeit von Mai bis zum Staatsstreich gegen die preußische Regierung kaum Flugblattverbote ergangen.

Die Flugblätter sind in der zeitlichen Reihenfolge ihres Verbotes aufgeführt. Teilweise war aus den Quellen nicht ersichtlich, an welchem Tag das Verbot erging, wohl aber der Monat. In solchen Fällen wurde eine 00. als Platzhalter vor der Monatsangabe eingefügt. Hinter der Angabe des Datums wird die Verbotsbehörde genannt. Wenn der Polizeipräsident in Berlin als Landespolizeibehörde ein Flugblatt verbot, ist dies mit dem Zusatz „für den Landesbereich Preußen" angegeben. Trat der Polizeipräsident nur als Ortspolizeibehörde auf, wurde auf diesen Zusatz verzichtet.

Die Quellenangaben in den Fußnoten sind bewußt kurz gehalten. Auf Doppelbelege zur Bestätigung einer Angabe, insbesondere aus verschiedenen Archiven wurde verzichtet. Eine Doppelnennung wird nur vorgenommen, wenn sich die Angaben ergänzen und mehrere Polizeibehörden unabhängig voneinander ein Verbot erließen, wie dies am Flugblatt Nr. 1 deutlich wird.

Die Nummern in Klammern, die bei einigen Flugblättern angegeben wird, bezieht sich auf die nationalsozialistische Zählung der Flugblätter. Allerdings ist unklar, auf welchen Zeitraum und welche lokale oder regionale Eingrenzung sich diese Numerierung bezieht. Sie dennoch angegeben, um eine Identifizierung zu erleichtern.

---

1. **Die Kampfansage der 107[2] (Nr. 116)**
   00.04.1931 Polizeiverwaltung Eckenhagen
   00.04.1931 Polizeiverwaltung Crov
   00.04.1931 Polizeiverwaltung Frechen
   00.04.1931 Polizeiverwaltung Niederkassel
   00.04.1931 Polizeipräsident Wuppertal
   00.05.1931 Polizeiverwaltung Ehringshausen
   12.05.1931 Regierungspräsident Koblenz
   31.05.1931 Polizeipräsident Berlin für den Landesbereich Preußen

---

[1] Vgl. das siebte Kapitel dieser Studie.
[2] LHAK, Best. 403, Nr. 16798, Bl. 26ff, Bl. 34ff, Bl. 49ff; HStAD, Reg. Düsseldorf, Nr. 30656a, Bl. 208, Bl. 266; Nr. 30656b, Bl. 26, Bl. 61 (Ein Exemplar des Flugblattes in: HStAD, Reg. Düsseldorf, Nr. 30656b, Bl. 63).

13.06. 1931 Regierungspräsident Oppeln

2. **Gegen den Steuerbolschewismus der Young-Regierung**[3] **(Nr. 119)**
00.04. 1931 Polizeipräsident Berlin
00.04. 1931 Polizeipräsident Wuppertal
13.06. 1931 Regierungspräsident Oppeln
28.09. 1931 Polizeipräsident Berlin für den Landesbereich Preußen
31.01. 1932 Regierungspräsident Lüneburg

3. **Deutsche Volksgenossen. Wir haben Hunger**[4]
00.04. 1931 Polizeipräsident Köln

4. **Youngsklave herhören**[5]
00.04. 1931 Polizeipräsident Köln
00.09. 1931 Polizeiverwaltung Brühl

5. **Preußen rot oder deutsch?**[6]
00.04. 1931 Polizeipräsident Köln

6. **Sechs Monate Gefängnis**[7]
00.04. 1931 Polizeipräsident Köln

7. **Thüringen ist die Angriffsstellung der deutschen Freiheitsehnsucht**[8]
00.04. 1931 Polizeiverwaltung Eckenhagen
12.05. 1931 Regierungspräsident Koblenz
13.06. 1931 Regierungspräsident Oppeln
19.06. 1931 Polizeipräsident Berlin für den Landesbereich Preußen
04.08. 1931 Polizeipräsident Recklinghausen

8. **NS-Flugblatt Nr. 5**[9]
14.04. 1931 Regierungspräsident Stettin

9. **Die Internationale erkämpft das Menschenrecht**[10]
28.04. 1931 Polizeipräsident Berlin

---

[3] LHAK, Best. 403, Nr. 16798, Bl. 35ff; HStAD, Reg. Düsseldorf, Nr. 30656a, Bl. 256; Nr. 30656b, Bl. 26; Nr. 30656c, Bl. 185; Nr. 30656d, Bl. 277.
[4] LHAK, Best. 403, Nr. 16798, Bl. 26ff.
[5] LHAK, Best. 403, Nr. 16798, Bl. 26ff., 177ff.
[6] LHAK, Best. 403, Nr. 16798, Bl. 26ff.
[7] LHAK, Best. 403, Nr. 16798, Bl. 26ff.
[8] HStAD, Reg. Düsseldorf, Nr. 30656a, Bl. 266; Nr. 30656b, Bl. 26, Bl. 43, Bl. 69, Bl. 277. Abschrift des Flugblattes, in: HStAD, Reg. Düsseldorf, Nr. 30656b, Bl. 70.
[9] HStAD, Reg. Düsseldorf, Nr. 30656a, Bl. 242.
[10] HStAD, Reg. Düsseldorf, Nr.30656a, Bl. 271; Nr. 30656b, Bl. 148; Nr. 30656e, Bl. 7; LHAK, Best. 403, Nr. 16798, Bl. 240ff.

17.07. 1931 Landrat Genthin / Regierungspräsident Magdeburg
00.11. 1931 Polizeipräsident Duisburg
05.02. 1932 Polizeipräsident Berlin für den Landesbereich Preußen

10. **Der Vorschlaghammer**[11]

28.04. 1931 Polizeipräsident Berlin

11. **Zentrumsfrau, Zentrumsmann**[12]

00.05. 1931 Polizeipräsident Köln

12. **Die Regierung ist gestürzt! Die Machthaber sind geflohen**[13]

00.05. 1931 Polizeipräsident Köln

13. **Was sagst Du dazu?**[14]

09.05. 1931 Polizeipräsident Berlin

14. **Millionenverschwendungen die zum Himmel schreien**[15]

19.05. 1931 Regierungspräsident Merseburg
13.06. 1931 Regierungspräsident Köslin
06.08. 1931 Regierungspräsident Sigmaringen
12.12. 1931 Polizeipräsident Berlin für den Landesbereich Preußen

15. **Schluß mit der Mordhetze**[16]

20.05. 1931 Regierungspräsident Frankfurt/Oder

16. **Der Gegner lügt**[17]

29.05. 1931 Regierungspräsident Erfurt
12.06. 1931 Regierungspräsident Oppeln
27.07. 1931 Regierungspräsident Merseburg
13.02. 1932 Polizeipräsident Recklinghausen
21.03. 1932 Regierungspräsident Koblenz

17. **Lüge, nichts als Lüge waren die Versprechungen der Volksbeauftragten vom November 1918**[18]

29.05. 1931 Regierungspräsident Erfurt

---

[11] HStAD, Reg. Düsseldorf, Nr. 30656a, Bl. 280.
[12] LHAK, Best. 403, Nr. 16798, Bl. 55ff.
[13] LHAK, Best. 403, Nr. 16798, Bl. 55ff.
[14] HStAD, Reg. Düsseldorf, Nr. 30656b, Bl. 152.
[15] HStAD, Reg. Düsseldorf, Nr. 30656a, Bl. 272, Nr. 30656c, Bl. 16; Nr. 30656d, Bl. 178.
[16] HStAD, Reg. Düsseldorf, Nr. 30656b, Bl. 55.
[17] HStAD, Reg. Düsseldorf, Nr. 30656b, Bl. 2, Bl. 24, Bl. 199; Nr. 30656d, Bl. 295; Nr. 30656e, Bl. 161.
[18] HStAD, Reg. Düsseldorf, Nr. 30656b, Bl. 2, Bl. 15, Bl. 259; LHAK, Best. 403, Nr. 16798, Bl. 133.

08.06.1931 Polizeipräsident Berlin
03.08.1931 Polizeipräsident Dortmund
00.08.1931 Polizeipräsident Aachen

18. **Nationalsozialismus und Bauerntum. Das Agrarprogramm der NSDAP**[19]
09.06.1931 Landrat Mohrungen

19. **Der nachgewiesene Bankrott**[20]
09.06.1931 Landrat Mohrungen

20. **Während ein Volk zerfällt, entsteht aus ihm heraus ein neues**[21]
13.06.1931 Regierungspräsident Oppeln
30.09.1931 Polizeipräsident Berlin für den Landesbereich Preußen

21. **Bürgerkrieg (Nr. 14)**[22]
22.06.1931 Regierungspräsident Merseburg
25.02.1932 Regierungspräsident Oppeln

22. **Bauernschicksal ist Volksschicksal**[23]
22.06.1931 Regierungspräsident Merseburg
17.07.1931 Landrat Genthin / Regierungspräsident Magdeburg
03.09.1931 Polizeipräsident Berlin für den Landesbereich Preußen

23. **Fort mit den Ausbeutern (Nr. 31)**[24]
23.06.1931 Polizeipräsident Berlin
03.07.1931 Landrat Mohrungen
06.07.1931 Regierungspräsident Frankfurt/Oder
27.09.1931 Polizeipräsident Berlin für den Landesbereich Preußen
00.11.1931 Polizeipräsident Duisburg

24. **Deutschland ist heute der Tumultplatz**[25]
00.07.1931 Polizeipräsident Köln

25. **Jetzt am 9. August die Bonzen weg**[26]
00.07.1931 Polizeipräsident Köln

---

[19] HStAD, Reg. Düsseldorf, Nr. 30656b, Bl. 18.
[20] HStAD, Reg. Düsseldorf, Nr. 30656b, Bl. 18.
[21] HStAD, Reg. Düsseldorf, Nr. 30656b, Bl. 26; Nr. 30656c, Bl. 196.
[22] HStAD, Reg. Düsseldorf, Nr. 30656b, Bl. 46; Nr. 30656e, Bl. 49.
[23] HStAD, Reg. Düsseldorf, Nr. 30656b, Bl. 46, Bl. 148; Nr. 30656c, Bl. 95.
[24] HStAD, Reg. Düsseldorf, Nr. 30656b, Bl. 52, Bl. 94, Bl. 113; Nr. 30656c, Bl. 179.
[25] LHAK, Best. 403, Nr. 16798, Bl. 113ff.
[26] LHAK, Best. 403, Nr. 16798, Bl. 113ff.

26. **Wir haben Hunger (HJ-Flugblatt)**[27]

    00.07.1931 Polizeipräsident Wuppertal

27. **Die Republik ist in Gefahr**[28]

    03.07.1931 Landrat Mohrungen
    27.09.1931 Polizeipräsident Berlin für den Landesbereich Preußen
    00.11.1931 Polizeipräsident Duisburg

28. **Aufsehenerregende Enthüllungen**[29]

    03.07.1931 Landrat Mohrungen

29. **Mobilmachung gegen den Staat (Nr. 32)**[30]

    03.07.1931 Landrat Mohrungen
    01.10.1931 Polizeipräsident Berlin für den Landesbereich Preußen
    23.01.1932 Regierungspräsident Aachen

30. **Nationalsozialismus und Landwirtschaft. Parteiamtliche Kundgebung über die Stellung der N.S.D.A.P. zum Landvolk und zur Landwirtschaft**[31]

    03.07.1931 Landrat Mohrungen/Regierungspräsident Königsberg
    03.08.1931 Polizeipräsident Dortmund

31. **Neue Notverordnung - noch größeres Massenelend**[32]

    17.07.1931 Regierungspräsident Aurich
    30.07.1931 Regierungspräsident Merseburg
    03.08.1931 Polizeipräsident Dortmund
    05.08.1931 Landrat Rügen
    19.09.1931 Polizeipräsident Berlin für den Landesbereich Preußen

32. **Die neue Notverordnung**[33]

    19.07.1931 Landrat Rothenburg

33. **Deutsche Mädel in Stadt und Land, reicht nie in Liebe dem Juden die Hand**[34]

    23.07.1931 Polizeiverwaltung Döbern

---

[27] LHAK, Best. 403, Nr. 16798, Bl. 123ff.
[28] HStAD, Reg. Düsseldorf, Nr. 30656b, Bl. 94; Nr. 30656c, Bl. 177; LHAK, Best. 403, Nr. 16798, Bl. 240ff.
[29] HStAD, Reg. Düsseldorf, Nr. 30656b, Bl. 94. Dieses Flugblatt ist möglicherweise identisch mit Nr. 76: Aufsehenerregende Enthüllungen der „Times"...
[30] HStAD, Reg. Düsseldorf, Nr. 30656b, Bl. 94; Nr. 30656c, Bl. 194; Nr. 30656d, Bl. 261.
[31] HStAD, Reg. Düsseldorf, Nr. 30656b, Bl. 94, Bl. 259.
[32] HStAD, Reg. Düsseldorf, Nr. 30656b, Bl. 147, Bl. 222, Bl. 259, Bl. 285; Bl. 30656c, Bl. 143.
[33] HStAD, Reg. Düsseldorf, Nr. 30656b, Bl. 157.
[34] HStAD, Reg. Düsseldorf, Nr. 30656b, Bl. 173.

34. **Deutscher Export**[35]
 23.07.1931 Polizeiverwaltung Döbern

35. **Unerhörtes Verhalten der Marienburger Schupo**[36]
 23.07.1931 Polizeipräsident Elbing

36. **Erwerbslose duldet den Raubzug nicht**[37]
 27.07.1931 Regierungspräsident Merseburg

37. **Deutschland erwache**[38]
 27.07.1931 Regierungspräsident Merseburg
 05.08.1931 Regierungspräsident Frankfurt/Oder
 09.09.1931 Polizeipräsident Berlin für den Landesbereich Preußen

38. **Verordnete Not**[39]
 28.07.1931 Polizeipräsident Dortmund

39. **Wo sitzen die Volksverderber und ihre heimlichen Helfer? (Flugblatt Nr.1)**[40]
 29.07.1931 Regierungspräsident Aurich
 27.09.1931 Polizeipräsident Berlin für den Landesbereich Preußen

40. **Aus der Geschichte der Sozialdemokratie Nr. 10**[41]
 30.07.1931 Polizeipräsident Dormund
 05.08.1931 Landrat Rügen
 31.08.1931 Polizeipräsident Berlin für den Landesbereich Preußen

41. **Heraus zum Volksentscheid**[42]
 00.08.1931 Ortspolizeibehörde Vallendar

42. **Gebot der Not**[43]
 00.08.1931 Polizeipräsident Wuppertal

---

[35] HStAD, Reg. Düsseldorf, Nr. 30656b, Bl. 173.
[36] HStAD, Reg. Düsseldorf, Nr. 30656b, Bl. 174.
[37] HStAD, Reg. Düsseldorf, Nr. 30656b, Bl. 199.
[38] HStAD, Reg. Düsseldorf, Nr. 30656b, Bl. 199, Bl. 288; Nr. 30656c, Bl. 118.
[39] HStAD, Reg. Düsseldorf, Nr. 30656b, Bl. 208.
[40] HStAD, Reg. Düsseldorf, Nr. 30656b, Bl. 213; Nr. 30656c, Bl. 181.
[41] HStAD, Reg. Düsseldorf, Nr. 30656b, Bl. 232, Bl. 285; Nr. 30656c, Bl. 104.
[42] LHAK, Best. 403, Nr. 16798, Bl. 137ff.
[43] LHAK, Best. 403, Nr. 16798, Bl. 155ff.

43.	**Hast Du Deine Pflicht getan?**[44]	
	00.08. 1931 Polizeipräsident Wuppertal	
44.	**Der Stimmzettel. Deine Waffe**[45]	
	00.08. 1931 Polizeipräsident Wuppertal	
45.	**Marxismus Nr. 5: Der Finanzkapitalist**[46]	
	04.08. 1931 Polizeipräsident Recklinghausen	
46.	**Sozialisten. Löst den Landtag auf!**[47]	
	06.08. 1931 Polizeipräsident Berlin für den Landesbereich Preußen	
47.	**Die Bonzen im Speck. Das Volk im Dreck**[48]	
	07.08. 1931 Regierungspräsident Erfurt	
48.	**Warum mußte es so kommen? (Nr. 14)**[49]	
	28.08 1931 Polizeipräsident Berlin für den Landesbereich Preußen	
49.	**Warum kam der Bolschewismus in Rußland an die Macht?**[50]	
	00.09. 1931 Polizeiverwaltung Unkel	
50.	**Der Zusammenbruch steht vor der Tür**[51]	
	00.09. 1931 Polizeiverwaltung Jülich	
51.	**Jungarbeiter**[52]	
	00.09. 1931 Polizeiverwaltung Brühl	
52.	**Erfüllungsdiktatur Brüning**[53]	
	01.09. 1931 Polizeipräsident Berlin für den Landesbereich Preußen	
53.	**Mitglieder der SPD. Oppositionelle...**[54]	
	05.09. 1931 Polizeipräsident Berlin für den Landesbereich Preußen	

---

[44] LHAK, Best. 403, Nr. 16798, Bl. 155ff.
[45] LHAK, Best. 403, Nr. 16798, Bl. 155ff.
[46] HStAD, Reg. Düsseldorf, Nr. 30656b, Bl. 277.
[47] HStAD, Reg. Düsseldorf, Nr. 30656c, Bl. 17.
[48] LHAK, Best. 403, Nr. 16799, Bl. 27.
[49] HStAD, Reg. Düsseldorf, Nr. 30656c, Bl. 106.
[50] LHAK, Best. 403, Nr. 16798, Bl. 167ff.
[51] LHAK, Best. 403, Nr. 16798, Bl. 175f.
[52] LHAK, Best. 403, Nr. 16798, Bl. 177ff.
[53] HStAD, Reg. Düsseldorf, Nr. 30656c, Bl. 93.
[54] HStAD, Reg. Düsseldorf, Nr. 30656c, Bl. 109.

54.	Luther über die Juden[55]	
	09.09.1931 Polizeipräsident Berlin für den Landesbereich Preußen	
55.	Rettet unsere Bonzensessel[56]	
	11.09.1931 Polizeipräsident Berlin für den Landesbereich Preußen	
56.	60 Jahre ohne Vaterland[57]	
	11.09.1931 Polizeipräsident Berlin für den Landesbereich Preußen	
57.	Die Staatsgerichtshöfe der Zukunft[58]	
	21.09.1931 Polizeipräsident Berlin für den Landesbereich Preußen	
58.	Jeder Werktätige erhält gerechte Entlohnung[59]	
	30.09.1931 Polizeipräsident Berlin für den Landesbereich Preußen	
59.	Wir brechen die Ketten, wir machen uns frei[60]	
	00.10.1931 Polizeiverwaltung Kerpen	
60.	Mein Weg vom Zentrum zum Nationalsozialismus[61]	
	00.10.1931 Polizeiverwaltung Hermeskeil	
61.	Schüler! Schülerinnen![62]	
	08.10.1931 Polizeiverwaltung Halberstadt	
	27.10.1931 Polizeipräsident Berlin für den Landesbereich Preußen	
62.	Volksgenossen! Roter Terror rast durch die deutschen Gaue[63]	
	09.10.1931 Polizeipräsident Berlin für den Landesbereich Preußen	
63.	Jugend hierher[64]	
	12.10.1931 Polizeipräsident Berlin für den Landesbereich Preußen	
64.	Sturm 33, 40 Jahre Zuchthaus und Gefängnis. Briefe gefangener SA-Männer[65]	
	14.10.1931 Polizeipräsident Berlin für den Landesbereich Preußen	

---

[55] HStAD, Reg. Düsseldorf, Nr. 30656c, Bl. 116.
[56] HStAD, Reg. Düsseldorf, Nr. 30656c, Bl. 125.
[57] HStAD, Reg. Düsseldorf, Nr. 30656c, Bl. 126.
[58] HStAD, Reg. Düsseldorf, Nr. 30656c, Bl. 229.
[59] HStAD, Reg. Düsseldorf, Nr. 30656c, Bl. 190.
[60] LHAK, Best. 403, Nr. 16798, Bl. 205ff.
[61] LHAK, Best. 403, Nr. 16798, Bl. 217ff.
[62] HStAD, Reg. Düsseldorf, Nr. 30656c, Bl. 274, Bl. 297.
[63] HStAD, Reg. Düsseldorf, Nr. 30656c, Bl. 222.
[64] HStAD, Reg. Düsseldorf, Nr. 30656c, Bl. 230.
[65] HStAD, Reg. Düsseldorf, Nr. 30656c, Bl. 247.

65.	**Worte und Taten**[66]
	14.10.1931 Polizeipräsident Berlin für den Landesbereich Preußen

66.	**Kohlrüben und Wasserbrühe anstelle der Stempelgelder**[67]
	21.10.1931 Polizeidirektor Wilhelmshaven

67.	**Die Totengräber Rußlands**[68]
	22.10.1931 Regierungspräsident Oppeln
	00.11.1931 Polizeipräsident Duisburg

68.	**Der Sturz des Bonner Oberbürgermeister Dr. jur. Johannes Falk. Die Entlarvung eines Zentrums-Klüngels**[69]
	22.10.1931 Ortspolizeibehörde Bonn

69.	**Aus dem Schuldbuch der Marxisten**[70]
	00.11.1931 Polizeipräsident Duisburg

70.	**Aufsehenerregende Enthüllungen der „Times" über das jüdische Weltprogramm zur Versklavung der Völker unter die jüdische Weltherrschaft**[71]
	00.11.1931 Polizeipräsident Duisburg

71.	**Genossen, Rotfrontler, Antifaschisten**[72]
	00.11.1931 Polizeipräsident Duisburg

72.	**Schüler! Schülerinnen! Wir sollen uns nicht mit Politik beschäftigen**[73]
	07.11.1931 Polizeipräsident Berlin für den Landesbereich Preußen

73.	**Etwas zum Nachdenken (Nr. 5)**[74]
	09.11.1931 Polizeipräsident Dortmund
	10.11.1931 Polizeipräsident Berlin für den Landesbereich Preußen

74.	**Was ist Judenhetze?**[75]
	11.11.1931 Landrat Sorau
	08.12.1931 Polizeipräsident Berlin für den Landesbereich Preußen

---

[66] HStAD, Reg. Düsseldorf, Nr. 30656c, Bl. 268.
[67] HStAD, Reg. Düsseldorf, Nr. 30656c, Bl. 296.
[68] HStAD, Reg. Düsseldorf, Nr. 30656d, Bl. 12; LHAK, Best. 403, Nr. 16798, Bl. 240ff.
[69] LHAK, Best. 403, Nr. 16800, Bl. 547f. Ein Exemplar in: ebenda, Bl. 549.
[70] LHAK, Best. 403, Nr. 16798, Bl. 240ff.
[71] LHAK, Best. 403, Nr. 16798, Bl. 240ff.
[72] LHAK, Best. 403, Nr. 16798, Bl. 240ff.
[73] HStAD, Reg. Düsseldorf, Nr. 30656d, Bl. 27.
[74] HStAD, Reg. Düsseldorf, Nr. 30656d, Bl. 35, Bl. 39f.
[75] HStAD, Reg. Düsseldorf, Nr. 30656d, Bl. 58, Bl. 236.

75.	**Studierende Volksgenossen**[76]
	19.11.1931 Polizeipräsident Berlin für den Landesbereich Preußen
76.	**Es geht auch ums Kreuz!**[77]
	20.11.1931 Polizeipräsident Berlin für den Landesbereich Preußen
77.	**Und sie platzt doch**[78]
	21.11.1931 Polizeipräsident Berlin für den Landesbereich Preußen
78.	**Mahnruf! Deutsche Christen**[79]
	00.12.1931 nicht genannte Polizeibehörde im Reg.-Bez. Trier
79.	**Wer schreibt unsere Zeitungen?**[80]
	04.12.1931 Polizeipräsident Berlin für den Landesbereich Preußen
80.	**Wo sitzen die Volksbetrüger?**[81]
	05.12.1931 Polizeipräsident Berlin für den Landesbereich Preußen
81.	**Wir bringen euch Friede, Freiheit und Brot**[82]
	27.01.1932 Polizeipräsident Berlin für den Landesbereich Preußen
82.	**Der jüdische Millionär Rosenfeld will die SPD retten**[83]
	28.01.1932 Regierungspräsident Oppeln
83.	**Deutsches Landvolk Nr. 16**[84]
	03.02.1932 Regierungspräsident Oppeln
84.	**Wir bringen Euch Friede, Freiheit, Arbeit und Brot. Wir bringen euch den Sozialismus (Nr. 16)**[85]
	06.02.1932 Landrat Mohrungen
85.	**Neue Notverordnung. Neuer Verrat der SPD am Arbeiter (Nr. 27)**[86]
	06.02.1932 Landrat Mohrungen

---

[76] HStAD, Reg. Düsseldorf, Nr. 30656d, Bl. 67.
[77] HStAD, Reg. Düsseldorf, Nr. 30656d, Bl. 76.
[78] HStAD, Reg. Düsseldorf, Nr. 30656d, Bl. 74.
[79] LHAK, Best. 403, Nr. 16798, Bl. 408f.
[80] HStAD, Reg. Düsseldorf, Nr. 30656d, Bl. 240.
[81] HStAD, Reg. Düsseldorf, Nr. 30656d, Bl. 242.
[82] HStAD, Reg. Düsseldorf, Nr. 30656d, Bl. 258.
[83] HStAD, Reg. Düsseldorf, Nr. 30656d, Bl. 268.
[84] StAMS, Kreis Tecklenburg, LRA, Nr. 1002.
[85] HStAD, Reg. Düsseldorf, Nr. 30656e, Bl. 47.
[86] HStAD, Reg. Düsseldorf, Nr. 30656e, Bl. 47.

86. **Winteroffensive**[87]

08.02. 1932 Polizeiverwaltung Kirchhellen

87. **Deutsche Schüler und Schülerinnen! Die Not ist ins unermessliche gestiegen!**[88]

15.02. 1932 Polizeipräsident Harburg-Wilhelmsburg
23.02. 1932 Polizeipräsident Berlin für den Landesbereich Preußen

88. **Ein Schlag ins Gesicht den Bonzen und Schiebern**[89]

15.02. 1932 Polizeipräsident Harburg-Wilhelmsburg
23.02. 1932 Polizeipräsident Berlin für den Landesbereich Preußen

89. **Zum 9. November 1918 seid verflucht!**[90]

15.02. 1932 Polizeipräsident Harburg-Wilhelmsburg
23.02. 1932 Polizeipräsident Berlin für den Landesbereich Preußen

90. **Deutsche Jugend erwache**[91]

15.02. 1932 Polizeipräsident Harburg-Wilhelmsburg
23.02. 1932 Polizeipräsident Berlin für den Landesbereich Preußen

91. **Kampf dem Bonzentum**[92]

19.02. 1932 Regierungspräsident Koblenz

92. **Und das 3. Reich kommt doch!**[93]

22.02. 1932 Regierungspräsident Lüneburg

93. **Deutsches Mädel!**[94]

23.02. 1932 Polizeipräsident Berlin für den Landesbereich Preußen

94. **Aufruf in letzter Stunde**[95]

25.02. 1932 Regierungspräsident Oppeln

---

[87] StAMS, Kreis Tecklenburg, LRA, Nr. 1002.
[88] HStAD, Reg. Düsseldorf, Nr. 30656d, Bl. 287, Bl. 294.
[89] HStAD, Reg. Düsseldorf, Nr. 30656d, Bl. 287, Bl. 294.
[90] HStAD, Reg. Düsseldorf, Nr. 30656d, Bl. 287, Bl. 294.
[91] HStAD, Reg. Düsseldorf, Nr. 30656d, Bl. 288, Bl. 294. Der Polizeipräsident von Harburg-Wilhelmsburg erwähnte in seinem Polizeifunkspruch zwei Flugblätter mit diesem Titel, so daß angenommen werden darf, daß es sich um zwei verschiedene handelte. Nähere Angaben waren nicht zu ermitteln.
[92] StAMS, Kreis Tecklenburg, LRA, Nr. 1002.
[93] HStAD, Reg. Düsseldorf, Nr. 30656e, Bl. 50.
[94] HStAD, Reg. Düsseldorf, Nr. 30656d, Bl. 289.
[95] HStAD, Reg. Düsseldorf, Nr. 30656e, Bl. 49.

95. **Die unschuldig Schuldigen (Nr. 13)**[96]
25.02.1932 Regierungspräsident Oppeln

96. **Was ist um Hindenburg?**[97]
25.02.1932 Polizeipräsident Berlin für den Landesbereich Preußen
10.03.1932 Polizeipräsident Berlin für den Landesbereich Preußen

97. **Wir wählen Hindenburg nicht**[98]
28.02.1932 Regierungspräsident Schleswig
02.03.1932 Regierungspräsident Erfurt
21.03.1932 Regierungspräsident Koblenz

98. **Schlagt Hitler - Wählt Hindenburg!**[99]
00.03.1932 Landrat Wesel

99. **Die deutsche Ernte 1932 ist in Gefahr**[100]
01.03.1932 Oberpräsident Rheinprovinz

100. **Schluß jetzt mit Hindenburg**[101]
01.03.1932 Regierungspräsident Schleswig
06.03.1932 Polizeipräsident Berlin für den Landesbereich Preußen

101. **Hindenburg? (Nr. 30)**[102]
02.03.1932 Regierungspräsident Arnsberg
08.03.1932 Polizeipräsident Berlin für den Landesbereich Preußen
11.03.1932 Regierungspräsident Lüneburg

102. **Wer wählt Hindenburg?**[103]
02.03.1932 Regierungspräsident Erfurt

103. **Warum Hitler?**[104]
03.03.1932 Polizeipräsident Berlin für den Landesbereich Preußen

---

[96] HStAD, Reg. Düsseldorf, Nr. 30656e, Bl. 49.
[97] HStAD, Reg. Düsseldorf, Nr. 30656d, Bl. 290; Nr. 30656e, Bl. 132. Ob es sich hierbei um zwei verschiedene Flugblätter mit gleichem Titel handelte, oder ob der Polizeipräsident in Berlin versehentlich ein Flugblatt zweimal verboten hat, kann aufgrund der Quellenlage nicht entschieden werden.
[98] HStAD, Reg. Düsseldorf, Nr. 30656e, Bl. 103f., Bl. 161.
[99] HStAD, Reg. Düsseldorf, Nr. 30656e, Bl. 284ff.
[100] LHAK, Best. 403, Nr. 16800, Bl. 373.
[101] HStAD, Reg. Düsseldorf, Nr. 30656e, Bl. 73, Bl. 83.
[102] HStAD, Reg. Düsseldorf, Nr. 30656e, Bl. 76, Bl. 95, Bl. 115.
[103] HStAD, Reg. Düsseldorf, Nr. 30656e, Bl. 104.
[104] HStAD, Reg. Düsseldorf, Nr. 30656e, Bl. 74.

104. **Schweren, aber festen Herzens gegen Hindenburg (Nr. 6)**[105]
05.03.1932 Regierungspräsident Lüneburg
08.03.1932 Polizeipräsident Berlin für den Landesbereich Preußen
12.03.1932 Regierungspräsident Stade

105. **Deutsches Landvolk - der Tag der Abrechnung ist da! (Nr. 7)**[106]
05.03.1932 Regierungspräsident Lüneburg
12.03.1932 Regierungspräsident Stade

106. **Hindenburg. Das deutsche Volk soll einen neuen Reichspräsidenten wählen**[107]
08.03.1932 Polizeipräsident Breslau

107. **Wählt Ernst Thälmann**[108]
08.03.1932 Polizeipräsident Breslau

108. **Katholische Volksgenossen! Das geht Euch an**[109]
09.03.1932 Regierungspräsident Hildesheim

109. **Wen wählt der deutsche Beamte? Hindenburg oder Hitler?**[110]
10.03.1932 Polizeipräsident Berlin für den Landesbereich Preußen

110. **Wählt Adolf Hitler**[111]
11.03.1932 Landrat Paderborn

111. **Kriegsopfer. Was wollte Hindenburg?**[112]
12.03.1932 Polizeipräsident Berlin

112. **Hindenburg an Schlaganfall erkrankt. Hitler an sein Lager berufen.**[113]
13.03.1932 Polizeipräsident Berlin für den Landesbereich Preußen

113. **Kampfansage!**[114]
19.03.1932 Polizeipräsident Berlin für den Landesbereich Preußen

---

[105] HStAD, Reg. Düsseldorf, Nr. 30656e, Bl. 94, Bl. 102, Bl. 106.
[106] HStAD, Reg. Düsseldorf, Nr. 30656e, Bl. 102, Bl. 106.
[107] HStAD, Reg. Düsseldorf, Nr. 30656e, Bl. 101.
[108] HStAD, Reg. Düsseldorf, Nr. 30656e, Bl. 101.
[109] HStAD, Reg. Düsseldorf, Nr. 30656e, Bl. 118.
[110] HStAD, Reg. Düsseldorf, Nr. 30656e, Bl. 131.
[111] HStAD, Reg. Düsseldorf, Nr. 30656e, Bl. 152.
[112] HStAD, Reg. Düsseldorf, Nr. 30656e, Bl. 112.
[113] HStAD, Reg. Düsseldorf, Nr. 30656e, Bl. 141.
[114] HStAD, Reg. Düsseldorf, Nr. 30656e, Bl. 154.

114. **Die Kirche sagt zur Reichspräsidentenwahl...**[115]
02.04.1932 Polizeipräsident Berlin für den Landesbereich Preußen

115. **Sozialdemokraten ... alle Macht Adolf Hitler**[116]
05.04.1932 Polizeipräsident Dortmund

116. **Arbeiter, habt acht!**[117]
05.04.1932 Regierungspräsident Lüneburg

117. **Dem Bauer, dem Arbeiter, dem Volksgenossen zur Warnung**[118]
06.04.1932 Polizeipräsident Dortmund

118. **Hindenburg-Wähler**[119]
06.04.1932 Polizeipräsident Berlin für den Landesbereich Preußen

119. **Die Hindenburgorgel**[120]
07.04.1932 Polizeipräsident Berlin für den Landesbereich Preußen

120. **Die Nazis wollen die Frauen entrechten**[121]
07.04.1932 Polizeipräsident Berlin für den Landesbereich Preußen

121. **Genossen! Sozialdemokraten! Herhören!**[122]
08.04.1932 Polizeipräsident Wiesbaden

122. **Aufruf der Reichwahlleitung der NSDAP**[123]
09.04.1932 Polizeipräsident Berlin für den Landesbereich Preußen

123. **Adolf Hitler ist Romhörig**[124]
09.04.1932 Polizeipräsident Berlin für den Landesbereich Preußen

124. **Deutsche! das grosse, seit Tagen von aller Welt erwartete Wahlmanöver...**[125]
09.04.1932 Polizeipräsident Berlin

---

[115] HStAD, Reg. Düsseldorf, Nr. 30656e, Bl. 164.
[116] HStAD, Reg. Düsseldorf, Nr. 30656e, Bl. 171.
[117] HStAD, Reg. Düsseldorf, Nr. 30656e, Bl. 175.
[118] HStAD, Reg. Düsseldorf, Nr. 30656e, Bl. 176.
[119] HStAD, Reg. Düsseldorf, Nr. 30656e, Bl. 178.
[120] HStAD, Reg. Düsseldorf, Nr. 30656e, Bl. 189.
[121] HStAD, Reg. Düsseldorf, Nr. 30656e, Bl. 191.
[122] HStAD, Reg. Düsseldorf, Nr. 30656e, Bl. 202; StAMS, Kreis Tecklenburg, LRA, Nr. 1002.
[123] HStAD, Reg. Düsseldorf, Nr. 30656e, Bl. 204ff.
[124] HStAD, Reg. Düsseldorf, Nr. 30656e, Bl. 211.
[125] StAMS, Kreis Tecklenburg, LRA, Nr. 1002.

125. **Die Nazis verraten die Arbeiterschaft**[126]
13.04.1932 Regierungspräsident Osnabrück

126. **Landesverrat Nr. 4: Hütet euch vor ihnen**[127]
13.04.1932 Regierungspräsident Osnabrück

127. **Landesverrat Nr. 5: Das Schwarz-Rote System muß gestürzt werden auf alle Fälle**[128]
13.04.1932 Regierungspräsident Osnabrück
16.04.1932 Polizeipräsident Berlin für den Landesbereich Preußen

128. **Schluß mit dem Polizeiterror - Schlagt Severing und seine Partei!**[129]
19.04.1932 Polizeipräsident Berlin für den Landesbereich Preußen

129. **Wir klagen an!**[130]
19.04.1932 Polizeipräsident Berlin für den Landesbereich Preußen

130. **?Preußen**[131]
20.04.1932 Polizeipräsident Berlin für den Landesbereich Preußen

131. **Sozialdemokrat**[132]
20.04.1932 Polizeipräsident Berlin für den Landesbereich Preußen

132. **Deutsche vergesst das nie!**[133]
20.04.1932 Polizeipräsident Berlin für den Landesbereich Preußen

133. **An alle Lichterfelder**[134]
20.04.1932 Polizeipräsident Berlin für den Landesbereich Preußen

134. **Die Nationalsozialisten bringen Chaos, Bürgerkrieg und Inflation**[135]
20.04.1932 Regierungspräsident Lüneburg

---

[126] StAMS, Kreis Tecklenburg, LRA, Nr. 1002.
[127] StAMS, Kreis Tecklenburg, LRA, Nr. 1002.
[128] HStAD, Reg. Düsseldorf, Nr. 30656e, Bl. 236; StAMS, Kreis Tecklenburg, LRA, Nr. 1002.
[129] HStAD, Reg. Düsseldorf, Nr. 30656e, Bl. 241.
[130] HStAD, Reg. Düsseldorf, Nr. 30656e, Bl. 242.
[131] HStAD, Reg. Düsseldorf, Nr. 30656e, Bl. 248.
[132] HStAD, Reg. Düsseldorf, Nr. 30656e, Bl. 249.
[133] HStAD, Reg. Düsseldorf, Nr. 30656e, Bl. 250.
[134] HStAD, Reg. Düsseldorf, Nr. 30656e, Bl. 251.
[135] HStAD, Reg. Düsseldorf, Nr. 30656e, Bl. 280.

135. **Korruptionssumpf Preussen**[136]
20.04.1932 Polizeipräsident Berlin für den Landesbereich Preußen

136. **13. Kampfblatt des deutschen Frauen-Kampfbundes**[137]
20.04.1932 Polizeipräsident Berlin für den Landesbereich Preußen

137. **SA-Verbot und Landtagswahl**[138]
20.04.1932 Polizeipräsident Berlin für den Landesbereich Preußen

138. **Preußen muß wieder sauber und ehrlich werden**[139]
21.04.1932 Polizeipräsident Wiesbaden

139. **Deutsche Volksgenossinnen**[140]
22.04.1932 Polizeipräsident Berlin für den Landesbereich Preußen

140. **Hätten wir das geahnt, dann hätten wir lieber Hitler gewählt.**[141]
22.04.1932 Polizeipräsident Berlin für den Landesbereich Preußen

141. **An die evangelische Christenheit**[142]
22.04.1932 Polizeipräsident Berlin für den Landesbereich Preußen

142. **Was hat der deutsche Lehrer von der Preussenwahl zu erwarten?**[143]
22.04.1932 Polizeipräsident Berlin für den Landesbereich Preußen

143. **Unser Ruin**[144]
22.04.1932 Polizeipräsident Berlin für den Landesbereich Preußen

144. **Die Religion ist in Gefahr, wählt Nationalsozialisten!**[145]
22.04.1932 Regierungspräsident Osnabrück
23.04.1932 Polizeipräsident Wiesbaden
23.04.1932 Oberpräsident Rheinprovinz
23.04.1932 Polizeipräsident Recklinghausen

---

[136] HStAD, Reg. Düsseldorf, Nr. 30656e, Bl. 260.
[137] HStAD, Reg. Düsseldorf, Nr. 30656e, Bl. 252.
[138] HStAD, Reg. Düsseldorf, Nr. 30656e, Bl. 253.
[139] HStAD, Reg. Düsseldorf, Nr. 30656e, Bl. 256.
[140] HStAD, Reg. Düsseldorf, Nr. 30656e, Bl. 265.
[141] HStAD, Reg. Düsseldorf, Nr. 30656e, Bl. 273.
[142] HStAD, Reg. Düsseldorf, Nr. 30656e, Bl. 274.
[143] HStAD, Reg. Düsseldorf, Nr. 30656e, Bl. 274.
[144] HStAD, Reg. Düsseldorf, Nr. 30656e, Bl. 276.
[145] HStAD, Reg. Düsseldorf, Nr. 30656e, Bl. 281, Bl. 292f., Bl. 295.

145. Hitlers Trommler[146]

23.04. 1932 Polizeipräsident Dortmund

---

[146] HStAD, Reg. Düsseldorf, Nr. 30656e, Bl. 291.

VERZEICHNIS DER ABKÜRZUNGEN

AdR	Akten der Reichskanzlei
ALR	Allgemeines Landrecht für die preußischen Staaten
Anm.	Anmerkung
Anw.	Anwärter
a.Pr.	auf Probe
AsD	Archiv der sozialen Demokratie
BAB	Bundesarchiv Berlin
BDC	Berlin Document Center
Bearb.	Bearbeiter
BeitrDO	Beiträge zur Geschichte Dortmunds und der Grafschaft Mark
Best.	Bestand
Bl.	Blatt
CEH	Central European History
DDP	Deutsche Demokratische Partei
DNVP	Deutschnationale Volkspartei
Dok.	Dokument
DRAnz	Deutscher Reichs- und preußischer Staatsanzeiger
DVP	Deutsche Volkspartei
EHR	English Historical Review
Gestapa	Geheimes Staatspolizeiamt
Gestapo	Geheime Staatspolizei
GH	German History
GStA PK	Geheimes Staatsarchiv Preußischer Kulturbesitz Berlin-Dahlem
GuG	Geschichte und Gesellschaft
HA	Hauptabteilung
HStAD	Nordrhein-westfälisches Hauptstaatsarchiv Düsseldorf
HStAWI	Hessisches Hauptstaatsarchiv Wiesbaden
IISG	Internationales Institut für Sozialgeschichte Amsterdam
IZRG	Institut für schleswig-holsteinische Zeit- und Regionalgeschichte
JGMO	Jahrbuch für die Geschichte Mittel- und Ostdeutschlands
KPD	Kommunistische Partei Deutschland
LAB	Landesarchiv Berlin

LAS	Landesarchiv Schleswig
LHAK	Landeshauptarchiv Koblenz
LKP	Landeskriminalpolizei
LRA	Landratsamt
masch.	maschinenschriftlich
MBliV	Ministerialblatt für die preußische innere Verwaltung
MdR	Mitglied des Reichstags
ND	Neudruck / Nachdruck
NSBO	Nationalsozialistische Betriebszellenorganisation
NSDAP	Nationalsozialistische Deutsche Arbeiterpartei
NS-Dok	NS-Dokumentationszentrum der Stadt Köln
R	Rückseite (bei Archivalien)
Rderl.	Runderlaß
Reg.	Regierung
Reg.-Bez.	Regierungsbezirk
Rep.	Repositur
RFB	Roter Frontkämpferbund
RGBl.	Reichsgesetzblatt
RM	Reichsmark
RR	Regierungsrat
RV	Reichsverfassung
SA	Sturmabteilung
SBA	Schweizerisches Bundesarchiv Bern
SPD	Sozialdemokratische Partei Deutschland
SS	Schutzstaffel
StAMS	Nordrhein-westfälisches Staatsarchiv Münster
Stapo	Staatspolizei
StGB	Strafgesetzbuch
V	Vorderseite (bei Archivalien)
VjZ	Vierteljahreshefte für Zeitgeschichte
ZfG	Zeitschrift für Geschichtswissenschaft

QUELLEN- UND LITERATURVERZEICHNIS

I. Ungedruckte Quellen

International Instituut voor Sociale Geschiedenis Amsterdam (IISG):
Nachlaß Albert Grzesinski

Bundesarchiv Berlin-Lichterfelde (BAB):
R 15.01 Reichsministerium des Innern (alter Potsdamer Bestand)
R 18 Reichsministerium des Innern (alter Koblenzer Bestand)
BDC (ehemaliges Berlin Document Center)

Geheimes Staatsarchiv, Stiftung preußischer Kulturbesitz, Berlin (GStA PK):
I. Hauptabteilung:
Rep. 77 Preußisches Ministerium des Innern
Rep. 84a Preußisches Ministerium der Justiz
Rep. 90P Nachweisungen der Staatspolizeistellen
Rep. 219 Landeskriminalpolizeiamt Berlin

Landesarchiv Berlin (LAB):
Rep. 200. Acc. 3983 Teilnachlaß Albert Grzesinski

Schweizerisches Bundesarchiv, Bern (SBA):
Depositum Hofer / Graf (J.I. 167 1992/286)

Archiv der sozialen Demokratie der Friedrich Ebert-Stiftung, Bonn (AsD):
Nachlaß Carl Severing

Nordrhein-Westfälisches Hauptstaatsarchiv Düsseldorf (HStAD):
Regierung Düsseldorf
Regierung Aachen
Regierung Köln
Nachlaß Wilhelm Elfes

Nordrhein-Westfälisches Hauptstaatsarchiv Düsseldorf, Zweigstelle Kalkum (HStAD-ZK):
Personalakten

Polizeipräsidium Düsseldorf (PPD):
Unverzeichnete Personalakten

Landeshauptarchiv Koblenz (LHAK):
Best. 403 Oberpräsidium der Rheinprovinz

NS-Dokumentationszentrum der Stadt Köln (NS-DoK):
Amtliche Bekanntmachungen des Polizeipräsidenten Köln

Nordrhein-Westfälisches Staatsarchiv Münster (StAMS):
Oberpräsidium Westfalen
Regierung Münster
Regierung Arnsberg
Polizeipräsidien
Politische Polizei „Drittes Reich"
Landratsamt Tecklenburg

Institut für schlewig-holsteinische Zeit- und Regionalgeschichte, Schleswig (IZRG):
Datenpool Gestapobeamte

Landesarchiv Schleswig (LAS):
Abt. 301 Oberpräsidium
Abt. 309 Regierungspräsidium Schleswig

Hessisches Hauptstaatsarchiv Wiesbaden (HStAWI):
Abt. 405 Regierungspräsidium Wiesbaden

II. Gedruckte Quellen und Literatur

AACHENER ADRESSBUCH 1931, Aachen 1931.
ADRESSBUCH DER STADT KREFELD-UERDINGEN 1930, Krefeld 1930.
ADRESSBUCH DER STADT WIESBADEN und Umgebung 1932/33, Wiesbaden 1932.
AKTEN DER REICHSKANZLEI, Weimarer Republik: Das Kabinett Müller II, 28. Juni 1928 bis 27. März 1930, 2 Bde, bearb. von Martin Vogt, Boppard a. Rh. 1970.
AKTEN DER REICHSKANZLEI, Weimarer Republik: Die Kabinette Brüning I und II, 30. März 1930 bis 30. Mai 1932, 3 Bände, bearb. von Tilmann Koops, Boppard a. Rh. 1982-1990.
AKTEN DER REICHSKANZLEI, Weimarer Republik: Das Kabinett von Papen, 1. Juni 1932 bis 2. Dezember 1932, 2 Bde, bearb. von Karl Heinz Minuth, Boppard a. Rh. 1989.
ALBRECHT, Thomas: Für eine wehrhafte Demokratie. Albert Grzesinski und die preußische Politik in der Weimarer Republik, Bonn 1999.
ALEXANDER, Thomas: Carl Severing. Sozialdemokrat aus Westfalen mit preußischen Tugenden, Bielefeld 1992.
ANSCHÜTZ, Gerhard: Die Verfassung des Deutschen Reiches vom 11. August 1919. Ein Kommentar für Wissenschaft und Praxis, Berlin [14]1933 (ND Aalen 1987).
ARNDT, Fritz: Die Politik der preußischen Regierung während der beiden Brüning-Kabinette (März 1930 bis Mai 1932), phil. Diss. Berlin [Ost] 1966.

BABENDREYER, Heinz: Die politische Polizei in Preußen, Stallupoenen 1935.
BALISTIER, Thomas: Gewalt und Ordnung. Kalkül und Faszination der SA, Münster 1989.
BALLE, Hartmut: Die propagandistische Auseinandersetzung des Nationalsozialismus mit der Weimarer Republik und ihre Bedeutung für den Aufstieg des Nationalsozialismus, phil. Diss. Erlangen-Nürnberg 1963.
BAY, Jürgen: Der Preußenkonflikt 1932/33. Ein Kapitel aus der Verfassungsgeschichte der Weimarer Republik, jur. Diss. Erlangen-Nürnberg 1965.
BECK, Friedrich A.: Kampf und Sieg. Geschichte der Nationalsozialistischen Deutschen Arbeiterpartei im Gau Westfalen-Süd von den Anfängen bis zur Machtübernahme, Dortmund 1938.
BEHREND, Hans-Karl: Zur Personalpolitik des preußischen Ministeriums des Innern. Die Besetzung der Landratsstellen in den östlichen Provinzen 1919-1933, in: JGMO 6 (1957), S. 173-214.
BENNECKE, Heinrich: Hitler und die SA, München 1962.
BENZ, Wolfgang: Papens „Preußenschlag" und die Länder (Dokumentation), in: VjZ 18 (1970), S. 320-328.
BENZ, Wolfgang / GEISS, Imanuel: Staatsstreich gegen Preußen, Düsseldorf [1982].
BERGHAHN, Volker R.: Der Stahlhelm. Bund der Frontsoldaten 1918-1935, Düsseldorf 1966.
BERING, Dietz: Kampf um Namen. Bernhard Weiß gegen Joseph Goebbels, Stuttgart 1991.

BESSEL, Richard: Political Violence and the Rise of Nazism. The Storm Troopers in Eastern Germany 1925-1934, New Haven / London 1984.

BESSEL, Richard: Violence as Propaganda. The Role of the Storm Troopers in the Rise of National Socialism, in: CHILDERS, Thomas (Hrsg.): The Formation of the Nazi Constituency 1919-1933, London 1986, S. 131-146.

BESSON, Waldemar: Württemberg und die deutsche Staatskrise, Stuttgart 1959.

BIEWER, Ludwig: Der Preussenschlag vom 20. Juli 1932. Ursachen, Ereignisse, Folgen und Wertung, in: Blätter für deutsche Landesgeschichte 119 (1983), S. 159-172.

BLUDAU, Kuno: Widerstand und Verfolgung in Duisburg 1933-1945, Duisburg 1973.

BRACHER, Karl Dietrich: Die Auflösung der Weimarer Republik. Eine Studie zum Problem des Machtverfalls in der Demokratie, Villingen [5]1971.

BRACHER, Karl Dietrich: Die deutsche Diktatur. Entstehung, Struktur, Folgen des Nationalsozialismus, Köln / Bonn [3]1970.

BRAMSTEDT, Ernest K.: Dictatorship and Political Police. The Technique of Control by Fear, New York 1976.

BRAUN, Otto: Von Weimar zu Hitler. Hamburg [3]1949.

BRECHT, Arnold: Mit der Kraft des Geistes. Lebenserinnerungen, Bd. 2: 1927-1967, Stuttgart 1967.

BRECHT, Arnold: Vorspiel zum Schweigen, Wien 1948.

BREDT, Johan Victor: Erinnerungen und Dokumente 1914 bis 1933, bearb. von M. Schumacher, Düsseldorf 1970.

BRESLAUER ADRESSBUCH 1929, Breslau 1929.

BROSZAT, Martin: Die Machtergreifung. Der Aufstieg der NSDAP und die Zerstörung der Weimarer Republik, München [5]1994.

BRÜNING, Heinrich: Memoiren 1918 - 1934, Stuttgart 1970.

BUCHER, Peter: Der Reichswehrprozeß. Der Hochverrat der Ulmer Reichswehroffiziere 1929/1930, Boppard a. Rh. 1967.

BUCHHEIT, Heinz: Der deutsche Geheimdienst. Geschichte der militärischen Abwehr, München 1966.

BUDER, Johannnes: Die Reorganisation der preußischen Polizei 1918-1923, Frankfurt a. M. / Bern / New York 1986.

BULLMANN, Felix: Die Polizei für Strafsachen in Preußen unter besonderer Berücksichtigung der politischen Polizei, jur. Diss. Erlangen 1933.

CAPLAN, Jane: Government without Administration. State and Civil Service in Weimar and Nazi Germany, Oxford 1988.

CHRISTOPH, Jürgen: Die politischen Reichsamnestien 1918-1933, Frankfurt a. M. / Bern / New York / Paris 1987.

CLAUSEWITZ, Carl von: Vom Kriege. Hinterlassenes Werk, Berlin [2]1853.

CZICHON, Eberhard: Wer verhalf Hitler zur Macht? Zum Anteil der deutschen Industrie an der Zerstörung der Weimarer Republik, Köln [5]1978.

DAMS, Carsten: Die Schwanenwall-Affäre in Dortmund 1932. Zum Verhältnis von Polizei, Justiz und Nationalsozialismus in der Endphase der Weimarer Republik, in: Beiträge zur Geschichte Dortmunds und der Grafschaft Mark 90 (1999), S. 146-167.

DEMPS, Laurenz: Der Übergang der Abteilung I (Politische Polizei) des Berliner Polizeipräsidiums in das Geheime Staatspolizeiamt (1933/34), Diss. B Berlin [Ost] 1982.

DEUTSCHES BIOGRAPHISCHES ARCHIV (DBA). Neue Folge, Kumulation aus 284 biographischen Lexika und der Nachweis von ca. 280.000 Personen, bearb. von W. Gorzny, München 1989ff.

DIEKMANN, Fritz: Die Regierungsbildung in Thüringen als Modell der Machtergreifung. Ein Brief Hitlers aus dem Jahr 1930 (Dokumentation), in: VjZ 14 (1966), S. 454-464.

DIELS, Rudolf: Lucifer ante portas. Es spricht der erste Chef der Gestapo, Stuttgart 1950.

DIERSKE, Ludwig: War eine Abwehr des „Preußenschlages" vom 20. Juli 1932 möglich?, in: Zeitschrift für Politik 17 (1970), S. 197-245.

EHNI, Hans-Peter: Bollwerk Preußen? Preußen-Regierung, Reich-Länder-Problem und Sozialdemokratie 1928-1932, Bonn 1975.

EICHLER, Volker: Die Frankfurter Gestapo-Kartei. Entstehung, Struktur, Funktion, Überlieferungsgeschichte und Quellenwert, in: PAUL, Gerhard / MALLMANN, Klaus-Michael (Hrsg.): Die Gestapo. Mythos und Realität, Darmstadt 1995, S. 178-199.

EICHLER, Volker: Organisation, Struktur und Schriftgutüberlieferung der Gestapo in Frankfurt am Main, in: Frankfurt am Main. Lindenstraße, Gestapozentrale und Widerstand, hrsg. vom Institut für Stadtgeschichte, Frankfurt a. M. / New York 1996, S. 71-85.

EINWOHNERBUCH DER STADT DUISBURG 1931, Duisburg 1931.

ENTSCHEIDUNGEN DES BUNDESVERFASSUNGSGERICHTS, 5. Bd, Tübingen 1956.

ERDMANN, Karl Dietrich: Versuch einer Schlußbilanz, in: DERS. / SCHULZE, Hagen (Hrsg.): Weimar. Selbstpreisgabe einer Demokratie. Eine Bilanz heute, Düsseldorf 1980, S. 345-358.

ERDMANN, Karl Dietrich / SCHULZE, Hagen (Hrsg.): Weimar. Selbstpreisgabe einer Demokratie. Eine Bilanz heute, Düsseldorf 1980.

ERGER, Johannes: Der Kapp-Lüttwitz-Putsch. Ein Beitrag zur deutschen Innenpolitik 1919/20, Düsseldorf 1967.

ERNST, Eugen: Polizeispitzeleien und Ausnahmegesetze 1878-1910. Ein Beitrag zur Geschichte der Bekämpfung der Sozialdemokratie, Berlin 1911.

FAATZ, Martin: Vom Staatsschutz zum Gestapo-Terror. Politische Polizei in Bayern in der Endphase der Weimarer Republik und der Anfangsphase der nationalsozialistischen Diktatur, Würzburg 1995.

FALTER, Jürgen W. / LINDENBERGER, Thomas / SCHUMANN, Siegfried: Wahlen und Abstimmungen in der Weimarer Republik. Materialen zum Wahlverhalten, München 1986.

FALTER, Jürgen W.: Hitlers Wähler, München 1991.

FARQUHARSON, John E.: The NSDAP in Hanover and Lower Saxony, 1921-1926, in: JCH 8 (1973), S. 103-120.

FEDER, Ernst: Heute sprach ich mit ... Tagebücher eines Berliner Publizisten 1926-1932, hrsg. von C. Lowenthal-Hensel / A. Paucker, Stuttgart 1971.

FELFE, Heinz: Eine schwere Geburt. Das Reichskriminalpolizeigesetz vom 21. Juli 1922. Geschichte und historische Lektion, in: Krim 44 (1990), S. 421-429.
FRANKFURTER ADRESSBUCH 1930, Frankfurt a. M. 1930.
FRANZ-WILLING, Georg: Putsch und Verbotszeit der Hitlerbewegung. November 1923-Februar 1925, Preußisch Ohlendorf 1977.
FREIBERG, Bruno / EICHLER, Ernst / MOMMSEN, Theodor (Hrsg.): Dienstaltersliste der höheren Kriminalbeamten der staatlichen Polizeiverwaltungen und der Geheimen Staatspolizei Preußens, des Saarlandes und des Freistaates Danzig. Nach dem Stande vom 1. Juni 1935, Berlin 1935.
FREIBERG, Bruno: Die Entwicklung der Staatspolizei in Preußen, Berlin 1937.
FRIEDENSBURG, Ferdinand: Lebenserinnerungen, Frankfurt a. M. / Berlin 1969.
FROMME, Friedrich Karl: Von der Weimarer Verfassung zum Bonner Grundgesetz. Die verfassungspolitischen Folgerungen des Parlamentarischen Rates aus Weimarer Republik und nationalsozialistischer Diktatur, Tübingen ²1962.
FUNK, Albrecht: Polizei und Rechtsstaat. Die Entwicklung des staatlichen Gewaltmonopols in Preußen 1848-1914, Frankfurt a. M. / New York 1986.

GEIGER, Theodor: ‚Panik im Mittelstand‘, in: Die Arbeit 7 (1930), S. 637-654.
GELLATELY, Robert: Die Gestapo und die deutsche Gesellschaft. Die Durchsetzung der Rassenpolitik 1933-1945, Paderborn / München / Wien / Zürich 1993.
GLEES, Anthony.: Albert C. Grzesinski and the Politics of Prussia 1926-1930, in: EHR 89 (1974), S. 814-834.
GOEBBELS, Joseph: Die Tagebücher von Joseph Goebbels. Sämtliche Fragmente, hrsg. von Elke Fröhlich, Teil I: Aufzeichnungen 1924-1941, München / New York / London / Paris 1987.
GRAF, Christoph: Kontinuitäten und Brüche. Von der Politischen Polizei der Weimarer Republik zur Geheimen Staatspolizei, in: PAUL, Gerhard / MALLMANN, Klaus-Michael (Hrsg.): Die Gestapo. Mythos und Realität, Darmstadt 1995, S. 73-83.
GRAF, Christoph: Politische Polizei zwischen Demokratie und Diktatur. Die Entwicklung der preußischen Politischen Polizei vom Staatsschutzorgan der Weimarer Republik zum Geheimen Staatspolizeiamt des Dritten Reiches, Berlin 1983.
GROTKOPP, Jörg: Beamtentum und Staatsformwechsel. Die Auswirkungen der Staatsformwechsel von 1918, 1933 und 1945 auf das Beamtenrecht und die personelle Zusammensetzung der Beamtenschaft, Frankfurt a. M. 1992.
GRÜNTHALER, Mathias: Parteiverbote in der Weimarer Republik, Frankfurt a. M. u.a. 1995.
GRZESINSKI, Albert: Inside Germany, New York 1939.
GRZESINSKI, Albert: La Tragi-Comédie de la République allemande. Souvenirs, Paris 1934.
GRZESINSKI, Albert: Im Kampf um die deutsche Republik. Erinnerungen eines Sozialdemokraten, hrsg. von E. Kolb, München 2001.
GUSY, Christoph: Weimar - die wehrlose Republik? Verfassungsschutzrecht und Verfassungsschutz in der Weimarer Republik, Tübingen 1991.
GUSY, Christoph: Die Weimarer Reichsverfassung, Tübingen 1997.

HANDBUCH DES ÖFFENTLICHEN LEBENS. Staat, Politik, Wirtschaft, Verkehr, Kirche, Presse, Bildungswesen, Gemeindewesen, Verbände, Ausland, Statistik, hrsg. von Maximilian Müller-Jabusch, Berlin 1929.

HANDBUCH FÜR DIE PROVINZ SCHLESWIG-HOLSTEIN, Kiel 1929.

HADAMOWSKY, Eugen: Propaganda und nationale Macht. Die Organisation der öffentlichen Meinung für die nationale Politik, Oldenburg 1933.

HÄNISCH, Dirk: Sozialstrukturelle Bestimmungsgründe des Wahlverhaltens in der Weimarer Republik. Eine Aggregatdatenanalyse der Ergebnisse der Reichstagswahlen 1924-1933, Duisburg 1983.

HÄNTZSCHEL, [Kurt]: Die Verordnung des Reichspräsidenten gegen politische Ausschreitungen, in: Reichsverwaltungsblatt und Preußisches Verwaltungsblatt, Nr. 15 vom 11. April 1931, S. 261-283.

HAUGG, Reinhard: Die Anwendung des Art. 48 WRV. Verfassungsrechtliche Betrachtung der Anwendungsfälle des Art. 48 der Weimarer Reichsverfassung und seine Bedeutung für die Machtergreifung Hitlers, jur. Diss. Würzburg 1976.

HAYES, Peter: „A Question Mark with Epaulettes"? Kurt von Schleicher and Weimar Politics, in: JMH 52 (1980), S. 35-65.

HENNIG, Eike (Hrsg.): Hessen unterm Hakenkreuz. Studien zur Durchsetzung der NSDAP in Hessen, Frankfurt ²1984.

HENNIG, Eike: Politische Gewalt und Verfassungsschutz in der Endphase der Weimarer Republik, in: EISFELD, Rainer / MÜLLER, Ingo: Gegen Barbarei. Essays Robert W. M. Kempner zu Ehren, Frankfurt a. M. 1989, S. 106-130.

HERBERT, Ulrich: Best. Biographische Studien über Radikalismus, Weltanschauung und Vernunft, 1903-1989, Bonn ³1996.

HERZOG, Roman: Der Auftrag der Verfassungsschutzbehörden, in: Verfassungsschutz und Rechtsstaat. Beiträge aus Wissenschaft und Praxis, hrsg. vom Bundesminister des Innern, Köln / Berlin / Bonn / München 1981, S. 1-18.

HINZE, Sibylle: Vom Schutzmann zum Schreibtischmörder. Die Staatspolizeistelle Potsdam, in: PAUL, Gerhard / MALLMANN, Klaus-Michael (Hrsg.): Die Gestapo. Mythos und Realität, Darmstadt 1995, S. 118-132.

HITLER, Adolf: Mein Kampf, 2 Bde, München 1925-1927.

HOCHE: Die Verordnung des Reichspräsidenten zur Bekämpfung politischer Ausschreitungen, in: DJZ 36 (1931), Sp. 525-531.

HOFFMANN, Erich / WULF, Peter: „Wir bauen das Reich". Aufstieg und erste Herrschaftsjahre des Nationalsozialismus in Schleswig-Holstein, Neumünster 1983.

HÖHNE, Heinz: Canaris. Patriot im Zwielicht, München 1976.

HÖMIG, Herbert: Das preußische Zentrum in der Weimarer Republik, Mainz 1979.

HÖNER, Sabine: Der nationalsozialistische Zugriff auf Preußen. Preußischer Staat und nationalsozialistische Machteroberungsstrategie 1928-1934, Bochum 1984.

HÖRSTER-PHILIPS, Ulrike: Konservative Politik in der Endphase der Weimarer Republik. Die Regierung Franz von Papen, Köln 1982.

HÖRSTER-PHILIPS, Ulrike: Joseph Wirth 1879-1956. Eine politische Biographie, Paderborn 1998.

HUISKES, Manfred (Hrsg.): Die Wandinschriften des Kölner Gestapo-Gefängnisses im EL-DE-Haus 1943-1945, Köln 1983.

HÜRTER, Johannes: Wilhelm Groener. Reichswehrminister am Ende der Weimarer Republik (1928-1932), München 1993.

HÜTTENBERGER, Peter: Die Gauleiter. Studie zum Wandel des Machtgefüges in der NSDAP, Stuttgart 1970.

INTERNATIONALER MILITÄRGERICHTSHOF NÜRNBERG: Der Prozess gegen die Hauptkriegsverbrecher vor dem Internationalen Militärgerichtshof, 23 Bde, Nürnberg 1947 (ND München / Zürich 1984).

JABLONSKI, David: The Nazi Party in dissolution. Hitler and the Verbotszeit 1923-1925, London 1989.

JASCHKE, Hans-Gerd / LOIPERDINGER, Martin: Gewalt und NSDAP vor 1933. Ästhetische Okkupation und physischer Terròr, in: STEINWEG, Rainer (Hrsg.): Faszination der Gewalt, Frankfurt a. M. 1983, S. 123-155.

JASPER, Gotthard: Der Schutz der Republik. Studien zur staatlichen Sicherung der Weimarer Republik, Tübingen 1963.

JASPER, Gotthard: Justiz und Politik in der Weimarer Republik, in: VjZ 30 (1982), S. 167-205.

JESSEN, Ralph: Polizei im Industrierevier. Modernisierung und Herrschaftspraxis im westfälischen Ruhrgebiet 1848-1914, Göttingen 1991.

JOHN, Jürgen: Zur politischen Rolle der Großindustrie in der Weimarer Staatskrise. Gesicherte Erkenntnisse und strittige Meinungen, in: H.A. WINKLER (Hrsg.): Die deutsche Staatskrise 1930-1933, München 1992, S. 215-237.

JUNG, Ottmar: Plebiszitärer Durchbruch 1929? Zur Bedeutung von Volksbegehren und Volksentscheid gegen den Young-Plan für die NSDAP, in: GuG 15 (1989), S. 489-510.

KÄSTNER, Erich: Fabian. Die Geschichte eines Moralisten, München ^{6}1992 (Erstausgabe Berlin 1931).

KATER, Michael H.: The Nazi Party. A Social Profile of Members and Leaders, 1919-1945, Oxford 1983.

KEMPNER, Robert M. W.: Ankläger einer Epoche. Lebenserinnerungen, Frankfurt a. M. / Berlin 1986.

KEMPNER, Robert M. W.: Der verpaßte Nazi-Stopp, Berlin / Frankfurt a. M. / Wien 1983.

KERSHAW, Ian: Hitler. 1889-1936, Stuttgart 1998.

KLEIN, Thomas: Leitende Beamte der allgemeinen Verwaltung in der preußischen Provinz Hessen-Nassau und in Waldeck 1867-1945, Darmstadt / Marburg 1988.

KNIPPSCHILD, Dieter: Karl Kleineberg - ein „politischer Beamter". Politische Polizei - Abwehr - Militärischer Widerstand - Verfassungsschutz, in: AfP 5 (1994), S. 24-28.

KNIZA, Gerhard: Publicae securitas cura in tremonia. polizey in throtmanni, Polizei in Dortmund, Elfhundert Jahre öffentliche Sicherheit, 4 Bde, unveröffentliche MS o.O. [Dortmund] 1991.

KOHLER, Eric D.: The Crisis in the Prussian Schutzpolizei 1930-1932, in: MOSSE, George L. (Hrsg.): Police Forces in History, London / Beverly Hills 1975, S. 131-151.

KOHLER, Eric D.: The Successful German Center-Left. Joseph Hess and the Prussian Center Party, 1908-1932, in: CEH 23 (1990), S. 313-348.
KOHLHAAS, Elisabeth: Die Mitarbeiter der regionalen Staatspolizeistellen. Quantitative Befunde zur Personalausstattung der Gestapo, in: PAUL, Gerhard / MALLMANN, Klaus-Michael (Hrsg.): Die Gestapo - Mythos und Realität, Darmstadt 1995, S. 219-235.
KOSZYK, Kurt: Deutsche Presse 1914-1945. Geschichte der deutschen Presse, Teil III, Berlin 1972.
KRÄMER, Walter: So lügt man mit Statistik, Frankfurt a. M. / New York [7]1997.
KROHN, Manfred: Die deutsche Justiz im Urteil der Nationalsozialisten 1920-1933, Frankfurt a. M. 1991.
KÜPPERS, Heinrich: Joseph Wirth. Parlamentarier, Minister und Kanzler der Weimarer Republik, Stuttgart 1997.

LESSMANN, Peter: Die preußische Schutzpolizei in der Weimarer Republik. Streifendienst und Straßenkampf, Düsseldorf 1989.
LIANG, Hsi-Huey: Die Berliner Polizei in der Weimarer Republik, Berlin / New York 1977.
LINDHEIM, Hermann: Zu Papens Staatsstreich vom 20. Juli 1932, in: GWU 11 (1960), S. 154-164.
LIPSET, Seymour M.: ‚Fascism'. Left, Right and Center, in: Ders.: Political Men. The Social Bases of Politics, Garden City 1960, S. 127-179.
LONGERICH, Peter: Die braune Bataillone. Geschichte der SA, München 1989.
LÖSCHE, Peter: Ernst Heilmann, Sozialdemokratischer parlamentarischer Führer im Preußen der Weimarer Republik, in: GWU 33 (1982), S. 420-423.
LÖSCHE, Peter: Ernst Heilmann (1881-1940), in: Ders. u.a. (Hrsg.): Vor dem Vergessen bewahren. Lebenswege Weimarer Sozialdemokraten, Berlin 1988, S. 99-120.
LOTFI, Gabriele: KZ der Gestapo. Arbeitserziehungslager im Dritten Reich, Stuttgart 2000.
LÜDTKE, Alf (Hrsg.): „Sicherheit" und „Wohlfahrt". Polizei, Gesellschaft und Herrschaft im 19. und 20. Jahrhundert, Frankfurt a. M. 1992.

MADDEN, James Paul: The social compostion of the Nazi Party 1919-1930, Diss. U. o. Oklahoma 1976.
MAGDEBURGER ADRESSBUCH 1930, Magdeburg 1930.
MANSTEIN, Peter: Die Mitglieder und Wähler der NSDAP 1919-1933. Untersuchungen zu ihrer schichtmäßigen Zusammensetzung, Frankfurt a. M. u.a. [2]1989.
MATTHIAS, Erich: Die Sozialdemokratische Partei Deutschlands, in: DERS. / MORSEY, Rudolf (Hrsg.): Das Ende der Parteien 1933, Düsseldorf 1960, S. 101-278.
MATZERATH, Horst / TURNER, Henry Ashby: Die Selbstfinanzierung der NSDAP 1930-1932, in: GuG 3 (1977), S. 59-92.
MATZERATH, Horst: Der Nationalsozialismus und die Oberbehörden und Großstadtverwaltungen in Rheinland und Westfalen 1929-1933, in: K. DÜWELL u.a. (Hrsg.): Rheinland-Westfalen im Industriezeitalter. Beiträge zur Landesgeschichte des 19.und 20. Jahrhunderts, Bd.3: Vom Ende der Weimarer Republik bis zum Land Nordrhein-Westfalen, Wuppertal 1984, S. 116-136.

MINISTERIALBLATT FÜR DIE PREUSSISCHE INNERE VERWALTUNG, hrsg. im Preußischen Innenministerium, Berlin 1919ff.
MÖLLER, Horst: Ernst Heilmann, in: Jahrbuch des Instituts für Deutsche Geschichte 11 (1982), S. 261-294.
MÖLLER; Horst: Die preußischen Oberpräsidenten in der Weimarer Republik als Verwaltungselite, in: VjZ 30 (1982), S. 1-26.
MÖLLER, Horst: Preußischer Parlamentarismus 1919-1932, in: RITTER, Gerhard (Hrsg.): Regierung, Bürokratie und Parlament in Preußen und Deutschland von 1848 bis zur Gegenwart, Düsseldorf 1983, S. 149-180.
MÖLLER, Horst: Parlamentarismus in Preußen. 1919-1932, Düsseldorf 1985.
MOMMSEN, Hans: Die verspielte Freiheit. Der Weg der Republik von Weimar in den Untergang 1918-1933, Frankfurt a. M. / Berlin 1990.
MORSEY, Rudolf: Zur Geschichte des „Preußenschlags" am 20. Juli 1932. Dokumentation, in: VjZ 9 (1961), S. 430-439.
MOSSE, George L. (Hrsg.): Police Forces in History, London / Beverly Hills 1975.
MÜLLER, Klaus-Jürgen / OPITZ, Eckardt (Hrsg.): Militär und Militarismus in der Weimarer Republik, Düsseldorf 1978.

NADOLNY, Stan: Abrüstungsdiplomatie 1932/33. Deutschland auf der Genfer Konferenz im Übergang von Weimar zu Hitler, München 1978.
NEEBE, Reinhard: Großindustrie, Staat und NSDAP 1930-1933. Paul Silverberg und der Reichsverband der Deutschen Industrie in der Krise der Weimarer Republik, Göttingen 1981.
NIENHAUS, Ursula: Einsatz für die „Sittlichkeit". Die Anfänge der weiblichen Polizei im Kaiserreich und in der Weimarer Republik, in: LÜDTKE, Alf (Hrsg.): „Sicherheit" und „Wohlfahrt". Polizei, Gesellschaft und Herrschaft im 19. und 20. Jahrhundert, Frankfurt a. M. 1992, S. 243-266.
NOAKES, Jeremy: The Nazi Party in Lower Saxony, 1921-1933. A Study of National Socialist Organisation, Oxford 1971.

OLDEN, Rudolf: Hitler, Amsterdam 1935.
OHR, Dieter: Nationalsozialistische Propaganda und Weimarer Wahlen. Empirische Studien zur Wirkung von NSDAP-Versammlungen, Opladen 1997.
ORLOW, Dietrich: The History of the Nazi Party, Bd 1: 1919-1933, Pittsburgh 1969.
ORLOW, Dietrich: Weimar Prussia 1918-1925. The Unlikely Rock of Democracy, Pittsburgh / London 1986.
ORLOW, Dietrich: Weimar Prussia 1925-1933. The Illusion of Strength, Pittsburgh / London 1991.

PAPEN, Franz von: Vom Scheitern einer Demokratie, Mainz 1968.
PAUCKER, Arnold: Der jüdische Abwehrkampf, in: MOSSE, Werner E. (Hrsg.): Entscheidungsjahr 1932. Zur Judenfrage in der Endphase der Weimarer Republik, Tübingen ²1966, S. 405-499.
PAUL, Gerhard: Aufstand der Bilder. Die NS-Propaganda vor 1933, Bonn 1990.

PAUL, Gerhard / MALLMANN, Klaus-Michael (Hrsg.): Die Gestapo. Mythos und Realität, Darmstadt 1995.
PAUL, Gerhard: Staatlicher Terror und gesellschaftliche Verrohung. Die Gestapo in Schleswig-Holstein, Hamburg 1996.
PAUL, Gerhard: Die Gestapo in Flensburg, in: „Flensburg meldet: ... !" Flensburg und das deutsch-dänische Grenzgebiet im Spiegel der Berichterstattung der Geheimen Staatspolizei und des Sicherheitsdienstes (SD) des Reichsführers-SS (1933-1945), ausgewählt, eingeleitet und kommentiert von Gerhard Paul, Flensburg 1996, S. 13-59.
PETERSEN, Klaus: Zensur in der Weimarer Republik, Stuttgart / Weimar 1995.
PETZOLD, Joachim: SPD und KPD in der Endphase der Weimarer Republik. Unüberwindbare Hindernisse oder ungenutzte Möglichkeiten?, in: WINKLER, Heinrich August (Hrsg.): Die deutsche Staatskrise 1930-1933. Handlungsspielräume und Alternativen, München 1992, S. 77-98.
PETZOLD, Joachim: Franz von Papen. Ein deutsches Verhängnis, Berlin 1995.
PEUKERT, Detlev J. K.: Die Weimarer Republik. Krisenjahre der klassischen Moderne, Frankfurt a. M. 1987.
PLEYER, Hildegard: Politische Propaganda in der Weimarer Republik. Die Propaganda der maßgeblichen politischen Parteien und Gruppen zu den Volksbegehren und Volksentscheiden „Fürstenenteignung" 1926, „Freiheitsgesetz" 1929 und „Auflösung des preußischen Landtages" 1931, phil. Diss. Münster 1959.
PIKART, Eberhard: Preußische Beamtenpolitik 1918-1933, in: VjZ 6 (1958), S. 119-137.
PREUSSEN CONTRA REICH VOR DEM STAATSGERICHTSHOF. Stenogrammbericht der Verhandlungen vor dem Staatsgerichtshof in Leipzig vom 10.-14. und vom 17. Oktober 1932, Berlin 1933.
PÜNDER, Hermann: Politik in der Reichskanzlei. Aufzeichnungen aus den Jahren 1929-1932, hrsg. von Thilo Vogelsang, Stuttgart 1961.
PYTA, Wolfram: Gegen Hitler und für die Republik. Die Auseinandersetzung der deutschen Sozialdemokratie mit der NSDAP in der Weimarer Republik, Düsseldorf 1989.

REICHSANZEIGER UND PREUSSISCHER STAATSANZEIGER, Berlin 1928ff.
REICHSGESETZBLATT, Berlin 1874ff.
REUTH, Ralf Georg: Goebbels. Eine Biographie, München 1995.
RIEGE, Paul: Die preußische Polizei, Berlin 1932.
RIETZLER, Rudolf: „Kampf in der Nordmark". Das Aufkommen des Nationalsozialismus in Schleswig-Holstein (1919-1928), Neumünster 1982.
RIETZLER, Rudolf: Gegründet 1928-1929: Die „Schleswig-Holsteinische Tageszeitung". Erste Gauzeitung der NSDAP, in: HOFFMANN, Erich / WULF, Peter (Hrsg.): „Wir bauen das Reich". Aufstieg und erste Herrschaftsjahre des Nationalsozialismus in Schleswig-Holstein, Neumünster 1983, S. 117-134.
RITTER, Ernst (Hrsg.): Reichskommissariat für die Überwachung der öffentlichen Ordnung und Nachrichten-Sammelstelle im Reichsministerium des Inneren: Lageberichte 1920-1929, Meldungen 1929-1933, Microfiches, München 1979.
RÖHL, Klaus Rainer: Nähe zum Gegner. Kommunisten und Nationalsozialisten im Berliner BVG-Streik von 1932, Frankfurt a. M. 1994.

ROMEYK, Horst: Die leitenden staatlichen und kommunalen Verwaltungsbeamten der Rheinprovinz 1816-1945, Düsseldorf 1994.
ROMEYK, Horst: Verwaltungs- und Behördengeschichte der Rheinprovinz 1914-1945, Düsseldorf 1985.
ROSENBERG, Alfred: Wesen, Grundsätze und Ziele der Nationalsozialistischen Deutschen Arbeiterpartei, München 1930.
ROSENHAFT, Eve: Gewalt in der Politik. Zum Problem des „Sozialen Militarismus", in: MÜLLER, Klaus-Jürgen / OPITZ, Eckardt (Hrsg.): Militär und Militarismus in der Weimarer Republik, Düsseldorf 1978, S. 237-259.
RUCK, Michael: Bibliographie zum Nationalsozialismus, Köln 1995.
RUEFFLER, Klaus: Vom Münchener Landfriedensbruch bis zum Mord von Potempa. Der „Legalitätskurs" der NSDAP, Frankfurt a. M. 1994.
RUNGE, Wolfgang: Politik und Beamtentum im Parteienstaat. Die Demokratisierung der politischen Beamten in Preußen zwischen 1918 und 1933, Stuttgart 1965.

SAUER, Wolfgang: Die Mobilmachung der Gewalt, Köln / Opladen 1974.
SCHÄFER, Karl: 20 Jahre im Polizeidienst (1925-1945), Heusenstamm 1977.
SCHAEFER, Reinhard: SPD in der Ära Brüning. Tolerierung oder Mobilisierung? Handlungsspielräume und Strategien sozialdemokratischer Politik 1930-1932, Frankfurt a. M. / New York 1990.
SCHIRMANN, Léon: Altonaer Blutsonntag 17. Juli 1932. Dichtung und Wahrheit, Hamburg 1994.
SCHLIERBACH, Helmut: Die politische Polizei in Preußen, Emsdetten 1938.
SCHMAHL, Hermannjosef: Disziplinarrecht und politische Betätigung der Beamten in der Weimarer Republik, Berlin 1977.
SCHMID, Hans-Dieter: ‚Anständige Beamte' und ‚üble Schläger'. Die Staatspolizeistelle Hannover, in: PAUL, Gerhard / MALLMANN, Klaus-Michael (Hrsg.): Die Gestapo. Mythos und Realität, Darmstadt 1995, S. 133-160.
SCHÖN, Eberhard: Die Entstehung des Nationalsozialismus in Hessen, Meisenheim a. Gl. 1972.
SCHÖNHOVEN, Klaus: Streitbare Demokraten in der Weimarer Republik, in: DERS. / VOGEL, Hans-Jochen (Hrsg.): Frühe Warnungen vor dem Nationalsozialismus. Ein historisches Lesebuch, Bonn 1998, S. 13-35.
SCHUBOTZ, Carl: Liste der Polizeiverwaltungsbeamten Preußens, Berlin 1931.
SCHULZ, Gerhard: „Preußenschlag" oder Staatsstreich? Neues zum 20. Juli 1932, in: Der Staat 17 (1978), S. 553-581.
SCHULZ, Gerhard: Zwischen Demokratie und Diktatur. Verfassungspolitik und Reichsreform in der Weimarer Republik, Bd 2: Deutschland am Vorabend der großen Krise, Berlin / New York 1987.
SCHULZ, Gerhard: Zwischen Demokratie und Diktatur. Verfassungspolitik und Reichsreform in der Weimarer Republik, Bd 3: Von Brüning zu Hitler. Der Wandel des politischen Systems in Deutschland 1930-1933, Berlin / New York 1992.
SCHULZ, Gerhard: Die Anfänge des totalitären Maßnahmenstaates, Köln / Opladen 1974.

SCHULZE, Hagen: Otto Braun oder Preussens demokratische Sendung, Frankfurt a. M. / Berlin / Wien 1977.
SCHULZE, Hagen: Stabilität und Instabilität in der politischen Ordnung von Weimar. Die sozialdemokratischen Parlamentsfraktionen im Reich und in Preußen, in: VjZ 26 (1978), S. 419-432.
SCHULZE, Hagen: Weimar. Deutschland 1917-1933, Berlin 1982.
SCHWEDER, Alfred: Politische Polizei. Wesen und Begründung der politischen Polizei im Metternichschen System, in der Weimarer Republik und im nationalsozialistischen Staate, Berlin 1937.
SCUPIN, Hans-Harald: Die Entwicklung de Polizeibegriffs und seine Verwendung in den neuen deutschen Polizeigesetzen, jur. Diss. Marburg 1970.
SEVERING, Carl: Mein Lebensweg, Bd 2: Im Auf und Ab der Republik, Köln 1950.
SIEMANN, Wolfram: "Deutschlands Ruhe, Sicherheit und Ordnung". Die Anfänge der politischen Polizei 1806-1866, Tübingen 1985.
SITZUNGSBERICHTE des preußischen Landtags, 3. und 4. Wahlperiode 1928-1932, Berlin 1928-1933.
SIX, Franz Alfred: Die politische Propaganda im Kampf um die Macht, phil. Diss. 1936.
SMELSER, Ronald: Robert Ley. Hitlers Mann an der „Arbeitsfront". Eine Biographie, Paderborn 1989.
STAAT UND NSDAP 1930-1932. Quellen zur Ära Brüning, eingeleitet von Gerhard Schulz, bearb. von Ilse Maurer und Udo Wengst, Düsseldorf 1977.
STANG, Joachim: Die Deutsche Demokratische Partei in Preussen 1918-1933, Düsseldorf 1994.
STEGMANN, Dirk: Zum Verhältnis von Großindustrie und Nationalsozialismus 1930-1933. Ein Beitrag zur Geschichte der sogenannten Machtergreifung, in: AfS 13 (1973), S. 399-482.
STEGMANN, Dirk: Politische Radikalisierung in der Provinz. Lageberichte und Stärkemeldungen der Politischen Polizei und der Regierungspräsidenten für Osthannover 1922-1933, Hannover 1999.
STEIN, Peter: Die NS-Gaupresse 1925-1933. Forschungsbericht - Quellenkritik - neue Bestandsaufnahme, München u.a. 1987.
STRIEFLER, Christian: Kampf um die Macht. Kommunisten und Nationalsozialisten am Ende der Weimarer Republik, Berlin 1993.
STÜRICKOW, Regina: Der Kommissar vom Alexanderplatz, Berlin 1998.
SÜHL, Klaus: SPD und öffentlicher Dienst in der Weimarer Republik. Die öffentlich Bediensteten in der SPD und ihre Bedeutung für die sozialdemokratische Politik 1918-1933, Opladen 1988.

THYSSEN, Fritz: I paid Hitler, London 1941.
TRACEY, Donald R.: The Development of the National Socialist Party in Thuringia, 1924-30, in: CEH 8 (1975), S. 23-50.
TRUMPP, Thomas: Franz von Papen, der preußisch-deutsche Dualismus und die NSDAP in Preußen. Ein Beitrag zur Vorgeschichte des 20. Juli 1932, phil. Diss. Tübingen 1963.

TRUMPP, Thomas: Zur Finanzierung der NSDAP durch die deutsche Großindustrie. Versuch einer Bilanz, in: GWU 32 (1981), S. 223-241.
TUCHEL, Johannes / SCHATTENFROH, Reinold: Zentrale des Todes. Prinz-Albrecht-Straße 8. Das Hauptquartier der Gestapo, Berlin 1987.
TURNER, Henry Ashby Jr.: Fritz Thyssen und ‚I paid Hitler', in: VjZ 19 (1971), S. 225-244.
TURNER, Henry Ashby Jr.: Faschismus und Kapitalismus in Deutschland. Studien zum Verhältnis zwischen Nationalsozialismus und Wirtschaft, Göttingen 1972.
TURNER, Henry Ashby Jr.: Die Großunternehmer und der Aufstieg Hitlers, Berlin 1985.
TURNER, Henry Ashby Jr.: Sozialdemokratische Stereotypen über den Nationalsozialismus am Ende der Weimarer Republik, in: JANSEN, Christian / NIETHAMMER, Lutz / WEISBROD, Bernd (Hrsg.): Von der Aufgabe der Freiheit. Politische Verantwortung und bürgerliche Gesellschaft im 19. und 20. Jahrhundert. Festschrift für Hans Mommsen zum 5. November 1995, Berlin 1995, S. 163-170.
TURNER, Henry Ashby Jr.: Hitlers Weg zur Macht. Der Januar 1933, München 1996.
TYRELL, Albrecht: Führergedanke und Gauleiterwechsel. Die Teilung des Gaues Rheinland der NSDAP 1931, in: VjZ 23 (1975), S. 341-374.

VOGELSANG, Thilo: Reichswehr, Staat und NSDAP. Beiträge zur deutschen Geschichte 1930-1932, Stuttgart 1962.
VOGT, Martin: Zur Finanzierung der NSDAP zwischen 1924 und 1928, in: GWU 21 (1970), S. 234-243.

WANDEL, Eckhard: Hans Schäffer. Steuermann in wirtschaftlichen und politischen Krisen, Stuttgart 1974.
WAGNER, Patrick: Volksgemeinschaft ohne Verbrecher. Konzeptionen und Praxis der Kriminalpolizei in der Zeit der Weimarer Republik und des Nationalsozialismus, Hamburg 1996.
WEBER, Hermann: Die Wandlung des deutschen Kommunismus. Die Stalinisierung der KPD in der Weimarer Republik, 2 Bde, Frankfurt a. M. 1969.
WEBER, Hermann: Hauptfeind Sozialdemokratie. Strategie und Taktik der KPD in der Weimarer Republik, Düsseldorf 1982.
WEGWEISER DURCH DIE POLIZEI, ^{3}1929, in: Sammlung der Drucksachen des Preußischen Landtags (Anlagen zu den Sitzungsberichten), 3. Wahlperiode [1928-1932], 2. Bd, Nr. 615, S. 701-838.
WEGWEISER DURCH DIE POLIZEI, ^{4}1930, in: Sammlung der Drucksachen des Preußischen Landtags (Anlagen zu den Sitzungsberichten), 3. Wahlperiode [1928-1932], 5. Bd, Nr. 3592, S. 3138-3212.
WEGWEISER DURCH DIE POLIZEI, ^{5}1931, in: Sammlung der Drucksachen des Preußischen Landtags (Anlagen zu den Sitzungsberichten), 3. Wahlperiode [1928-1932], 10. Bd, Nr. 5928, S. 5986-6061.
WEISS, Bernhard: Polizei und Politik, Berlin 1928.
WIDDER, Erwin: Reich und Preußen vom Regierungsantritt Brünings bis zum Reichsstatthaltergesetz Hitlers. Beiträge zum Reich-Länder-Problem in der Weimarer Republik, Frankfurt a. M. 1959.

WILCOX, Larry D.: The National Socialist Party Press in the „Kampfzeit". 1919-1933, Diss. U.o. Virginia 1970.
WINKLER, Heinrich August: Weimar 1918-1933. Die Geschichte der ersten deutschen Demokratie, Frankfurt a. M. / Wien 1993.
WULFF, Reimer: Die Deutschvölkische Freiheitspartei 1922-1928, phil. Diss. Marburg 1968.